道人이 풀이하는
도덕경 강론

道人이 풀이하는
도덕경 강론

발행일 | 2019년 7월 20일
저 자 | 백담 심상원
정 리 | 청암 손태성
발행인 | 윤영희
발행처 | 동행

주 소 | 서울 중구 을지로 14길 16-11
T E L | 02-2285-0711
F A X | 02-338-2722, 2285-2734
이메일 | gongamsa@hanmail.net

ⓒ 2019. 심상원, Printed in Korea
값 23,000원
ISBN 979-11-5988-009-4 03140

저자와의 상의하에 인지는 생략합니다.
본서의 무단전재나 복제행위는 저작권법에 따라 처벌받습니다.

道人이 풀이하는
도덕경 강론

백담 심상원 강론
청암 손태성 정리

동행

차 례

■ 글머리에 __ 7

제 1 장 도가도비상도道可道非常道 __ 11

제 2 장 천하개지미지위미天下皆知美之爲美 __ 33

제 3 장 불상현不尙賢 사민부쟁使民不爭 __ 47
　　　　우부소행선愚夫所行禪 / 관찰의선觀察義禪 / 반연진여선攀緣眞如禪 /
　　　　청정여래선淸淨如來禪

제 4 장 도충道冲 __ 79
　　　　민요 노랫말 해설 / 정읍사井邑詞는 음사淫辭

제 5 장 천지불인天地不仁 __ 102
　　　　돈오점수頓悟漸修 돈오돈수頓悟頓修

제 6 장 곡신불사谷神不死 시위현빈是謂玄牝 __ 116
　　　　맹사성孟思誠과 무명선사無名禪師

제 7 장 천장지구天長地久 __ 132
　　　　공자님 사주 / 주중처녀 고암古岩 대선사

제 8 장 상선약수上善若水 __ 156
　　　　주역에서의 태을생수太乙生水

제 9 장 지이영지持而盈之 불여기이不如其已 __ 167

제10장 재영백포일載營魄抱一 __ 169
　　　　백정이 양반 된 이야기

제11장 삼십복공일곡三十輻共一轂 __ 186

제12장 오색영인목맹五色令人目盲 __ 190

제13장 총욕약경寵辱若驚 귀대환약신貴大患若身 __ 193

제14장 시지불견視之不見 명왈이名曰夷 __ 196

제15장 고지선위사자古之善爲士者 __ 199

제16장 치허극致虛極 수정독守靜篤 __ 204
        승가사의 범종

제17장 태상太上 하지유지下知有之 __ 213

제18장 대도폐大道廢 유인의有仁義 __ 218

제19장 절성기지絶聖棄智 민리백배民利百倍 __ 223

제20장 절학무우絶學無憂 __ 230

제21장 공덕지용孔德之容 유도시종惟道是從 __ 242

제22장 곡즉전曲則全 왕즉직枉則直 __ 246
        꺼벙이 녀석 이야기

제23장 희언자연希言自然 __ 263
        기자불립企者不立

제24장 기자불립企者不立 과자불행跨者不行 __ 272

제25장 유물혼성有物混成 선천지생先天地生 __ 276

도덕경 강론 5

제26장   중위경근重爲輕根 정위조군靜爲躁君 __ 285
　　　　　족제비 엄마 이야기

제27장   선행무철적善行無轍迹 __ 293
　　　　　『천부경』 해설 / 한자漢字의 문제점 / 명심보감明心寶鑑

제28장   지기웅知其雄 수기자守其雌 위천하계爲天下谿 __ 319
　　　　　회갑년回甲年

제29장   장욕취천하이위지將欲取天下而爲之 __ 333

제30장   이도좌인주자以道佐人主者 불이병강천하不以兵强天下 __ 338
　　　　　개발선사 수월 스님이 소 장사한 이야기

제31장   부가병자夫佳兵者 불상지기不祥之器 __ 348
　　　　　닭싸움에 울었던 필자 이야기

제32장   도상무명道常無名 박수소樸雖小 __ 374

제33장   지인자지知人者智 자지자명自知者明 __ 383
　　　　　예절에 맞는 우선순위

제34장   대도범혜大道氾兮 기가좌우其可左右 __ 400

제35장   집대상執大象 천하왕天下往 __ 406
　　　　　장례와 제사

제36장   장욕흡지將欲歙之 필고장지必固張之 __ 423

제37장   도상무위道常無爲 이무불위而無不爲 __ 435
　　　　　평상심이 도라고 좀 하지 마라

■ 글머리에

『도덕경』은 동서고금을 통하여 가장 많이 번역되어 온 고전으로, 1천여 명의 학자들이 주석을 달고 강론을 폈다고 합니다. 그러나 필자 생각에는 이제껏 번역을 제대로 하신 분이 단 한 분도 없어 보입니다.

『도덕경』은 수심정기修心正氣하는 도道 닦는 분들이 보는 경전이에요. 도인道人을 위해서 씌어진 글이니 도인들이나 경經의 뜻을 이해할 수 있는 것입니다. 그러니 수도생활을 안 하신 학자로서는 이해할 수 없는 부분이 많아 제대로 해석될 리 없기 마련입니다.

『도덕경』은 본래 「도경道經」, 「덕경德經」으로 나누어져 있었습니다. 그런 것을 통합본으로 묶어 『도덕경』으로 부른 것에서부터 문제가 생긴 것입니다.

도덕경 1장에서 6장까지는 '도편道篇'으로 선仙 수련하는 데 관한 지도 말씀입니다. 수도하는 분들을 위해서 수도지침서로 쓴 경전經傳입니다.

그것을 학문하시는 학자 분들이 해석한 것이 과연 맞겠습니까? 맞을 수가 없죠!

평생 노자와 함께 살아왔다고 자부하시는 분도 학자이니 그 해석이 옳지 않아요. 영 딴판으로 번역하고 엉뚱한 강의를 하고 있는 겁니다. 주석註釋하고 강의하는 내용을 보면 도무지 경도 아니에요. 노자가 노망을 떤 것으로 번역해 놓고 있어요!

평소 도반道伴들에게 이런 의견을 여러 차례 말한 듯합니다. 그랬더니 도반들이 강론을 한번 해 보라고 반강제적으로 제 등을 떠밀어대는 거예요.

필자는 글을 써 본 적도 없고, 또 감히 도인이라고까지 내세울 수는 없는 입장이어서 고민을 좀 했습니다.

『도덕경』을 제대로 번역하자면 남이 번역해 놓은 것과 비교하여 내 옳음을 설명해야 하는데, 자칫 비교되는 번역을 하신 상대방을 흠잡아 깎아내리게 되는 게 꺼림칙한 것입니다. 해석이 전혀 다르게 되는데 그분을 욕보이는 꼴이 아닙니까? 말쟁이들의 입에 오르내리는 것도 싫고요. 이 험한 세상에 남의 밥그릇 건드리는 꼴이 되는데 가만히들 있겠습니까? 난리들 치겠죠. 어쩌면 큰 봉변을 당할지도 모르지요.

비교치 없이 단독으로 해설하자면 설명이 지지하고 별맛도 없을 것 같고 해서 미적거리고 있는데, 도반들이 천하제일인 도올 김용옥 선생이 강론한 『노자와 21세기』란 책을 사다 주면서 도올의 해설과 비교해 보라고 권고하며 떼를 쓰다시피 하는 겁니다.

팔십이나 먹은 늙은이가 욕을 먹어도 도올 선생에게 먹으면 큰 영광이라는 속셈이 생겼어요. 그러실 도올 선생도 아니시겠지만—.

도올은 해박한 지식인이요 최고의 학자입니다. 여러 학문에 두루 통달하신 시대의 기인奇人이죠. 책도 많이 내셨고, 필자도 아주 존경합니다.

　그분은 학문을 하는 분이고 필자는 수도하는 사람이니, 서로 다른 입장에서 『도덕경』을 보는 견해의 차이를 밝히는 것도 괜찮겠다는 생각이 들었습니다. 굳이 옳고 그름을 따지자 하는 것도 아니고, 또 그럴 수도 없는 것이 고전古典 해석입니다. 고전은 쓴 사람 말고는 그 진의를 확실하다고 장담할 수도 없는 것입니다. 그래서 고전 번역에는 의견이 분분하고 늘 논란이 따르는 것입니다.

　학문은 서로 다른 의견이 있어야 발전을 하는 것이니 어찌 보면 이게 서로의 필연이긴 한데, 딱히 필자가 지금 욕먹을 짓을 하려는 겁니다.

　사실은 좀 찜찜해요. 고명하신 분이 해석한 부분에 내 의견을 내세우게 되는 점에 아주 찜찜하고 죄송하다는 말씀을 먼저 드리고 싶습니다. 여기저기 하비며 긁을 것 같아서 많이 언짢아하시겠다 싶은데, 송구스럽다고 말씀드립니다.

　하나 그분의 번역이 옳으면 오히려 더욱 더 훌륭한 학자로 우뚝 존경받으실 것으로 생각됩니다. 필자는 사서 망신을 당하는 꼴이 될 것이고―. 어쩌면 필자가 화를 자초하는 셈입니다.

2019. 5. 30
백운 심송천

제 1 장

道可道非常道 名可名非常名 無名天地之始 有名萬
物之母 故 常無欲以觀其妙 常有欲以觀其徼 此兩者
同出而異名 同謂之玄 玄之又玄 衆妙之門

도道라고 해도 항상 같은 상황의 도가 아닌 것이며, 이름이라 하더라도 항상 같은 느낌의 이름일 수는 없는 것이다.

천지는 이름 없는 것에서 시작이 되고, 이름을 지어서 만물이 생겨나는 것이니, 이름이 만물의 어미가 되는 것이 아니겠는가!

본래 항상 마음을 비워 고요히 생각하면 그것이 이루어지는 오묘한 이치를 알아낼 수 있는 것이고, 욕심에 가득 차 있게 되면 늘 헛되이 수고로울 뿐이다.

욕심이 있다 없다 하는 것도 사실은 같은 말인데, 쓰이는 상황에 따라서 서로 다르게 되는 것이다.

같은 것을 서로 다르게 표현할 때 그 묘한 작용을 '가뮬하다' 하는데, 서로 돌고 도는 가뮬함의 이치여!

세상사 모든 것은 이 '가뮬하다' 하는 가뮬의 이치의 문으로 생겨나는 것이다.

도올 번역

도를 도라고 말하면 그것은 늘 그러한 도가 아니다.
이름을 이름지우면 그것은 늘 그러한 이름이 아니다.
이름이 없는 것을 천지의 처음이라 하고,
이름이 있는 것을 만물의 어미라 한다.
그러므로 늘 욕심이 없으면 그 묘함을 보고,

늘 욕심이 있으면 그 가장자리만 본다.
그런데 이 둘은 같은 것이다.
사람이 앎으로 나와 이름만 달리했을 뿐이다.
그 같은 것을 일컬어 가믈타고 한다.
가믈고 또 가믈토다!
모든 묘함이 이 문에서 나오지 않는가!

　도道라고 하는 것은, 어딘가에 이르는 수단의 바른 길, 바른 방법을 말하는 것입니다.
　목적을 이루는 수단이야 여러 가지 방법이 있을 수가 있죠.
　그 여러 가지 방식 중에서 가장 바른 길, 가장 바른 방법을 도라고 정한 것입니다. 목적보다는 목적에 이르는 수단의 선택을 더욱 중요하게 여겨야 하는 거죠.
　성경을 읽는다고 촛불을 훔치면 안 된다는 말입니다. 목적은 좋아도 훔치면 도둑질하는 것이 아닙니까? 목적은 좋지만 수단이 나쁜 것이죠. 목적보다는 그 수단을 더욱 중요하게 여겨야 하는 것입니다.
　그 수단인 행위가 바로 우리 인간의 삶이죠. 요샛말로 삶의 바른 정석定石을 도道라고 규정한 것입니다.
　보통 우리가 어떤 분야의 전문인을 말할 때 '도통한 사람'이라 하지 않습니까?
　달인達人을 말하는 거죠. 그 분야에는 통달通達한 사람, 전문 기술인들을 흔히 말하는데 지금 여기에서는 도道를 깨달음에 이르는 수도의 바른 길, 수도 정진하는 바른 방법을 말하고 있습니다. 즉 선인仙人, 도인道人, 진인眞人, 신선神仙이 되는 가장 바른 방법을 말하는 것이죠.
　그 수행의 바른 방법을 '도道'라고 규정한 것인데, 도라고 하는 그 수행방법은 문자로는 전할 수 있는 성질의 것이 아니라서, 문자로는 표현하기가 무척 어렵다는 점을 전제하면서…….

道可道非常道 名可名非常名
도가도비상도　　명가명비상명

경 첫머리에 선언하고 있는 것이 도가도비상도道可道非常道입니다.
왜 그랬을까요? 도나 이름이 생기게 하는 배면背面의 말씀을 미리 써 놓고 궁금증을 일으켜서 다음 연결되는 문장에 몰입하도록 하는 흡입력이 강한 독특한 문장형식입니다.

이걸 혼돈하면 안 됩니다. 도나 이름은 변하는 것이 아닙니다.

도는 언제라도 상도常道요, 명도 상명常名입니다.

숱한 수련과 깊은 성찰을 통해서 스스로 터득하고 마음에서 마음으로 전수되는 것이 깨달음의 길[道], 즉 선인仙人이 되는 길입니다. 그것은 문자로는 전할 수 없는 것임에도 불구하고, 어찌 되었든 간에 부득이 지금 이것을 문자로 기록해 전해 보려고 하는 참 어려운 시도를 하는 것입니다.

부처님의 깨달음을 문자로 표현해서 전해 오는 것이 팔만대장경이고, 예수님의 깨달음을 전하는 문장이 성경이죠.

그게 다 깨달음의 문서, 즉 득도得道 지침서인 셈입니다.

도교道教는 본래 선仙을 말하는 것인데, 심신을 수련하여 깨달음에 이르는 옛적부터 전해 오는 동양인의 심신을 수양하는 종교입니다. 우리나라도 국선도, 화랑도 등 삼국시대 때부터 내려오는 선인仙人의 가르침[宗教]이 있습니다.

중국에서는 외래종교인 불교에 맞서서 선仙을 도교라 개칭하고 집단화하여 여러 갈래로 나누어져 지금까지 내려오고, 경전으로 도장경道藏經이 있는데, 그 도장경 내용의 일부분이 여기에 실려 있는 것입니다.
도덕경은 수도 정진하는 사람들의 수도 지침서입니다.

우리의 동학이라는 것도 최제우 선사가 서학(기독교)에 맞서서, 우리 고유의 선仙 사상인 인내천人乃天을 정리하여 『동양대전東經大全』을 쓰고 포교한 것인데, 2조 최시영崔時泳(해월海月 선사), 3조 손병희孫秉熙 선생이 천도교天道教로 개칭하여 종교로 등록을 한 것입니다.
이런 경經들을 불교에서는 문자반야文字般若라고 하는데, 문자반야는 깨달음으로 가는 지식의 체제에 불과할 뿐이지 실제 깨달음은 수심정기修心正氣의 어려운 수행과정을 거쳐서 스스로 터득하게 되는 것이죠.
그 방법, 즉 수행하면서 올바르게 수심정기를 하는 방법은 여기 도덕경에는 세세하게 기록되어 있지 않고 단지 인식의 체제만 기록하고 있어요.
득도자得道者, 깨달은 사람을 인도에서는 아뇩다라삼먁삼보리 부처님이라 하고, 서양에서는 성자 성인이라 하며, 동양에서는 진인眞人, 선인仙人, 신선神仙이라 하지요. 노자는 선인, 진인, 신인神人이라 부릅니다. 동서양 모두가 같은 것인데 이름만 서로 달리하는 것입니다.
선仙(도가道家)에서는 노자를 태조로 모시고, 도장道場에서는 태을천상원군상제太乙天上元君上帝님으로 추앙하여 모십니다. 부처님께처럼 공양도 올리고 합니다.
도교 창시자인 여조呂祖(여동빈)도 같습니다.
군君은 성인聖人을 스스로 낮추어 부르는 말입니다. 군자君子죠.

이런 공부를 하는 사람을 도인道人, 도 닦는 사람이라고 하는데, 지금도 우리 주변에 상당히 많아요. 깊은 산속에서 고요히 수도 정진하는 도인의 세계가 지금도 여전히 많습니다.

도덕경은 그런 사람들을 위해서 씌어진 경전의 일부분입니다. 이 경을 읽고 이해를 하는 데는 지금까지 써 온 말이나 글자에 대한 인식의 전환 없이는 그 뜻을 가르쳐 바로 전하기가 도저히 불가능하다고 여겨서 경 첫머리에 못을 밖아 엄포를 놓은 것이 도가도비상도 명가명비상명입니다.

달을 가리키는 게 손가락이지 달이 아닙니다. 가리키는 손가락을 경으로 잘못 알고 주석을 하고 있는 것입니다. 정말 엉터리, 말도 안 되는 소리를 하고 있는 셈입니다.

도는 언제라도 상도요, 명도 상명입니다. 도나 이름은 언제라도 변할 수 없는 것입니다. 도나 이름이 생기는 배면의 말을 먼저 써 놓고 궁금증을 일으켜서 통찰력을 기르려고 하는 의도로, 쉽게 말하면 말장난을 했다고 할까요. 처음부터 화두話頭를 던져 놓은 것입니다.

다음 문장에 바로 그 답이 나옵니다.

無名天地之始 有名萬物之母
(무명천지지시 유명만물지모)

"이름이 없는 것이 천지의 시작이고 이름이 만물의 어미가 된다."
이름도 없으면서 천지를 시작하는 고놈! 이름 없는 고 녀석을 꼼꼼히 따져 살펴야 한다는 것입니다. 그것을 이름 지은 것이 만물입니다. 천지에 이름 지은 것이 만물입니다.

천지가 먼저 생겨나고 거기에서 다시 만물이 생겨나서 그 생겨 난 만물에다가 이름 지었다 하는 말이 아닙니다. 만물이 바로 천지예요.

문장의 핵심은 "유명만물지모有名萬物之母"이죠.

언어, 즉 말에 관하여 쓴 것입니다. 문장을 문자로만 간단하게 생각하지 말고 깊은 통찰력으로 꼼꼼하게 살펴 따져 새겨봐야 비로소 내(노자)가 전하고자 한 그 내용을 마음으로 파악할 수 있게 된다고 신중하게 이르는 것입니다.

깨달음에 이르는 길[道]은 말이나 글자로는 도저히 전할 수가 없다. 그래서 말이나 글자에 대한 인식의 전환이 반드시 있어야만 경經의 내용을 파악할 수 있게 되는 것이니 문자에 얽매여 속지 말고 마음으로 깊이 살피고 새겨서 깊은 통찰력으로 경經을 똑똑히 새겨 봐라. 즉, "도道를 마음으로 받아라." 하는 겁니다.

그래서 말이 생겨나는 언어의 구조, 말의 느낌이 서로 달라지는 상태, 표현 기능의 부족한 점 등을 미리 문장의 첫 머리에 그 실례實例를 들어가며 독자로 하여금 언어에 대한 인식체제를 사전에 전환시켜서 경의 내용을 파악하는 데 도움이 되고자 하여 호통을 치는 것이 "도가도비상도道可道非常道 명가명비상명名可名非常名"한 거다 이것입니다.

말을 뒤집어서 화두로 던진 겁니다. 인식의 전환을 위해 '쾅!' 하고 한 번 충격을 주며 으름장을 놓은 거지, 도나 이름이 변한다고 한 말이 아닙니다. 도가 생기는 배면의 말을 화두로 던진 거예요.

다음 전개되는 문장에 몰입하도록 충격을 주는 것일 뿐이지 도道나 명名을 말하는 것이 아닌 것을 확실하게 알아야 합니다. 서둘지 말고 경의 내용을 좀 찬찬히 살펴보세요. 써 놓은 그 의도를 모르고 글자대로만 해석해 놓으면 도가 마치 상황에 따라서 말만 하면 변하는 거라고 강의하는 꼴이 됩니다.

그렇게 씌어진 문장이 전혀 아니라는 점에 주목해야만 합니다.

"도가도비상도道可道非常道 명가명비상명名可名非常名"

머릿속이 빈 땡초들은 글자대로 번역해서, "도라고 하면 늘 같은 도가 아니고, 이름이라 해도 늘 같은 이름이 아니."라고 번역하고, 머릿속이 채워진 도인들은, "무슨 말을 하려고 뚱딴지같은 궤변을 늘어놓나?" 생각합니다.

도가 마치 상황에 따라서 변하는 것으로 수다를 떨며 도가 변하는 것이 당연한 것으로 번역하는데, 이거 큰일 날 짓입니다. 황당한 번역이에요. 기초도 없는 사람들이 생나무 껍질을 벗겨 나무를 죽이듯이 도를 죽이는 셈이죠.

물론 말이라는 것이 주어지는 상황에 따라서 언어의 느낌이 다소 달라질 수 있는 것이긴 하지요. 그러나 근본 자체가 확 달라진다고 하는 것은 심각한 문제죠. 이거 제정신 가진 사람이라면 할 수 있는 말이 아닙니다.

도나 이름은 고유명사입니다. 고유명사가 말만 하면 그 뜻이 변하고 바뀝니까? 고유명사는 그 명사가 갖는 고유의 뜻이 상황에 따라 변하지 않는 것을 말하는 것입니다.

도덕경은 문장 구성이 '故'부터가 본말, 즉 하고자 하는 말씀이고, '故' 앞에 나오는 문장은 본말을 긍정으로 몰입하기 위한 수단으로써 놓은 서술에 불과한 거예요.

서술은 달을 가리키는 손가락이고, 故 다음이 달입니다.

손가락과 달을 따로 분리해서 번역하면 안 됩니다. 몰입시켜서 몰아넣는 골대가 있어요. 故 다음이 골대입니다.

이것이 달이에요. 골대가 어디인지 보지도 못하며 말짱 헛발질한 결과가 됩니다. 자살골을 넣은 셈이죠.

왕필王弼과 도올 선생도, 죄송하지만 모두 헛발질한 것입니다.

손가락과 달을 구분하지 못했어요. 도덕경은 기법이 독특한 설득력 강한 구조의 문장입니다. 논어하고는 글의 서술방식이 전혀 다릅니다.

그럴듯한 예를 먼저 들어서 비유하여 수긍하게끔 만들어 놓고는 꼼짝 못하게 故 이하의 본말에 긍정으로 몰아넣는 것입니다.

지금 여기서는 '도'나 '이름'을 들어 말하는 것이 전혀 아닙니다. 다음에 이어지는 문장을 보면 알게 됩니다.

"유명만물지모有名萬物之母", 이름이 만물의 어미라!

이거 뭔 말씀? 말의 중요성을 강조한 것입니다. 이것이 하고자 하는 본말입니다. "도가도비상도 명가명비상명"은 서술입니다.

서술은 중요한 게 아니에요. 자극을 줘서 본말에 몰입하도록 써 놓은 수단에 불과합니다. 화두를 던져 놓은 것이죠. 인간은 말로 이름을 지어 먹고 사는 참말로 희한한 동물입니다. 말을 한다는 것이 바로 이름 짓는 일이죠.

도덕경도 노자가 이름을 지은 것이고, 왕필이나 도올이 경을 주석한 것도 경의 내용을 자기 생각대로 이름 지은 것이고, 필자가 경을 강론하며 왕필이 지은 이름은 잘못 지은 것 같다, 하고 필자가 또 새로 이름을 짓는 것이죠.

독자들은 지금 필자가 이름 지은 것을 보고 있는 것입니다. 책, 신문, 방송, 정치, 법률 등 인간이 말이나 글자로 표현하는 모든 것들이 이름을 짓는 것이죠. 그래서 이름으로 모든 것이 생겨나니까 이름이 모든 것의 어미가 된다고 한 것입니다. 이름으로 먹고사는 것이 인간이니 이름을 바르게 지으라 하는 것이고, 또 거짓으로 이름을 지을 수도 있으니 말이 생기는 구조를 잘 이해하고 살펴서 이름에 속지 마라 하는 것입니다.

따라서 노자가 지은 이름인 도덕경의 내용을 지은 대로 알기에는 어려움이 많을 것입니다. 문자로 전하는 표현의 부적절함을 강조하여 언어의 고정관념을 깨라고 호통 치는 말을 한 것이 "명가명비상명"입니다.

이것도 또한 손가락이에요. '이름이라 해도 늘 같은 이름이 아니다.'로 번역하면 안 됩니다. '名'은 언제라도 '常名'이죠.

속지 말라고 써 놓은 이름(도덕경)에 속은 것입니다. 여태껏 써 온 언어나 문자의 고정관념의 틀에서 벗어나야만 이 경의 내용을 제대로 알 수 있을 것이다, 하는 겁니다.

한 방 먹인 셈입니다. 화들짝 놀라서 얼떨떨한 정신이 번쩍 들라고 한 말이죠. 알겠습니까?

이어지는 다음 문장에 바로 답이 나옵니다.

실제로 많은 학자들이 이 경에서 말하는 문자나 언어의 고정관념의 틀에서 벗어나지 못하고 글자대로 직역해서 '도덕경'을 영 딴판인 '도망경道亡經'으로 만들어 버렸습니다.

서글픈 일입니다. 세상에 이보다 큰 잘못이 더 있겠습니까?

경이라는 것은 인간의 삶이 행복하도록 가르침을 주는 글이 아닙니까? 더구나 도道와 덕德을 말한 경전經傳인데 말이죠.

왕필이나 도올 선생의 주석대로라면 사실 도덕경은 경이라고도 할 수조차 없습니다. 노자를 성인 운운할 수도 없고요.

여태껏 도덕경을 본받아 가르침이 되게 번역한 주석이 한 구절도 없습니다. 왕필의 주석을 따르며 앵무새 노릇을 한 셈이죠. 도덕경을 왕필이 썼나요? 아니죠, 왕필도 주석한 것입니다.

왕필은 서기 230년경 중국 위魏나라의 16살 꼬맹이로 땅을 밟아보지도 못한 금지옥엽의 대부집 귀공자입니다. 많은 학자들이 식객으로 드나들던 대부호 명문가였습니다.

왕필은 당시에 수도하는 도인이 세상에 있는 줄도 몰랐을 것입니다. 도덕경을 알 수조차 없는 신분에 있었던 게 확실합니다. 먹물만 까맣게 든 사람들이 '천재소년'이다 하며 걸출한 사상가로 추켜세우고 흠모하며 졸졸 따라 망언을 합니다.

왕필의 주석이 잘못일 수도 있다는 전제를 놓고 공부를 해야지 무조건 따라 하면 되겠습니까? 그래서 필자가 정신이 번쩍 들게 발가벗겨볼 참입니다.

학자들이 좀 진지한 연구를 해야죠. 1,700년 전 16세 어린애! 그 왕필이가 했다는 주석을 그냥 복사판으로 써먹으면 됩니까? 이거 창피한 일이죠. 숱하게 쏟아져 나온 도덕경을 강해講解한 책들이 말짱 그놈이 그놈이고 모두가 비스름합니다. 몽땅 한통속으로 왕필의 자손이 된 꼴이 되었어요. 혹간 뭐가 좀 섞인 틔기도 있나 봐도 없어요. 천재면 뭐든지 다 아는 신인가?

도는 깨달은 사람이라야 아는 겁니다. 그래서 천재하고 도인하고는 하늘과 땅 차이입니다.

왕필 정도의 수준은 조선 땅에도 얼마든지 있습니다. 도덕경은 도를 얘기하는 거니까 도를 공부하는 사람, 머릿속이 환한 도인이라야 알아보는 경전입니다.

도나 이름은 절대로 변하는 것이 아닙니다.

변하지 않는 것을 전제로 해서 정해진 것이 도요 이름인데, 도나 이름이 입만 뻥긋 하면 변한대서야 이게 어디 말이 됩니까?

도라는 것은, '~에 이르는 바른 길, 바른 방법'을 말하는 것입니다. 바르고 확실한 방법에 붙여진 이름이 '도'다, 이거예요. 절대로 변해서는 안 되는 것에 붙여진 것이 도라는 겁니다. 안 변하는 것을 전제로 해서 도라고 붙여 놓고는, 말만 하면 변한다니 이거 제정신으로 하는 말입니까? 영원히 변하지 않는 것이기에 도를 진리라 하는 것이죠.

인간의 율리律理나 도덕은 '도'에서부터 출발하는 겁니다.

법은 윤리나 도덕을 규제화한 것이에요. 그러니 법은 '도(바른 길)'에서 출발한 것이 아닙니까? 도는 인간들이 서로 살아가는 세상의 기준치이고, 세상일을 서로 가늠하여 재는 잣대(尺)인데, 그것이 상황에 따라 변한다고 한다면, 인간이 도대체 무엇을 기준으로 살아가야 합니까?

사람은 사람끼리 서로 주고받으며 더불어 먹고사는 사회적인 동물입니다. 주고받는 가치의 정당성을 기준으로 설정된 것이 도라는 거죠. 어떤 상황에서도 변해서는 안 되는 것이 도입니다.

도는 청정淸淨한 것입니다.

잘나가는 사람들이 '道可道非常道 名可名非常名'을 써 놓고는 도는 늘 같은 도가 아니고, 이름도 늘 같은 이름이 아니다, 하며 막 써먹어 대는데 이걸 어떻게 설명해야 합니까.

앞서 누가 그랬다고 안심하고 막 따라서 그러는데, 공부 좀 해야죠. 남의 것 베껴 거저먹고 쉽게 살려 들면 언젠가는 사고를 치게 됩니다. 도는 빼고 그냥 길(도로)이라 하더라도 길이 수시로 변합니까? 그러면 지도는 왜 만들어요? 말만 하면 변하는 길을 왜 만듭니까?

　이름도 마음대로 바뀔 수 없는 것이죠. 지을 때 이미 상호 간에 약속을 전제로 해서 지어진 것이 이름인데 그것을 자기 임의로 파괴하고 바꿀 수 있는 성질의 것이 아닙니다. 이름도 상대방이 불러 주고 인정해 줘야 바뀌는 거지요.

　필자가 꼬맹이 적에 불리던 이름이 있는데 80년이나 지난 지금에도 어릴 적 이름을 부르는 사람이 있어요. 그거 좀 안 불러 주면 좋겠는데 말입니다. 이름도 그러하거늘 하물며 '도'가 상황에 따라서 말만 하면 변한대서야— 무슨 말이 되는 소리를 해야지요! 그것으로 먹고사는 사람들이 말입니다.

　여기서는 단지 문자의 고정관념을 깨라는 말입니다. 문자의 고정관념의 틀을 깨 버리고 언어의 인식체제를 바꿔라. 그렇게 해야만 다음에 이어지는 문장을 알아볼 수 있을 것이다, 하는 강조입니다.

　언어에 대한 인식의 전환이 없이는 경의 내용을 알 수가 없을 것이니 부디 언어나 문자의 고정관념을 부숴 버려라, 하고 이르는 말입니다.

　왕필이란 어린것이 요걸 못 알아듣고 사고를 친 겁니다. 그 뒤로 모두들 줄줄이 사탕이 되었고요.

　아난이라는 분이 있었죠.

　평생 부처님을 모시던 부처님 사촌동생인데, 아난은 기억력 천재여서, 십대 제자 중에서 다문제일多聞第一(기억력의 신통)로 기록되어 있습니다.

　불경은 전부 아난의 기억을 기록한 아난의 녹취록이라고 합니다. 그렇게 경을 다 암송하고 있으면서도 아난은 득도를 못했습니다. 부처님의 말씀을 다 기억하고 평생 부처님을 그림자처럼 모시고 살았으면서도 득도를 못한 것입니다.

제1차 불경을 결집할 때 대아라한 500명 속에도 들지 못하고 단지 기억을 토해 내는 구술자로서만 참가했다니 부끄럽고 엄청 딱한 노릇이겠지요.

고민 고민하다가 마하가섭을 찾아가서,

"부처님이 나 모르게 달리 전하신 말씀이 있습니까?"

물어봐요. 도무지 깨달음을 증득할 수가 없다는 통사정이지요. 그때 마하가섭이 말합니다.

"아난아! 네 눈앞의 푯대를 꺾어 버려라! 그러면 너도 득도하게 될 것이다."

고정관념을 깨라는 것이었죠. 해서 아난이 득도하여 3조祖가 됩니다. 그렇게 도맥道脈이 이어져서 인도에서 28조가 보리달마이고, 중국에 건너와서 태조太祖가 되죠. 2조 혜가慧可, 3조 승찬僧璨, 4조 도신道神, 5조 홍인弘忍, 6조 혜능慧能 등으로 도맥이 이어집니다.

동양의 선仙道도 노자를 태조로 해서 허진군許眞君, 일지선사一指禪師, 동원제군東元帝君(여조呂祖) 동빈, 검선劍仙, 이팔백李八百, 이청운李靑雲, 진호인秦浩人, 장도능張道陵, 허진충許盡忠, 화이和易 선생 등 지금도 끊임없이 줄줄이 그 맥을 이어오고 있습니다.

우리도 상고시대부터 선맥仙脈이 전해 오고 있지요. 조선시대만 하더라도 화담 서경덕, 토정 이지함, 김시습, 격암, 자하, 우학, 이청, 청운, 육계, 무명, 자운, 명덕 등 지금도 도인이 많아요. 선인仙人들입니다.

도덕경 전체를 더듬어 봐도 도에 관한 말은 한 군데도 없습니다. 그러면 뭐가 있나? 통찰력을 기르라는 말뿐입니다.

문자나 말이라는 것은 상호 의사전달의 대중적 수단으로 엉성하게 약속되어진 대중적 약속의 부호 정도에 불과한 것이니 깊이 통찰하여 살펴라, 당부한 말뿐입니다.

도에 대한 말이나 수행방법은 3장에 조금 씌어 있고, 실지로 수도하는 구체적인 수행방법은 도장경道藏經 속 태을금화종지太乙金華宗旨에 씌어 있습니다.

불경에는 능엄경楞嚴經에 있어요. 능엄경이 득도경得道經이고 다른 경들은 방편설경方便說經입니다.

능엄경은 인도에서 국법으로 외국에 전파를 금지시켰던 비밀경祕密經으로 티베트와 인도에만 비밀로 전해 오던 경전이라고 합니다. 인도와 티베트에 성자가 많고 달라이라마가 계승하는 것도 능엄경 때문일 것으로 생각들 합니다. 그 사람들은 수도가 생활화된 거죠. 능엄경은 돈황석굴에도 보관되어 있질 않았다고 합니다.

그렇게 극비로 여겼던 경인데 인도 승려 반날밀제般剌密諦가 당나라 중종원년(705)에 들여왔다고 합니다.

달마가 혜가에게 전한 것은 능가경楞伽經입니다.

우리나라 능가경은 세종대왕이 수양대군을 시켜서 간행한 것이 있습니다.

'道' 글자의 구조를 살펴봅니다. 쉬엄쉬엄 갈 착辵 받침에 머리 수首를 조합한 글자. 천천히 그 머리됨을 살펴서 본질을 본다는 글자입니다. 문장으로 갑시다.

"무명천지지시無名天地之始 유명만물지모有名萬物之母."

세상의 모든 것은 본시 시작되어지는 것은 볼 수 없어서 이름을 지을 수 없고, 보이는 것에 이름을 지어서 사는 것이니, 이름이 만물의 어미[母]가 되는 게 아니겠는가?

세상사 모든 일이 이루어지는 데는 반드시 그것이 이루어지게 되는 근원적인 그 뭔가가 있어서 그렇게 되기 마련인데, 근원적인 그것은 보이지 않으니 이름을 지을 수 없으니까 이름이 없는 그 무엇을 천지의 시작이라 하고, 즉 무명無名이라고 하고, 그 무명이라고 하는 고놈을 볼 줄 알아야 지어진 이름을 확실하게 알 수 있다, 하는 말입니다.

그런데 이걸 거창하게 우주론이니 뭐니 하고 비화하는 학자가 많아요. 말짱 왕필이 한 짓을 따라 원숭이 노릇에 그친 것입니다. 번역해 놓고는 속으로 찜찜하니까 좀 틔어 보려고 부풀려 망신을 떤 셈이죠.

天地 - 세상 모든 것. 통찰력을 기르라는 단순한 말입니다.

無名 - 이 말은 불설佛說 연기법에 나오는 "무명無明이 연행緣行하고 행연식行緣識하여 식연명색識緣名色하고…." 등으로 글자는 서로 다르지만 이름이 없는 거기서 생겨나는 것을 따져서 잘 살펴 파악하라는 점에서 같은 말이라고 봐요.

불교에서는 무명無明이 고통의 씨가 될 수 있으니 그것을 통찰하라는 말이거든요. 여기에서는 그렇게끔 되어지는 그 원인 이름이 생기게 되는 그 '무엇'을 말하는 것입니다.

도덕경은 수도인의 지침서로 봐야지 글자로만 보면 해석이 되지 않습니다. 도인이라야 알 수 있지요. 수심정기를 좀 해야 경의 내용을 알게 된다는 말입니다.

다음 문장이 핵심이 되는 문장입니다. 이게 진짜, 이것을 통찰해 보라는 겁니다. 도덕경은 언제라도 '故' 다음이 핵심입니다. '故' 다음이 하고자 하는 본말입니다. 故는 '본래'라고 번역합니다. 이것이 바로 손가락이 가리키는 달입니다.

故 常無欲以觀其妙 常有欲以觀其徼
(고 상무욕이관기묘 상유욕이관기요)

"본래가 늘 욕심을 비워야만 그 이뤄지는 근본의 오묘한 이치를 터득하는 것이고, 욕심이 앞서면 아무리 발버둥 쳐도 끝자락에서 맴돌며 헛되이 고생만 하게 된다."

이 말 잘 못 알아듣겠죠?

도를 닦는 데는 수행하는 방법이 있습니다. 그 방법이 잘못 되면 수행이 되질 않아요. 불교에서는 선禪이 그 방법입니다.

'화두'를 염念하면서 고요히 숨을 쉬며, 숨 고르기로 내면의 정신세계로 몰입하면서 고苦의 원인이 되는 객진客塵(ego)을 녹여 청정심淸淨心을 키워 나가는 것이 선禪인데, 욕심을 부려 속히 이루려 하면 할수록 호흡이 흩어져서 객진의 망상이 정진을 방해합니다.

도가道家(仙)의 방법은 단전호흡으로 주천周天을 이루고 온양溫陽으로 기를 모아서 양신養神을 만들어 두정頭頂을 열어 출신出神시켜 선인仙人이 되는 것입니다. 도를 속히 이루고 싶은 욕심이 많은 사람은 속히 이루고자 하는 그 욕심을 버려 그 마음이 비워져야만 도(길)를 이룰 수가 있게 됩니다.

지금 이것을 말하는 겁니다. 속히 이루려는 욕심을 자꾸 내면 낼수록 겉돌게 된다는 말입니다. 왜 그런가? 선정禪定에 들지 못하니까 그렇게 되는 것이죠.

수십 년간 수도생활을 한 사람들이지만 도의 가장자리에서 겉돌고 있는 사람들이 많아요. 말 그대로 도 닦는 선수들이죠. 아는 것도 많고 겉으로 보기에는 득도하고도 남아 보이는데 껍데기뿐이지 그야말로 속은 날탕이야요.

도는 도 스스로가 커 가는 것입니다.
자성청정심自性淸淨心은 청정심 스스로가 커져서 아뇩다라삼먁삼보리가 되는 것입니다. 그것을 도는 스스로 그러함, 수도는 스스로 그렇게 되어진다, 라고 말합니다.

마음속에 있는 '도'라는 녀석은 고 녀석 스스로 잘 커지도록 수련으로 도울 뿐이지 단박에 깨우치려 들면 객진이 모두 도의 씨앗을 꼴깍 잡아먹고, '도로 아미타불' 한다는 말을 문장에서 하고 있는 겁니다.

태아가 엄마 배 속에 있지 않습니까? 태아 스스로 크고 때가 되면 스스로 나오는 것이지, 어미가 자기 배 속에 있다고 태아를 마음대로 할 수 없는 거나 같은 이치죠.

여기에서 말하는 '도'는 선仙에 이르는 길, 선인이 되는 길을 말하는 것이고, 우리 생활용어의 바른 길, 바른 방법과는 개념이 다릅니다. 여기서 말하는 도는 깨달음에 이르는 바른 길, 바른 방법을 말하는 것입니다. 수도 정진의 바른 방법을 말하고 있는 것입니다. 자비심은 자비심 스스로가 커지는 것이고 자꾸 무엇을 배우면 배우는 그것이 스스로 커져서 잘하게 되는 겁니다.

박지성이가 축구를 잘하는 것은 연습을 많이 해서 공 차는 기능이 스스로 커져서 그렇게 되는 것이지, 공을 잘 차겠다는 욕심이 많다고 되는 것이 아니잖습니까.

무작정 욕심만 많다고 되는 것이 아니라, 거기에 알맞은 방법으로 노력을 끊임없이 해야만 그 기능이라는 것이 스스로 커져서 아무 생각 없이도 기능 그 스스로가 알아서 하는 것이다 하는 말이 이 문장의 흐름입니다.

논어에 "자왈, 칠십이종심소욕불유구子曰, 七十而從心所欲不踰矩"라는 말이 있습니다.

공자님이 나이 70이 넘으니까 마음이 가는 대로 따라 해도 도덕성에서 조금도 벗어남이 없다는 말인데, 공자도 수양을 해서 이룬 것입니다. 문장의 흐름을 알아야 경을 납득하는 거예요.

필자는 어릴 적에 착한 사람, 그거나 해 보자고 마음먹었습니다. 착한 사람이 가장 잘살고 행복한 사람이라고 부모님이 일러 주었지요. 하도 병치레를 많이 해서 비실비실 뭐 하나 소질 있는 게 없는데, 착한 거 한 가지는 할 만하다고 생각했지요. 힘도 안 들고 해서 말입니다. 행복이라는 게 뭔지는 몰라도 그게 좋아 보이고 하는 것도 쉬워 보이고 말입니다.

그런데 그게 도무지 말같이 쉽지가 않지요. 착하게 산다는 게 말짱 남의 꼬봉 짓뿐이지 앞으로 나서는 게 없어요.

바보짓이니 암만 해 보려 해도 화만 나고 아무리 참고 하려 해도 속이 부글부글 끓어서 도무지 할 수가 없더란 말이죠. 정말 참 어렵데요. 이렇게 포기하고 막 놀아 젖히니까 부모님 왈,

"너는 틀린 녀석이니 네 속에 착한 놈을 하나 키워 보거라."

하신단 말씀이야.

그건 해낼 것도 싶더라고요. 내가 하는 것이 아니고 내가 키우는 것이니까 솔깃해지구요. 이번 참에는 소문 안 내고 살금살금 해 보는데, 처음엔 잘 안 돼요. 속에 착한 고놈이 좀처럼 잘 안 커요. 어느 날은 죽었다가 또 살았다가 하더니만, 자꾸만 착한 것을 먹이니까 어느새 제 스스로 훌쩍 커지는 거 같았어요. 크려니까 금방 커지데요. 고거 참 신통하데요.

고놈이 커지니까 이젠 많이 먹으려 드는 거야. 고놈이 다 일러 줘요. 요렇게 해라 저렇게 해라 시키면서요. 제발 좀 남 앞에 촐랑대고 나서지 말고 늘 조수로만 살아라! 조수로만 살아라! 세상은 자기보다 잘난 사람 미워하게 마련이란다.

나는 그저 고 녀석이 시키는 대로 줄줄 따라서 하는 거지요 뭐!

속에 착한 놈이 착한 짓을 먹고 사니까 자꾸만 착한 짓을 하라고 졸라대고요. 하고 나면 고놈이 기분이 째져서 어쩔 줄 몰라 하거든요. 좋아하니 자꾸만 하게 마련이고, 그러다 보니 고놈이 이제는 아주 내 주인이 되었단 말입니다.

나는 지금 그 녀석 시중이나 들고 붙어먹는 별 볼일 없는 늙은인데, 사람들은 나를 보고 착하신 어른이라 하고 또 어떤 분들은 나를 도인이라고 대접을 한단 말입니다. 나는 그냥 고 착한 놈, 그놈 시중이나 들며 빌붙어 사는 처지인데 말이죠.

此兩者同 出而異名
차 양 자 동   출 이 이 명

"그놈이 내내 그놈인데도, 말을 하고 보니 이름만 서로가 다르구나!"

이게 뭔 말인가 하면, 욕심이 있다느니 없다느니 한 앞의 문장에서 한 말 그것을 말하는 것입니다.

항상 욕심 없는 놈이 중심(깨달음)을 보고 욕심이 많은 놈은 늘 가장자리만 보니 허탕이다. 그러면 늘 멍청한 놈만 득도하고 똑똑한 놈은 어림도 없다고 하는 말이 되는 것인데요, 이 말 잘 새겨서 들어야지 덤벙대면 모릅니다.

득도하려는 욕심이 있거든 득도하고자 하는 그 욕심을 없게 하라는 말을 하는 것인데, 욕심이 있으면 지금 여기 이 순간에 머물지 못하여 수도 정진이 되질 않는다 하는 겁니다.

몸 따로 정신 따로 놀면 수도 정진이 안 되는 것입니다. 지금 -여기 이 순간에 혼연일체가 되어야 선정禪定에 드는 것이죠. 호흡으로 조절해야 의식이 지금- 여기에 머물러서 망상을 떨칠 수가 있는 겁니다.

상무욕常無欲이나 상유욕常有欲이나 똑같이 상유욕인 깨달음에 대한 욕심인데 뭘 버리고 뭘 쓰느냐에 따라서 말을 다르게 하게 됩니다. 그러하니 말로 표현하여 전하기가 참말로 어렵습니다. 말로는 전하기가 정말로 난감한 문제구나! 하면서 또 '화두'를 던져 풀어 가고자 하는 말이 다음 문장입니다.

同謂之玄 玄之又玄 衆妙之門
동위지현 현지우현 중묘지문

"서로 같으면서도 서로 다르게 돌고 돌아 이루는 그 묘한 이치여! 묘하고 참 묘하도다! 세상의 모든 것이 이것으로 이루어지는 것이다."

동위지현同謂之玄

서로 같이 따라 돌고 돌아 이룩한다는 뜻인데, 여기서 '玄'의 해석이 문제입니다.

玄 - 갸물 현. 알 것도 같고 모르는 것도 같고 묘하고 알쏭달쏭하다는 것을 옛말로 갸물갸물하다, 요즈음도 가물가물하다는 말이 있지요. 알쏭달쏭하다는 말인데 좀 세세하게 살펴야 문장을 이해하게 됩니다. 도덕경에서는 아주 중요한 사항입니다.

서로 같으면서 다른 가닥이 서로 뱅글뱅글 돌아 꼬여져 실이 질기게 만들어지는 이치를 알듯 하면도 확실하게는 모르는 그 묘한 이치를 표현한 글자가 玄입니다.

실이 만들어지기 전 솜이나 양털, 섬유질 가닥은 본래는 부드럽고 연약한 것인데 단지 똑같은 것들이 서로 뱅글뱅글 돌아 꼬여서 질겨지게 되는 것이 참 묘한 이치가 아닙니까?

왜 질겨지게 되는지, 그 이유는 잘 모르지만 꼬아서 쓰면 질겨지는 것은 다 알고 있어요. 같은 것이 서로 꼬여서 이루는 이치를 玄이라 하고, '뱅글뱅글 돌고 또 돌아간다'는 뜻의 글자입니다. 꼬여지는 상대가 없으면 질겨지지 않죠. 한쪽 가닥만 있으면 말입니다.

문장에서 크다 하면 무엇보다 크고, 작다 하면 무엇보다 작다 하는, 비교치의 상대가 있어야 비로소 질긴 말이 성립됩니다. 비교치가 없이 크다 작다 하면 막연해서 말이 진실성이 없는 법이죠. 크다는 것은 작은 것 때문에 생기는 것이고, 또 작다는 것은 큰 것이 있어서 비교가 되는 것입니다.

실제로 말이 생겨나게 하는 언어의 그 배면을 생각하라는 것인데, 이 말 그냥 넘기면 안 돼요. 꼭 알고 넘어가야 경을 알게 된다는 말입니다.

현지우현玄之又玄 중묘지문衆妙之門
돌고 돌아 이루는 그 묘한 이치여!

세상의 모든 것들이 서로 꼬여 돌고 도는 묘한 이치로 이루어지는 것이다.

도올이 "도를 도라고 말하면 그것은 늘 그러한 도가 아니다. 사랑을 사랑이라고 하면 그것은 늘 그러한 사랑이 아니다." 해 놨네요.

도를 청춘남녀의 말썽 생긴 사랑쯤으로 비유했습니다.

강한 거부감이 생기네요. 도가 말할 때마다 변한대서야 왜 도를 닦는다고 하겠습니까? 이는 필시 도가 뭔지 모르는 사람이 아니고서야 이럴 수가 없겠죠.

도의 개념이 필자와는 사뭇 다른 모양입니다. 개념이 다르니까 경의 번역이 전혀 달라지는 것이죠. 왕필과 도올의 도는 여기 도덕경에서 말하는 도가 아닙니다. 그것은 왕필과 도올만의 도죠! 실지로 경의 해설이 전혀 달라요.

다음 장에서 서로 비교하여 세세히 살펴봅시다.

이어지는 다음 장에서는 언어의 실체, 말이라는 것이 어떻게 해서 생기게 되는가? 언어의 발생과 언어의 구조를 구체적으로 실례를 들어 가면서 설명해 보겠습니다.

제 2 장

<small>천하개지미지위미　　사오이　개지선지위선　사불선이</small>
天下皆知美之爲美 斯惡已 皆知善之爲善 斯不善已

<small>고　유무상생　난이상성　장단상교　고하상경　음성상화</small>
故 有無相生 難易相成 長短相較 高下相傾 音聲相和

<small>전후상수　시이성인처무위지사　행불언지교　만물작</small>
前後相隨 是以聖人處無爲之事 行不言之敎 萬物作

<small>언이불사　생이불유　위이불시　공성이불거　부유불거</small>
焉而不辭 生而不有 爲而不恃 功成而弗居 夫唯弗居

<small>시이불거</small>
是以不去

　세상 사람들은 아름답다고 하면 그냥 아름다운 것으로 여기는데, 그것은 추한 것일 수도 있는 것이다.
　세상 사람들은 착하다 하면 그냥 착한 것으로만 생각하는데, 그것은 착하지 않을 수도 있는 것이다.
　고로 본래 있다 없다 하는 것은 서로 비교하여 생기는 말이고, 어렵고 쉬운 것도 그 서로가 도와서 생기는 말이고, 길고 짧은 것도 서로 비교해서 생기는 말이며, 높고 낮음도 서로를 기울여 보아서 생기는 말이고, 음성도 서로가 어우러져 생기며, 앞과 뒤는 서로가 한 몸이면서 서로 따르며 생기는 것이다.
　본래, 선인仙人은 늘 한가롭게 계시면서, 말씀으로 가르치지 않는다. 별의별 사람들이 모여서 수도 정진하는 데도 말없이 그 분위기가 아주 조용하다. 잘 가르치고 키우면서도 그들에게 연연하지 않으시고 그저 늘 그러실 뿐.
　공들여 가르치면서도 오히려 그 공을 겸손하게 사양하시니, 오직 사양하시는 그것만으로 영원히 우러러보게 되는 것이다.

도올 번역
하늘 아래 사람들이 모두 아름다운 것이 아름답다고 알고 있다.
그런데 그것은 추한 것이다.
하늘 아래 사람들이 모두 선한 것이 선하다고만 알고 있다.
그런데 그것은 선하지 않은 것이다.
그러므로 있음과 없음은 서로 생하고, 어려움과 쉬움은 서로 이루며,
깊과 짧음은 서로 겨루며, 높음과 낮음은 서로 기울며,
노래와 소리는 서로 어울리며, 앞과 뒤는 서로 따른다.
그러하므로 성인은 함이 없음의 일에 처하고,
말이 없음의 가르침을 행한다.
만물은 스스로 자라나는데
성인은 내가 그를 자라게 한다고 간섭함이 없고,
잘 생성시키면서도 그 생성의 열매를 소유함이 없고,
잘되어 가도록 하면서도 그것에 기대지 않는다.
공이 이루어져도 그 공 속에 살지 않는다.
대저 오로지 그 속에 살지 아니하니 영원히 살리로다!

차이가 많지요?

이 문장은 도인에 관하여 하는 말입니다. 도를 가르치는 스승의 인품 그 됨됨이를 말하는 것이죠. 진짜 도인은 이러이러하다는 얘기입니다.

옛날에도 가짜가 많았던 모양입니다. 수도修道는 혼자서 하면 안 됩니다. 위험에 빠질 수 있어요. 고생만 할 뿐 되지도 않아요. 반드시 선배의 지도를 받아야 합니다.

도인은 세속의 출세나 벼슬하고자 하는 분이 아니니까 수장首將을 그냥 군君으로 칭하여 노자를 태상노군太上老君이라고 합니다. 군은 주권자라는 뜻으로 높은 말입니다.

도교의 경전에는 태조라고 씌어 있습니다. 선인仙人이죠. 그런데 성인聖人이라고 했거든요. 해서 도덕경은 도인이 쓴 것이 아니고 학인이 베낀 게 아닌가 하는 생각이 들어요. 문장에서는 성인이나 도인이나 별 차이는 없어 보입니다.

도가에서는 노자 태상노군께서 하신 말씀이 구술로 전하여 오던 심법心法을 여조呂祖가 기록한 것으로 참동계參同契, 태을금화종지太乙金華宗旨라고 합니다. 노자가 쓴 것이 아니라는 것이죠.
여조는 여동빈呂洞賓을 말하는 것으로 선교仙敎의 창시자입니다. 허진군許眞君이라는 노인에게 구술로 전수받은 것으로 씌어져 있습니다.
노자에 관해서 도교의 경전에는 출생 과정이 신비롭게 기록되어 있는데 너무 환상적인 부분이 많아서 여기에 소개하기가 좀 그렇고⋯. 사마천司馬遷의 『사기』 열전에 조금 나오는데요. 성이 이씨이고 초나라 사람, 이름은 이耳, 문서를 기록하고 보존하는 벼슬을 했다고 합니다. 천자가 도를 따르지 않으니 이 나라는 머지않아 망할 것이라고 입바른 말을 한 죄로 쫓겨나서 고향으로 급히 도망가는 중에 성문을 지키는 수장首將 윤희尹喜가 졸라서 써 준 것이 도덕경 오천 자라고 합니다.
도장경에는 노자를 송나라 진종 6년 태상노군혼원상덕상제太上老君混元上德上帝로 봉했다는 기록이 있습니다. 노자는 깨달은 분으로 진인, 선인, 도인으로 삼먁삼보리를 증득한 부처님의 다른 이름입니다.
필자는 도경道經이기 때문에 도계道界의 문서를 보고 해석해 나가는 것입니다.
"나라의 천자가 도를 따르지 않으니 망하겠구나!"

바른말로 상소를 하다가 관직을 박탈당하고 쫓겨 도망 다닌 점에 주목해야 합니다. 노자는 군주인 천자에게 도를 따라 백성을 다스리라고 항거하여 상소하다가 파직당하고 목숨이 위험하여 도망하여 숨어 산 선인입니다. 잡아 죽이려고 전국에 수배령을 내린 것을 윤희가 성인으로 모셔 성문을 열어 줘서 탈출시킨 것입니다. 윤희도 관직을 버리고 입산하여 선인이 됩니다. 노자의 도가 바름임을 엿볼 수 있는 대목입니다.

여기서 수도하는 사람, 도 닦는 사람을 '민民'이라 하는데, 민은 인간의 본성을 말합니다. 이걸 잘 알아야 합니다. 이걸 몰라서 도덕경을 망가뜨린 것입니다.
도인이 민에게 수도하는 공부를 시키는데 말씀이 없이도 능히 잘 가르친다는 말을 지금 하고 있는 것입니다.
왜 민인가? 수도 정진은 오로지 깨달음을 구할 뿐이지 세속의 입신출세, 부귀영화와는 아예 담을 쌓고 살려 하는 생각의 주인공이니까 민 가운데서 진짜 민이지요. 민은 인간의 본성, 불심佛心, 칸트가 말하는 순수이성을 말하는 겁니다.

선방禪房은 스님들이 득도하고자 하는 수도처修道處인데, 조실스님이 오로지 정진을 하도록 배려와 지도를 할 뿐이지 한마디 말씀도 하지 않습니다. 그래서 도는 '늘 스스로 그렇게 깨우치는 것' '늘 스스로 그러함'이라 하는 것입니다.
이 문장에서는 도인의 가르침은 말씀이 없이도 능히 확실히 지도한다, 그 이유를 설명하고 있는 겁니다. 어째서 그렇게 할 수 있겠는가를 설명하기 위해서 말이라는 것이 어떻게 생겨나고 어떻게 이해를 해야 되는가, 하는 점을 말씀한 문장입니다.
　자, 본문으로 갑니다.

天下皆知美之爲美　斯惡已
<small>천하개지미지위미　사오이</small>

"세상 사람들은 누가 아름답다고 말하면 모두들 무턱대고 덩달아서 아름다우려니 생각하는데, 그것은 나에게는 추할 수도 있는 것이다."
　각자 개성과 취향이 다르다는 것을 생각하지 못하고 막연한 말이라고 하는 거죠.
　무엇보다 더 아름답다 하는 그 '무엇'이 없다고 하는 것입니다.
　제1장에서 말하는 玄이 없다는 말이죠.
　꼬여지는 상대가 없이 한 가닥뿐이니 질기지 못하다. 헛말이다. 그러니 그것은 그 사람 생각일 뿐이고, 나에게는 추할 수도 있다는 것이죠.
　그와 나는 같지 않으니 당연하지 않습니까?
　말의 뿌리를 꼼꼼히 살펴라 하는 겁니다. 꼬여지는 상대가 없다, 한 가닥뿐이다, 말의 배면背面이 없다, 기준치가 없다, 玄이 없다, 그러니 질기지 않다, 헛말이다.
　아주 중요한 말씀을 하는 것입니다. 이것 모르시면 경을 이해 못해요. 이것을 몰라서 남의 동네에서 헤매며 엉뚱하게 헛발질을 하는 것입니다.

皆知善之爲善 斯不善已
개지선지위선 사불선이

사람들은 누가 좋은 사람이라고 말하면 모두들 덩달아서 좋은 사람이거니 생각하는데, 천만의 말씀입니다. 그 사람에게 잘한다고 내게도 잘해 줄 것이라고 믿는다는 것은 문제가 있는 발상이라는 것이죠. 그런 말들은, 말 자체가 성립이 될 수 없다고 단호하게 말하는 겁니다.

말이라는 것은 비교가 되는 기준치 설정이 반드시 있어야 말로써 그 가치가 성립되는 겁니다. 말에 속지 말고 눈썹 밑에 잘 새겨 두고서 문장을 살펴보라고 호통 치는 말씀입니다.

제1장에서 '현지우현玄之又玄 중묘지문衆妙之門'이 있었죠?
세상의 모든 것은 돌고 돌아 서로 꼬여지는 데서 생겨나는 것이다. 서로 같으면서도 서로 다른 것이 꼬여서 질긴 끈이 되는 그 묘한 그것이 없다. 꼬여지는 상대가 없으니 질겨질 수가 없다.

헛된 말이다. 좋다, 아름답다 하는 한쪽만 있지 대칭으로 비교가 되는 꼬여지는 상대가 없다. 말이 생겨나는 배면이 있어야 한다. 玄이 성립이 되지 않는다.

말뿐이지 헛된 말로, 신빙성이 없는 날탕이라는 겁니다.
다음 문장이 언어의 개념에 대한 설명이죠. 언어의 통찰력을 기르는 문장입니다.

故 有無相生
고 유무상생

"본래, 있고 없음은 서로 도와서 생기는 말이고."

뭔 말씀인가? 있다고 하는 것도 사실은 없는 것의 기준치가 있어야 말이 성립되는 것이고, 없다 하는 그것도 무슨 기준치가 있어야 말이 성립되는 것이에요. 그래서 있다, 없다 하는 것은 서로를 만들어 주는 것이니 사실은 서로가 어미요 또 한 몸통이 되는 것으로 서로의 배면이죠.

배면이 표면을 만드는 겁니다. 배면이 만들어 준 표면이 언어(말)인 것입니다. 말이 만들어지는 그 배면을 주시하라, 그래야만 온전하게 말귀를 알아듣게 된다는 말을 한 겁니다.

難易相成 (난이상성)

"쉽고 어려운 것은 서로 도와서 생기는 말인데."

그 쉽고 어려움의 기준치를 이미 설정한 것이죠. 서로를 만들어 주니 생성하는 것이고 한 몸통이며 서로의 어미인 셈이죠. 서로 꼬여서 이루어지는 것이니 그 배면을 먼저 살펴라. 그래야만 온전하게 말귀를 알게 된다.

長短相較 (장단상교)

"길고 짧은 것은 서로 비교하여 생기는 말이니."

비교치가 없이 하는 말은 말 성립이 안 되는 것이죠. 이것이 저것보다 얼마가 길다 하는 비교치가 있어야 한다는 것입니다.

高下相傾 音聲相和 前後相隨
<small>고 하 상 경　음 성 상 화　전 후 상 수</small>

"높고 낮음은 서로 기울여 봐서 생기는 말이고, 노래라는 것은 소리가 서로 어울려서 음악이 된다. 앞과 뒤는 서로 붙어서 이루어지는 것이다."라는 말인데, 노래는 한 가지 소리로는 안 되지 않습니까? 입에서 나오는 소리와 귀에 들리는 소리가 질서 있게 어우러져야 음악이 되는 것이죠.

"앞과 뒤는 서로 붙어서 이루어지는 것이다."

따라서 말이라는 것은 표면만으로 이루어지는 것이 아니고 반드시 어미가 되는 그 배면에서 생겨나는 겁니다. 갓난애가 보채고 울면 젖을 달라는 겁니다. 배고픔의 배면이 울음을 만드는 것입니다.

실지로 생각의 배면이 표면인 말을 만드는 거예요. 배면과 표면이 서로 꼬여서 말이 되는 것인데, 현지우현玄又玄이 중묘지문衆妙之門이죠. 그 배면을 알기만 하면 구태여 말이 없어도 능히 가르칠 수 있는 것입니다.

성인의 가르침이 그러하다는 말입니다.

是以聖人處無爲之事 行不言之敎
<small>시 이 성 인 처 무 위 지 사　행 불 언 지 교</small>

"본래, 성인은 한가롭게 계시면서 말씀으로 가르치지 않는다. 별의별 사람들이 수도를 하는데도 말없이 아주 고요하다."

是 - '본래가', 또는 '원래부터가' 이렇게 번역하는 것이 좋습니다.

'~그러하므로' 라고 번역들 하는데, 그렇게 번역하면 손가락으로 가리키는 달이 티미해서 뭘 말하는 문장인지 문장의 전후가 흐려집니다.

성인은 선인을 말하는 것이죠. 깨달은 분을 가리키는 서양 말입니다. 인도말로 부처이고 동양에서는 신선, 도인으로 부릅니다.

만물萬物, 이거 잘 봐야 합니다.

필자는 만물을 '별의별 사람들', '여러 부류의 사람들'로 번역했는데, 왕필은 만물을 '세상 모든 물건'으로 번역했네요. 도올이 따라갔고요. 물건으로 보면 문장 번역이 되질 않습니다.

성인이니 도인이니 하는 말은 인간들 세계에서만 그분이 하신 행위 여하에 따라서 인간들이 부여한 것이지, 생물生物 전체를 포함하면 가축이나 농사 잘 짓는 사람들 모두가 성인의 반열에 드는 것이지요. 문장을 모르고 번역한 결과입니다.

부처님, 예수님, 공자님도 인간들 속에서만 성인인 것입니다.

성인(도인)은 그 배면을 보고 계시니 구태여 말씀이 필요하지 않은 것이고, 또 말이라는 것이 듣기 나름이다. 서로 간에 인식 차이 때문에 느낌의 차이도 많아서 말씀으로 가르치지 않는다. 새삼스러운 것이 아니고 도(깨달음의 길)를 가르치는 선인은 본래부터가 그렇다, 그러니 그런 줄 알고 중언부언하지 말고 따라 배워라, 하는 말입니다.

누구한테 배웁니까? 배우고자 하는 사람은 초짜배기, 초발심자初發心者, 불가佛家에서는 발아뇩다라삼먁삼보리심자發阿耨多羅三藐三菩提心者죠. 마음공부를 하려는 사람입니다.

듣는 사람도 말의 배면을 늘 생각해야 말귀를 알아듣게 된다, 하는 것입니다. 저 사람이 왜 그런 말을 하는지 느낌으로 알 수 있는 거 아닙니까? 고거, 그게 사실은 그 말을 만들어 내는 말의 배면입니다.
　지금 계속해서 그것을 말하는 것입니다. 이걸 알아야 경을 알게 되지 모르면 엉뚱한 짓거리를 하게 된다는 말입니다. 사실 이것을 몰라서 학자들이 도덕경을 엉터리 번역하고 헛소리하고 밥 먹는 것이죠. 완전한 궤변입니다.

萬物作焉而不辭
(만물작언이불사)

　이거 필자와 해설이 사뭇 다른데요.
　왕필과 도올은 "만물이 스스로 자라는데 성인은 내가 자라게 한다고 간섭하지 않는다."고 했는데, 이게 당최 무엇을 말하는 건지 필자는 도무지 알 수가 없어요.
　필자는 "별의별 사람들이 모여들어 수도 정진을 하는데도 말없이 그 분위기가 아주 고요하다. 스스로 조용히 열심히들 한다."고 번역합니다.

　　　萬物 – 별의별 다양한 사람들
　　　作焉而不辭 – 말없이 아주 조용하게
　　　作 – 공부하다

　도올은 "만물이 스스로 자라는데 성인은 내가 그를 자라게 한다고 간섭함이 없다."라고 번역했습니다. 빗나간 해석이죠. 왕필이 싸 놓은 똥에 주저앉은 꼴입니다.

만물, 이게 서로 달라서 그런 것 같습니다.

중국은 72종족이 사는 다민족 국가입니다. 한족漢族을 중심으로 하고 타 인종을 천시합니다. 옛날엔 다른 인종을 짐승처럼 취급했습니다. 죽여서 만두 속에 넣어 먹기도 했습니다. 수호지에도 나오죠. 역사적인 사실입니다. 지금도 인종차별이 심해요. 미국보다도 훨씬 심합니다. 미국은 18세기에 백인들이 흑인을 노예로 사고팔았죠. 만물로 본 것입니다.

도덕경에서 만물은 한족이 아닌 타 종족을 만물이라고 한 겁니다. 왕필이 한족이면서 이걸 모른 것이죠.

학자들을 몽땅 똥통에 빠뜨린 셈입니다. 수도하는 도인의 집단이 몇 십 명씩 있었다는 것을 아시면 됩니다.

중국에 도관道觀을 가 보면 사찰을 능가할 정도로 그 규모가 엄청나게 큽니다. 그 시설도 어마어마하고요. 이삼백 명, 많게는 천 명이 넘는 도관도 많았다고 합니다.

큰 사찰에서 하안거 동안거할 적에 스님들이 백여 명 넘게 운집하여 조용히 수도 정진합니다. 숨소리 하나 내지 않고 조용하게 선禪을 합니다. 선방에서는 고요한 적막 속에서 용맹 정진하는데 너무 조용해서 새들조차 숨을 죽이고 조심하여 산다고들 하죠. 실지로 그렇습니다.

필자에게 뭘 좀 배우겠다고 찾아오는 사람들이 더러 있는데, 가르쳐 준다는 게 사실 참 어려워요. 뭘 좀 아는 것이 있어야 모르는 것이 있게 마련인데, 생판으로 모르면 모르는 것조차도 모르니 다 아는 거란 말입니다. 모르는 것이 없으면 다 아는 셈인데 뭘 가르쳐 주고 말고가 있겠어요? 배움은 배움의 단계적인 과정이 없이는 지식으로 축적되지 않지요.

필자가 좀 아는 것이 있다 치고, 나만큼 알려면 나만큼의 노력으로 내가 보낸 경륜을 거쳐야 비로소 내가 지금 하는 말을 알아들을 수 있게 되는 것인데….

당장에 속성으로 털도 안 뜯고 그냥 통째로 욕심을 내는 데는 아예 어이가 없습니다. 그게 도무지 될 수가 있는 짓이라야 말이지요.

그것을 참월僭越이라고 합니다. 참월은 학마學魔, 배움을 잡아먹는 귀신이라고 합니다. 배움은 줄 수도 훔칠 수도 없는 것이고 배우는 것 그 자체를 미치도록 좋아하는 그 방법밖에는 없는 노릇이죠. 말없이 미치도록 스스로 좋아하게 만들어 깨달음에 이르도록 해 주는 것이 도인의 가르침인 것입니다.

生而不有 爲而不恃
<small>생이불유 위이불시</small>

여기서 '生'이 뭐냐? 이게 문제인데, 요거 설정을 잘못하면 엉터리 번역이 됩니다. 모두들 우물쭈물 슬쩍 넘기는데….

왕필과 도올은 "잘 생성시키면서도 그 생성의 열매를 소유함이 없고 잘되어 가도록 하면서도 그것에 기대하지 않는다."고 앞에 만물을 헛짚고 이상하게 번역을 했어요.

필자는 "잘 가르쳐 키우면서도 연연하지 않고 그저 늘 그러실 뿐이다."라고 번역합니다.

生? 이거 공부를 말하는 거예요. 제자들에게 가르치는 것, 득도를 이루도록 제자들에게 공들이는 것이 '生'이다, 이겁니다.

恃 - 믿는다, 막연히 기대한다, 혹시나 하고.

이 대목에서 도인의 마음을, '~늘 스스로 그러함' 소리가 나오는 겁니다. 생각 없이 왕필이 꽁무니나 좇아다니지 말고 공부 좀 해야 하지 않겠어요?

功成而弗居 夫唯弗居 是以不去
공성이불거　부유불거　시이불거

"공을 이루고도 그 공을 겸손하게 사양하시니, 오직 사양하는 그것 만으로도 영원히 우러러보게 되는 것이다."

弗居 - 당연히 돌아오는 몫을 강력히 떨쳐 낸다. 겸손하게 사양한다.
弗 - 바른 마음으로 강하게 떨쳐 버린다. 사양한다.
居 - 차지하다.
不去 - 배반하지 않는다, 잃어버리지 않는다.
去 - 잃는다, 떠나다.

해석에 많은 차이가 있지요?
지금까지도 다른 사람들은 왕필의 주석을 그대로 복사했거나 그 범주를 크게 넘지 못했어요. 넘을 생각조차 아예 안 하고 촐랑거린 것으로 보입니다.
도道의 개념 자체가 전혀 다릅니다. 17세 어린 왕필의 주석을 그대로 따라 한 것이지요. 왕필은 주석을 한 게 아니고 글자풀이를 한 수준에 그칩니다.

왕필은 당대 최고의 권문세도가 대부호의 자제로 수도의 문턱에도 못 가 본 귀공자로 철없는 아이입니다. 15세에서 17세쯤에 쓴 것으로 추정하는데, 23세에 요절했다고 전합니다.

득도得道는 타고나거나 그냥 되는 것이 아닙니다. 수도 정진이라는 고행의 고달픈 체험을 거쳐서 어렵게 터득하는 것이거늘, 고생이라고는 구경도 못하고 살아온 금지옥엽의 귀공자 신분인 왕필이 그 나이에 알긴 뭘 알겠습니까? 이건 상식입니다.

다음 장에서는 해석이 전혀 달라집니다. 한번 보시죠.

제 3 장

_{불상현　사민부쟁　불귀난득지화　사민불위도　불견가}
不尙賢 使民不爭 不貴難得之貨 使民不爲盜 不見可
_{욕　사민심불란　시이성인지치　허기심　실기복　약기지}
欲 使民心不亂 是以聖人之治 虛其心 實其腹 弱其志
_{강기골　　상사민무지무욕　　사부지자불감위야　　위무위}
强其骨 常使民無知無欲 使夫智者不敢爲也 爲無爲
_{즉무불치}
則無不治

　　세속에서 존경하는 것들을 모두 버려라.
　　분별심을 버려라.
　　들기 어려운 고요함[禪定]에 너무 집착하지 마라.
　　욕심이 일어나지 않게 하라.
　　본래 선인(성인)의 지도하심이라는 것은, 욕심이 생기게 하는 고놈의 욕심을 잠재우게 하고, 배에 정精이 생겨 스스로 커서 힘이 생기게 한다.
　　연약한 것이 스스로 생겨나고 점점 강해져서 선仙(禪)의 골격이 된다.
　　항상 분별심을 내지 말고, 무리하게 속히 이루려고 서두르지 않아야 된다.
　　지혜로운 사람은 정진하는 데 무리하지 않고 기氣 흐름을 좇아 따라 하는 것이다.
　　한가하게 지금 일러 준대로만 하면 된다.
　　다시 말하자면, 그냥 놔두면 스스로 되는 것이라고 말하는 셈이다.

　　도올 번역
　　훌륭한 사람들을 숭상하지 말라!
　　백성들로 하여금 다투지 않게 할지니.
　　얻기 어려운 재화를 귀하게 하지 말라!

백성들로 하여금 도둑이 되지 않게 할지니.
욕심낼 것을 보이지 말라!
백성들의 마음으로 하여금 어지럽지 않게 할지니.
그러하므로 성인의 다스림은 그 마음을 비워 그 배를 채우게 하고,
그 뜻을 부드럽게 하여 그 뼈를 강하게 한다.
항상 백성으로 하여금 앎이 없게 하고 욕심이 없게 한다.
대저 지혜롭다 하는 자들로 하여금
감히 무엇을 한다고 하지 못하게 한다.
함이 없음을 실천하면 다스려지지 않음이 없을 것이니.

~전혀 다릅니다. 이 장에서는 수도하려고 마음을 낸 사람, 즉 마음을 닦아서 깨달음을 터득하려고 결심을 한 초발심자에게 씨앗이 되는 민民, 본성(불성)을 찾아내는 방법을 말씀하는 것입니다.

수심정기修心正氣를 하는 핵심 문장이고 이게 사실 도를 닦는 가르침의 전부입니다. 사민使民의 민民은 사람의 본성을 말하는데, 민 이게 득도의 씨앗입니다.

유가儒家에서는 '허중虛中'이라고 하고, 불가에서는 '영대靈臺'라 하고, 도가에서는 '현관玄關'이라 하는데 여기 도덕경에서는 그냥 '민'이라 이름하면서 그 '민'을 다스려 나가는 것을 '사민'이라 하는 것입니다.

도 닦는 행위, 즉 수심정기를 말하고 있는 것이죠. '사민'을 백성을 다스린다고 해석하면 해석이 안 됩니다.

『대학』 1장에 보면 "대학지도大學之道 재명명덕在明明德 재친민在親民 재지어지선在止於至善"이라고 있어요.

치자治者의 덕목에 관한 말인데 여기서 친민親民은 백성을 새롭게

변화시킨다는 말로 치자가 백성을 다스리는 방식은 백성에게 덕을 밝히며 친하게 지내면서 새롭게 변화시켜 나로 말미암아 백성들을 지극히 좋은 곳에 이르도록 한다는 말인데 왕필이 이 말을 본뜬 것 같아요. 여기서 민은 사람의 본성을 말하는 것이지 백성을 말하는 것이 아닙니다.

본성이 깨달음의 씨앗이 되는 겁니다.

불성, 마음속의 하느님을 말하는 거예요.

전개되는 문장을 이해하는 데 도움이 될까 해서 말을 보태 봅니다. 수심정기를 해서 깨달음의 수준과 그 수준을 능엄경을 빌려서 설명합니다. 불교의 팔만대장경은 모두 방편설 경이고, 오직 능엄경만이 깨달음으로 바로 가는 진경眞經이라고 합니다.

도교에서는 도장경 전체 속에서 태을금화종지만 진경이고, 나머지는 모두 잡경으로 보아야 합니다.

득도한다는 게 참말로 어려운 일이죠. 그게 그리 쉬운 일이면 사찰에 수많은 선원이 모두 득도시키는 사관학교인데 툭 틔게 깨달은 분 많이 있습니까?

깨달음의 단계적 과정은,

- 우부소행선愚夫所行禪
- 관찰의선觀察義禪
- 반연진여선攀緣眞如禪
- 청정여래선淸淨如來禪

크게 4단계로 구분하여 인증을 받아야 하는데, 이게 모두 조사선祖師
禪입니다. 깨달은 스승을 모시고 수도하는 것을 말하는 거죠.
　선仙(道敎)의 수도장도 똑같습니다.
　이 문장은 초심자에게 가르쳐 주는, 불교 선방에서 말하는 '우부소
행선愚夫所行禪'을 말하는 중입니다.

　우부소행선을 불교에서 문자반야라고도 하는데, 듣고 배워서 풍월
을 좀 안다, 책도 보고 듣고 귀동냥을 해서 식견을 좀 갖추었다, 어디
에 유명한 분이 있으면 찾아가서 말도 들어 보고 법문도 듣고 설교도
듣고 하며 아! 그렇구나. 맞지! 감동하고….
　고전도 읽고, 암 그렇지! 맞아! 바로 그거야. 제법 뭘 좀 아는 것
같은 생각이 들고, 명심보감이 어쩌고 논어에는 어쩌고, 부처님 말씀
이 등등….
　입방아를 찧고 다니는 정도의 수준을 우부소행선이라고 말하는 것
입니다. 지자知者요, 선생을 말하는 겁니다.
　고전을 주석하는 학자들이 대부분 이 수준입니다. 보고 주워들은
것뿐이지 스스로 터득한 자기 것이 없다는 점입니다. 그냥 지식인이
죠. 지자智者가 아닙니다.
　지식知識은 학습에 의해 두뇌에 저장된 것으로 물음에 조건반사적
으로 답하는 것이니 그것에 대해 잘 안다고 자부심을 느끼며 또 남을
가르치고 하는 것이고….
　지식智識은 지성智性으로 체험에 의해 깨달아 헤아려 살피는 것이니
차원이 전혀 다른 것입니다. 도는 지혜의 길. 수심정기, 수련을 해서
스스로 터득하는 것으로 지식知識하고는 비교치가 안 되는 것입니다.

지자知者를 불교에서는 우부소행선이라 합니다. 글자 그대로 크게 어리석은 사람이 깨달았다고 하는 선이라는 뜻입니다.

도경은 지식知識으로는 번역이 안 됩니다. 깨달은 사람 지혜자, 도인의 글이기 때문입니다.

수도정진의 문턱에도 얼씬거려 본 적이 없는 글쟁이가 도경을 어찌 이해하고 번역할까요? 뭘 좀 알아야 번역을 하지 않겠습니까? 우부소행선 수준에서는 관찰의선이나 반연진여선 세계를 들여다볼 수조차 없다고 합니다. 모르면 차라리 그냥이나 두면 좋을 것을 왜들 들쑤셔서 도덕경을 만신창이를 만들어 놓는지 필자는 도무지 알 수가 없어요.

왕필이 한 주석을 자기 것으로 그냥 쓰는데, 우부소행선은 그냥 지식知識일 뿐 깨달음하고는 거리가 멀어요.

불교의 가르침에 선종禪宗과 교종教宗이 있는데 교종을 교학불교라고 해요. 깨달음을 가르치는 불교가 아니고 불교를 가르치는 교학하는 종교다 하는 거죠.

경전을 통달해서 경에 거칠 것이 없는 삼장법사라 하더라도 깨달음의 수준에서 볼 때에 십지보살의 문턱에도 못 미치는 정도라는 것입니다.

관찰의선, 반연진여선 등의 설명은 뒤로 미루고, 지금 이 문장에서는 우부소행선을 말하는 겁니다. 뭘 좀 알고 있다고 생각되는 초심자에게 지도를 하는 것입니다.

자, 본문으로 들어갑니다.

핵심이 되는 문장인데다 납득하기 쉽지 않은 문장이라서 도올 선생의 번역을 앞에 놓고 번역이 서로 다르게 되는 이유를 밝혀 가면서 해설하고자 합니다.

　도올은 대단한 학자죠. 공부도 참 많이 하고 다방면으로 두루 통달한 실력 있고 잘나가는 큰 학자입니다. 저서도 상당히 많습니다.

　필자는 아는 것도 별로 없을뿐더러 누가 알아주지도 않고 알아 달라고 하고 싶은 마음도 없어요. 그냥 어수룩한 늙은이로, 굳이 말하자면 마음공부를 좀 하면서 살아온 정도라고나 할까? 득도라는 쪽에 마음을 두고 멍청하게 살아온 늙은이입니다.

　도올의 대단한 명성에 혹시라도 누를 끼칠까, 송구스럽게 생각하면서 해석이 서로 다르게 되는 점을 비교하면서 한 문장씩 분석하여 해설해 보겠습니다.

　학문이란 본래 다양한 목소리가 있어야 발전하는 것이 아닙니까? 공자님의 말씀을 오직 주자朱子만이 안다고 하면 옳지 않은 것이죠.

　　　　불상현　사민부쟁　불귀난득지화　사민불위도
　　　　不尙賢　使民不爭　不貴難得之貨　使民不爲盜

　불상현不尙賢을 왕필과 도올은 "훌륭한 사람을 숭상하지 마라."고 번역했고, 필자는 "세속에서 존경하는 것들을 모두 버려라."고 번역합니다.

　차이가 많이 나죠? 문장의 내용이 전혀 다릅니다.

　"훌륭한 사람을 숭상하지 말라! 백성들로 하여금 다투지 않게 할지니. 얻기 어려운 재화를 귀하게 하지 말라! 백성들로 하여금 도둑이 되지 않게 할지니. 욕심낼 것을 보이지 말라! 백성들의 마음으로 하여금 어지럽지 않게 할지니."

위 도올의 번역, 이상한 얘기 아닙니까?

이쯤 되면 도덕경이라고 할 수 없는 것이죠. 지금 백성을 도대체 뭘로 취급하고 있는 것입니까?

훌륭한 사람을 숭상하지 못하게 하면 본받을 것이 없는 삶이니 도덕성이 파괴되어 짐승같이 될 게 뻔한 노릇이고, 백성들로 하여금 다투지 않게 하라 하면, 백성이 어디 싸움질이나 하는 짐승입니까? 싸움이나 못하게 하라니요.

도둑질 못하게 하라 하면 백성이 어디 도둑들입니까? 백성을 도둑놈 취급한다는 게 말이 되나요?

욕심낼 물건이 보이지 않으면 산업이 망가져서 세상이 빈곤해지는 법이거늘, 백성은 그렇다 치고 국가가 산업 없이 어찌 유지가 됩니까?

욕심낼 것을 보이지 않으려면 백성을 장님으로 만들거나, 따로 격리수용해서 짐승 취급하라는 말인데, 백성 없이 나라가 있을 수 있습니까?

성인의 가르침이 고작 이러하겠어요? 뭐가 한참 잘못된 것 같다는 생각이 들지 않습니까?

노자가 성인이라 하는데 설마하니 성인이라는 분이 이렇게 망발을 하셨을 리가 없겠죠. 이것은 상식 문제입니다. 명색이 도덕경인데 안 그렇습니까?

경이라는 것은 가르침이 되는 책을 말하는 겁니다. 왕필의 주석이 도올 해석과 거의 일치해 보입니다. 한통속이에요.

의상대사의 법성게法性偈 한 구절이 생각나네요.

_{우 보 익 생 만 허 공}
雨寶益生滿虛空   하늘은 보배의 비를 가득히 내려 주시나
_{중 생 수 기 득 이 익}
衆生隨器得利益   중생들은 저마다 자기 그릇만큼만 담아 가네

   필자의 생각에는, 왕필이 문장을 너무 쉽게 여겨 간단하게 본 것이고, 도를 모르면서 번역한 소이가 아닌가 보입니다. 뭘 좀 안다고 하는 것, 이게 바로 우부소행선입니다.

   도가 '~스스로 그러함'이라는 말이 필자는 뭔 말인지는 몰라도, 여기 도덕경에서 말하는 도가 아닙니다. 도인은 본래가 스스로 그렇게 한다는 말이라면 모르지만.
   득도라는 것은 깨달음의 길을 스스로 터득하는 것인데 욕심대로 그렇게 훌쩍되는 것이 아니고, 수좌首座가 시키는 대로 그렇게 따라 하기만 하면 도 스스로가 그렇게 자라서 득도를 해서 깨달음에 이르게 되는 것이다. 너 스스로 그렇게 함으로 해서 길을 찾는 것이다, 하는 말입니다.
   왜 그런가 하면 사람마다 타고나는 근기가 다르니까요.
   전생에 지어진 업장, 즉 객진客塵(ego)이 서로 다르거든요. 객진을 떼어 버리는 방법을 찾는 것을 도 닦는다고 하는 것입니다.
   서산대사는 낮에 닭이 우는 소리를 듣고 득도했고, 무학대사는 간월도 바다에 비춰진 달을 보고 깨달음을 얻었다고 합니다.
   사람이 저마다 타고나는 근기가 다르기 때문이죠. 사람은 타고난 근기가 서로 달라서 그 기가 다르니 일률적으로 깨달음에 도달할 수가 없고, 스스로 자기의 깨달음의 길을 찾을 수밖에 없는 노릇인데, 이 길을 터득하는 그것을 도 닦는 것, 즉 깨달음으로 가는 바른길을

만들어 내는 아주 수고로운 행위를 수도 정진이라고 합니다.

    도덕경이 제1장, 제2장, 제3장으로 나누어진 것은 주석하는 사람들이 편의상 구분을 한 것이지 본래는 한 편의 문장으로 되어 있었던 것인 듯합니다. 계속 이어지는 도 닦으려는 수도인을 위한 체계적인 설명입니다.
    제1장, 제2장의 구구한 말씀들은 제3장, 또 앞으로 전개되는 내용을 이해하는 데 꼭 필요로 하는 언어의 개념에 대한 인식의 전환을 시키고자 한 말씀이라는 점을 잊지 말아야 합니다.
    한 장에서는 전체가 하나의 문장입니다.
    문장의 서술과 주술을 구분하지 못하고 한 줄씩 따로 번역들 하는데 크게 잘못입니다. 한 장이 하고자 하는 전체적인 내용이고, 고故 다음이 본 말입니다. 해석이 잘 안 맞으니까 그러는 것이 아닌가? 하는 생각이 들어요.
    고故 이하가 본문입니다. 본문이 핵심이죠. 이게 달입니다. 달을 봐야만 합니다.

불상현不尙賢

    왕필과 도올은 "훌륭한 사람을 숭상하지 말라."고 했고, 필자는 "세속에서 존경하는 것들을 버려라." 했습니다.
    번역이 전혀 다릅니다.
    훌륭한 사람을 숭상하지 말라 — 그렇게 되면 삶의 가치기준이 무너져서 도덕성이 파괴되는데, 짐승 같은 사회를 만드는 것이 도의 세계관이란 말인가요?

사람은 훌륭한 사람을 귀감으로 하여 숭상하여 본받아 사는 것이 아닙니까? 그렇게 하는 것이 인간의 가치요 삶의 보람이고, 우리의 희망이고 미래가 아니겠습니까?

우리 삶에 가장 소중한 이것을 파괴하는데 유가에서 도덕경을 뭐라 했겠습니까? 노자는 뭐가 되고요?

번역을 잘못해서 유가에서 도덕경을 공부하면 사문난적斯文亂賊을 당했던 것입니다. 몰라서 잘못한 번역 때문이죠. 사문난적 운운할 만한 문장은 도덕경 전체에 한 줄도 없습니다.

왕필이 도덕경을 모르고 엉터리 번역하는 바람에 그렇게 된 것인데, 지금도 왕필의 도덕경 번역을 뛰어넘으려는 학자가 전혀 없어 보입니다. 모두가 원숭이들뿐이지···.

왕필을 천재소년, 걸출한 사상가로 추켜세워 흠모하면서 엉터리짓이나 하는 것입니다. 사실 왕필이 죽을 짓을 한 겁니다.

글자를 보는 필자와 서로 간의 차이를 봅시다.

- 尙

왕필·도올 : 숭상하다
필자 : 이익을 가늠하여 헤아려 볼 상
글자를 보는 것이 서로 다릅니다.

- 賢

왕필·도올 : 훌륭한 사람들(賢을 사람으로 보았습니다)
필자 : 사람으로 보지 않고 글자대로 세속에서 존경의 대상이 되는 것들. 즉, 우부소행선에서 얻어진 것, 뭘 좀 안다고 하는 껍적대는

지식知識을 말하는 것으로 봅니다.

   글자 두 개의 개념 차이가 엄청나게 다른 내용으로 바뀝니다.
   불상현不尙賢은 수도하는 도인이 추구하는 세계는 세속의 세계와는 전혀 다른 세계이니까,
   "그동안 바깥세상에서 배워서 뭘 좀 안다는 그거 다 내려놓아라! 그것은 사물의 가치 기준의 분별력인 지식일 뿐으로 참된 지혜가 아니며, 지식은 단순한 분별심으로 수도에는 오히려 장애만 될 뿐이다. 마음 닦는 것은 비우는 것으로부터 출발하는 것이다."
라고 수좌가 입문하는 초심자에게 이르는 말입니다. 또 맞는 말이고, 그렇게 가르칩니다.
   요새도 선방에서 분별심을 버리고 그 안다는 것도 몽땅 다 내버려라 합니다. 그래야만 선정에 들게 된다고 가르칩니다.

사민부쟁使民不爭
왕필·도올 : 백성으로 하여금 다투게 하지 말지니.
필자 : 억지로 하려 들지 마라.

백성이 어디 싸움꾼인가요? 쌈질이나 하는 동물입니까?
   글자 그대로 해석해서 직역한 것이니 잘못한 것이라고 말할 수는 없지만, 필자는 그런 내용으로 씌어진 문장이 아니라는 것을 밝히려 할 뿐입니다.

   使民 - 백성으로 하여금.

不爭 - 타인과의 싸움으로 보지 않고 내면에서 일어나는 분별심의 갈등으로 봅니다. 객진(ego)하고 싸우지 마라 하는 거예요. 좌선을 하면 망상이 구름처럼 일어나거든요.

- 使
도올 : 다스릴 사
필자 : 하여금 사

글자 보는 것이 차이가 나죠?
한자는 전후의 문장을 보고 뜻을 새겨 번역해야 하는 겁니다.
글의 뜻이 사뭇 달라지게 되기 때문입니다.
사민부쟁은 민民(본성)으로 하여금 객진과 다투게 하지 마라. 즉 분별심을 버려라. 마음속에 갈등이 생기지 않게 하라는 것입니다.
처음에 수도하려고 좌선하면 좀처럼 정靜에 들지 못하고, 별의별 오만 가지 망상이 먹구름처럼 몰려들고 떨치려 하면 할수록 더욱더 버글거리고 심란해지는데 그것을 쟁爭(싸워 이겨서 결판낸다)이라고 한 거예요.
싸워서는 안 되는 것이다, 라고 한 것이죠.
마음을 가만 놓아두면 스스로 가라앉아 고요하게 정에 들게 된다 하는 것입니다. 실지로 그렇습니다.
생각을 놓고 고요히 숨을 고릅니다.

- 민民!
이것을 간단하게 보고 '백성'이라고 모두들 번역하는데 그렇게 간단하고 쉬운 말이 아닙니다. 전후 문장을 살펴보면 백성이 아니라는 것을 알 만한데, 도가도비상도道可道非常道의 덫 화두에 걸려서 헤매는 겁니다.

민은 인간이 타고난 본성, 깨달음의 종자를 말한 거예요. 이거 상식인데, 아니 백성이라는 게 쌈박질이나 하는 쌈쟁이들입니까? 또 그까짓 무지렁이들이 서로 싸움질해 보았자 멱살잡이로 밀고 당기다가 코피 터지면 끝나는 싸움질인데, 그까짓 거 하고 말고가 어디 있습니까?

싸움은 병정들 싸움, 전쟁이 문제지요. 그 따위 지지한 말을 성인이란 분이 여기에다 써 놓았겠습니까? 생각을 좀 해 보고 고민도 해 봐야 하는 것 아니냐? 하는 겁니다.

民이 『주역』에서는 '곤坤'인데 땅[大地]으로 생을 이루는 근본을 말하고, 여기서는 생각하게 하는 주인공 본성을 말하는 것입니다.

선禪에서 고놈! 뭘꼬? 생각하는 고놈, 한 물건이라고도 해요.

앞장에서 무명천지지시無名天地之始가 있었죠? 생겨나기 전이니까 뭐라고 이름할 수가 없다. 있기는 뭐가 분명히 있는데 보이지는 않고, 갸물갸물 玄이죠.

이것이 말이나 문자로는 표현 불가능한 것이어서 불가 선禪에서 "고놈, 한 물건, 뭘꼬? 하는, 고 녀석" 등등 하는데 여기서는 마음이 생겨나게 하는 본체(본성)를 말하는 것입니다. 읽어 나가면 '民'에 대한 감이 잡힐 것입니다.

불귀난득지화不貴難得之貨 사민불위도使民不爲盜

도올은 "얻기 어려운 재화를 귀하게 하지 말라. 백성들로 하여금 도둑질이 되지 않게 할지니."라고 번역했네요.

 필자는 "들기 어려운 선정(고요함)에 너무 집착하지 마라. 욕심이 일어나지 않게 하라."고 번역합니다.

 해석이 전혀 다르지요?

 왕필과 도올은 같은 한통속이 된 것이죠.

 국가의 발전은 국민들의 욕심으로 산업을 일으켜서 부강해지는 것이고, 그 욕심이 문명을 만들고 사회를 유지 발전해 나가는 것이거늘, 노자가 과연 그것을 하지 말라고 했을까요?

 과연 노자가 백성을 도적놈들, 사람 비슷한 동물(유인猿人)로 본 것일까요? 그러면 다시 원시인으로 되돌아가라! 했을까요?

 문명이라는 게 골치 아프다. 벌거숭이로 살아라! 그게 삶의 행복이다. 그게 바로 도다! 하시는 건 아닐까요?

 행복은 넉넉하고 풍요로운 만족감에서 생기는 것입니다. 찌들어지게 가난해 보라고요. 그 속에서 무슨 행복이 생깁니까?

 학자라는 사람들이 자신의 일이 아니고 남의 일로 보니까 무작정 까발리고 들기 거북한 말을 함부로 뱉어 내니 기가 찹니다.

 춥고 굶주리면 인간은 더욱 사납고 추악한 동물로 전환되게 마련입니다. 종족끼리 서로 죽이고 거짓말하며 표정 바꿔 사기치고 형제간에 속여 빼앗는 동물은 인간밖에 없습니다. 그게 인간의 내면에 존재하는 속성이에요. 그 속성 때문에 도를 가르치는 것입니다.

 그 속성의 본거지를 객진이라고 합니다. 이 번역의 차이는 '화貨' 때문에 생긴 것으로 생각됩니다.

 난득지화難得之貨에서 요 화貨가 뭐냐?

 왕필과 도올은 貨를 재화 재물로 본 것이죠. 귀중한 물건이나 돈으로 본 것입니다. 세속인들은 돈이 최고이니까.

도인들은 깨달음이 최고죠. 여기서는 도인들 얘기입니다.

필자는 貨를 재화 재물하는 物物이 아니고 貨의 글자 뜻 그대로 '바꾸어서 이로움'으로 봅니다. 즉 여기서는 선정禪定을 말하는 것입니다.

불귀난득지화不貴難得之貨를 왕필과 도올은 "얻기 어려운 재화를 귀하게 여기게 하지 말라."고 번역했습니다.

필자는 "들기 어려운 선정에 집착하지 마라." 라고 번역합니다. 고요함에 집착하면 할수록 부글거리고 망상이 일어나거든요.

이것이 선정에 들어가는 방법인데, 욕심내지 말고 지긋이 그냥 내버려 두고 호흡이 정리되면 '선정'으로 가게 됩니다.

이것이 안 되면 '도' 하고는 거리가 멀고 헛발질만 하고 고생만 하다가 결국 '땡초'가 되고 맙니다.

처음에는 좀처럼 되질 않습니다. 잘되어 가다가도 탁 막히고 몰입해 들어가면 갈수록 마장魔障이 가로막고요. 잠은 왜 그렇게 쏟아지는지, 쑤시는 곳도 많고, 화장실은 왜 자주 가게 되는지, 감당하기 어려운 상황이 많습니다.

그게 다 수도 정진에 방해가 되는 마장, 또는 객진이라고 하는 건데, 지금 이 문장에서 그것을 잠재우는 방법을 말하고 있는 겁니다. 곧 수도의 핵심입니다.

不見可欲 使民心不亂
불견가욕 사민심불란

왕필과 도올은 "욕심낼 것을 보이지 말라! 백성의 마음으로 하여금 어지럽지 않게 할지니!"라고 했네요.

　　필자는 "억지로 하려고 생각하려 들지 마라. 하고자 하는 그 마음을 가만히 가라앉혀서 편안히 하도록 하라."고 번역합니다.

　　욕심낼 것을 백성들에게 보이지 말라!

　　생산 못하게 하고 감춰라. 백성의 마음이 어지러워져서 도둑질하고 싶은 충동이 생길까 봐 걱정되어서 말인가요?

　　백성을 순 도둑으로 보고 행여 도둑맞을까 걱정된다는 말 아닙니까? 크게 잘못 옮긴 것이죠. 글자를 차분히 살펴보세요.

　　전혀 그런 내용의 문장이 아닙니다.

불견가욕不見可欲

見 - 생각해 본다는 것이지, 눈으로 본다 하는 게 아닙니다. 눈으로 본다는 글자는 目을 씁니다.

可 - 허락한다.

欲 - 하고자 한다는 뜻일 뿐이고 욕심낼 慾하고는 글자가 다르죠? 글자를 대충 보고 해석을 두들겨 맞춘 것같이 보입니다.

　　여기서는 단지, 억지로 하려고 생각하려 들지 말라는 말입니다. 억지로 하려고 하면, 하고자 하는 그 욕심 때문에 선정에 들지 못한다고 가르치는 말입니다. 틀림없는 말이지요.

是以聖人之治 虛其心 實其腹 弱其志 強其骨
_{시 이 성 인 지 치   허 기 심   실 기 복   약 기 지   강 기 골}

본래 선인(도인)의 가르침이라는 것은 욕심이 생기게 하는 그놈을 비워 잠재우게 하는 것인데, 여기서 성인은 선인, 도인, 진인을 말하는 겁니다.

실기복實其腹

여기서 實이 뭐냐? 하는 것인데, 이게 아주 중요해요. 이걸 모르면 또 삼천포로 빠진다고…. 간단하게 볼 문장이 아닙니다. 잘 살펴봅시다.

其는 腹을 가리키는 거예요. 實이 뭔지 모르니까 짐작으로 앞에 있는 虛其心을 끌어다가 實로 억지를 부려서, "그 마음을 비워서 배를 채운다." 하고 어물쩍 넘어가는데 학자들이 그러면 안 되지요. 문장을 진지하게 분석하고 살펴봐야지요.

그런 식의 말이라면 문장 구성을 이렇게 쓰질 않아요. 모두가 뜻 깊은 독단적 내용입니다.

　　實 - 익다.

뭐가 스스로 익느냐?
배 속에 정精이 생기기 시작한다는 말입니다.
실기복實其腹을 필자는 "배에 정精이 스스로 생기고 익어서 힘이 생긴다."라고 번역을 합니다.
도올은 "그 마음을 비워 그 배를 채우게 한다."고 했네요.

엄청 다르지요? 온통 죄다 비우라는 말씀이군요. 왕필도 같아요. 마음을 비워 배를 채운다?!

말로만 있는 말이지 이런 말이 있을 수가 있나요? 마음을 비워 배를 채운다니 배에다 마음 채우란 말인가? 이게 내체 무슨 말이야. 이거 말이 됩니까? 모르면서 억지를 부리니까 그런 번역이 된 거지요.

실기복, 그 힘을 기氣라고 하는데 단학丹學(仙)에서는 이 과정을 축기蓄氣라고 합니다. 계속 축기를 하면 배 속이 시원해지면서 엄청난 에너지가 생기는데 의식을 단전丹田에 두면 바로 그 밑에 석문石門이 열리면서 압력이 송글송글(곡신谷神) 발생합니다.

이것이 가득히 배에 차는 것이 실기복입니다. 이렇게 되면 허리가 쭈~욱 펴지고, 몸의 자세가 반듯해지면서 훈훈한 기운이 돌며 몸이 가볍고 피곤하지도 않고 잠을 안 자도 말똥말똥합니다.

선방에서 꾸~뻑! 하는 사람은 그게 안 된 사람들. 말짱 도루묵이지. 수도는 그 힘으로 하는 것인데, 지금 이 문장은 석문에 핵발전소를 만드는 방법을 수좌 되는 사람이 초짜배기에게 말하는 겁니다.

힘이 솟는 핵발전소만 튼튼하면 마장에 떨어지지도 않고 대번에 주천周天을 하고 천목天目에 힘이 모입니다.

이게 잘 안 된 사람들이 먹는 음식(수곡)으로 정진의 에너지를 쓰니까 선방에서 배고파서 절절매고 소처럼 많이 먹고들 식곤증으로 꾸~뻑! 죽비 맞고들 하지요. 실기복, 이것이 안 되면 백날 해도 말짱 헛수고입니다.

곡기穀氣로는 어림 턱도 없어요. 곡기는 육신을 유지하는 데 쓰이는 에너지입니다. 정진에 기운이 달리면 사람이 실성거립니다. 조금 정신이 이상해진 사람, 산기도를 좋아하는 사람들이 간혹 그렇죠.

육신에 필요한 에너지를 과하게 소모시켜서 머릿속 전두뇌前頭腦가 조금 손상된 것입니다. 이거 원상회복 안 됩니다.

~문장으로 갑니다.

약기지弱其志 강기골强其骨

필자는 "연약한 것이 스스로 생겨나고 점점 강해져서 골격을 이룬다"라고 번역합니다.

도올은 "그 뜻을 부드럽게 하여 그 뼈를 강하게 한다."고 했네요.

- 弱 - 어릴 약, 젊을 약. 고물고물 기운이 모이고 움직여 생겨나는 어린 것을 뜻하지요.
- 志 - 이룰 사士 밑에 마음 심心. 스스로 이루려고 노력하는 마음으로 '의향'의 뜻을 가집니다.

숨 고르기를 제대로 하면 배가 서늘해지면서 정精이 생겨나며 움직이는 것을 느껴요. 자꾸만 모아지면 기로 바뀌고 압력이 생겨나면서 허리를 빙빙 돌고는 단전으로 몰려듭니다. 의식[志]을 석문에 두고 계속하면 저절로 움직이죠.

이게 수련의 골격입니다.

능엄경에 수미산을 뚫는 쇠뱀이 바로 이 '약기지弱其志 강기골强其骨'입니다.

『장자』에도 나옵니다. 항문에서 정수리까지 곶감을 꿴 꼬챙이같이 힘의 기둥이 똑바로 서집니다. 해 보면 알아요.

단전에 뭉쳐진 기의 힘. 압력이 강력해지면 석문을 열고는 수도의 원천이 되는[骨] 기氣 핵발전소가 생기는 것이다, 하는 말입니다. 그 과정이 좀 어렵습니다. 오죽하면 석문이라 하겠습니까? 몸이 부르르 떨리면서 아찔합니다.

그다음에 또 어려운 과정인 두정頭頂을 열어 출신出神시켜야 합니다.

常使民無知無欲

"항상 분별심을 내지 말고 억지로 빠르게 이루려 서두르지 않아야 되는 것이다."

고요하게 정신을 집중하라고 가르쳐 주는 말입니다.

도올은 "항상 백성으로 하여금 앎이 없게 하고 욕심이 없게 한다."고 번역했어요.

~희한한 해석이네요. 백성을 무식쟁이 만들고, 욕심 없는 무지몽매한 바보 천치로 만들라고…?

글쎄요, 설마하니 그러셨겠습니까?

성인의 말씀이라는데 이거 상식적인 거 아닙니까?

그런데도 모두들 이렇게 번역해 왔습니다. 그래서 도덕경이 천시받아 왔고 유가에서는 사문난적이고 불가에서는 아예 경으로 취급하지도 않았고, 뒤에 부록으로 붙여진 도에 별 관계없는 문장들을 훑어보는 정도로 우습게들 여겼습니다.

어이가 없죠? 이것이 누구의 탓입니까? 왕필과 그를 따르는 부실한 사람들 탓이라고 봅니다. 도덕경은 수도 정진하는 수도 지침서로 능엄경보다도 수준 높은 득도방식입니다.

<small>사 부 지 자　　불 감 위 야　　위 무 위　　즉 무 불 치</small>
使夫智者 不敢爲也 爲無爲 則無不治

　필자는 "지혜로운 사람은 무리하지 않고 한가롭게 잘하니 가르칠 것조차 없는 것이다."라고 번역합니다.
　도올은 "대저 지혜롭다 하는 자들로 하여금 감히 무엇을 한다고 하지 못하게 한다. 함이 없음을 실천하면 다스려지지 않음이 없을 것이니."라고 했네요.
　당최 뭐라는 말씀인지 아리송하죠. 아니 세상에 이런 말이 어디 있습니까? 도덕경이 아니라고 해도 그렇지요.
　성인(노자)이란 분이 치자인 군주에게 백성을 짐승처럼 다루어라 하는 겁니까? 명색이 도덕경인데 그럴 리가 있겠습니까?
　노자는 천자에게 폭군이라고 항명하다가 쫓겨나 지명수배 받고 잠적한 인물입니다. 노자의 도는 바름이에요.
　학자라는 분들이 이렇게 번역하고 강의하는데…, 도무지 뭘 어떻게 하라는 것인지 필자는 도통 이해할 수가 없어요.
　세상은 지혜로운 사람이 나서서 수고스럽게 세상을 끌고 나가는 것인데, 그것을 감히 얼씬도 못하게 하라 한대서야…. 도무지 말이 되는 소리를 해야지요. 이게 경입니까? 망언이지!
　또 못하게 한다고 해서 막아지는 것도 아닌 것이고, 역사라는 것이 이 투쟁의 기록물인데 역사를 모르는 사람의 얘기 아닙니까? 지혜로운 사람이 세상을 이끌어 나가도록 부추기고 앞장서는 것이 학자의 몫입니다. 아니라면 뭐 하러 배워요. 허접스러운 것들을….
　…함이 없는 실천이라 ㅡ.

이것이 무슨 똥딴지같은 말인지 모르지만, 그냥 멀거니 손 놓고 있으면 다스려지지 않는 것이 없다는 게 도대체가 말이 되는 얘기냐? 하는 것입니다.

소가 다 웃을 말씀을 성인인 노자가 과연 했을까요? 인간사는 다 상식입니다, 상식! 상식이 바로 도의 잣대입니다.

사부지자使夫智者 불감위야不敢爲也

필자는 "지혜로운 사람은 수도정진을 함에 있어 무리하지 않고 기의 흐름을 좇아 그냥 따라서 한다."고 번역합니다.

도올은 "대저 지혜롭다 하는 자들로 하여금 감히 무엇을 한다고 하지 못하게 한다."고 번역했네요.

- 使

도올 : 하여금. 시킨다.
필자 : 좇는다. 스스로 따라서 한다.

- 敢

도올 : 굳세게. 감히
필자 : 무리하게

수도에 있어 아주 중요한 대목입니다.

단전에 석문이 열리면 압력(에너지)이 계속 발생하는데 이때 가만히 기가 흐르는 대로 놔둬야 하는 겁니다.

의식을 그곳에 집중하고 염念으로 움직이게 해야지, 압력의 힘으로 밀어 돌리면 영대靈臺 영안靈眼이 생기는 것이 아니고 차력사借力士가 됩니다. 괴력怪力의 힘이 생겨나요. 자동차를 이빨로 끌고 기차를 밀고 하는 사람들 있잖아요.

수도 정진은 차력사 그거 하려고 하는 것이 아니잖아요. 그 에너지로 뇌 속에 잠재된 의식의 방 700개를 깨워서 업그레이드시켜 두뇌 혁명을 일으키는 것을 깨달음이라고 하는 겁니다.

인식의 전환이죠. 그렇게 된 사람들을 도의 세계에서는 선인, 진인, 도인이라 하고, 종교에 따라서 이름을 달리합니다. 불교에서는 선사禪師라 하죠. 서양에서는 성자·성인이라 하고 말입니다.

거기에 이르는 방법이야 서로 다르지만 지금 이 도경에서는 가장 빠르고 손쉬운 방법인 선인(도교)의 수도방법을 가르치는 것입니다.

불감위야不敢爲也, 무리하지 못하게 한다. 누구를…?

기의 움직임을 타他로 보고 말한 것이죠. 강제로 순환시키려 들지 마라. 억지로 서두르지 마라.

자기 자신에게 명령하는 것입니다. 무술을 연마하는 무도인들은 강제로 순환시킵니다.

문文 무武의 수련 차이죠. 무인들의 괴력은 여기서 생기는 것입니다. 조선 무술교과서인 『무예도보통지武藝道譜統志』에 그림까지 세세하게 기록되어 있습니다.

위무위爲無爲 즉무불치則無不治

한가하게 지금까지 일러준 것을 그대로 하면 되는 것인데, 다시 말하자면 가만히 그냥 놔두라는 것이다, 하고 가르치는 거죠.

'위무위爲無爲' 이 말을 요새는 "아주 천~천히 하시오!"라고 말합니다. '즉무불치則無不治'는 억지로 하려 들지 말라는 뜻입니다.

필자는 "즉, 다시 말하자면 가만 놔두는 것이 다스리는 것이 되는 셈이다."라고 번역합니다.

왕필과 도올은 "함이 없음을 실천하면 다스려지지 않음이 없을 것이니."라고 번역했네요. ~요상한 말씀.

여기까지가 수도 정진하는 방식을 가르친 말입니다.

이렇게 이르는 대로 따라서 하기만 하면 저절로 선정에 들게 된다, 하고 말을 끝낸 것입니다. 깨달음은 아직 멀죠. 겨우 선정에 들어선 정도니까. 우부소행선을 버리려 드는 수준이죠.

아직도 길고 긴 여정이 남아 있는 것입니다.

필자는 왕필과 도올의 번역하고는 전혀 다릅니다. 학자하고 수도인하고의 차이겠죠.

문장 이해에 도움이 될까 해서 '깨달음의 수준'을 덧붙입니다.

앞에서 잠깐 언급했지만, 불교에서는 우부소행선, 관찰의선, 반연진여선, 청정여래선 크게 4단계로 나눕니다. 단계 사이사이에 또 깨달음의 단계가 많이 있지만….

우부소행선愚夫所行禪

글자 그대로 미련한 사람들이 깨달으려고 하는 공부, 즉 문자반야를 말합니다. 학문에 밝고 논리체제가 정연하고 아는 것이 아주 많고 총명한 지식인, 법사, 지자知者, 학자들을 말하는데 선禪에서는 별로 취급해 주지 않아요.

지식과 깨달음은 별상관이 없는 겁니다. 가방끈이 길고 많이 안다고 훌륭한 게 아닙니다. 도인의 입장에서나 선방에서는 말쟁이들 정도로 취급합니다. 무얼 좀 안다는 그것에 걸려서 오히려 깨달음에 장애가 되기 때문이죠. 많이 알고 있다는 박사가 십지보살 수준에도 못든다 합니다. 그러니 덜 좋아할 수밖에요.

관찰의선觀察義禪

찬찬히 살펴서 본질을 꿰뚫어라.
뭘? 의義를!
의가 뭐냐?
본질, 바른 것.
그게 뭐냐? 자기 내면의 세계의 民(본 성품), 하느님의 씨앗, 불성佛性이라고도 합니다.

지금까지 살아온 '나[吾]'라고 하는 것은 세상 사람들을 상대로 비춰지는 피사체물을 '나'라고 여기며 살아왔다는 거지요. 인간의 세상살이는 모두가 객진의 놀이판이라, 진실됨이 적고 객진이라는 허깨비들 놀음에 놀아났다는 것입니다.

'나'라고 비쳐지는 피사체물이 또한 허깨비라서 희로애락이라는 게 진실이 아니고 허깨비 객진의 놀음이다 하는 겁니다.

내 속에 있는 무엇이 고런 짓거리를 하도록 했나?

생각하는 고것이 '義'요, 고놈을 찾아내는 짓을 관찰의선이라고 합니다. 서양철학에서 칸트가 말하는 인간의 순수이성을 찾는 작업인 셈이죠. 民(본성)을 찾아 정신혁명을 하는 것입니다. 여태껏 주인 행세하던 내면의 객진을 찾아내는 것이 수도하는 것입니다.

여기까지는 화두가 필요 없습니다.

화두를 줘 보았자 들고 있을 수 없고 깜빡깜빡 놓치기만 하니 오히려 집중에 방해만 될 뿐이지 선정에 몰입할 수가 없습니다. 여기까지는 그냥 호흡에 집중하며 묵조선默照禪하는 것이 좋아요.

선방이나 안거安居하는 데서 스님 보살 할 것 없이 사미승까지 모두들 화두를 들고 깨쳤느니 뭐니 법석들 떠는데요. 말짱 헛소리하는 겁니다. 화두는 그냥 화두일 뿐이지 깨우침하고는 아무런 상관이 없는 그냥 미끼에 불과한 것입니다. 화두는 언어가 아닙니다. 선仙 수도에서는 화두가 없고, 기 흐름에 집중합니다. 오히려 깨달음의 지름길이에요.

해설에 도움이 되게 하고자 오도송悟道頌, 깨달음의 시를 소개합니다. 학명선사鶴明禪師의 오도송입니다.

> 不解作客 객진이 그러는 걸 알지 못하니,
> 勞煩主人 주인은 늘 고생이고 번뇌가 심하구나!
> 面無慚色 고놈의 낯짝이 얼마나 뻔뻔한지
> 少喜多嗔 기쁜 것은 조금뿐이고 노여움만 가득하네.

객진을 보는 놈! 고 녀석이 진짜 나[我]입니다.

필자가 써 본 것인데….

거기에 내 몸 가진 놈이 서 있는데,
내 말을 들은 척도 안 하네!
내가 사는 게 아니라,
그놈이 나를 살고 있지 않은가?
쫓겨난 줄 모르고 살아온,
삶이 오죽이나 했으리.

반연진여선攀緣眞如禪

여래와 같아지는 밑바탕이 되는 수도과정을 말하는 것입니다.
여如는 여래如來, 오고 감이 없는 것. 뭐가? 망상이 오락가락하지 않는다는 겁니다.
그게 깨달음을 이룬 상태인데 선인, 도인, 진인, 조사입니다.
비상비비상처非想非非想處의 경지라고 하는데 그 수준의 경지를 수도하는 것이 반연진여선이라고 합니다.
조사가 수도인을 모시고 화두를 미끼로 던지면서 물어 뱉는 말 아닌 말로 익어 가는 과정을 지도해 주는데, 여기서 아주 끝장을 내야지 머뭇거리면 맨날 제자리로 돌아옵니다. 용맹정진은 여기서 하는 것입니다. 여기서 치고 가는 것이 돈오돈수頓悟頓修요, 일초직입여래지一超直入如來地라고 하죠. 한 번의 점핑으로 여래가 머무는 반야에 이른다 하는 것입니다.
반연진여선은 자성청정심自性淸淨心이 머무는 자리, 도인의 목표가 자성청정심이니 반연진여선을 이루는 것입니다.

6조 혜능慧能이 반연진여선한 오도송입니다.

菩提本無樹 (보리본무수) 보리는 본래 나무가 있는 것이 아니고.
明鏡亦非臺 (명경역비대) 거울에 또한 대臺가 있는 것이 아니다.
本來無一物 (본래무일물) 본래가 한 물건도 없는 것이거늘
何處惹塵埃 (하처야진애) 어찌 참된 그곳에서 무엇이 일어나랴.

선문답에 나오는 이야기인데, 설봉雪峰 스님이 선사 조주趙州한테 찾아가서 자기 깨달음의 수준을 알아보려고 합니다. 설봉은 조주의 제자죠.

두 분 사이에 객승이 끼어듭니다. 이분은 설봉의 제자로 보여지는데, 자기 스승인 설봉이 별거 아니라고 여기죠. 자기는 깨달음을 벌써 터득하고도 오래됐는데 스승인 설봉이 변변치 못해서 자기를 알아보지 못한다고 우습게 여겨 오던 차에, 스승인 설봉이 조주를 찾아가는 데 따라붙은 것으로 보이는 대목입니다.

그 밥에 그 나물이겠지! 조주라고 뭐 별스럽겠어? 내가 직접 만나 시험을 해 봐야지, 속셈으로 따라붙은 거예요.

이 수준이 반연진여선에서 생기는 마장에 걸린 것입니다. 이 마장에 걸려들면 세상이 훤하게 보이고 크게 깨달은 것같이 생각이 듭니다. 신흥종교의 교주教主가 되기도 하죠. 하여간 세간에서 뭔가 용하다고 하는 사람들입니다.

설봉이 스승 조주와 사제간의 예도 채 거두기 전에, 객승 놈이 툭 끼어들어 조주에게 묻는 겁니다. 말을 툭 던진 것이죠.

"고담한천이 무엇입니까?"
그 순간 어떤 분위기일까?
설봉이 대신 대답하지요.
"너는 아무리 들여다보아도 그 밑바닥을 볼 수조차 없다."
"물맛이 어떻습니까?"
객승이 설봉을 제쳐 놓고 조주한테 또 묻는 겁니다.
망신을 줘도 설봉이 대신해서 말합니다.
"그건 입으로 마시는 것이 아니다!"
그러자 조주가 설봉에게,
"그럼 코로 마시나?"
이때 객승이 잽싸게 또 끼어들어 조주에게 묻습니다.
"물맛이 어떻습니까?"
"아주 짜다!"
조주의 대답에 객승이,
"마시면 어떻게 됩니까?"
하고 다그치자 조주가,
"마시면 죽는다!"
했다는 겁니다.

뒤에 크게 소문이 났겠죠. 과연 조주는 고불古佛이다, 칭송했다고들 합니다. 세 사람의 답답한 분위기가 조주의 말 한마디로 탁 풀리고 단번에 세 사람의 목적이 시원하게 풀리죠. 여기서 설봉의 스승 된 됨됨이를 보는 것입니다. 못난 제자 객승을 깨우쳐 주기 위해 애쓰는 스승의 모습!

따라붙어서 개망신을 줄 것을 뻔히 알면서도 오직 깨달음을 위한 애씀이 ~본래 스스로 그러함, 이게 깨달은 사람의 마음입니다.

스승인 조주가 볼 때에 자기 제자 설봉이 스승 된 모습이 얼마나 흐뭇했겠습니까? 설봉의 깨달음의 수준은 이것만으로도 인증받은 셈이고, 객승은 콱 막혀서 못 알아들으니 나는 아직도 멀었구나! 아직 나는 도의 수준이 아니구나! 다시 시작해야지 하는 가르침을 조주가 준 거잖아요?

이 대목에서 조주의 가르침을 성인의 가르침이라고 봅니다. 이것을 "사부지자使夫智者 불감위야不敢爲也 위무위爲無爲 즉무불치則無不治" 하는 것이고, 이렇게 쓰일 때에 번역을 "뭘 좀 안다고 설치는 놈을 꼼짝 못하게 한다. 아무것도 하는 것 없이도 다스려지지 않는 것이 없다." 라고 번역하는 것입니다. 객승은 12년 후에 설봉에게 인가를 받고 설봉의 도맥道脈을 이어 갑니다. 이게 불교의 임제종臨濟宗이에요. 한국 불교 조계종의 원조입니다.

고담한천古潭寒泉

반연진여선으로 몰입되어 들어갈 때에 객진이 무너지면서 흘러나오는 땀을 말하는 것인데, 체온은 싸늘하게 떨어지면서도 땀이 줄줄 흘러요. 반 대야 정도쯤 될까? 옷이 흠뻑 젖습니다.

찐득찐득하고 냄새가 아주 고약해요. 비릿한 썩은 냄새! 객진으로 갇혀 있던 7백 개의 방에 잠들었던 잠재의식이 이때 하나씩 눈을 뜨고 초저녁별이 뜨듯 열리는 겁니다. 인식이 전환됩니다. 몸이 가뿐하고 머릿속이 환해지고 안 먹어도 배고프지 않고, 깜빡 하는 사이에 몇 시간씩 후딱 지나가고….

숨 쉬는 것도 멈추고 죽은 듯싶어 보이지만, 피부와 백회로 숨을 쉬는 것이니 걱정할 것은 없습니다. 깨어나면 지나온 삶이 어이없이 처량하고, 굼벵이가 탈을 벗고 나비가 된 것처럼 미혹에서 벗어나서 온 세상이 환하게 달리 보입니다. 한 소식 들었다고 말합니다.

한국 불교 조계종은 선종으로 원조가 임제종인데, 보조국사 지눌 이후 8백 년간이나 돈오점수頓悟漸修로 잘못 흘러온 것을 돈오돈수頓悟頓修로 바꿔서 본래 선종의 기틀을 바로 잡은 능력을 '위무위爲無爲 요 즉무불치則無不治'라고 하는 것입니다.

한국 불교 조계종은 고려 불교가 선종과 교종이 서로 대립하면서 분쟁으로 쌈박질하며 서로를 훼손할 적에 왕사王師인 국사 지눌이 중재수렴 통합해서 선종불교로 표방한 것인데, 지눌이 쓴 『수심결修心訣』은 잘못 씌어진 책이라고 합니다.

『수심결』은 수도 지침서로 사찰에서 스님들을 가르치는 교재입니다. 52세, 죽기 한 해 전 잘못 씌어진 것을 인정하시고 『절요節要』라는 책을 다시 쓰지만 때가 너무 늦어서 돌이킬 수가 없게 되었다는 겁니다. 해서 조계종은 말만 선종이지 여태껏 교종으로 내려온 것이라고 합니다.

중간에 서산대사가 『선가귀감禪家龜鑑』을 쓰시고 제자 사명에게 '선교결禪敎訣'을 써 주며 누누이 당부를 하지만, 그동안 쌓아진 벽이 너무나 두터워서 허물지 못했다 합니다. 잘못된 책이 한번 매스컴을 타면 도무지 어쩔 수가 없게 되는 거죠.

지금 이 도덕경이 앞서와 똑같은 상황입니다.

잘못된 왕필의 주석을 그냥들 따라서 하는 것이죠. 필자의 번역이 옳다고 해도 어떻게 해 볼 도리가 없는 것입니다.

도덕경을 사부지자使夫智者 불감위야不敢爲也 위무위爲無爲 즉무불치則無不治할 사람이 없어요.

성철 스님이 종정宗正을 하시면서,
"보조의 수심결은 지해종사知解宗師이지 참선하는 사람이 아니다. 교종은 학불교學佛敎로 학문하는 것일 뿐 깨달음과는 거리가 멀고, 돈오점수는 지해종사 우부소행선 정도로 십지보살에도 못 미치는 수준인데, 머리 깎은 중놈이 그걸 한다는 것이 말이 되는 짓이냐?" 하고 호통을 친 거죠.
깨달음은 논리체제로 이루는 것이 아니고 오직 수도로 돈오돈수, 단번에 점핑하여 깨쳐 버리고 성불하는 것이 선종이지, 견성해 가지고 두고두고 점차 노력해서 성불한다는 것이 교종, 교학불교이지 무슨 놈의 선종이냐? 하신 겁니다.
"아닌 것은 아니고 기면 기지, 중놈이 무슨 벼슬이라고 몸을 사리느냐?" 바로 이거예요.
이렇게 쓰일 때에 '使夫智者 不敢爲也 爲無爲 則無不治' 번역을 "무얼 좀 안다고 설치는 놈을 꼼짝 못하게 한다."라고 하는 겁니다.

청정여래선淸淨如來禪

부처의 경지로 필자의 수준으로는 설명할 수 없습니다.
들은 풍월로 나불거려서도 아니 되고요.
다음 장으로 가 봅시다.

제4장

_{도 충 이용지혹불영 연혜 사만물지종 좌기예 해기분}
道沖 而用之或不盈 淵兮 似萬物之宗 挫其銳 解其紛

_{화기광 동기진 담혜 사혹존 오부지수지자 상제지선}
和其光 同其塵 湛兮 似或存 吾不知誰之子 象帝之先

도는 텅 빈 것이어서 부딪침이 없네.
아무리 써먹어도 줄어들지 않는구나!
가득하여라.
과연 만물의 기둥이로다.
날 세운 마음을 누그러지게 하고,
뒤엉킨 것을 풀어내는구나!
어리석음이 밝음으로 같게 해 주니.
아! 그 맑음이여.
늘 함께 있는 것 같은데 누구의 자식인지 알 수 없네.
나보다도 앞에 있었나 봐!

도올 번역
도는 텅 비어 있다.
그러나 아무리 퍼내어 써도 고갈되지 않는다.
그윽하도다!
만물의 으뜸 같도다.
날카로움을 무디게 하고 얽힘을 푸는도다.
그 빛이 튀쳐남이 없게 하고 그 티끌을 고르게 하네.
맑고 또 맑아라!

저기 있는 것 같네.
나는 그가 누구의 아들인지 몰라.
하나님보다도 앞서는 것 같네.

번역에 차이가 많죠?
제 4장은 문장이 아니고 깨달음의 시, 오도송입니다.
일체 시비를 벗어나서 맑고 깨끗해진 깨달음의 경지에서 道(깨달음)라는 것이 어떤 것인가를 한 편의 오도송으로 보여 준 겁니다.

道沖
도 충

도를 깨달았다는 것은 마음이 텅 비어 있어서 일체 시비나 갈등이 없다는 말인데, 깨달음이라는 것이 그렇습니다. 깨달으면 무엇이든 간에 다 포용하고 수용하게 된다는 말입니다.
사람을 무엇을 담을 수 있는 그릇, 자루로 보고 도를 살아 있는 생물처럼 여겨서 그것을 누구나 그릇인 자기 몸에 담아서 기르기만 하면 도가 스스로 알아서 그렇게 된다는 논리를 이해해야 이 문장을 납득할 수 있어요.
도인이 자기 속에 키워진 도를 말하는 겁니다. 자기가 제 속을 보니까 도는 꽉 차 있지만 속은 텅 비어서 매사에 어느 누구와도 부딪침이 없다, 다투지 않는다는 말입니다.
논어에,

_{자왈 군자무소쟁 필야사호}
子曰 君子無所爭 必也射乎

군자는 일체 다툼이 있을 수 없다. 굳이 있다면 활쏘기 경주 정도다, 라는 말이 있는데, 다 포용한다는 말이에요. 같은 뜻으로 봅니다.

_{이용지 혹불영 연혜}
而用之 或不盈 淵兮

 而用之 - 써먹어도
 或 - 늘 언제나
 盈 - 가득 차다, 넘치다
 淵兮 - 커다란 호수처럼

"道라는 물건은 본래가 써 먹어도 써 먹어도 늘 줄어들지 않게 생겨 먹은 물건이다."

_{사 만물지종}
似萬物之宗

 似 - 같다, 닮았다.
 宗 - 근본, 우두머리, 근원, 마루, 대들보

"과연 만물의 기둥(근본)이라 할 만하다."

挫其銳
_{좌 기 예}

挫 - 꺾다, 창피를 주다
銳 - 날카롭다, 예민하다

"사납게 날 세운 마음을 누그러지게 하고."
　사람이라는 게 사나울 때에는 살인도 하고 자살도 하고, 옹색할 때에는 바늘 하나 비집고 꽂을 틈 없이 꽉 막혀서 미칠 것 같은 것, 그것을 예銳라고 하며, 좌挫는 그 날카로운 마음을 무디게 한다, 꺾는다, 그런 못된 마음에게 스스로 창피를 준다고 해서 "사납게 날 세운 마음을 누그러뜨린다."로 번역합니다.
　왕필과 도올은 뾰족하고 날카로운 물체로 봤군요. 잘못 본 것입니다. 도를 대자연의 순환작용으로 본 것 같네요. 잘못이죠. 도는 인간에게만 국한된 말로 인간 삶의 방식문제입니다.

解其紛
_{해 기 분}

解 - 풀다, 용서하다, 벗긴다, 열다
紛 - 감정이 마구 섞여서 뒤엉클어진 구분하기 힘든 어지러운 감정을 정화시킨다.

"마구 뒤엉킨 것을 풀어내는구나."
도인이 자기 마음을 말하는 것이죠.

사람들과 감정이 얽히고설켜서 억울하고 죽이고 싶고 속상하고 미칠 것만 같던 괴로움이 말끔하게 정화되어 사라지니 넉넉히 즐겁다.

왕필과 도올은 "티끌을 고르게 하네."로 번역했네요.

천만의 말씀! 눈이 소복하게 쌓이고 자동차 위에 뽀얗게 가지런히 쌓인 먼지를 운운했는데, 그것은 자연의 섭리이지 여기서 말하는 도가 아닙니다.

필자는 "마구 뒤엉킨 감정을 말끔하게 풀어낸다."고 번역합니다.

和其光 同其塵
(화기광 동기진)

"어리석음을 밝은 것으로 똑같이 해 준다."

요거 뭔 말씀? 어리석음을 깨닫게 해 준다는 것인데 누가? 누구를…? 도가 나를….

  和 - 서로 응하다, 합하다
  光 - 빛난다, 빛 광택. 마음이 깨끗하고 밝음으로 번역
  塵 - 티끌 먼지 번뇌, 고뇌, 속물 탐욕 - 어리석음으로 번역

나라고 하는 몸(똥자루) 속에는 銳 - 죽여 버리고 싶고, 어떤 때는 자살할까 하는 그 사나움. 紛 - 극도로 화가 날 때는 세상을 온통 불지르고 난동을 치고 싶은 충동이 생기는데, 이게 다 진塵, 티끌 미혹 번뇌 탐욕 등 어리석은 어두움 때문입니다. 그 진을 편안케 하면서 화합[和]하여 밝음[光]과 똑같이 고르게 해 준다는 말이죠.

밝음[光]과 어둠[塵]을 섞으면 어둠침침할 텐데 완전하게 밝음으로 만들어 놓는 것을 화기광和基光 동기진同其塵이라고 합니다.

대자연을 찬미하는 시가 아닙니다.

도를 대자연의 순환작용쯤으로 여기는 것이 문제를 만드는 것이지요. 도의 개념이 틀려요.

티끌(먼지)을 고르게 하는 것은 자연의 섭리이지 道가 아닙니다. 여기서 그렇게 해석할 문장도 아니고요.

湛兮 (담 혜)

아! 맑음이여.

似或存 吾不知誰之子 象帝之先
(사 혹 존 오 부 지 수 지 자 상 제 지 선)

似 - 같을 사. 닮았다. 있다.
或 - 늘 언제나, 있다.
存 - 있다, 늘 같이 있다.

"함께 있는 것 같은데, 나는 알 수가 없네. 그놈이 누구의 자식인지를."

도라는 녀석이 늘 나와 함께 있는 것 같은데 오부지수지자吾不知誰知子 고놈의 애비가 누구인지를 모르겠다는 말입니다. 내가 만든 것이 아니라는 거죠. 참 멋진 문장입니다.

실지로 누가 만들었나요? 자기가 만들었지요.

도 닦은 게 고놈 만든 거잖아요. 그런데 나와 도를 분리해서 보는 것입니다.

도를 나와 똑같이 취급하고 그 녀석이 늘 나와 함께 있는데 내가 만든 것이 아니고 나보다 먼저 있었다는 겁니다. 즉, 도의 씨앗은 본래 누구든지 다 있는 거죠.

수도 정진하면 다들 된다 하는 권고의 뜻으로 쓴 문장입니다.

상제지선象帝之先

象 - 그림, 모양 설계
帝 - 주재자, 하느님

상제가 나를 디자인하기도 전에 혹존或存, 늘 있었던 같다.
뭐가? 도가.

도가 나보다 먼저 있었던 것 같다고 하는 말입니다. 그래서 나는 도가 누구의 자식인지 알 수가 없다는 말이죠.

도올은 문장의 본질을 모르고 대충 맞춘 것으로 보입니다. '象帝'를 '上帝'로 바꿔치기 해서 "도가 하나님보다도 앞서는 것 같네." 하면 맥이 탁 풀리는 말씀이지, 안 그렇습니까?

도가 나보다도 앞에 있었던 것 같다는 문장입니다.

이 문장은 도라는 녀석이 나라는 똥자루를 요롷게 멋들어지게 고쳐서 고놈이 시방 나랑 같이 살고 있는데 그게 바로 지금의 '나'다, 하는 말이에요.

어떻게 고쳤나? 객진을 녹여 없애 버린 것이지. '나'라고 하는 똥자루 속에 객진이 들어와 살면서 내 주인 행세를 했는데 하도 고통스러워서 내 속에 있는 도라고 하는 꼬맹이를 정성스럽게 키웠더니 도라는 녀석이 객진을 녹여 없애 버리고 몸속에 살면서 나를 주인으로 훌륭하게 모신다.

나는 기분이 최고고 가만히 있는데도 도라는 녀석이 다 알아서 해주니 사람들은 나를 선인仙人이라고 칭송이 자자하다. 그러니 당신들도 고통만 주는 고놈의 객진을 나처럼 해서 쫓아 버려라. 그 방법은 여차여차하다.

몸이라는 내 집에 들러붙어 살면서 고통만 주는 객진을 여차여차해서 내쫓아라. 지금 그 얘기를 하는 것인데, 영판 엉뚱하게 다른 의미로 번역을 한단 말씀입니다.

필자는 도무지 알 수가 없어요. 왜들 그렇게 이해를 하는지? 아무리 들여다보아도 잘못 번역한 거라는 생각이 듭니다. 모르면서 대충 넘겨잡고 두들겨 맞춰서 옮긴 거라는 생각이 듭니다. 혹여 독자를 우습게본 것이나 아닌지 모르겠어요.

객진은 인간의 본성인 아름다운 영혼의 암癌입니다. 순수한 이성을 변이작용시키는 마魔라고 보는 거예요.

이것이 붙어 있는 한 인간은 기필코 행복할 수 없고 인간들의 미래는 보장될 수 없다는 겁니다. 객진은 순수한 영혼의 DNA를 변이시키는 마귀로 고苦의 진원지라는 것이지요.

객진은 인간 상호 간에 이기심에서 생겨난 업業입니다. 이 업을 없애 버리는 바른 길을 '도'라 하고, 그 바른길[道]을 계속 가기만 하면 객진이 굶어 죽어 없어지고 깨달음이 보인다고 하는 것입니다. 도 닦는다는 것은 객진을 죽이는 일체 행위를 말하는 것입니다.

수도생활을 안 해도 객진만 없어지면 깨달음이요, 그대로 자성청정심自性淸淨心입니다.

객진에게 먹을거리를 안 주면 되는 것이죠. 객진은 객진을 먹고 사는데 먹을거리 안 주면 고놈인들 살 재간이 있나요. 성인, 도인은 객진의 먹을거리가 없는 사람이라는 또 다른 이름이죠.

자성청정심은 마음이 맑고 깨끗해서 객진의 먹을거리가 전혀 없는 상태를 언제라도 계속 유지할 수 있는 마음을 말하는 것입니다.

아리랑은 대각大覺의 오도송입니다.

일제 때 나운규 씨가 민족의 애환을 담은 영화 〈아리랑〉 주제가로 가사를 잘못 붙이는 바람에 영 망쳐 놓은 겁니다. 혼이 빠졌어요.

아리령我里嶺 아리령 아라리我拏里오
아리령 고개를 넘나든다.
나를 모르고 사시는 이는
십리十里를 못하고 발병發病한다.

我里嶺 - 나는 큰 깨달음을 이루었다. 대각大覺했다
我里 - 안다는 옛말. 아르리, 알지비, 알지리
我 - 나 아
十 - 이룰 십, 완성할 십
里 - 이룰 리, 깨달을 리, 세울 리

    十里 - 깨달음의 완성, 성취
    嶺 - 험난한 고개
    我拏里 - 이룩했다, 잡았다, 맘대로 한다
    拏 - 잡을 라, 맘대로 비빌 라

아리랑은 아리령我里嶺으로 큰 깨달음, 대각大覺을 말합니다.
아리령 고개를 넘나든다, 깨달음의 높은 고개를 맘대로 드나든다. 참 멋진 표현입니다.
'나를 모르고 사시는 이는' 곧 객진의 미혹에서 벗어나지 못하고 사는 사람이고, 십리를 못하고 발병한다는 말은 깨닫지 못하고 고통으로 살아간다는 의미죠.
심오하고도 멋들어진 오도송입니다. 지금 아리랑은 넋[魂]이 빠진 껍데기 가짜입니다. 참말로 안타까워요.
혼을 살려 부르면 얼마나 좋을까요.
우리 민요 가사는 모두 오도송입니다.

민요 노랫말 해설

도라지 타령

    도라지 도라지 백도라지
    심신산천에 백도라지
    한두 뿌리만 캐어도
    대바구니가 철철철 다 넘는다.

도라지道拏智 도라지 백도라지
큰 깨달음을 얻었다. 득도했다.

道拏智 - 깨닫다, 도의 지혜를 증득했다.
白道拏智 - 큰 깨달음을 얻었다.
心身山川 - 깊고 어두웠던 내 마음속에서

한두 뿌리만 캐어도, 한두 뿌리[一頭根] 깨달음의 뿌리만 찾아도 대바구니가 철철 넘는다, 내 몸을 그릇으로 본 겁니다.

더 해 볼까요?
소리라는 것이 있는데,

나물 먹고 물 마시고 팔을 베고 누웠으니,
대장부 살림살이 요만하면 넉넉하리.

선인의 노래지 게으른 놈의 타령(잡소리)이 아닙니다. 마음 닦는 말입니다. 부족함이 없는 마음이 부자요, 진정한 행복이다 하는 겁니다.
 우리 선조들 깨달음의 말씀(오도송)이 민요의 노랫말로 남아 있는 것이 많습니다.
 「양산도」도 기가 막힌 절묘한 오도송입니다.
 이 모두가 소중한 정신의 유산으로 혼魂입니다.
 일본에 고대에 씌어진 『만엽집萬葉集』이라는 애지중지하는 시詩 모음집이 있습니다.

고구려 어떤 승려가 일본 유학 갈 때 가지고 갔다가 놓고 온 것이라고 하는데, 일본에서 자기들 거라고 우기면서도 해설을 못하고 말들이 많습니다. 그도 그럴 것이 우리 삼국시대에 이두문자로 씌어진 노랫말이거든요. 이 『만엽집』에도 우리 선조들의 오도송이 널널하게 깔려 있습니다.

우리 노랫말 몇 개 더 풀어 봅니다.

강강수월예江江水月艾
쉬지 말고 일하여 새롭게 바꾸어 나가자.
전란에 성곽 진지 개보수할 때 부르던 노랫말입니다.

    江江 - 일하여 세울 강
    水 - 움직여 세울 수
    月 - 힘써 변하여질 월
    艾 - 고치고 두들겨서 세워 다스릴 예

징이나懲俚那 칭칭稱稱 나네
우리 모두가 수상한 용의자를 색출해서 혼내 주자.

    懲 - 징계할 징. 타일러서 혼내 주자 징
    那 - 어찌, 조금. 언뜻 보아서 짧은 순간에
    俚那 - 언뜻 보아 수상한 사람
    稱稱 - 일으킬 칭. 그렇게 하자, 그렇게 하자. 앞에 나온 말을 거듭
        강조함.
    나네 - 나와 너

전쟁 때에 부르던 슬픈 노랫말입니다.

달밤에 손잡고 희희낙락하던 노래가 아니고, 전란의 참화 속에 찢어진 한을 품은 백성들의 피 맺힌 노랫말입니다.

~쉬지 말고 성곽 보수하며 수상한 놈 색출하여 잡아라.

선조들의 애통한 가슴 서늘한 노랫말이죠.

개나리開娜里

마음을 활짝 열어놓고 스스로 취하여 휘청거림이 아름답게 보인다. 천진난만하여 야하고 매력에 끌린다. 15, 6세 활짝 핀 처녀를 말합니다.

 開 - 스스로 열릴 개, 저절로 벌려질 개
 娜 - 휘청거림이 아름답게 보인다.
 里 - 꾸밈없이 이루어진 리
 開娜里 - 님 보고픈 열정에 취해서 휘청거리는 모습

멋진 표현이죠.

기화자氣和自

기분이 자연스럽게 스스로 합하여 한 덩어리가 된다.

 좋다 - 조화롭다.
 얼시구 - 어울려지기 쉽고
 절시구 - 저절로 쉽게 어울려진다.
 니나노 - ~이 나 너입니다.
 이 - 이 사람 잘 모르는 사람. 너와 나

스리스리 - 쉽게쉽게
아리아리 스리스리 - 진작부터 다 알고 있다.
동동同同 - 우리들 모두가
늴리리야 - 새로이 즐겁게 시작한다.

앞에 '아'라는 무성음이 있는 겁니다.
'얼~시구시구 들어간다'는 얼른 쉽게쉽게 들어간다, 인사를 생략한다는 말이고, '내 간장肝腸 다 녹는다'는 좋아서 간장이 녹는다는 겁니다.

어기어디어 - 당기고 밀고. 어기어차
叉(또 차) - 당기고 또 당겨라. 거듭 반복해서
좆같은 놈 - 좋은 것 같은 사람, 좋은 것 같은데 아니다.
십할(十活) - 성공할 사람
시불할(十不) - 싹수가 틀린
개자식 - 욕은 아니고 지금 당장엔 필요 없는 녀석이다.

여기서 개는 견犬이 아니고 술戌입니다. 보호유지 유배 귀양 등으로 심하게 나쁜 뜻은 아닙니다.

나쁜 놈 - 욕심쟁이. 나밖에 모르는 사람. 제 생각만 하는 녀석
얼시구절시구 - 이렇게도 쉽게 어울리고 저렇게도 쉽게 어울리고
바보 - 바라만 보는 사람. 욕심 없는 사람, 착한 사람입니다.

혼이 듬뿍 담긴, 멋들어진 말을 모르면서 그냥들 쓰는데 알면서 쓰면 더욱 흥겹고 즐겁지 않겠습니까.

정읍사井邑詞는 음사淫辭

정읍사는 질퍽하게 섹스하는 노래 음사淫辭가 분명한데도 국어교과서에 실어 놓고는 엉뚱하게 가르칩니다. 장사하러 간 남편을 기다리는 아낙의 애절한 사랑노래로 둔갑시켜서 가르치죠. 옛 말은 설명 안 하고 그냥 대충 넘어가면서 감탄사다 하면서….

감탄사가 조금 요상해 보이네요? 하면, 선생님이 야 인마, 시끄러워! 하고, 어물쩍 넘어갑니다. 말하기가 낯 뜨겁고 사실이 아닌 것을 다들 알고 있는 겁니다.

정읍사는 조선조 11대 중종, 중종실록 31권에 처용가處容歌, 동동사動動詞, 쌍화점雙花店 등과 함께 음사淫辭로 규정해서 금지령 내렸던 가사歌詞입니다. 야한 섹스의 노래라고 규정한 것입니다. 9대 성종 때에도 정읍사는 음사라고 못 부르게 금지시켰던 노래입니다.

역사적인 자료 수집은 소설가 이영희 씨의 소설 『달아 높이곰 돋아사』에 소상히 기록되어 있습니다. 한 번 읽어보세요.

이영희 씨는 소설가 이전에 언어학자입니다. 『만엽집』을 번역한 분이고요.

처용가나 동동사는 너무 튀어서 가사 내용을 바꿔서는 해석을 할 수 없습니다. 처용가는 신라의 향가이고, 동동사는 고려의 향가입니다.

처용가

서라벌 밝은 달이랑 밤드리 노니다가

들어와 자리 보니 가랑이가 넷이어라
둘은 내 해이고 둘은 뉘 해인가?
본시는 내 해다만 앗긴 것을 어찌할꼬!

처용이 처가 웬 녀석과 섹스하는 현장을 목격하고 슬며시 자리를 비켜 주며 나가서 부른 노래입니다. 관대한(?) 남편으로 그려진 것인데…, 사실은 그런 것이 아닌 것으로 보입니다.

처용은 신라인이 아니고 아랍 사람입니다.

왕릉에 세워진 망부석을 보면 아랍인의 얼굴이 많아요. 당시에 외국인의 지위를 짐작할 수 있는 것입니다. 처용은 해상무역을 하는 외국인인데, 신라의 귀족 딸하고 살았으니 현지처인 것으로 생각됩니다. 첩이죠. 첩이 내로라하는 권문세도가로 귀족의 딸인데 외간남자와 동침을 한다고 해서 외국인인 처용의 처지로 어찌할 수가 없었던 것이겠지요. 사실은 죽여 버리고 싶었겠지만 말입니다.

처용가는 가사가 너무 튀어서 내용을 변조할 수가 없게 되어 있고, 고려의 향가 동동사, 쌍화점은 옛말의 소절이 너무 길어요. 4절까지 있어서 변경시키기 어렵게 되어 있습니다. 모두 프리섹스의 노래입니다.

쌍화점

쌍화점에 쌍화 사러 가고딘
회회 애비 내 손모글 쥐더이다
이 말씀이 집 밖에 나명들명
다로러 거디러~
쪼꺼마칸 새끼 광대 네 말이라 호리라

더러듕셩 다리디러 다리러디러 다로러 기디러 다로러
긔 잔데 나도 자라 가리라
위 위 다로러 기디러 다로러
긔 잔데 같치 더 크츠니 업다.

쌍화점은 만두가게입니다. 쌍화점에 만두를 사러 갔더니 주인 되놈 왕 서방이 내 손목을 잡더라. 그래서 섹스를 했는데, 해 본 중에서 물건이 제일 크더라 하는 얘기이고, 못 잊어 그놈 자는데 나도 가서 함께 자겠다, 섹스하러 가겠다 하는 말입니다. 바람피우는 얘기, 음사죠.

고려 25대 충렬왕 때 음악에 맞추어 춤추며 궁중연회에서 불렀다고 합니다.

삼장사에 불 키러 갔더니
그 절 지주가 내 손모글 쥐더라
이 말쏨이 절 밖에 나명들명
다로러 거디러~
쪼꺼마칸 새끼 상좌 네 말이라 하리라.
더러듕셩 다리러디러 다로러 거디러 다로러.기다러 다로러
그 자리에 나도 자러 가리라
위 위 다로러 거다러 다로러
긔 잔 데 같이 더 울창한데 없더라.

삼장사 절에 불공드리러 갔더니 그 절 주지가 내 손목을 잡더라. 소문이 나면 새끼 중 네가 거짓말한 거라 할 것이고….
해 본 중에서 가장 힘이 좋고 울창해서 또 불공드린다고 핑계대고

가서 섹스하겠다는 질퍽한 음사입니다.

다리러디러 다로러 거디러 다로러 기다러 다로러는 몽골인의 노래 〈흐미〉입니다. 당시에 원나라의 지배를 받았거든요.

동동사는 서로 주고받는 노랫말로, 쌍화점 주인, 절의 주지, 술집 주인, 별의별 사람이 다 나오고 우물 속의 용왕에 이르기까지 줄줄이 노닐며 음탕하게 프리섹스로 실컷 놀아났다는 음사인데 보시다시피 가사가 변형하기 어렵게 되어 있어요.

그래서 백제사百濟詞를 손댄 것으로 보여집니다.

정읍사는 백제의 향가로 변형이 가능하게 보였던 모양입니다.

정읍사

    달하 높이곰 도다샤
    어긔야 머리곰 비취오시라
    어긔야 어강됴리
    아으 다롱디리
    전 져재 녀러신고요
    어긔야 즌대랄 드대욜세라
    어긔야 어강됴리
    어느이다 노코시라
    어그야 내 가논 대 졈그랄셰라
    어긔야 어강됴리
    아으 다롱디리

교과서에는,

> 달님이시여 높이 돋으시어
> 멀리 좀 비춰 주시오
> 내 님은 시장에 다니시던가요
> 아! 진 데를 디딜까 두렵습니다
> 어느 것이든 다 놓아 버리세요
> 내 님이 가시는데
> 날이 저물까 두렵습니다.

로 해설하고, '어긔야 어강됴리 아으 다롱디리'는 감탄사로 가락에 맞추는 뜻 없는 소리라고 빼 버리고 설명 없이 넘어갑니다.

감탄사가 왜 뜻이 없습니까? 감격해서 저절로 터져 나오는 함성인데요. 몰랐을 리가 없지요. 학자들인데…. 이걸 몰라서야 국어학자라 할 수 있습니까?

고려향가나 신라향가를 비교해 보면 당장 답이 나오는 것이고, 삼국유사에도 유사한 것들이 줄줄이 많이 나옵니다. 별의별 진한 얘기가 많아요. 정읍사는 바꾸어 해석하도록 누군가가 고의로 변조한 것입니다.

음사는 사실대로 설명할 수가 없는 것이죠. 낯이 뜨거워서 말입니다. 가사가 너무 진해요. 더구나 한창인 청소년의 교과서에 싣기는 더욱 난감하죠.

필자가 보기에 제목은 '정읍사'인데 가사 내용하고 정읍하고는 전혀 다릅니다. 설명 안 하고 넘어가는 옛말을 몰라도 그 음색音色이 남편을 기다리며 근심하는 것으로 보기 어렵다고 생각됩니다. 속인 거죠! 교과서에 올려놓으려고요. 사실을 왜곡한 것입니다.

필자는 국어학자도 아니고, 단지 잘못된 점을 지적하여 학자들의 소임을 묻고 싶은 것뿐입니다.

백제 때에는 정읍을 정촌현井村縣이라 했습니다. 정읍은 백제가 망하고 통일신라 경덕왕 때에 비로소 정읍현井邑縣으로 바뀐 것입니다.

정읍사는 백제의 노래입니다. 지명하고는 아무런 상관이 없다는 말을 하는 것입니다. 누군가가 교재에 올리려고 억지를 부려 꾸민 것이 분명합니다. 물론 잘나가는 학자이겠죠.

정읍사는 여성상위 질퍽한 섹스 음사가 분명합니다.
국어교과서에 실리기에는 낯 뜨거운 향가입니다.

   井邑詞 - 섹스에 최고로 끝내주는 야한 음성
   井邑 - 우물 중에서 가장 최고
   井 - 여성의 성기
   邑 - 영지. 가장 화려하고 야한 서울
   詞 - 알린다

최고로 야한 우물의 소리를 알린다.

음담입니다. 노랫말을 보면 제목(정읍사)의 뜻을 알 수가 있죠. 옛말(고언어) 해설은 접고 큰 흐름만 번역합니다.

- 달하 노피곰 도다샤

달하 - 남자의 성기. 달아(후끈 몸 달아)오르는 남자의 성기
노피곰 도다샤 - 높이 좀 돋아나서

아직 발기가 덜 된 모양입니다. 분명 여성상위죠. 발기가 덜 돼서 아직 거기에 이르지 못해 애가 타서 말이죠. 제발 좀 빨리빨리 커서 우뚝 돋아나라.

- 어긔야 머리곰 비취오시라

어긔야 - 노 젓는 행위. 구석구석 다양하게. 허리 놀림입니다.
머리곰 - 귀두부. 팽팽하게 발기되어 귀두부가 커야 뻐근한 포만감을 느끼죠.
비취오시라 - 뿌듯하게 밀어 넣어 달라는 주문인데 참 멋있는 말이네요.

- 어긔야 어강됴리 아으 다롱디리

어긔야 어강도리 - 구석구석 다양하게 여간 좋으리. 나룻배에 놋좆이라는 것이 있죠.
아으 다롱디리 - 아흐흐, 뿅 가서 좋아 미치네.
참말로 야한 음색이죠. 절정에서 저절로 토해 내는 신음소리.

- 젼冭 져재 녀러 신고요

젼 져재 - 우뚝 솟은 큰 자지
젼冭 - 팔뚝만큼 발기된 남자 성기. 좆 내려 신고요.
여성상위 맞죠? 뭐에다 뭘 신겨 줍니까? 그런 게 있지요. 해 보신 분은 다 알아요. 시방 위에서 다 해 주는 겁니다. 능란한 테크닉, 죽여주는 여자, 대단한 색골 여자 중의 가장 야한 여자가 정읍입니다.

- 어긔야 즌대랄 드대욜셰라
즌대 - 젖은 데
드대욜셰라 - 질퍽하게 흘러내려 질감이 덜할까 봐서

- 어긔야 어강됴리 - 허리 놀림. 여간 좋으리.

- 어느이다 노코시라
쏟아질 듯 참으면서 어느 때에 터트릴까요? 서로 타이밍을 맞추려고 하는 거죠.

- 어긔야 내 가논 대 졈그랄셰라
먼저 사정하면 질퍽하게 젖을까 봐 참아 가면서.

- 어긔야 어강됴리 아으 다롱디리
질퍽하게 움직이며 까무러치게 서로 한창 중입니다.
아으 다롱디리… 절정에서 터지며 토해 내는 신음! 파르르 떨고 까무러친 것 같죠.

정읍사는 음사淫辭입니다. 이것은 역사적인 사실이 있고 누구도 부정할 수 없습니다.

필자는 정읍사 내용에는 관심이 없습니다. 조금은 다를 수도 있겠죠. 뻔히 알면서 속여 가르치려고 고의적으로 꾸민 점을 말하는 것입니다. 더구나 백년대계를 세워 가르치는 교과서에서 고전을 고의로 변형시켜 억지 부려 가르치도록 한다는 점을 지적하여 말하고 싶은 것입니다.

좀 이상하다는 거, 선생님도 학생도 다들 알아요. 이걸 모르고 교과서에 실었다면 학자가 아닙니다. 학자의 소임은 미래를 향하여 깃대 든 사람이어야 합니다. 그게 학자의 소임입니다.

진실을 왜곡하거나 모르고는 글을 쓰면 안 됩니다. 따라서 학자는 자기 쓴 글, 자신의 학문에 책임을 질 수 있어야 합니다.

그것이 학문을 하는 학자의 본 모습이죠.

제 5 장

<ruby>天<rt>천</rt>地<rt>지</rt>不<rt>불</rt>仁<rt>인</rt></ruby> <ruby>以<rt>이</rt>萬<rt>만</rt>物<rt>물</rt>爲<rt>위</rt>芻<rt>추</rt>狗<rt>구</rt></ruby> <ruby>聖<rt>성</rt>人<rt>인</rt>不<rt>불</rt>仁<rt>인</rt></ruby> <ruby>以<rt>이</rt>百<rt>백</rt>姓<rt>성</rt>爲<rt>위</rt>芻<rt>추</rt>狗<rt>구</rt></ruby> <ruby>天<rt>천</rt>地<rt>지</rt>之<rt>지</rt>間<rt>간</rt></ruby> <ruby>其<rt>기</rt>猶<rt>유</rt>槖<rt>탁</rt>籥<rt>약</rt>乎<rt>호</rt></ruby> <ruby>虛<rt>허</rt>而<rt>이</rt>不<rt>불</rt>屈<rt>굴</rt></ruby> <ruby>動<rt>동</rt>而<rt>이</rt>愈<rt>유</rt>出<rt>출</rt></ruby> <ruby>多<rt>다</rt>言<rt>언</rt>數<rt>삭</rt>窮<rt>궁</rt></ruby> <ruby>不<rt>불</rt>如<rt>여</rt>守<rt>수</rt>中<rt>중</rt></ruby>

　지극히 단순한 문장인데도 핵심을 못 잡고 번역을 잘못해서 성인을 까뭉개 버리다가 사문난적을 당하는 문장인데, 지금도 그렇게들 번역하고 있습니다. 죽을 짓을 하는 거죠.
　문장에서는 어떤 상황에서 누가 누구에게 무엇을 무슨 일 때문에 하게 된 말인가? 하는 확실한 그림이 있어야만 해설이 제대로 되는 것입니다. 고전은 문장 전체의 내용을 먼저 파악한 후에 해설을 하라는 겁니다.
　이 문장은 도를 공부하는 사람이 수도 정진을 하다가 잠시 쉬는 시간에 수좌에게 성인(도인)이 나서서 이 시끄러운 세상을 싹 쓸어버리고 세상을 바로잡아야 하는데, 왜 하지 않고 가만히들 있느냐고 울화통이 터져서 흥분하여 묻는 장면의 그림입니다. 문장에서의 상대가 정치 지망생인 듯한데, 이 수도장에 공부하러 온 학생으로 보입니다.
　옛날에는 수도장이 사설 교육기관으로 우리의 서원書院 비슷한 구조로 서書, 무武, 예藝, 수도修道 등을 겸해서 가르쳤는데 수좌가 지도합니다.

수도를 함께하는 최고의 우두머리는 요즈음 체육관 사범과 비슷한 위치이고, 여기서 말하는 성인은 도인으로 수도장의 총림으로서 종정인 셈인데 뵙기 어렵겠지요. 종장宗長님이신데 만남이 함부로 쉽게 가능하겠습니까?

지금 군주가 폭군으로 세상이 어지럽고 백성이 고생막급하고 시국이 뒤숭숭한데 우리 선생 같은 훌륭한 분이 나서서 세상을 꽉 뒤집어 버렸으면 좋겠다, 하는 뜻의 물음에 수좌가 대답하는 것으로 보이는 문장이에요.

수좌가 성인을 천지에 비유해서 성인(도인)의 소임을 설명하고 본말은 맨 끝에 있는 "다언삭궁多言數窮 불여수중不如守中"입니다.

쓸데없는 말 하지 말고, 네 소임인 공부나 하라는 아주 평범한 문장입니다. 요것을 덧보태고 요상하게 번역해서 말썽을 일으키는데 문장을 잘 새겨서 보십시오, 필자가 잘못인가.

> 천지는 만물에 관여하는 것이 아니다.
> 성인(도인)의 소임도 백성의 삶에 관여하는 것이 아니다.
> 쓸데없는 걱정 하지 마라.
> 천지는 풀무처럼 생겨먹은 것이어서 속이 텅 빈 것이지만 쭈그러지 지 아니하고, 쓰면 쓸수록 계속해서 바람을 뿜어내지 않는가?
> 세상도 똑 마찬가지야.
> 세상이 텅 빈 것처럼 보이지만 쓰면 쓸수록(죽이면 죽일수록) 계속해서 새로운 인물이 생겨나게 마련인 게야!
> 말이 많으면 고생을 재촉하는 거라고.
> 제발 입 조심하시게.

도올 번역
천지는 인자하지 않다. 만물을 풀강아지처럼 다룰 뿐이다.
성인은 인자하지 않다. 백성을 풀강아지처럼 다룰 뿐이다.
하늘과 땅 사이는 꼭 풀무와도 같다.
속은 텅 비었는데 찌부러지지 아니하고 움직일수록 더욱 더 내뿜는다.
말이 많으면 자주 궁해지네.
그 속에 지키느니만 같지 못하네.

차이가 많이 납니다.
세상이 뒤숭숭하고 무슨 일이 벌어지고 있는 것 같은 느낌이 들어요. 말 함부로 하다가는 하루아침에 궁해진다는 걸 보면 막 잡아다가 죽이는 참혹한 상황인 듯싶어요. 유신정부 박통 때 생각이 나네요.
여기서 성인은 자기 스승인 종장, 선인을 부르는 말인 듯싶어요. 문장의 핵심은 백성을 다스리는 정치는 군주의 몫이다, 하는 말입니다.
성인은 백성을 다스리지 않는다는 문장을, "성인은 인자하지 않다. 백성을 풀강아지처럼 취급한다."고 잘못 번역한 것입니다.
성인은 자비심으로 가득한 분을 말하는 것이고, 자비심이 바다처럼 가득해져야 성인으로 불리는 겁니다. 성인의 칭호는 쟁탈해서 빼앗고 군림하는 것이 아니라 사람들이 마음속에서 우러나서 흠모하며 존경으로 부르는 것이 아닙니까?
"성인은 착하지 않다. 백성을 풀강아지 취급한다."고 번역하면, "성인 좋아하시네!", "성인! 웃기는 소리 마라. 성인은 백성을 풀 강아지 취급하는 거야!"
감感이 이렇게 흐르게 되거든요. 성인을 지금 욕보이는 짓을 하는 것 아닙니까? 성인과 무슨 억하심정이라도 있는 듯싶은 번역 아닙니까?

왕필과 도올이 일치해 보입니다. 도올이 왕필을 따라간 것이 아니겠습니까? 평생을 노자와 함께 사노라 하는 분이 왜 번역을 이렇게 하느냐 하는 말이에요. 성인을 까발려서 뭘 어쩌려고. 그러면 돋보일 것 같은가요?

같은 문장의 번역이 왜 서로 엄청나게 다르게 되는가?

해설에서 가려 봅니다.

천지불인 이만물위추구 성인불인 이백성위추구

天地不仁 以萬物爲芻狗 聖人不仁 以百姓爲芻狗

芻 - 꼴 추. 건초, 베어 묶은 풀
狗 - 개 구. 강아지

추구芻狗가 뭐냐 하면, 중국에서는 하늘에 제사를 모실 때에 풀로 강아지처럼 만들어서 우리네 제사지낼 때에 모사茅沙처럼 썼다고 합니다. 추구나 모사는 제물이 아닙니다. 없어도 되는 것이죠.

추구는 제물의 대상이 아니고 없이도 능히 제사를 지낸다는 말입니다. 여기서는 "중요하게 여기지 않는다." 정도로 해석하면 됩니다.

취급한다, 안 한다가 아니고 그냥 대상이 아니라고 하는 말이에요. 번역의 차이를 봅시다.

천지불인天地不仁 이만물위추구以萬物爲芻狗

도올은 불인不仁을 "인자하지 않다. 착하지 않다. 백성을 풀강아지 취급한다."고 번역했어요.

필자는 "관여하지 않는다. 상관하지 않는다."로 번역을 합니다.

관여하지 않으면 착하지 않은 것이 됩니까? 옆에 있는 사람을 있거나 말거나 상관하지 않으면 착하지 않은 것이 됩니까?

전철이나 기차를 타고 가는데 옆자리 사람을 상관하지 않으면 착하지 않은 사람입니까? 말을 걸고 관심을 가져야만 착한 사람이 되나요? 仁이란 글자는 처지가 서로 다른 사람이 어울려 잘 지낸다. 그것을 어질다 하는 것입니다.

　　不仁 - 관여하지 않는다. 상관하지 않는다.

어울려 친하게 지내지 않는다는 말입니다. 상관하지 않는다고 착하지 않다고 그의 성품을 말할 수 없는 것입니다.

『논어』에서 공자 왈 仁은 심미적인 감성을 말하는 것입니다. 서로 기분 좋게 지내려면 적절한 규제인 예절이 반드시 따라야 한다고 실례를 들어서 말한 것이 『논어』입니다.

성인은 백성에게 관여하지 않는 것이 성인 됨의 예절이고 성인의 仁입니다. 백성에게 불인해야 하는 것이 성인의 본분입니다.

백성에게 관여하면 치자治者가 되는 거죠. 치治는 군주의 몫입니다. 성인은 정치와는 무관하다고 한 말입니다.

천지라는 것은 천지 스스로 자기가 할 일을 할 뿐이다. 그게 천지의 본분이다.

천도天道는 무친無親입니다. 만물을 키우고 돌보고 하는 것은 천지의 소임이 아닙니다. 천지가 착하니 안 착하니, 인자하니 인자하지 않니 하는 천지의 성품을 따지고 있는 문장이 아니란 말입니다. 천지의 소임이 만물을 키우는 것이 아니다, 하는 것뿐입니다.

성인불인聖人不仁 이백성위추구以百姓爲芻狗

필자는 "성인은 백성들에게 관여하지 않는다."라고 번역합니다. 도올은 "성인은 인자하지 않다. 백성을 풀강아지처럼 다룰 뿐이다."라고 했어요. 왕필을 따랐어요. 번역에 차이가 크죠?

단순하게 그냥 성인은 정치에 관여하지 않는다는 말입니다. 당연한 말씀이지! 백성을 다스리는 정치는 군주의 몫이다, 하는 겁니다. 백성을 다스리는 것은 성인이 하는 일이 아니다. 단지 그 소임을 가려서 하는 말이지, 착하고 안 착하고 하는 성인의 심성을 말하는 문장이 아닙니다.

성인이 백성을 풀강아지 취급하니, 성인은 착한 것이 아니라고 잘못 해석하는 게 문제입니다. 이 문장에서는 백성에 대한 성인의 성품을 말하는 것이 아니라 성인의 소임이 백성을 다스리는 것이 아니라는 것을 말한 겁니다.

성인은 백성들을 대상으로 하는 것이 아니다. 성인의 소임은 오로지 바르게 살며 만인의 스승일 뿐이지 백성을 다스리는 정치를 하는 것이 아니다. 백성을 다스리는 것은 군주의 몫이다.

지극히 당연한 말을 한 것인데, 성인은 착한 것이 아니라고 비방하며 뭉개 버리는 짓을 하면 어쩌자는 것입니까? 어떻게 학자라 할 수 있을까요?

지자知者는 미래인, 미래를 향하여 깃발 든 자라야 학자라고 합니다. 치자治者는 현실을 운영하고 운영의 좌표는 학자가 만들어 주는 거 아닙니까? 학자들이 만들어 준 것을 집행하는 것이 정치죠. 그러니 세상은 결국 학자가 책임을 지는 셈입니다.

학자는 고귀한 신분이고 미래의 등불입니다. 희망이죠. 미래를 향한 깃발 든 존경의 대상임에 틀림이 없습니다. 그래서 학자는 학자의 소임이 있는 것이죠.

석존이 출가를 했든 야반에 도주를 했든, 예수가 독생자이건 사생아이건 그 역사적인 사실은 중요한 게 아닙니다. 기면 어떻고 아니면 어떻습니까? 꾸미고 덧칠해서라도 믿고 따르며 배우도록 할 수 있는 겁니다. 훌륭한 성인으로 인간의 삶에 귀감이 되게 한다는 사실이 더 중요한 것입니다.

학자는 어떠한 경우에라도 성인을 손상시키는 짓은 하면 안 됩니다. 부추겨서 성인의 말씀을 귀감으로 따르도록 하는 것이 학자의 몫입니다.

세상은 지식인이 책임을 지는 겁니다. 본래 지식이 그런 것 아닙니까? 그걸 하려고 고생하며 배우는 것이고요.

도덕경을 하도 이상하게들 번역해서 해 보는 소리입니다.

천지지간　기유탁약호　허이불굴　동이유출
天地之間　其猶橐籥乎　虛而不屈　動而愈出

猶 - ~와 같다.
橐籥 - 풀무
屈 - 쭈그러든다.
愈 - 나을 유, 그대로 유

세상은 풀무처럼 생겨먹은 것이어서 속이 텅 빈 것이 쭈그러들지 않고, 쓰면 쓸수록 계속해서 바람을 뿜어 내지 않는가? 세상이 시끌벅적 나라가 쑥대밭이 될 것 같지만 천만의 말씀. 유능하신 분들이 세상에 널려 있습니다. 그러니 너 따위 놈이 걱정할 일이 아니다, 요게 본말입니다.

　쉬는 시간에 웅성거리며 어쩌고저쩌고 정치얘기를 했겠지요. 흥분해 가면서 썩은 세상 싸~악 뒤집어엎어야 한다느니, 누구누구가 세상을 잡아야 하는데 잡아 죽였다는 둥 어쩌고 해 가면서…. 흔히들 그러잖아요. 이놈의 세상 콱 뒤집어엎어야 한다는 둥.

　옛날이라고 안 그랬겠습니까? 흥분해서 떠들어 댔겠죠. 그러는 것을 수좌가 보고 쓸데없는 수다 떨지 말고 수도나 하라고 한마디 한 문장입니다.

多言數窮　不如守中
(다언삭궁　불여수중)

　數 - 매우 빠르다
　窮 - 그치다.
　數窮 - 하루아침에 그치다.

　말이 많으면 하루아침에 잘못되는 수가 있다! 입 다물고 네 할 일이나 해라. 공부나 해라. 그게 네 소임이다. 네 녀석이 걱정할 일이 아니다.

　이게 본말이고 문장의 핵심입니다.

'다언삭궁多言數窮 불여수중不如守中'은 '성인불인聖人不仁 이백성위추구以百姓爲芻狗'와는 전혀 연관이 없는 문장입니다.

위 문장을 성인불인에 연결시켜서 "모르면 가만히들 있어!"로 번역해서 성인이 마치 인자하지 않은 것으로 강조해 몰아넣는데 잘못 해석한 것입니다.

문장을 찬찬히 생각해 봅시다. 이 문장은 말을 하게 되는 대상자가 있습니다. 그 사람에게 하는 말입니다. 성인을 욕보이는 게 아닙니다.

불여수중不如守中 - 중간축에도 못 든다.

말이나 안 하고 가만 있으면 중간에나 들지, 그런 말입니다.
보다시피 내용이 깊은 문장이 아닙니다. 입조심하고 네 일이나 잘 하라는 말인데, 이것을 엄청나게들 삐뚤게 써 읊어 대거든요. 아주 신바람이 나서 성인을 뭉갭니다. 그래서 도덕경이 사문난적이 된 겁니다.

진짜로 잘 모르면 불여수중해야지요. 천지나 성인을 논하는 문장이 아닙니다. 얘기의 대상자는 수도처에 공부하러 온 병아리들입니다.
천지야 인자하든 말든 간에 성인은 인자한 것 아닙니까? 인자한 분을 성인이라 한 거예요. 예수, 석존, 공자 인자하신 분들 아닙니까?
사랑과 자비, 어짊을 실천으로 살아가신 존경받는 성인들인데 그분들이 사실은 인자하지 않다고 선동하면 매를 버는 일이지요.

경이라는 것은 그렇게 무식하게 막 쓰어진 것이 아닙니다. 도가도비상도道可道非常道에 온통 정신이 빠져서 헤매는 것으로 보입니다. 본시 인자하신 분을 가리켜 성인이라고 하는 겁니다.

인자하신 최고의 어르신을 성인이라 하는 것인데 성인이 인자하지 않은 거라니 이게 도대체 무슨 궤변인지! 학자라는 분들이 이러시면 안 되지요.

불인은 뒤에 오는 글자와 어울려 '친하게 지내지 않는다, 관여하지 않는다, 상관하지 않는다'로 해석하는 것이 맞을 것입니다.

> 불상현不尙賢 - 훌륭한 사람을 숭상하지 마라.
> 성인불인聖人不仁 - 성인은 인자하지 않다. 백성들을 풀강아지 취급한다.
> 절학무우絶學無憂 - 공부 때려치우면 근심걱정이 생기지 않는다.

이렇게 해석을 하니까 사문난적을 당하고 죽을 짓을 자청하는 것이지요. 왕필을 조상으로 모시며 흠모하고 따른 결과가 아닐는지 안타까운 생각이 듭니다.

박세당朴世堂이란 분이 내 친구 12대 조祖인데 『신주도덕경新註道德經』을 집필하고 사문난적으로 유배 중에 죽었습니다. 후로는 벼슬길에 한 사람도 나가지 못했답니다.

그런데 이분도 번역을 잘못했던 모양입니다. 공자님을 착하지 않다고 했다면 당시로는 당연하지 않았겠습니까? 이분도 도를 잘 모르고 번역해서 당하신 것 같아요.

돈오점수頓悟漸修 돈오돈수頓悟頓修

　우리 선종불교를 망쳐 버린 하택荷澤 스님이 있었죠. 신회화상神會和尙이라고도 하는 중국 남송의 스님입니다.
　하택은 6조 혜능의 수좌로 불경에 통달하고 어려서 신동으로 불리는 총명한 분인데 깨달음에는 이르지 못합니다. 총명함 때문이죠. 혜능이 의발衣鉢을 땅에 묻고 입적합니다.
　도맥의 증표로 의발을 달리 전하면 하택 패거리가 가만있지 않을 것을 알고 있었기 때문입니다.
　혜능이 죽자 두 패로 나누어져서 하택은 북송으로 가서 종단을 형성하여 혜능의 도맥을 이어받았다고 가르치는데 깨달음을 모르니까 교학불교로 바뀐 겁니다.
　불교를 가르치는 종교가 된 것입니다. 복을 비는 종교 기복불교죠. 깨달음을 가르치는 종교가 아닙니다. 요것이 돈오점수頓悟漸修인데 견성하고 나서 점점 닦아서 성불한다. 이생에서는 중생들과 더불어 살며 구제하고, 점차 내생에 다시 태어나서 성불한다. 이것이 대승불교다, 하고 가르친 것입니다.
　그럴듯한 자비심이요 보살행 아닙니까?
　관세음보살 지장보살이 다 그렇다고 하는 것입니다.
　스승인 혜능이 돈오돈수頓悟頓修 견성이 바로 성불이다, 라고 가르친 것인데 거꾸로 가르치는 것입니다. 그 깨달음의 경지를 모르니까 그런 거죠. 시주나 많이 하고 불사나 잘하면 부처님이 잘 봐준다고 하는 것입니다. 뇌물 바치고 아첨 떨면 부처가 다 해결해 준다는 거죠.
　스승인 혜능이 불교는 깨닫는 종교지 학문하는 종교가 아니라고 가르치고 지침서로 『단경壇經』을 써 놨는데 깨달음이 없으니 알아보질 못한 것입니다.

규봉圭峰이라는 스님도 하택과 사정이 같아서 한패가 된 셈인데, 규봉 스님이 우리의 정통불교 선종을 교종으로 만든 스님입니다.

고려가 원나라의 지배를 받을 때 하택, 규봉의 수하들이 고려에 들어와서 고려의 선불교를 교불교로 바꾸며 뭉개 버린 것입니다. 참선은 어렵고 염불은 쉽거든요. 행사도 많고 재미있고 장사도 잘되고요.

성불은 내세에 또 태어나서 모두 함께하면 되는 것이니 골 아프게 수도할 것 없이 대충 넘어가고 잿밥이나 챙기자, 이게 대승불교라는 겁니다.

수도한다고 선방에 따리 틀고 꾀죄죄하게 앉아 있는 중들은 저 혼자만 득도해 성불하려는 욕심 많은 소승불교 나쁜 놈들이다. 까부숴라, 하고 쌈박질이 터진 것이지요.

선종 교종이 서로 물고 뜯고 삿대질할 때 왕족인 국사 지눌이 정치적으로 결탁해 통합본으로 조계종을 만들어 종지宗旨를 선종으로 표방했으니 타이틀은 지켜 준 결과가 되어 거기까지는 좋았는데….

국사 지눌이 규봉 수하에서 공부를 하다 보니 선禪이 뭔지 잘 모른 것이 그만 탈이 난 게지요. 옛날이나 지금이나 스승, 선배를 잘 만나야 사람 되는 것 아닙니까?

깨닫지 못한 채로 『수심결』을 써서 승려들 교육 지침서로 사찰에 보급한 것이 700년 동안이나 계속되어 오고, 지금도 승가대학에서 교재로 강의하고 있습니다. 불교철학으로는 대단한 내용입니다.

종교는 삶을 가르치는 것이지 철학을 배우는 것이 아닙니다.

견성見性하여 점수漸修해서 성불한다. 이승에서는 출가해서 중생과 더불어 살며 제도하다가 내생에 다시 태어나 성불하자. 이것이 올바른 스님의 자세다. 이것이 대승불교로 부처님의 자비 보살정신이다. 참선하는 것은 깨달아 오직 혼자만 성불하자는 것이니 욕심쟁이 좀팽이들이 하는 소승이다. 대승불교 돈오점수가 진짜 불교다, 하는 것입니다.

  말씀은 그럴듯한데, 이렇게 되면 스님이 승복만 입었지 여느 사람과 다를 것이 없게 되는 것이죠. 깨달음 없이 어찌 중생을 제도합니까? 이렇게 하면 한 사람도 깨달음을 얻을 수 없게 되는 것이고, 놀고 호강하는 집단이 절이 되는 것 아닙니까? 고려가 그래서 망한 것입니다.

  온전히 수도해서 득도를 한 분이 있다 하더라도 설 자리가 없게 되는 거죠. 사찰은 땡초들의 소굴인데 갈 데가 없는 것이 아닙니까? 700년 동안 내려온 우리 불교의 역사적인 사실입니다. 득도하신 고고한 선사님들이 그렇게들 그냥 가신 것이죠.

  "참선을 않고는 절대로 깨달을 수가 없다." 하는데 말입니다.

  지눌이 뒤늦게 깨달아 죽기 바로 전해에 저술한 『절요』라는 책 첫머리에 평생을 숭배하던 하택, 규봉은 정통이 아니라고 선언합니다. 돈오돈수가 맞다. 참선을 해야만 깨달음에 든다고 한 거죠.

  첫 장에 돈오돈수가 맞는다고 못 박아 쓰고는, 책 끄트머리에 가서는 요새는 말세가 돼서 옛날 같지 않게 근기들이 약해져서 그렇게들 못하니 돈오점수라도 해 보자 했다고, 변명을 해 놨는데… 문제가 있는 말이지요. 세상이 어지러울수록 밝음으로 가야 함에도 불구하고 더군다나 국사를 지낸 어른이 지지하게 변명을 한 것 같아요. 그땐 내가 땡초였다 하면 깨끗한 것을 말입니다.

  늦게라도 선禪을 하고 득도하여 돈오점수의 잘못을 밝혀 준 것은 다행한 일이긴 하죠.『수심결』은 철학적으로는 볼만한 가치가 있는 책입니다. 읽을 때『수심결』은 우부소행선이라는 것을 꼭 염두에 두어야 합니다.

조선시대에는 서산대사가 최고였죠.『선가귀감』은 서산대사가 40대에 저술한 것인데, 거기에는 돈오점수도 있고 염불도 있고 온갖 것 다 들어 있는 비빔밥입니다.

80세에 이르러서 저술한『선교결禪教訣』에서는 먼저 쓴『선가귀감』에 기록한 "돈오점수가 찜찜하니 그것은 모두 빼 버려라! 아예 가르치지도 마라." 했다는 겁니다. 공부할 때 지눌의『수심결』때문에 속은 거지요. 울화통이 터졌던 모양입니다.『선교결』은 제자 사명대사에게 준 유서遺書입니다.

성철 스님이 종정이 되자,

"한국 불교는 선은 없고 교만 남아 있다. 중놈이 교학불교 한다는 게 말이 되냐? 부처는 석가부처가 제일이고, 선은 6조 혜능이 할배다. 깨달음은『육조단경六祖端經』혜능이 길[道]이니 딴 짓거리들 말고 몽땅 그리로 가야 한다."

해서 지금 사찰마다 선방은 많은데 지도력이 탁월한 선사가 많지 않아서 지도하심이 확실하지 못하다고들 합니다.

한두 사람의 잘못으로 해서 벌어진 참상이 아니겠습니까? 글을 함부로 써서야 되겠는가? 하는 고민이 생깁니다.

제 6 장

$$\underset{곡신불사}{谷神不死} \ \underset{시위현빈}{是謂玄牝} \ \underset{현빈지문}{玄牝之門} \ \underset{시위천지근}{是謂天地根} \ \underset{면면약존}{綿綿若存}$$

$$\underset{용지불근}{用之不勤}$$

    솟아나는 영롱한 정기는 소멸되는 게 아니고,
    그게 오묘한 깨달음을 만들지.
    그 오묘한 밝은 것이 몸을 이루는 뿌리요,
    가늘고 길게 연약하여라.
    급히 서두르면 안 되느니.

    도올 번역
    계곡의 하느님은 죽지 않는다.
    이를 일컬어 가믈한 암컷이라고 한다.
    가물한 암컷의 아랫문, 이를 일컬어 천지의 뿌리라 한다.
    이어지고 또 이어지니 있는 것 같네.
    아무리 써도 마르지 않는도다.

~전혀 다릅니다.
  도올은 이 대목이 자기가 가장 좋아하는 구절이라고 부언하면서 왕필의 주석을 예로 들고, 다른 사람들도 이 대목에서는 왕필과 별반 차이가 없다 했는데, 천만의 말씀! 필자는 번역이 전혀 다릅니다.

왕필의 주석

欲言存邪 則不見其形 欲言亡邪 萬物以之生 故綿綿若存也
_{욕언존야 즉불견기형 욕언망야 만물이지생 고면면약존야}

그것이 있다고 말하려고 하면 그 형체를 볼 수 없고, 그것이 없다고 말 하려고 하면 만물이 그로부터 생겨나고 있다. 그래서 있다고도 없다고도 말하지 않고 "면면이 있는 것 같다."라고 표현한 것이다.

면면약존綿綿若存을 설명한 겁니다. 괜찮아 보이는 설명인데 무엇을 말하는 것인가? 하는 그것이 문제입니다.

무엇을 설명하는 것일까? 우주론인가, 아니면 대자연의 섭리? 암컷의 거기 숭배론인가?!

세상 모든 것이 다 암컷의 사타구니에서 생겨난다. 그러니 거기가 곡신谷神이고, 그게 바로 현빈玄牝이라는 것으로 만물의 어미다. 만물이 모두 그 구멍에서 생겨났으니 그 구멍이 천지의 뿌리다. 그러니 암컷구멍을 잘 알아 모셔라. 아무리 써 먹어도 써 먹어도 마르지 않으니 아낄 것 없다.

뭐 그런 식의 번역인데, 천만의 말씀이다. 해설이 도덕경으로서는 좀 혐오스럽지 않은가? 문제는 곡신과 현빈이 뭐냐? 하는 것입니다.

곡신을 사타구니 구멍으로 계곡의 신이고, 현빈을 암컷으로 본 것인데 그 말이 맞느냐? 하는 것입니다.

천만의 말씀! 그게 아닌데 어쩌면 좋아요? 전혀 아닙니다.

문장 설명에 앞서서 여조가 썼다는 『금화종지金華宗旨』 1장 천심편天心篇 한 구절을 봅시다.

태조(노자)가 동화제군東華帝君에게 전하고 다시 여조(여동빈)가 받아 글로 써서 전한 것이다, 전제하고—.

此一處也 按卽玄牝之門 以意引之 光立隨臨 而毋忘若如二字玄義 天
心 必自洞啓

여기에 현빈지문玄牝之門이라 씌어 있죠? 번역해 보겠습니다.

그렇게 하면 한곳에 모이게 되어 밝게 비치는 빛이 마치 햇빛을 보는 듯이 눈이 부시다. 마음으로 그것을 이끌어 누르면 빛이 곧 따라오게 되는데, 이때 꼭 잊지 말 것은 있는 듯 없는 듯 생각을 잊어버린 듯이 마음을 가져야 한다. 그러면 천심이 저절로 훤하게 열리는 것이다.

若 - 모든 것의 이치가 결국 하나로서 차별이 없다.
如 - 지극하다.

도교 선수련에서 수심정기하여 온양溫養에 드는 과정을 설명한 것인데 도덕경 6장과 맥락이 비슷한 문장입니다.

먼저 수심정기 수련해서 석문石門을 열어 곡신을 이루고 대맥운기大脈運氣해서 주천周天한 다음에 대주천大周天해서 온몸에 고르게 유통시킨 연후에 천목天目에 온양을 시키면 채약採藥이 만들어지고, 기화신氣化神해서 두정頭頂 뚫고 출신出神시켜야 비로소 도계道界에 입문하는 것입니다.

도교는 살아서 무색계無色界의 세계를 넘나드는 것입니다. 윤회나 죽어서 부활이니 극락이니 천당이니 하는 것이 없어요. 이승에서 영생하는 신선입니다.

사찰 삼성각三聖閣에 있는 부처님 탱화를 보면 머리 정수리에서 하늘로 뻗치는 빛의 그림이 있는데 그게 출신시켜서 도계로 들어가는 그림입니다.

　문장 설명에 도움이 되었으면 해서 필자가 수도생활한 정진방법을 체험한 대로 요약해서 적어 보겠습니다.
　정진할 적에 방석을 겹쳐서 뒤를 조금 높게 하는 게 편해요. 숨을 고르게 천천히 가늘고 길게 들이쉬어서 하단전으로 들어오게 하고 내쉴 때는 아주 천천히 내쉬는 방식으로, 이것이 '입식면면入息綿綿 출식미미出息微微'인데, 배꼽 밑 단전인 석문으로 빨아들이는 호흡을 하면 서늘한 기운이 모여요. 반복해서 하다 보면 단단하게 기운이 뭉치면서 압력이 생겨납니다.
　이것을 '곡신'이라고 하는 겁니다.
　처음에는 좀처럼 잘 모이지 않아요. 그런데 한번 모아지면 언제든지 시작할 때는 먼젓번에 모아진 고만큼은 언제든지 모여지거든요. 그래서 이것을 곡신불사谷神不死, 한번 생기기만 하면 언제든지 그만큼은 늘 살아 있다, 하는 것입니다. 그만큼은 언제든지 항상 작용을 하는 것이다, 하는 말입니다. 맞는 말이에요.
　실지로 먼젓번 생긴 그만큼은 항상 작용합니다. 수련은 거기에다 자꾸만 업그레이드하는 거예요. 잠들어도 작용해요. 정신세계로 가기 위한 수련에 필요한 에너지 핵발전소를 세우는 거죠. 음식인 수곡水穀의 에너지로는 어림도 없습니다.
　정진 2시간에 수곡의 에너지 하루치가 소모됩니다. 배고프고 허기져서 어깨가 처지고 머리가 숙여져서 할 수가 없어요. 우선 곡신을 키워 석문에 핵발전소를 만들어야 합니다.
　단전호흡입니다. 원료는 대기 중에 있는 기氣입니다. 터득해서 정진하면 할수록 엄청난 압력이 계속 생겨나요. 자기 체중을 들 수 있을 정도의 힘이 솟아납니다.

이게 바로 곡신입니다.

눈은 가늘게 콧등을 겨냥하여 양쪽 눈의 교차지점을 그냥 응시하면 돼요. 압력이 가슴으로 올라오면 겁먹지 말고 아래로 밀어 보면 사타구니를 통과해서 항문으로, 허리에서 한 바퀴 돌고 등을 타고 올라와서는 가슴을 돌고 목 뒤로 해서 머리 정수리로 가는데 여기서 진동이 심하고 아찔해집니다.

이게 소주천小周天입니다. 쓰러지고 정신을 잃기도 하는데 가만 놔두어도 저절로 깨어나요. 위험하진 않은데 '주화입마走火入魔'라고 겁을 줍니다. 물론 혼자 하면 안 되지요.

말로는 간단한데 쉽지가 않아요. 여기까지가 주천에 이른다는 것이고 1차 수행관문입니다. 자꾸 반복하면 온몸이 한 호흡으로 기가 돌고 발바닥까지 통하는데 몸이 아주 가볍고 기운이 펄펄 나고 피곤함이 없어요. 이게 대주천 2차 관문입니다.

헛것이 보이고 몸이 공중으로 뜨는 경우도 있습니다. 이쯤 되면 천목에 온양을 해서 채약해야 하는데 채약을 여의주라고도 합니다.

천목이 어디인가? 양쪽 눈 거리에서 삼각형의 꼭지점, 불상의 백호 조금 위 지점 표면이 아니고 그 속 전두부의 중심점입니다. 천목에다 염念으로 누르는 듯 이끌면 온양이 되는데, 훈훈한 기운이 맴돌다가 탁구공만 한 것이 생겨서 처음에는 빨개졌다가 세월이 가면서 달빛으로, 다음에는 말간 투명구슬 같은 것이 머릿속 전체를 환하게 해 줍니다.

머릿속에 달이 뜬 겁니다. 닫혔던 잠재의 방이 차례로 열리는 것이죠. 이것을 현빈이라고 하는 것입니다. 선가에서는 현빈 채약 현관玄關이라 하고, 유가에서는 허중虛中 또는 혼魂이라고 하죠. 불가에서 영대靈臺 여의주 나자羅字 현빈이라고도 합니다.

불경 『천수심경千手心經』에도 나자羅字라고 씌어 있습니다. 나자가 바로 현빈이에요.

'字'는 깨달음을 가득하게 한다, 牝과 같은 뜻의 글자입니다.

보시죠, 천수경입니다.

정법계진언淨法界眞言의 현빈(나자) 모습입니다.

<small>나 자 색 선 백　　공 점 이 엄 지</small>
羅字色鮮白　空點以嚴之
부처님과 하나 되는 나자는 한 점의 은빛 선으로 이어지고.
<small>여 피 계 명 주　　치 지 어 정 상</small>
如彼髻明珠　置之於頂上
주먹만 한 아름다운 구슬이 눈부시게 머리 위에 떠 있는 같네.
<small>진 언 동 법 계　　무 량 중 죄 제</small>
眞言同法界　無量衆罪除
진실한 말씀에 따라 올바른 가르침의 세계와 어울리면
헤아릴 수없이 많은 무거운 죄일지라도 한순간에 사라지고
<small>일 체 촉 예 처　　당 가 차 자 문</small>
一切觸穢處　當加此字門
아무리 더럽고 힘든 곳에 있더라도
나자 문을 들어선 이는 어려움이 없으리.

이 상황을 불가 선禪에서는 심지월心志月을 본다 합니다. 앉아 있는 벽면이 무너지면서 달이 창에 비치는 듯합니다. 이것이 우담바라 꽃이 피는 득도의 순간을 말하는 것입니다.

반연진여선을 이루는 과정이고 도가[仙]에서는 금화金華의 꽃이 피

었다 하는데 이제 출신시키기만 하면 선인이 되어 무색계를 넘나들게 되는 것입니다.

문장으로 돌아갑니다.

谷神不死 是謂玄牝
(곡신불사 시위현빈)

필자는 "곡신(단전)에서 솟아오르는 기운은 사라지는 법이 없고 그것이 깨달음을 만드는 기운이 되는 것이다."라고 번역합니다.

도올은 "골검은 죽지 않는다, 계곡의 하느님은 죽지 않는다. 그것은 빔이요 무형이기 때문이다. ……현빈은 가믈한 암컷, 그 암컷의 아랫문을 보아라! 그것이야말로 우리가 살고 있는 이 천지, 하늘과 땅의 뿌리[天地根]가 아니겠는가?"라고 했습니다.

~전혀 해석이 다르죠?

글자를 분석해 보면, 谷神의 谷은 모을 집 두 개, 거듭 모아 솟아날 송, 밑에 펼칠 口. 무엇이 계속해서 거듭 모여 송글송글 계속해서 솟아올라 펼쳐지는 것. 꼭 샘물이 솟아오르는 것만 의미하는 것이 아닙니다.

찌개가 뽀글뽀글 끓는 것도 곡신입니다. 굴뚝에서 연기가 나는 것, 김이 모락모락 나는 것도 곡신입니다.

谷 - 계곡, 골짜기라니? 잘못 짚은 거지요.

谷이라고만 쓴 것입니다. 溪자가 있어야 溪谷, 골짜기로 보는 것입니다. 溪谷神 - 이렇게 씌었어야 그렇게 번역하는 겁니다.

『도가경』의 대가라는 다석多夕 유영모柳永模 선배가 '골검'이라고 번역하니까 따라서 "계곡의 하느님은 죽지 않는다."고 번역을 했는데, 죄송한 말이지만 다석은 왕필을 따라간 겁니다. 씨알 함석헌 선생도 자기 스승 다석을 쫓아간 것이고요.

다석은 노장학老莊學이 불모지나 진배없는 이 조선 땅에 노자 도덕경을 강해講解하고 전파한 선각자로 불리는 분입니다. 남강 이승훈이 세운 오산학교에 조만식 다음으로 교장을 한 분이죠.

오산학교는 조선독립의 초석이 되는 민족학교로 훌륭한 인재를 많이 배출한 학교입니다. 독립운동을 한 애국열사 독립군이 많습니다. 종교 쪽으로는 기독교 거맥을 이룬 김교식, 한경직, 송두용, 주기철, 김주항, 함석헌 등 수도 없이 많지요. 모두 다석 선생이 배출한 제자들입니다. 이 땅의 엘리트들이죠.

다석은 해박한 지식인이요 기인奇人입니다. 성경, 불경, 유교경전, 도가경전 모두 통달하고 입에서 떠나지 않았다 합니다. 춘원 이광수도 오산학교 선생이었습니다. 이 땅에 노장학을 하는 분들 모두 다석의 세손世孫쯤 되는 사람들입니다. 한 자손의 삼대 손이니 아직은 같은 소리를 내는 것은 당연한 일이겠지요.

다석은 저녁 한 끼만 들었는데 조금 많이 드셨나 봅니다. 남강이 그것을 알고 불러 준 것이 多夕이라고 합니다.

어느 날 다석이 제자 몇과 함께 북한산 산행을 했는데 조반도 점심도 안 들었는데 피곤한 빛이 없이 바람처럼 몸이 가볍고 기운이 넘치더라는 겁니다. 이를 본 제자 함석헌이 부끄럽게 여겨 일일일식一日一食하게 되었다 하는데, 씨알 함석헌 옹은 다석의 직계 제자입니다. "다석을 만나지 못했더라면 오늘의 나는 없을 것이다." 한 분입니다.

다석은 평생 널판자 위에서 이불도 안 덥고 추위도 모르고 3, 4시간만 잤다니 도인이죠. 세검정에 살았습니다. 필자는 여러 번 본 적이 있습니다. 이웃에 친구네 집이 있었던 탓이지요.
~다시 문장으로 갑니다.

神 - 신비로울 신. 작용하는 그 이치가 묘하다.

명사가 아니고 형용사입니다. 뭐가 이루어지는 그 오묘한 이치를 神이라 합니다.

동양사상에는 절대자로의 神이 없습니다. 동양의 神은 그렇게끔 되어지는 묘한 작용을 말합니다. 종교개념이 아닙니다. 역학易學에서 많이 씁니다.

곡신, 앞에서 설명이 있었죠? 석문을 열고 세운 에너지발전소, 단전입니다.

도올은 곡신을 "산골짜기의 신, 계곡의 신, 골검[王]"이라고 했지요. 玄, 서로 꼬여 뱅뱅 돌면서 이루어지는 알 듯 알 듯 한 교묘한 작용의 이치입니다.

牝을 글자 분석해 보면 깨달을 牛자에 바꿀 化의 합성글자입니다. 깨달을 우, 바꿀 화. 글자의 뜻은 자꾸만 깨달음을 번식시킨다. 깨달음이 좋아서 새끼를 치는 어미라는 의미입니다. 字와 같은 뜻의 글자죠.

玄牝은 깨달음을 번식시키는 모체로 잠재의식을 깨우는 역할이죠. 암컷의 사타구니가 아닙니다. 앞에서 설명했습니다. 온양을 해서 천목에 만들어진 여의주, 라자죠. 어디에 위치하고 있나요? 여자의 사타구니가 아니고 이마 전두부 속 중심에 있을 겁니다.

　　牝 - 깨달음으로 새끼 칠 빈. 깨달음의 어미 빈.
　　牛 - 깨달을 우죠. 소우변으로 보면 안 됩니다.

깨달을 牛변에 바꿀 化로 봅니다. 깨달음으로 바꾼다.
　심우도尋牛圖라고 사찰 벽에 그려진 목동의 그림에서 소[牛]를 '깨달음'으로 보고 소 찾는 그림이 있죠.
　왕필과 도올이 谷神을 골짜기의 神, 玄牝을 암컷의 구멍으로 보았다는 점이 참말로 기막힌 발상이네요. 여태껏 학자라는 분들이 모두들 다 이렇게 번역해 왔습니다. 대자연의 섭리를 들추며 그럴듯하게 전개시켜 가면서 신바람이 난 것이죠. 왕필, 도올뿐만이 아닙니다. 지금도 다들 이렇게들 번역하고 가르치고 있어요.

玄牝之門 是謂天地根
　　（현빈지문　시위천지근）

필자는 "그 오묘한 밝음이 도를 이루는 몸의 뿌리"라고 번역합니다. 도올은 "가믈한 암컷의 아랫문이 천지의 뿌리가 된다."고 했네요. 해석이 전혀 다릅니다.
　도올의 번역을 볼까요.

　"현빈지문은 여기 아주 분명하게, 여성의 성기의 함의가 드러나 있다. 제1장의 중묘지문衆妙之門이나 여기 제6장의 현빈지문은 모두 농경 사회의 생산성 예찬의 제식과 관련된 어떤 상징일 수밖에 없다. 여성의 성기야말로 모든 생성의 뿌리다. 따라서 우주적 암컷의 성기(아랫문)야 말로 천지의 뿌리라고 노자는 갈파하고 있다."

좀 기가 막히지 않나요?

천지근天地根

사람의 몸체라고 봅니다. 천지근은 사람의 몸을 말하는 거예요. 선가·불가에서는 몸을 영혼이 사는 집이라 하거든요. 몸이 망가지면 영혼이 살 곳이 없다는 것입니다. 그래서 수신修身을 먼저 하는 겁니다.

불·선의 취지는 결국 집인 몸이 망가지기 전에 기화신氣化神해서 출신해라. 살아서 무색계를 넘나들어라. 건강할 때에 수도정진해서 아리령 고개를 넘나들어라. 그렇게 되면 집인 몸이 망가져도 걱정할 일이 없다.

도계道界에서는 인간을 소우주로 보고 인체의 허리 아래를 지地라 하고 윗부분을 천天이라 합니다. 천지동근天地同根이란 말도 인간 얘기입니다. 깨달음의 몸을 이루는 뿌리가 현빈이라는 것입니다.

도가에서는 몸의 건강을 중요하게 여깁니다. 몸이 통짜배기로 화신하여 자유자재로 승화한다는 겁니다. 여기서 말하는 몸은 곡기로 유지하는 육체가 아닙니다. 무색의 몸을 말합니다. 무색은 색이 만듭니다.

육신으로 현빈을 만드는 것입니다. 현빈이 만들어지면 번데기가 허물을 벗고 나비가 되는 것, 그게 선인이죠. 선인이 죽으면 됩니까? 죽으면 신선이 아니죠.

도가에서는 여조가 아직 살아 있다고 하는데 천 수백 살이라고 합니다. 노자는 물론이고 팽조는 은나라 당시 767세, 이팔백 900세, 허충 청운 유화양 등등 숱하게 많아요.

우리나라에도 청운 육계 자하 등 선인 신선이 숱하게 많습니다. 이것이 도의 세계입니다.

綿綿若存
_{면면약존}

가늘고 연약하게.

숨을 들이마실 때는 천천히 가늘고 길게 하단전으로 빨아들여서 가득히 하고, 내쉴 때는 천천히 코끝에 깃털을 달아도 떨리지 않을 만큼 서서히.

단전호흡, 숨 고르는 방법이죠.

숨 고르기를 잘해야 석문에 곡신인 발전소를 만드는 겁니다. 발전소 건설이 잘 되어야 현빈을 이루게 됩니다. 호흡이 가장 중요합니다.

면면약존을 도올은,

"면면이라는 표현은 곧 우주의 생성의 연속성, 그 순환성을 가리킨 것이다. …… 노자는 그 실체의 거부, 우주의 성기가 하나의 실체로서 존재하는 것이 아니라는 그 맥락을 살리기 위해서 약존若存(있는 것 같다)이라는 표현을 쓴 것이다."

라고 했어요.

천만의 말씀! 왕필의 주석하고 똑같습니다. 약존若存이란 숨을 쉬는 것같이 보이지 않는다는 뜻입니다.

경지에 도달하면 숨이 거의 끊기고 맥박도 느리고 죽은 듯싶게 보입니다. 코로 호흡한다기보다 피부로 호흡한다고 보죠. 몸 전체로 숨을 쉬는 것입니다. 고담한천하는 경지입니다

用之不勤
용지불근

필자는 "부지런 떨지 말고 천천히 숨을 고르게 하라."고 번역합니다. 왕필과 도올은 "아무리 써도 마르지 않는다."라고 했어요. 급하게 설치면 머리가 띵하고 어지럽고 혈압이 올라요. 천천히 서서히 고르게 헐떡이지 말고 하라.

勤 - 부지런히
用之不勤 - 부지런 떨지 말고 천천히 하라.

그런데 어떻게 해서 아무리 써도 마르지 않는다 했는지 알 수가 없습니다.

여기까지가 도를 닦는 수심정기의 지침서로 도경道經입니다.
보시다시피 수도를 모르는 학자들이 번역할 수 있는 내용의 문장이 아닙니다. 수도인들은 쉽게 알 수 있죠. 단전호흡하는 사람들도 쉽게 알 수 있을 것입니다. 일반사람들은 전혀 감이 안 옵니다.
도덕경은 수도지침서이지 일반적인 학문이 아닙니다. 도인의 글입니다. 이제껏 봐 온 것처럼 학자로서는 번역은커녕 제대로 이해도 쉽지 않은 글입니다.

6장까지 본래는 한 문장으로 되어 있던 것으로 보여집니다. 쭈욱 연결되어진 내용의 말씀이거든요. 학자들 손에서 변형되어 장으로 나누어지고, 해석도 도道와는 전혀 다른 내용으로 바뀌어 도덕경을 그야말로 '묵사발'로 만들어 주석한 꼴입니다.

7장부터는 내용이 비슷한 것들을 수록한 문장으로 덕경德經인 셈입니다. 구질구질하고 수도하는 도道와는 거리가 먼 것이 많은데, 오도송으로 상태가 좋은 것은 도덕경 상편에 실어 놨습니다. 도라고 규정하는 것 자체가 혼란스러운 것들이 많이 섞여 있으니 잘 새기셔야 할 겁니다.

맹사성孟思誠과 무명선사無名禪師

맹사성孟思誠과 도인 무명선사無名禪師의 문답을 들어 봅시다.

맹사성이 23살 때 파주 원님으로 부임해 갔습니다.

장원급제를 연달아 세 번이나 했다던가요?

현지에 부임해서 소문을 들어 보니, 이름은 모르고 그냥 무명이라고 부르는 유명한 도인이 이 파주 고을에 있다는 소문이 자자했다고 합니다.

해서, 맹사성이 내가 찾아뵙고 덕담을 들어 귀감으로 삼아 현군이 되어야지 잔뜩 벼르고 찾아갔습니다. 원님이라서 주르르 졸때기들을 데리고 폼을 좀 재면서 여봐라 하고 갔겠지요.

가 보니, 아! 글쎄 다 낡아 가는 허름한 절간에 꺼벙한 노인네가

꾸벅꾸벅 졸고 앉아 있는 거라. '허허! 참 내가 헛소문에 홀렸구나!' 속으로 후회하면서, 그래도 예까지 왔는데 말이나 한마디 건네나 보자는 심사로 마주 앉았것다.

"노인장, 내가 이 고을 원으로 부임해 왔는데 현군이 되고자 하니, 한 말씀 해 주십시오."

"그게 뭐 그리 어렵소? 좋은 것만 하고 나쁜 것은 안 하면 되는 거지요."

맹사성은 속으로 '무슨 싱거운 말씀을. 내 짐작대로야! 저 따위 꺼병한 노인네가 알긴 뭘 알겠는가.' 하고는,

"그거야 삼척동자라도 다 알고 있는 게 아닙니까? 허~어 참! 내가 잘못 찾아왔구먼."

하고 일어서려는데,

"예까지 오셨는데, 차나 한잔 하시고 가시지요, 원님!"

하고 도포자락을 잡는 게 아닙니까.

체면에 엉거주춤 앉아 있는데, 아! 글쎄, 이 노인네가 칠칠치 못하게 찻잔에 물이 질질 넘치는데도 모르고 그냥 계속 따르는 거라. 보다 못한 맹사성이,

"노인장! 찻물이 넘쳐서 방바닥을 망치네요."

하니까 이 노인장,

"허참! 찻물이 넘쳐서 방바닥 망치는 것은 아시는 분이, 지식이 넘쳐서 자기를 망치는 것은 왜 모르실까?"

하더랍니다.

크게 한 방 맞고는 혈기에 벌떡 일어나 나오려다가 그만 문틀을 들이받고 불이 번쩍했것다!

무명이 맹사성을 배웅해 보내면서,

"원님, 고개를 숙이고 사시면 부딪치는 법이 없습니다."
라고 당부했다는 것입니다.

이것이 바로 '사부지자使夫智者 불감위야不敢爲也 위무위爲無爲 즉무불치則無不治'인데 요렇게 되어졌을 때에 번역을 "뭘 좀 안다고 껍적거리는 자들로 하여금 감히 꼼짝 못하게 하고, 하는 것 없으면서도 세상에 다스려지지 않는 것이 없다."고 하는 겁니다.

이거 일본이 훔쳐가서 잘들 써먹어요.

맹사성은 무명선사를 스승으로 모시고 수도정진해서 12년 뒤에 득도합니다. 좀 오래 걸린 편이지요. 총명하고 뭘 좀 아시는 분네들이 안다는 그 아집 때문에 어려움이 많다는 것이죠.

이분이 우리 역사에 청백리 표준으로 이름을 남긴 맹사성의 모습입니다.

도를 잘 키워 객진을 송두리째로 완전하게 녹여 버린 것입니다. 이것을 "도 닦는다."라고 하는 겁니다.

제 7 장

<ruby>天<rt>천</rt>長<rt>장</rt>地<rt>지</rt>久<rt>구</rt></ruby> <ruby>天<rt>천</rt>地<rt>지</rt>所<rt>소</rt>以<rt>이</rt>能<rt>능</rt>長<rt>장</rt>且<rt>차</rt>久<rt>구</rt>者<rt>자</rt></ruby> <ruby>以<rt>이</rt>其<rt>기</rt>不<rt>부</rt>自<rt>자</rt>生<rt>생</rt></ruby> <ruby>故<rt>고</rt>能<rt>능</rt>長<rt>장</rt>生<rt>생</rt></ruby> <ruby>是<rt>시</rt>以<rt>이</rt>聖<rt>성</rt>人<rt>인</rt>後<rt>후</rt>其<rt>기</rt>身<rt>신</rt>而<rt>이</rt>身<rt>신</rt>先<rt>선</rt></ruby> <ruby>外<rt>외</rt>其<rt>기</rt>身<rt>신</rt>而<rt>이</rt>身<rt>신</rt>存<rt>존</rt></ruby> <ruby>非<rt>비</rt>以<rt>이</rt>其<rt>기</rt>無<rt>무</rt>私<rt>사</rt>邪<rt>야</rt></ruby> <ruby>故<rt>고</rt>能<rt>능</rt>成<rt>성</rt>其<rt>기</rt>私<rt>사</rt></ruby>

하늘은 엄청 크고 넓은데도 지구는 영원하다.
하늘과 땅이 능히 크고도 오래 유지할 수 있는 것은,
서로 독차지할 욕심 없이 살기 때문에.
그래서 능히 오래 사는 것이다.
본래 성인은 나서지 않으므로 존경을 받고,
양보하며 살므로 칭송을 받느니라.
이는 삿된 욕심이 없기 때문이 아니겠는가?
그러므로 능히 성인이 되는 것이다.

도올 번역

하늘은 너르고 땅은 오래간다.
하늘과 땅이 너르고 또 오래갈 수 있는 것은,
자기를 고집하여 살고 있지 않기 때문이다
그러므로 오래 살 수 있는 것이다.
그러하므로 성인은 그 몸을 뒤로 하기에 몸이 앞서고,
그 몸을 밖으로 던지기에 몸이 안으로 보존된다.
이것은 사사로움이 없기 때문이 아니겠는가?

그러므로 오히려 그 사사로움을 이루게 되는 것이니.

대체로 같은 번역인데 문장 설명에서 조금 다르게 보는 점은 '천장지구天長地久'에서 필자는 "하늘이 지구보다도 엄청나게 큰데도 지구가 영원한 것은"으로 번역을 합니다.

"하늘을 강자로, 땅을 약자로 보고 강한 자의 속성은 더욱 강해지고 싶어하는 것인데, 천지가 능히 점잖게(長 - 어른 장) 영원하게 되는 것은 그 이유가 이기부자생以其不自生 서로 함부로 살지 않는 것 때문이다. 강자인 하늘이 땅을 독차지할 욕심 없이 살기 때문에 능히 오랫동안 다투지 않고(長生) 영원히 존재하게 되는 것이다."라는 말을 뒤에 두고는 그럴듯한 말로 미리 선수를 쳐 놓고는 꼼짝 못하고 따르도록 하는 멋진 서술방식입니다.

문장 앞의 서술은 큰 의미가 있는 게 아니고, 실지로 하고자 하는 말은 뒤에 있는 문장이니까 별개의 문장으로 보면 설명이 안 됩니다. 하고 싶은 말은 故 뒤에 씌어진 문장을 긍정으로 몰아넣는 설득력이 아주 강한 문장입니다.

거창하게 천지의 존재 방식을 끄집어내어 예를 들어 설명하니 그냥 꼼짝없이 먹혀 들어가는 것이지요. 군소리 한마디 할 수 있겠습니까? 그래서 설혹 번역이 잘못된 점이 있더라도 별소리 못하는 것입니다.

『논어』번역에는 말이 많아요. 많이들 서로 다툽니다. 시끌벅적하죠. 논어의 "학이시습지學而時習之" 이거 가지고도 번역이 많이 다릅니다. 배워 익혀 쓰니, 배워서 때맞추어 익히니, ~때맞게 배워 익히니, 나이에 걸맞게 배워 때맞춰 쓰니, 틈틈이 배워 등등 얘기들이 분분하죠. 서로 좀 하비면서요. 그런데 도덕경만큼은 별 말씀들이 없다는 것입니다.

왜 그럴까요? 문장이 전개되는 서술방식이 독특하다는 점입니다. "예"를 먼저 깔아 놓고 설득하는 엄청난 흡인력 때문입니다.

잘못 번역해도 별소리 못하고 그냥 그런가 보다 하고 넘어가는 겁니다.

다음 문장을 보겠습니다.

$$\underset{\text{시 이 성 인 후 기 신 이 신 선}}{是以聖人後其身而身先} \quad \underset{\text{외 기 신 이 신 존}}{外其身而身存} \quad \underset{\text{비 이 기 무 사 야}}{非以其無私邪} \quad \underset{\text{고 능 성}}{故能成}$$
$$\underset{\text{기 사}}{其私}$$

성인은 남 앞에 나서지 않으므로 세인의 존경을 받는 것이며, 양보하며 살기에 칭송을 받는 것이다. 이는 사사로운 욕심이 없어서인 것이다. 그래서 능히 성인이 되는 것이다.

먼저 전개된 천지심하고 성인 마음이 똑같다, 그러니 성인은 하늘과도 같다, 성인을 PR하는 것입니다. 광고 효과 만점입니다.

  其私 - 성인이 되어지는 일체 행위

그런데 도올의 해석은 왕필의 주석과 똑같습니다.

이 말은 누가 누구에게 하는 말입니까? 수좌가 수련하는 학생에게 하는 말입니다. 진정한 스승의 사는 모습, 선인의 됨됨이를 말하는 것입니다.

잘났다고 폼 잡고 설치는 자들 모두 가짜라고 하는 말입니다. 말없이 그저 어수룩한 늙은이로 보이는 사람이 진정 선인이다. PR을 하는 말이겠죠.

_{학 이 시 습 지}　_{불 역 열 호}　_{유 붕 자 원 방 래}　_{불 역 낙 호}　_{인 부 지 이 불 온}　_{불 역}
學而時習之 不亦說乎 有朋自遠方來 不亦樂乎 人不知而不慍 不亦
_{군 자 호}
君子乎.

『논어』 첫 장 학이지편學而之篇입니다.

생활용어처럼 쓰이는 말인데 말들이 서로 분분해요. 공자님이 하신 말씀인데, 사실은 좀 찝찝함이 서려 있는 것으로 여겨지는 문장입니다.

필자는 공자가 말년에 쓸쓸하게 넋두리로 한 말로 봅니다. 사람은 군자가 되기 위해서 사는 것이 아닙니다. 행복, 즐거움이죠. 행복의 절대적인 가치는 풍족함에서 비롯하거든요. 대체적으로 사람은 이것을 추구하며 살아갑니다.

공자의 삶이 더욱 그렇게 보여지지요. 공자는 권력을 추구하던 사람으로 제후국의 대부大夫입니다.

노나라 왕정회복 혁명을 주도하다 실각하고 14년 동안 비참한 망명생활을 하다가 68세에 귀국해서 서당을 했습니다. 그래서 말년 황혼기에 독백으로 한 말이 아닌가 싶습니다.

이 글이 씌어진 배경이 있습니다. 다들 떠나고 자로子路마저 죽었을 때 공자는 그 충격으로 시름시름 누워서 자신을 되돌아보며 독백으로 한 글이라고 필자는 생각합니다.

공자는 권력을 추구한 사람으로, 군자는 품위이지 삶의 목적이 아닙니다.

공자의 꿈은 대부였습니다. 대부는 벼슬이 아니라 왕으로 제후국의 군주입니다. 제후국은 작은 나라의 통치자로 영지를 가지고 있는 왕을 말합니다. 정치, 군사 등 통치의 자율권을 부여받는 거죠. 마음대로 해먹고 조공만 바치면 되는 게 대부입니다. 유럽에서는 경卿입니다.

고전을 앎에 있어 이 부분을 잘 알아야 합니다.

하夏·은殷나라에서는 통치자를 제帝라고 했고, 주周나라에 와서 왕으로 호칭이 바뀝니다. 왕은 황제를 말합니다. 제후가 왕인데 공公으로 낮추어서 명칭이 바뀝니다.

『논어』에서 공은 각국의 왕을 지칭하는 말이에요. 노나라는 주나라의 제후국으로 독립된 왕국인데, 신하로 취급하여 임금을 공으로 부릅니다.

주의 무왕武王이 상商을 정벌하고 중원의 최고 권력자로 등장하면서 정치제도를 개혁해서 각 나라 왕을 자기 신하로 만든 것입니다. 조공을 바치도록 말입니다. 세금이죠.

무왕의 동생 주공周公이 한 것인데 이게 봉건제국입니다. 뒤에 진秦나라가 대권을 잡고 천하를 통일하여 명칭을 바꿔 황제로 쓰니까 명칭이 혼란스러워집니다. 공은 제후로 왕을 말하는 것이고, 대부는 작은 나라의 군주로 소왕입니다. 『논어』를 읽으려면 이걸 잘 알아야 합니다.

공자는 권력을 움켜쥐고 멋들어진 통치자가 되려고 발버둥질 치며 험난한 인생을 산 사람입니다.

공자가 군주가 되면 참여하려고 기웃거린 사람들이 제자이고, 쓰려고 미리 준비해 인재를 양성한 것이 초창기 공자학당입니다.

공자는 52세에 노나라 대사구大司寇가 되었는데, 왕인 정공定公 밑에서 대부들을 관리하는 중앙정부 공무원입니다. 아주 요직이죠. 조공 바치는 물자를 감독하는 자리로 총리를 겸한 국세청장입니다. 잘한 취직이고 잘만 하면 장차 대부를 넘볼 수 있는 자리인데 욕심을 너무 부린 겁니다.

당시 노나라 왕 정공은 허수아비고 실권은 왕족인 삼환三桓의 대부(季氏·孟氏·叔氏)의 손아귀에 있었습니다. 그런데 공자가 왕권을 강화시켜 실권을 잡으려고, 정공을 등에 업고 삼환의 대부 실세들을 실각시켜 무장해제하려는 정치개혁을 시도하다 실패하고 망명을 한 것입니다. 꿍꿍이속이 있었던 것입니다.

왕권을 강화시켜서 왕을 등에 없고 노나라를 강력한 패권국가로 만들어 주나라의 재상 주공처럼 되고 싶었던 것입니다. 주공이 부여받은 제후국이 노나라입니다. 주공의 아들 백금伯禽이 군주가 됩니다.

계환자는 삼환의 최고 실세요, 주공의 후손인 환공의 세 아들로 대대로 내려오는 막강한 실세로 대부인데 어림도 없는 짓을 한 셈이죠.

사실 옳고 그름의 판단은 중요한 게 아닙니다. 어떻게 무리 없이 옳은 방식으로 선회하도록 하느냐, 그게 능력인데 공자는 아주 단순했던 사람 같습니다.

대부 계씨가에 녹을 먹고 살았고, 계환자가 왕인 정공에게 천거해서 대사구로 취직이 된 것인데, 은혜를 원수로 갚아도 유분수지 막강한 실세인 대부 계환자가 눈꼴 시리다고 삼환의 대부들을 무장해제하려 든 것은 애당초에 성공할 수 없는 일이었죠.

정공은 사치를 좋아하는 색골에다 우유부단한 겁쟁이로 계환자가 눈을 부릅뜨니까 벌벌 떨면서 공자 저놈이 꼬시는 바람에 실수를 했노라 손가락질한 겁니다.

무골인 자로가 여기에 끼어들었다가 걸음아 날 살려라! 함께 제나라로 줄행랑친 겁니다. 이를테면 망명이죠. 자로의 친척이 살고 있었거든요.

그후 14년간 망명생활을 하면서 이 나라 저 나라 열심히 기웃거리며 면접시험도 보고 합니다. 될 듯 될 듯한 건이 여러 번 있었습니다. 결정적인 시기에 낙방을 합니다. 물론 대부 자리죠.

여기에는 공자한테 결정적인 결함이 있었던 겁니다. 누가 처음부터 망명객에게 대부 자리를 선뜻 내줄 수가 있나요? 공을 세우고 인정받아 차차 올라가는 것이 아닙니까. 주제 파악을 못하고 현실성이 없는 사람이라고나 할까?

정치를 도덕으로 하자는 공자의 생각은 케케묵은 환상에 불과했습니다. 도덕은 개인의 가치구현 행위이고 치治, 다스림은 규제를 하는 능력의 여부에 있는 것이라고 공자를 퇴짜 놓은 거죠. 사실 맞는 말 아닙니까?

조선에서도 조광조가 도덕정치한다고 개혁하다가 쫓겨납니다. 사화士禍만 일으켰죠.

공자에게 대부 자리를 내주면 그의 패거리들이 떼거지로 몰려와서 나라 망친다고 소문을 낸 겁니다. 유儒의 무리는 본시 좌경左傾이거든요. 10년을 넘게 떠돌아다니다가 보니 완전 거지꼴이 된 겁니다. 거들떠보는 이도 없어요. 쪽방으로 밀려서 시쳇말로 라면도 못 먹는 신세가 됐지요. 오죽하면 안회顔回가 영양실조로 돌아오자마자 죽었을까?

안회는 공자를 모시는 비서로, 공자의 어린 시절 소꿉친구인 안로顔路의 자식입니다. 잘되면 내 자식 좀 잘 써 달라고 신신당부하며 맡긴 처지가 아니겠습니까? 희망이 안 보이는 지도자 밑에 누가 줄을 서겠어요? 옛날이나 지금이나 사람 인심은 매한가지지.

다들 제 살길 찾아 떠나가고 오갈 곳 없는 자로와 안회만 공자 곁에 남아서 굶주리며 오들오들 떠는 신세가 된 겁니다. 염구冉求, 자공子貢은 왔다 갔다 하고요.

공자와 자로는 돌아올 수가 없었지요. 계환자가 눈 부릅뜨고 당장 잡아 죽일 기세니까요. 그 계환자가 죽은 뒤에 방면되어, 그것도 염구 주선으로 14년 만에 구차스럽게 고향땅을 밟은 것입니다. 공자 나이 68세에 다 늙어서 말입니다.

집안 꼴이 어떻겠어요? 손자까지 내리 삼대가 이혼한 개차반 집에 홀아비 삼대가 한집에 기름때가 찌들어 고질고질~ 안 봐도 눈에 선하잖아요.

출신 성분은 또 어떠하고요. 사마천이 쓴 『사기』에 나오는 이야깁니다.

공자 아버지 숙량흘叔梁紇이 딸만 아홉이라 씨받으려고 얻어서 난 자식이 불구자로 맹피孟皮가 있고, 저승에 조상님 무슨 낯으로 얼굴을 대하겠는가 하고 큰 효심으로 70 늙은이가 시골 촌구석 당골래 무당 집을 찾아가 겁줘서 16세 처녀와 야합해서 공자가 태어났습니다. 무당이 아무리 쌍것이지만 심한 짓 한 것 아닙니까?

소원은 성취한 것인데 공자가 3살 때에 아버지가 죽었다니 몇 번이나 들여다봤겠어요. 그리고 17세에 어미마저 저승길 갔으니 참 복도 지지리 없는 사람이에요. 공자 사주가 그렇게 생겼습니다. 뒤에 풀어 보겠습니다.

실각하고 도망간 역적인데 고향에서 누가 공자를 반겨 주겠습니까? 촌구석 인심이라는 게 으레 뒷구멍으로 손가락질하며 수군수군

흉을 보지 않습니까. 떠나고 빈자리에는 늘 험담이 고여 썩어 있게 마련이지요.

대사구면 얼마나 높은 벼슬인데요. 역적질하다가 도망갔다 온 늙은이라 안 했겠어요? 그래서 고향은 출세를 못하면 돌아갈 수 없는 곳입니다. 필자도 고향 길이 좀 찜찜합니다. 그래서 더욱 그리운 고향이지만….

사람이 나이 칠십이 되면 어정쩡하고 귀도 어둡고 눈도 침침해져요. 치아도 없을 것이고, 때깔도 구질구질해서 좋아들 안 합니다. 잘 찾아와 주지도 않아요.

공자라고 해서 낯이 서겠어요. 동네 코흘리개 상대로 훈장질이 신바람이 날 수가 없지요. 훈장도 힘이 있어야 하는 거지.

가물가물한 옛날 생각하며 그냥 멍하니 사는 겁니다. 다들 제 살길 찾아 떠나고, 자식같이 챙겨 주던 안회도 죽고, 마지막 남은 단 한 사람 친구 자로! 그 자로마저 참살당합니다.

그 소식을 듣고 충격에 부들부들 어쩔 줄 몰라 서성거리다가 통곡하면서 김칫독을 몽땅 엎어 버립니다. 그 일로 식음을 폐하고 시름시름 자리에 눕죠.

끝내 못 일어납니다. 삶의 의미를 잃은 것입니다. 평생 살아온 세월을 되돌아봤겠죠.

그때 쓴 글이 '학이편'이라고 필자는 생각합니다.

자로는 9년 연하로 제자라기보다는 평생을 함께한 친구로 의형제입니다. 다 늘그막에 위나라 읍재邑宰로 취직해 가서 의로움에 목숨을 던집니다. 천하를 호령할 대장군감인데 공자가 꼬드겨서 절단을 낸 셈이죠.

『논어』에 마부 번지樊遲와 마차가 등장하니까 공자의 자가용으로 형편이 꽤나 괜찮은 것으로 보는데, 사실은 맹의자孟懿子가 뭔가 좀 물어 보려고 모셔 오도록 마차를 보낸 거죠. 공자가 늙어서 거동하기가 불편했거든요.

맹의자는 아직 삼환의 실세도 아닌, 별것도 아닌 녀석이 칠십이 넘은 노인을 먼 길에 오라 가라 했다면 필시 괄시받고 살았단 말입니다. 계환자가 죽고 그 아들 계강자季康子와 염구 사이에 공자가 귀국하는 조건이 단지 신변 안전뿐입니다. 아무것도 필요 없고 귀찮게 하는 사람만 없게 해 달라는 조건이에요.

염구가 계강자에게 등용되고 큰 전쟁이 터집니다. 염구가 크게 승리해 축하연을 베푸는 자리에서 계강자가 그런 전술을 누구한테 배웠나 물어요. 염구가 공자님께 배웠노라고 정색하고 대답합니다. 잽싸게 기회를 포착한 것이죠.

'공자님은 무궁무진한 신인神人인지라 다른 나라에서 모셔 쓰면 큰일 날 테니 얼른 모셔야 한다.'고 수작을 부려서 극적으로 귀향길에 오르게 된 겁니다.

등용되어서 떠나올 때 기필코 모셔 가겠노라고 자로, 안회, 자공에게 약속하고 온 지 3년 후입니다.

그 기다림이 얼마나 초조하고 불안했겠습니까. 국부國父로 모셨다는 이야기는 후세에 성인으로 추대되면서 유생들이 지어낸 말이고, 봉록도 없이 그냥 3, 4년 지내시다 돌아간 것입니다. 그나마 염구가 아니면 공자는 거기서 끝이 난 거죠.

이런 걸 알아야 『논어』를 알게 됩니다. 『논어』는 공자 어록語錄의 파편입니다. 공자의 삶을 알아야 그 진솔된 말을 이해하는 것입니다.

공자는 처절하게 실패한 인생입니다.
   고생 속에서 터득한 삶의 바른길이 도道입니다. 열심히 살았고 후회는 없다. 뜻은 이루지 못했지만 떳떳하게는 살았다.

      인 부 지 이 불 온   부 역 군 자 호
      人不知而不慍 不亦君子乎

   괄시하고 손가락질 받아도 사사로이 나쁜 짓 한 것은 아니니 군자는 되지 않겠는가?!
   서글프고 찝찝한 느낌이 듭니다.
   학이편 문장의 핵심은 學而時習之에 있는 것이 아니라, 끝말 人不知而不慍에 있는 겁니다.
   알아주는 사람도 없고 무시하고 괄시를 받아도 화도 안 나고, 세상이란 본래 그런 것이려니 하고 아무 감정도 없이 그냥 덤덤하다는 것입니다. 그러니 군자는 되지 않겠는가?!
   나이도 많고 지친 거죠. 서글픈 말 아닙니까?

     子曰 學而時習之 不亦說乎. 有朋自遠方來 不亦樂乎. 人不知而不慍 不亦君子乎.
     때에 맞게 배워 익혀 쓰면 흐뭇하지 않은가!
     멀리서 찾아 주는 동지가 있으니 역시 즐겁지 아니한가!
     홀대받아도 불쾌하지 않으니 역시 군자가 아니겠는가!

     學而時習之 不亦說乎
     때맞게 배워서 쓰면 역시 좋지 않은가!

學은 학문, 글공부만 말하는 것이 아니고 사는 데 필요한 모든 것을 말합니다.

공자님 학당에서 가르친 것이 예사서수禮射書數입니다.

예악禮樂은 음악과 예절이니 풍류인 셈이고, 사어射御는 활 쏘고 말 타는 궁술弓術·마술馬術이고 서수書數는 글과 수치 계산입니다.

學을 문文으로 보면 안 됩니다. 신라의 화랑도와 비슷한 것이죠. 배움에는 무엇이든 그 적절한 시기가 있는 것이다, 라고 한 말이죠.

習 - 익히는 것도 배움이니 學으로 時에 붙을 수밖에 없다고 봐야 합니다. 習을 복습으로 보면 옳지 않다고 봅니다. 먹고사는 생업이 우선이고 저마다 적당한 시간에 공부를 해야 하겠죠. 공부도 때에 맞춰서 해야 한다는 것입니다.

亦 - 느낌이 통하는 사람끼리 긍정적인 동의어로 '역시'라고 번역합니다.

說 - 내면에서 우러나는 흐뭇한 보람, 기쁨. 배워서 때에 맞추어 익혀 쓰니 즐겁지 아니한가! 라고들 번역하는데 그냥 두루뭉술한, 좀 엉성해 보입니다. 배워 두면 쓸 때 흐뭇한 보람을 느낀다는 말입니다. 배우는 것 자체는 즐거운 게 아닙니다. 노력한다는 게 고생이죠.

有朋自遠方來 不亦樂乎
친구가 찾아 주니 역시 즐겁지 않은가!

朋은 친구. 한 스승 밑에서 공부한 벗으로, 공자의 제자들을 말합니다.

잊지 않고 어쩌다 한 번씩 찾아 주는 것이 고맙고 살아 있는 보람을 느끼는 겁니다. 필자도 누가 찾아와서 선생님 용돈입니다, 하고 더러 주면 기분 참 좋아요! 아직도 내가 살 만한 가치가 있는 것 같기도 하고요.

노인네가 고향에 돌아와 있다 하니까 제자들이 더러는 찾아온 모양입니다. 물론 기분이 좋지요. 3, 4년 동안 그들과 나눈 말을 모은 것이 『논어』입니다. 사실 몇 사람 되지도 않아요.

人不知而不慍 不亦君子乎
남들이 알아주지 않는다, 막 대한다고 해도 불쾌하지 않으니 역시 군자가 아니겠는가!

체념한 거죠. 늙어서 어떻게 해 볼 도리가 없지 않겠습니까?
늙고 초라하니까 괄시를 하는 겁니다.
무시당하는 거 참기 참 힘들지요. 필자도 무시당하고 사는데 참 비참해요.
출세를 해서 멋진 세상을 만들어 보려다가 온갖 풍파 다 겪고 살아온 73세 노인이 죽음을 앞에 두고 뒤돌아보며 덤덤하게 하신 말로 생각이 됩니다.

공자님 사주

대만 최고 역술인易術人이라는 원수산袁樹珊이 기고한 것을 전용운 씨가 『월간역학』에 실은 것입니다.

노나라 경공 22년(BC551) 8월 27일 申시, 공망 辰巳

```
甲 庚 乙 庚
申 子 酉 戌                    壬
76 66 56 46 36 26 16  6        壬  酉
癸 壬 辛 庚 己 戊 丁 丙         辰
巳 辰 卯 寅 丑 子 亥 戌    73세. 인성이 식상을
                          파괴하여 타계함.
```

【원수산 해설】

庚乙庚 중합重合하여 甲을 극하지 않으니 甲은 능히 己土를 끌어들여 인성을 삼는다. 申酉戌 지연합支聯合하고 酉方 합기合氣 庚乙庚 합하여 종아격이라고~ 중언부언 늘어놓고도 맞아떨어지지 않으니까 결국에는 특수격特秀格 운운했는데요, 천만의 말씀입니다. 이런 분들이 국내에도 수두룩합니다. 책마다 실려 있고요.

酉겁재가 乙재성을 파괴하는 양인격兩刃格 빈천한 사주입니다. 본래 건록격建祿格이나 양인격은 부모 속 썩이는 후레자식으로 내격內格에서 추방하여 외격外格으로 천하게 취급해 온 것인데, 공자님은 성현이시니까 특별한 격으로 여겨 金水 상관이라 하여 종격從格으로들 보고, 종격으로도 안 맞아떨어지니까 꿰맞추려고 특수격으로 꾸며서들 보는데, 잘못입니다. 일반적인 법칙에 준해야 하는 것이지 학문에는 예외가 있을 수 없습니다.

【사주 해설】

종격이나 특수격은 말도 안 되는 소리이고, 비겁이 많은 양인격 신강사주로 식상이 용신用神인데, 대운간지 속에 식신이 없고 대운 지지와 월건 사이에도 식상이 없어 가난한 사주입니다. 비겁이 많고 관성

이 없으면 웅장한 영웅심에 주제파악을 못하고 궤변 떠는 사상가인데, 비겁은 독립 개혁정신 반골로 좌경이고 양인격은 목숨을 걸고 체제에 도전하는 위험한 인물입니다.

【사주 분석】
년주 庚戌 : 개, 보호, 괴강魁罡
戌 편인이 庚 비견을 生하면 신분을 가리지 않는 사상가인데, 맞먹고 노닐자 하면 윗사람은 심기 불편하고 아랫것들에게는 존경받는 영웅입니다.

월주 乙酉 : 닭, 수렴, 저장
酉 겁재가 乙 재성을 파괴하면 분수에 넘치는 욕심 때문에 오히려 가난하게 되고, 상처하거나 이혼하고 초년에 부모 사별하여 경제적 고통이 심하다는 암시가 있습니다.

일주 庚子 : 쥐, 음산, 집요함
집념이 강한 반골정신, 자상한 성격으로 언변이 좋습니다. 허풍을 떨기도 합니다.

시주 甲申 : 원숭이
申 비견이 甲 편재를 파괴하면 밥상머리 매너가 좋지 않고 가난한 홀아비로 혼자 산다는 암시가 강합니다.

【대운 분석】

초년 6세까지는 월건 乙酉가 대운입니다.

酉 겁재가 乙 재성을 파괴하는 편재가 되면 가난한 집에 출생하여 헐벗고 굶주리며 큽니다. 부친이 죽거나 생활능력이 없다는 암시가 강해요. 세 살 때 부친이 돌아가셨다는데~.

【행년 교합】

 乙 癸丑년 3세. 소.
癸 酉 일간에서 보면 丑 인성이 癸 식상을 파괴하는 편재가 되면
 丑 희망을 잃고 좌절하게 되는데, 대운 酉 겁재에서도 癸 식
상이 파괴되어 막막하게 됩니다. 식상은 용신으로 재성을 生하는 원신元神인데 파괴되어 재성을 생하지 못하면 부친 사망합니다.

丙戌 6~16세

丙 편관이 戌 편인을 生하면 반듯하고 크게 출세하겠다는 욕망으로 엄청나게 배우고 싶어 하는 신동神童입니다.

월건 酉 겁재가 식상으로 작용하면 가까운 분의 도움을 받아 대발大發하게 됩니다. 외할아버지에게 의탁해서 공부했다고 합니다. 『논어』에 우리 동네에 나만큼 배우기 좋아하는 애는 없었다고 씌어 있습니다.

【행년 교합】

  丙 癸亥년 14세. 돼지
癸 戌 酉 일간에서 보면 상관 비견 무지개꿈을 꾸는데, 대운 戌
亥   인성에서는 癸亥 식상 비견이 파괴되어 막막한 중에 월

건 酉가 戌을 癸亥에 식신으로 유통시켜 대발합니다. 모친마저 죽자 고아로 외할아버지 집에 의탁하여 본격적으로 공부하게 되었습니다. 외할아버지가 박수로 상당한 지식인이었다고 합니다.

丁亥 16~26세, 상관 - 편재 - 정관, 월건 - 편인
  亥 상관이 丁 관성을 파괴하는 편재가 되면 체제에 저항하는 반골로 말썽을 일으키는데, 월건 酉 겁재가 亥 상관을 生하는 편인으로 작용하면 동지들을 끌어들여 후일을 도모하려는 반역 공부를 하게 됩니다. 요거 잘 알아 두기 바랍니다.

【행년 교합】

　　　丁　　己巳년 20세, 뱀
己 亥 酉　　일간에서 보면 巳 관성이 식신으로 己 인성을 生하면
　　巳　　　높은 사람을 이용하여 야심을 품는데, 대운 亥 상관에
서는 酉 겁재가 己 관성을 인성으로 유통시켜 공직자나 선거, 시험, 취직에는 大吉로 작용합니다. 최고 세도가 대부大夫 계환자季桓子의 공무원으로 특채되었습니다.

戊子 26~36세. 식신 - 편관 - 편인, 월건 - 인수.
  戊 인성이 子 식상을 파괴하는 편관으로 변하면 극우로 보수성이 강합니다. 丁亥 대운에 좌경이 극우로 명성을 날립니다. 막강한 실세 계환자의 눈에 들어 집사輯史로 승급했습니다.
  이 경우 월건이 식상으로 빼 줘야 대발하는데, 월건이 酉로 子 식상을 生하는 인성작용을 하여 대발하기 어렵고 亥字 대운 20년. 현

실성 없는 공부로 불발不發하는 공부가 됩니다.

왜냐하면, 마음 자체가 보수로 확 바뀌어 전향한 것이 아니고 눈 가리고 아웅 방식만 바꾼 때문이죠. 왜 그런가? 戊 인성이 子 식상을 파괴하는 것이 아니라 월건 酉 겁재를 生하여 子 식상에 인성이 되어 亥 식상이 더욱 강해진 때문입니다.

戊 인성은 윗사람, 酉 겁재는 동지들, 子 식상은 반골정신체제에 저항하는 불순세력을 모아 집단을 형성한 것입니다. 공자님의 학당은 불순세력, 儒의 집단은 불순세력이라는 것을 알 수 있습니다.

『논어』에 "자왈子曰 삼십이립三十而立" 나이 30에 뜻을 세웠다고 했는데 세상을 개혁하겠다는 뜻을 세운 것입니다.

己丑 36~46세. 인수-비견 - 인수. 월건 - 식신

신강사주가 인수 비견 대운이면 답답하여 죽을 맛이 분명한데, 죽기는커녕 대발하여 대부 계환자의 사구司寇로 승진, 막강한 2인자로 출세했으니 그 연유를 몰라 특수격 운운한 것인데~

월건 酉 겁재가 식신으로 작용하여 대발한 것입니다. 대운 丑 인성이 월건 酉 겁재를 生하여 좌경 패거리의 선생이 된 겁니다. 야심찬 계획으로 때가 되면 반드시 문제를 일으킵니다.

『논어』에 "자왈子曰 사십이불혹四十而不惑" 나이 사십이 되니 소신에 한 점의 의혹됨이 없었다고 하신 시기입니다.

庚寅 辛卯 46~66세 20년. 재성 - 편관 - 비겁. 월건 - 관성.

庚辛 비겁이 寅卯 재성을 파괴하는 편관으로 변하면 비겁의 교만 방자한 영웅심이 공명심으로 변하여 기어코 일을 내는데, 월건 酉 겁

재까지 합세하여 관성으로 작용하면 패거리들과 일을 벌여 대흉大凶 날벼락을 피할 수가 없게 됩니다.

비겁이 관성이 된 것이니 동지가 모두 적으로 돌변해 죽이려고 하니 알거지로 줄행랑치지 않으면 목숨이 위험합니다.

【행년 교합】

丙 乙 癸 壬 　庚
午 巳 卯 寅 　寅 酉

壬寅 癸卯년 54세. 호랑이, 토끼.
일간에서 보면 壬 식상이 寅 재성을 생하면 꿈을 실현하는 대길이 되는데, 대운 寅 재성에서는 월건 酉가 壬을 生하여 寅寅 재성 비견이 되면 이탈입니다. 癸卯년도 같습니다. 54세 癸卯년, 대부 계환자의 제후국 사구직에서 밀려났습니다. 지방정부의 재상을 역임하신 겁니다. 대부는 제후국의 왕입니다. 계환자 왕 밑에서 34년 동안 벼슬한 것입니다. 가장 좋은 시절입니다.

乙巳년 56세. 뱀.
일간에서 보면 乙 재성이 生하는 巳 관성으로 명성을 날리는데, 대운 寅에서는 乙 겁재가 寅乙 합세하여 巳 상관을 生하여 월건 酉 관성을 파괴하면 급진 진보로 개혁하며 숙청을 단행합니다.

대부 계환자가 주선하여 노나라 중앙정부 국정을 책임지는 사공대사구司公大司寇가 되었습니다. 왕을 보필하며 제후국에서 조공을 받고 국정을 다스리는 총리로 대부와 맞먹는 막강한 자리입니다.

여기서 꼭 알아야 할 중요한 것이 있는데, 乙 재성이 대운 乙寅 합세하여 巳 식상을 생하여 재성으로 연결되지 않으면 성공하지 못

합니다. 하면 된다는 식으로 무작정 저질러 후일 역전패를 당합니다.
이 경우 월건이 辰戌丑未로 되어 있어야 성공합니다.

丙午년 57세. 소.

일간에서 丙午 편관 간지 비견, 흩어지는 편관은 통치권에 누수가 발생하여 먹혀들지 않아 강권을 발동하게 되는데, 대운 寅 재성에서는 丙午 관성이 식상으로 변하여 월건 酉 관성을 파괴하면 반역혁명 쿠데타를 일으킵니다. 노나라를 왕정으로 복위시키고 개혁을 단행하며 요란을 떨었습니다.

【행년 교합】

　　　　　　　辛　　　丁未년 58세. 양.
甲 辛 戊 丁 卯 酉　　일간에서는 丁 관성이 생하는 未 인성이면
寅 亥 申 未　　　　　임금의 총애를 받는데, 대운 卯 재성에서는
丁이 월건 酉 관성을 파괴하고 식신으로 未 재성을 生하여 대발합니다. 개혁에 기틀을 잡고 어느 정도 안정세에 들어섰습니다.

戊申 己酉년 59세. 원숭이, 닭.

戊 인성이 申 비견을 生하면 배신하여 퇴출, 망명이 됩니다. 대운 卯 재성에서는 申 비견이 관성으로 변하고 월건 酉申辛 동반자가 모두 원수로 돌변하여 풍비박산 납니다. 己酉년도 같습니다.

노나라 삼환三桓 제후국을 무장 해제시키려다가 실패하여 역공을 당하고 제나라로 망명했습니다.

壬子 辛亥년 63세. 쥐, 돼지.

일간에서 보면 壬子 식상이고 간지 비견이면 실직자인데, 대운 卯에서는 인성으로 작용하면 욕심이 과하여 되는 일이 없어요. 월건 酉가 행년 壬子를 生하여 인성으로 부추겨 더욱 난감하게 됩니다.

취직하려고 기웃거렸으나 높은 자리만 요구하여 낙방했습니다.

甲寅 乙卯년 65세. 호랑이, 토끼.

일간에서 보면 재성 간지 비견, 재물이 흩어져 바닥나는데 대운 卯 재성에서는 월건 酉 겁재가 관성으로 파괴하면 처참한 비렁뱅이로 노숙자입니다.

壬辰 대운 66~76세. 편인 - 편재 - 식신. 월건 - 상관.

辰 편인이 壬 식신을 편재하면 처참하게 찌들어 희망조차 없는데, 월건 酉 겁재가 식상으로 작용하여 壬에 유통시키면 지인의 도움으로 대길하게 됩니다. 노나라 대부 계환자가 죽고 왕이 바뀌자 사면받아 귀국하여 몇 년 동안 코흘리개들 가르치는 서당을 하식다가 돌아가셨는데, 이 시기에 하신 말씀이 『논어』입니다. 제자 염구冉求가 전쟁에 공을 세우고 그 공로로 주선한 것입니다.

【행년 교합】

壬　　　壬辰년 73세. 용
壬 辰 酉　일간에서 辰 편인이 壬 식신을 편재로 파괴하면 유통
辰　　　이 막혀 위험한데, 대운 辰에서 壬辰이 2:1로 壬 식신을 파괴하여 대흉大凶합니다. 월건 酉가 辰을 흡수하여 壬에 유통시

키니 전화위복되는데, 壬이 자기 지지地支 辰에 파괴되어 타계하셨습니다. 행년 교합에서 식상이 파괴되면 노약자는 위험합니다. 흉함이 먼저 발생하여 吉로 전환되기 때문입니다.

『논어』에 "자왈子曰 칠십이종심소욕불유구七十而從心所欲不踰矩" 나이 칠십에 이르니 마음이 원하는 바를 따라도 법도에 어긋남이 없다. 비로소 성현이 되신 것입니다. 공자님도 사주대로 지질하게 살다 가신 어른입니다.

사후 400년 뒤에 사마천司馬遷이 『사기』에 제후의 반열에 수록함으로써 세상에 널리 알려지고, 다시 200년 후에 주자朱子가 공자님의 어록을 수집하여 집주集註한 것이 오늘날 『논어』입니다. 70세 말년에 옛날 푸른 꿈을 함께하던 제자 몇몇이 가끔 찾아와서 덕담을 나눈 언어의 파편입니다.

사후 1,700년 뒤 청나라 순치14년, 성선사공자聖先師孔子로 추앙하여 비로소 성현이 되셨습니다. 성현도 타고나는 것이 아니라 필요에 의하여 인간들이 만들어 낸 인간의 소산인 것이 틀림없습니다.

주중처녀 고암古岩 대선사

주중처녀라는 별호를 달고 평생 돈이라고는 땡전 한 푼 못 써 보고 산 대선사의 얘기인데 황당하게 재미있어요. 도인이죠.

선문답에 관한 저술도 많이 하고, 선승으로 대선사이고 한국불교 조계종 종정을 지낸 분입니다. 17세에 입산해서 법랍 73세, 속세 나이 90세에 입적하였습니다.
 이분은 신도들이 용채를 마련해서 내놓으면 그냥 먼저 본 사람이 주인인 거예요.
 "스님! 가지고 계시다가 나이 들면 쓰세요."
 "응. 그래!"
하면서도 봉투째로 세어 보지도 않고 먼저 본 스님에게 내주는 거라.
 "그러실 걸 왜 받으세요?"
 "응, 그래! 그냥 미안해할까 봐서. 난 그거 쓸 줄 몰라. 한 번도 써 보질 못해설랑."
 주중처녀는 혼례 치르고 첫날밤에 입산해서 붙여진 별호인데, 옛날에는 부모님이 그냥 짝을 정해서 혼인을 시키잖아요. 그런데 아! 글쎄 결혼한 첫날밤에 신부에게 무릎 꿇고 절절매면서 용서를 구하며 통사정으로 하는 말이,
 "나는 평생소원이 도 닦아서 부처가 되는 것이니 도와주시오."
하고 애원을 하더라는 겁니다. 이렇게도 딱한 일이….
 시방 누구 신세 망치겠다는 거 아닙니까? 참 기가 막히는 노릇인데, 색시 왈!
 "고을에서 일색이라고 소문이 자자한 이 몸인데, 나보다 더 좋은 것을 찾으러 가시겠다는 대장부를 처가 된 몸으로 어찌 막을 수 있습니까? 찾아 손에 쥐거들랑 제게 주겠다고 약속이나 먼저 하십시오, 서방님."
했다는 겁니다.
 아! 참 멋지죠? 마하가섭 각시하고 똑같지요? 이런 분이 지금도 있을까 몰라요?

고암古庵이 약속을 지킵니다. 득도 후에 처를 출가시키죠. 새댁이 출가한 것은 14년 뒤의 일입니다. 크게 깨달아 대비구니가 되죠.
깨달음을 증득시키기까지 고암의 애쓰심이 처절하여 눈물겨운 알 사랑 얘기가 또 있습니다. 풋풋한 사랑 냄새….
청정비구, 도인세계의 숭고한 정신. 참다운 도인의 모습입니다.

제 8 장

^{상선약수} ^{수선이만물이부쟁} ^{처중인지소오} ^{고기어}
上善若水 水善利萬物而不爭 處衆人之所惡 故幾於
^도 ^{거선지} ^{심선연} ^{여선인} ^{언선신} ^{정선치} ^{사선능} ^동
道 居善地 心善淵 與善仁 言善信 正善治 事善能 動
^{선시} ^{부유부쟁} ^{고무우}
善時 夫唯不爭 故無尤

가장 착한 것은 물처럼 사는 것.
물의 착함은 거스름이 없이 만물을 이롭게 하고, 항상 덜 좋아하는 곳에 머문다. 그래서 그 하는 것이 道에 가깝다.
있는 곳을 아름답게 하며 마음을 밝게 하고, 사람을 착하도록 하고 정직하게 말하고 바르게 다스리며, 최선을 다해 일하고 시기에 맞게 움직이니, 오직 그뿐이요 다툴 일이 없어라. 그래서 근심이 없는 것이다.

도올 번역

가장 좋은 것은 물과 같다.
물은 만물을 잘 이롭게 하면서도 다투지 않는다.
뭇 사람들이 싫어하는 낮은 곳에 처하기를 좋아한다.
그러므로 도에 가깝다.
살 때는 낮은 땅에 처하기를 잘하고,
마음 쓸 때는 그윽한 마음가짐을 잘하고,
벗을 사귈 때는 어질기를 잘하고,
말할 때는 믿음직하기를 잘하고,
다스릴 때는 질서 있게 하기를 잘하고,

일할 때는 능력 있기를 잘하고,
움직일 때는 바른 때를 타기를 잘한다.
대저 오로지 다투지 아니하니 허물이 없어라.

물의 흐름이 사물을 이롭게 하면서 정화시키는 것을 도인의 심성에 비유해서 도를 설명하고자 하는 내용의 문장인데 어설픈 구석이 많아 보입니다.

上善若水 _{상선약수}

세상에서 가장 착한 것은 물과 같다. 흐르는 물처럼 주어진 그대로 힘들어도 불평하지 말고 좋은 일 하면서 그냥 군소리들 하지 말고 살아라, 하는 말인데 누구 좋으라고?

맞는 말이 아닙니다. 이것은 치자治者가 자기 편하려고 하는 말입니다. 인간은 본래 떼 지어서 살면서 저마다의 꿈을 갖고 자기 나름의 왕국을 세우는 노력을 하는 것이 삶이거든요.

이것이 애당초 안 되고 가능성이 안 보이면 삶의 의미가 없죠.

치자가 이 꿈을 실현 가능하도록 해 주는 것이 다스림인데, 이것은 문제가 있는 말입니다. 바닥 치고 살더라도 그냥 오직 순종하라는 의미가 있는 문장입니다.

그러면 삶의 의미가 뭡니까? 사람이 꿈 없이 어찌 삽니까? 민주주의는 피를 먹고 크는 거죠. 독재와 항거해서 이루는 겁니다. 서로 균등하고 당당한 사회가 민주주의죠.

필자는 '상선약수'를 탐탁하게 여기지 않습니다.

때로는 거세게 반발도 해야 상호간에 발전을 하는 거예요. 반발하는 것도 도(바른 길)입니다. 따르고 순종하는 것만 도라고 규정짓는 문장이기 때문입니다.

여기에 있을 문장이 아니라고 생각됩니다. 도라는 것이 바닥치면서도 죽은 듯이 살아라, 하는 것은 아니죠.

물이 범람해서 제방 둑이 터질 때에는 너무 늦고 희생이 크지 않습니까?

수선이만물이부쟁　처중인지소오　고기어도
水善利萬物而不爭　處衆人之所惡　故幾於道

물의 착함이란? '부쟁不爭' 다투지 않는 데 있다는 거죠.

물의 공덕으로 잘되어지는 그것을 너는 내 덕분에 되는 거야 하고, 공치사 안 한다, 그래서 서로 불편한 관계가 되지 않는다는 물의 성질을 말한 겁니다.

왜 불편한 관계가 안 생기느냐 하면 처중인지소오處衆人之所惡, 항상 사람들이 덜 좋아하는 곳에 머문다는 겁니다. 양보한다는 말입니다. 양보는 사람의 미덕이지 도는 아닙니다.

여기서 '惡오'는 조금 덜하다, 좀 후지다는 정도입니다. '모질 악'으로 보면 안 됩니다.

양보하고 조금 덜 좋은 것을 선택, 그래서 그 하는 기능이 도에 조금 가깝다. 별무리가 없는 문장입니다.

꼼짝 못하게 묶어 놓고는 다음 이어지는 문장에 생활 방식이 나오겠죠.

居^거善^선地^지 心^심善^선淵^연 與^여善^선仁^인 言^언善^선信^신 正^정善^선治^치 事^사善^선能^능 動^동善^선時^시 夫^부唯^유不^부爭^쟁 故^고無^무尤^우

늘 좋도록 하고, 밝은 마음으로 착하게 하며, 신용을 지키고, 모범적으로 열심히 때에 맞게 하면서도 오직 남과 다투지 않는 그것이 상선약수와 같은 것. 싸우지 않으면 근심이 없다. 공치사하지 않으면 무슨 근심이 있을 수가 있겠는가?

뭐 좀 지지한 얘기를 늘어놓은 거란 말씀이에요! 누군가가 흉내를 내고 까불어 쓴 것을 대단한 것으로 요란을 떨며 상선약수, 상선약수 하는데, 대단한 글은 아니라고 봅니다.

치자가 자기만 편하려고 찍소리 말고 그냥들 죽치고 살아라, 하는 말인데요. 목숨 부지하고 사는 것이 뭐 그리 대수인가요?

사람은 꿈을 먹고 살아야 사는 것이지 누구 좋으라고 죽치고 그냥 살아요? 산다는 게 뭔데?

善 – 좋을 선, 착할 선. 어우러져서 좋게 만들어진다는 뜻이므로 아름답다는 말이 되는 것이고, 반대말은, 惡 – 추할 오, 그를 오. 성품이 외곬이어서 어우러지지 않아 관계가 껄껄하고 억지스럽다는 뜻입니다. 악할 악으로 보면 안 됩니다. 동양에서는 선善의 반대말이 불선不善일 뿐이고, 선善보다 조금 덜한 것을 오惡라고 합니다.

글자 구조가 버금아 亞(두 번째), 마음 心 차선次善을 말하는 것입니다. 욕심이 많으니 덜 좋다, 추하다 해서 추할 오惡, 저만 생각하는 욕심쟁이를 말하는 것입니다.

정선치正善治의 治는 내가 바르게 하니 상대도 스스로 바르게 되어진다는 것이지 그냥 '다스린다'로 보면 잘못입니다.

부유부쟁夫唯不爭의 夫는 그냥 보통사람이지 성인을 말하는 것이 아닙니다. 고무우故無尤의 尤는 근심, 심려스러움이 없다는 뜻이고요.

필자는 이 문장이 노자의 말이 아니라 후에 누군가가 끼워 넣은 것이라고 봅니다. 수준이 좀 덜하고 맛이 떨어지지 않습니까?

앞으로도 이런 것들이 계속 나옵니다.

주역에서의 태을생수太乙生水

물에 대한 얘기, 나도 한마디 쏟아 놓고 넘어가야지~.

『주역』에서 '태을太乙이 생수生水'라 거창하게 전개되는데, 그냥 가설假說입니다. 주역은 학문으로 검정된 정설正說이 아닙니다. 그렇게 되는 그 이치를 규명해야 비로소 학문이 되는 것입니다.

水를 그냥 '물'로 보고, 우주의 원질이 물이고 물이 우주의 처음 시작이다, 전제하고는 생긴 순서를 먹여서 '일수一水, 이화二火, 삼목三木, 사금四金, 오토五土'로 순위를 정하여 오행이라 하고 수치를 생수生數라 정하고 이 생수에다 각기 5를 중앙 토土라 하여 합하여 성수成數라고 하는데 이게 말짱 엉터리입니다.

水 중에 壬水는 1이고 癸水는 6인데,

壬1 + 5土 = 癸水6이 생겼다, 말이 안 되는 소리입니다.
甲3 + 5土 = 乙木8
丙2 + 5土 = 丁火7
庚4 + 5土 = 辛金9

하는 이것이 순 엉터리로 그냥 해 본 소리지 실지로 가짜입니다.

癸는 壬이 丁과 합해서 생긴 것입니다. 자세한 것은 필자의 저서 『신사주정설新四柱正說』에 밝힌 바 있고, 자연은 본래 수치가 없는 것이고 인간이 편의상 붙여 놓은 것이라는 것만 아시면 됩니다.

『역경』의 수리학 등은 일고의 가치가 없는 것입니다.

태을생수, '태을이 물을 낳았다'고 하는데, 모르고 하는 말입니다. 水라 하는 것은 기운의 수평성, 평행성 성질을 말하는 것이지 물을 두고 하는 말이 아닙니다.

최초에 태을(시간)이 물을 만들었다, 우주 최초에 생긴 것이 물이다 하는데 천만의 말씀이고요, 기 운행의 형태가 물의 성질과 흡사하다는 것이지 水를 물로 보는 사람은 공부 다시 해야 합니다.

우주는 처음부터가 오행 운동인 것입니다. 시간이 바로 오행이다, 이겁니다. 공기 없이 물이 존재 가능합니까?

대기 중에 물의 분자인 산소 수소가 없이는 물이 있을 수가 없어요. 목성, 금성, 토성 아무 곳에도 물은 있을 수가 없습니다.

물은 수평으로 팽창하는 운동성이 있기 때문에 땅속에 가만히 들어 있을 수 없는 것입니다.

오행에 水·木·火는 팽창성 운동이고, 土·金은 수축성 운동입니다. 운석이나 별이 다 土·金 수축성으로 된 것입니다.

사주학에서 일주가 水·木·火인 사람은 성품이 펼쳐 먹는 사람이고 金·土인 사람은 성품이 압박해서 먹고사는 사람입니다. 독선으로 독재자가 많아요.

은하수가 물속에 떠 있는 별이라 하네요. 물을 태워서 별이 반짝거린다고 씌어 있었어요. 명성이 대단하신 분인데 책도 많이 쓰고 말입니다.

역학에서 천간은 우주운동을 표시하는 부호이고, 지지는 지구의 운동성질을 표현하는 부호입니다. 지구는 천체우주 속에 있으니 천간인 우주운동에 지구운동[地支] 교합해서 만들어진 것을 육십갑자로 표시하는데 시간의 성질과 색깔의 부호예요.

시간은 엄청난 소용돌이운동으로 꿈틀거리는 거대한 에너지죠. 지구 자전 초속 16km, 공전 초속 32km 속도로 6백조 톤의 1천만 배가 넘는 지구중력이 끊임없이 회전하여 발생하는 에너지의 소용돌이가 지구의 시간입니다.

시간은 평면적 구조가 아닙니다. 정면으로 보면 스파이널 구조이고, 옆에서 보면 나선형 구조로 하루에 한 번씩 꽈배기 운동을 합니다.

역학을 공부하는 분들은 시간의 색깔을 구분하여 파악할 줄 알아야 합니다. 이것을 알면 사주감정에 한 치의 오차가 없습니다. 오행(水·木·火·土·金)의 기운동 성질을 표현하는 부호일 뿐 물체가 아닙니다.

水는 壬·癸로 나누어 분석하는데, 壬은 수평·평행운동의 기운으로 물이 낮은 곳으로 운동하는 기운이고, 癸는 전도(스며들어) 팽창성을 이루려는 운동성이죠.

木은 용출력, 나무가 자라는 것 같은 운동 기운을 말하는 것입니다. 시간이 기 운동을 만들어 내는 것이 아니라 시간이 바로 기 운동 자체죠.

甲은 직진으로 가는 용출력, 乙은 사방으로 퍼지는 팽창성 용출력을 말합니다.

火는 확산성인데, 丙은 전도성 확산운동의 기, 丁은 폭발하는 확산성 운동입니다.

土는 정지·멈춤 운동성인데 戊는 움직임을 정지시키는 성질이고, 己는 압박하여 성질을 변화시킵니다.

金은 수축으로 압박성 운동인데 庚은 직진성 수축으로 甲의 반대성 기운이고, 辛은 압축으로 乙의 반대되는 기운을 말하는 것입니다.

주역은 학문으로 검증된 것이 아닙니다. 그냥 가설이죠.

명리학도 마찬가지 가설입니다. 적중률 10% 정도. 1,200년 전에 자평자子平가 써 놓은 가설이에요. 옛날사람이 그 시절에 그렇게 생각했다는 기록에 불과합니다.

1,300년 전쯤에 유행했던 황극皇極, 태극太極, 무극無極, 양의兩儀 이게 다 헛소리하는 겁니다. 있을 수가 없는 겁니다. 그냥 시간의 운동입니다. 시간 운동이 바로 오행이죠. 그게 이기理氣운행입니다.

본시 이기는 한 몸인 것을 따로 떼어 따지며 속 빈 짓거리한 것이 주자朱子의 이기론理氣論이지요. 한때는 이 주자의 이론에 반하면 사문난적 운운한 것입니다.

오행은 시간운동 그 자체입니다.

시간은 나선형 구조로 계속 이어지는 소용돌이로 생물의 DNA 구조와 모양이 같습니다. 시간은 그 두께, 부피가 서로 달라요. 표면에 나타나는 시간보다 배면의 시간운동을 잘 봐야 합니다.

사실 『주역』-『역경』이라는 게 문제가 많은 책입니다.

경이라고 말하기가 좀 어정쩡한 구석이 많아요. 논리 체제가 빈곤합니다. 빈곤하니까 공자가 십익十翼을 썼다고 거짓말로 우기는 겁니다.

『주역』은 공자 시대에는 있지도 않았고, 또 있다고 여긴다 한들 대나무 쪽에다 그 많은 내용을 어떻게 새깁니까?

공자는 옛부터 전해 오는 노래 중에서 가장 좋은 것을 골라서 3백 개를 구술로 전한 것입니다. 그게 뒤에 『시경』으로 불리게 되는 것입니다.

易은 쉽게 뒤바뀐다는 말인데, 『주역』은 바뀌는 그 이치를 규명하지 못하고 그냥 태극이 무극을 낳고 무극이 동정動靜해서 음양을 낳고 음양이 오행을 만들었고, 오행이 시간을 만들어 낸다 하는 이런 서술 방식으로 전개한 허구인데 맞는 말이 아닙니다. 시간이라는 것이 바로 오행인데, 오행의 움직임이 시간이다, 이겁니다.

선천팔괘先天八卦 후천팔괘後天八卦 하도河圖 낙서洛書 정역수正易數를 360으로 설정하고 건책 수 216, 곤책 수 144를 합하여 우주의 운행을 따지는 것인데 수치에 무슨 음양이 있겠습니까? 사람이 붙인 것이지.

그럴듯하게 큰소리를 치고 주렴계朱濂溪라는 분이 태극도설太極圖說 그림을 그려 설명하고, 퇴계 선생이 동해서 해설한 책이 있고 굉장해 보이거든요. 우주과학이나 분자역학에 비슷하게라도 맞는 데가 있어야 학문이라 하죠. 깡그리 가짜고 몽땅 가설입니다.

易은 쉽게 뒤바뀐다는 것인데 바뀌는 이유를 설명하지 못하고 있는데 그게 무슨 경전이 되겠습니까?

세상의 모든 변화는 시간이 하는 것이니 시간이 바로 '易'인데, 시간을 설명하지 못하니 전부 양파껍질뿐이란 말입니다. 알맹이가 없습니다.

『周易』은 팔괘로써 만물이 만들어지는 구성요소로 판단하는 것인데 팔괘에 같은 성질이 중복되어 있습니다.

팔괘는 건일천乾一天, 태이택兌二澤, 이삼화離三火, 진사뇌震四雷, 손오풍巽五風, 감육수坎六水, 간칠산艮七山, 곤팔지坤八地입니다.

팔괘를 해설하면 하늘(건일천)과 땅(곤일지)은 위아래로 자리 잡으면서 서로 끌어당기고. 산[山-艮]과 못[澤-兌]은 솟아나고 파여서 서로 이르며, 번개[雷-震]와 바람[風-巽]은 서로 싸움질하여 그 위세가 강하고, 물[水-坎]과 불[火-離]은 서로 상반되는 성질로 이룬다 하는 것인데, 형상론을 말하는 턱없이 빈곤한 이론입니다. 서로 중복되는 것이 많아요.

못[澤]과 감[坎]은 水(물)로 같은 성질이며, 이[離]와 번개[雷]는 똑같은 火로 불이 되는 것이고, 산[艮]과 땅[坤]이 뭐가 다릅니까?

팔괘를 동서남북 방위에다 붙여서 주석한 것을 보면….

만물이 진震에서 생긴다 함은 震은 동쪽으로 양기陽氣가 시발始發하는 봄이기 때문이고, 손巽에서 형태가 갖추어진다 함은 巽은 동남쪽이 되기 때문입니다. 이離는 밝음, 만물이 성장하여 그 모습을 보여준다는 것은 離는 남쪽으로 여름이 되기 때문이고, 태兌는 가을 결실의 계절로 기뻐하는 것이며 감坎은 水, 북방으로 만물이 휴식을 취하여 한가롭다고 풀이합니다.

사실이 아니죠. 자연은 본래 동서남북이 없는 것입니다. 사람이 필요해서 방향을 정하여 부르는 것이고 위치에 따라 방향이 서로 다르지 않습니까? 동쪽이면 어느 지점에서 동쪽이냐 하는 문제죠. 지도에서는 적도를 기준해서 북위·남위 위도를 정하고, 동서는 영국 그리니치천문대를 기준으로 합니다.

곤坤은 땅으로 만물이 땅에서 자라니 치역致役으로 고단하고, 건乾

은 하늘로 싸운다 하는 것은 乾이 서북방향으로 가을과 겨울이 교차될 때에 음기와 양기가 서로 다투기 때문이다 – 하고 이 틀에다가 애비 어미 아들 딸 손자 임금 신하 노비 미국 대만 중국 일본 질병 사업 고시 신수 국운 세상 온갖 것 다 집어넣고 비벼 대는 것입니다.

이 팔괘八卦가 서로 상응교합 작용하여 8×8=64괘를 형성하여 천하 일체사물을 만들어 낸다 하는 것인데 맞지 않는 가설입니다. 맞지 않으니 답이 없어요. 그래서 『주역』이 어려워 보이는 것이죠. 『주역』을 근거로 하는 주역점인 육효六爻도 맞질 않아요. 맞을 수가 없는 방식입니다.

점술에는 육임점술六壬占術이 적중률이 뛰어납니다. 육임점술은 시간의 법칙을 활용한다는 것입니다. 『육임정단六壬正斷』은 토정土亭 선생이 720과課를 해설한 것을 중국에서 보물로 여겨 쓰다가 일본을 거쳐 되돌아온 것입니다.

『토정비결土亭祕訣』은 토정이 쓴 것이 아니고, 따님(문둥이)에게 밥이나 먹고살라고 써 줬다는 월영도月影圖가 있어요. 토정은 사주명리학을 한 게 아니고 육임정단을 한 것입니다. 점술로는 육임이 가장 우수합니다. 수도를 좀 해야 한다는 어려움이 따르지요.

명리학은 1,200년 전에 씌어진 케케묵은 구식이고, 필자가 연구한 신사주정설이 있습니다. 필자의 방식으로 감정하면 한 치의 오차도 없습니다.

사람은 타고난 팔자대로 살게 마련입니다. 사람은 시간을 따라 살기 때문입니다. 왜 그런가는 그 책에 있어요. 인터넷에 〈새로운 사주학 강의〉를 열면 공짜로 볼 수 있습니다.

제 9 장

<ruby>持<rt>지</rt></ruby><ruby>而<rt>이</rt></ruby><ruby>盈<rt>영</rt></ruby><ruby>之<rt>지</rt></ruby>　<ruby>不<rt>불</rt></ruby><ruby>如<rt>여</rt></ruby><ruby>其<rt>기</rt></ruby><ruby>已<rt>이</rt></ruby>　<ruby>揣<rt>췌</rt></ruby><ruby>而<rt>이</rt></ruby><ruby>銳<rt>예</rt></ruby><ruby>之<rt>지</rt></ruby>　<ruby>不<rt>불</rt></ruby><ruby>可<rt>가</rt></ruby><ruby>長<rt>장</rt></ruby><ruby>保<rt>보</rt></ruby>　<ruby>金<rt>금</rt></ruby><ruby>玉<rt>옥</rt></ruby><ruby>滿<rt>만</rt></ruby><ruby>堂<rt>당</rt></ruby>
<ruby>莫<rt>막</rt></ruby><ruby>之<rt>지</rt></ruby><ruby>能<rt>능</rt></ruby><ruby>守<rt>수</rt></ruby>　<ruby>富<rt>부</rt></ruby><ruby>貴<rt>귀</rt></ruby><ruby>而<rt>이</rt></ruby><ruby>驕<rt>교</rt></ruby>　<ruby>自<rt>자</rt></ruby><ruby>遺<rt>유</rt></ruby><ruby>其<rt>기</rt></ruby><ruby>咎<rt>구</rt></ruby>　<ruby>功<rt>공</rt></ruby><ruby>遂<rt>수</rt></ruby><ruby>身<rt>신</rt></ruby><ruby>退<rt>퇴</rt></ruby>　<ruby>天<rt>천</rt></ruby><ruby>之<rt>지</rt></ruby><ruby>道<rt>도</rt></ruby>

　이미 채워진 것에 더 채우려 드는 것은 안 하는 것만도 못하고, 날 세워 갈아 두면 오래 보존하기 어렵네.
　집에 금옥으로 가득 차면 지킬 수가 없고, 부귀하면 교만해지느니 스스로 재앙을 만들지. 공을 이루면 스스로 물러나는 것.
　이게 하늘의 道라는 거라네.

이 문장도 앞에 나온 말들을 구질구질하게 덧칠해서 폼을 재 보려 한 것으로 보이는 김이 좀 빠지는 문장입니다.

도올 번역
지니고서 그것을 채우는 것은 때에 그침만 같지 못하다.
갈아 그것을 날카롭게 하면 오래 보존할 길 없다.
금과 옥이 집을 가득 메우면 그를 지킬 길 없다.
돈 많고 지위 높다 교만하면 스스로 그 허물을 남길 뿐이다.
공이 이루어지면 몸은 물러나는 것, 하늘의 길이다.

이 말은 장자방張子房이 한신韓信 장군에게 이른 말입니다. 장자방 말을 베껴 옮긴 말인지, 장자방이 경에 있는 걸 보고 한 말인지 몰라도 장자방 말을 옮겨 쓴 것 같네요.

앞장에 다 나왔던 말입니다. 다들 아시는 말이니 더 거들어 설명할 것도 없는 격언 같은 말인데, 끝머리에 천지도天之道라고 붙여 놓은 것이 씁쓸하네요.

번역에 별 무리가 없어서 그냥 넘어갑니다.

제 10 장

<ruby>載營魄抱一<rt>재영백포일</rt></ruby> <ruby>能無離乎<rt>능무리호</rt></ruby> <ruby>專氣致柔<rt>전기치유</rt></ruby> <ruby>能嬰兒乎<rt>능영아호</rt></ruby> <ruby>滌除玄覽<rt>척제현람</rt></ruby>
<ruby>能無疵乎<rt>능무자호</rt></ruby> <ruby>愛民治國<rt>애민치국</rt></ruby> <ruby>能無知乎<rt>능무지호</rt></ruby> <ruby>天門開闔<rt>천문개합</rt></ruby> <ruby>能無雌乎<rt>능무자호</rt></ruby> <ruby>明<rt>명</rt></ruby>
<ruby>白四達<rt>백사달</rt></ruby> <ruby>能無爲乎<rt>능무위호</rt></ruby> <ruby>生之畜之<rt>생지흑지</rt></ruby> <ruby>生而不有<rt>생이불유</rt></ruby> <ruby>爲而不恃<rt>위이불시</rt></ruby> <ruby>長而<rt>장이</rt></ruby>
<ruby>不宰<rt>부재</rt></ruby> <ruby>是謂玄德<rt>시위현덕</rt></ruby>

목숨은 혼(넋) 하나로 사는 것인데 맘대로 혼(넋)을 떠나지 않게 할 수 있겠는가? 氣를 모아 몸을 부드럽게 한다고 맘대로 몸이 아기처럼 젊음으로 돌아갈 수 있겠는가?
마음을 씻고 욕심을 덜어 내면 되는 것이지 그게 어찌 허물이 되겠는가?
백성을 아끼는 마음으로 다스리면 무식하다고 말할 수 있겠는가?
하늘이 열리고 닫힌다 해서 함부로 암컷으로 볼 수 있겠는가?
열심히 통달하면 제 맘대로[能] 될 수 있겠는가?
열심히 일해 모아 쌓으면서도 이게 모두 다 내 것이다, 라는 욕심 없이 재물에 집착하지 않으며 잘되어짐에 악착을 떨지 않고 과시하지 않는 것을 소위 현덕이라고 말하는 것이라네!

도올 번역
땅의 형체를 한 몸에 싣고 하늘의 하나를 껴안는다.
그것이 떠나지 않게 할 수 있는가?
기를 집중시켜 부드러움을 이루어 갓난아기가 될 수 있는가?

가믈한 거울을 깨끗이 씻어 티가 없이 할 수 있는가?
백성을 아끼고 나라를 다스림에 앎으로써 하지 않을 수 있는가?
하늘의 문이 열리고 닫힘에 암컷으로 머물 수 있는가?
명백히 깨달아 사방에 통달함에 함으로써 하지 않을 수 있는가?
도는 창조하고, 덕은 축적하네.
낳으면서도 낳은 것을 소유하지 않고,
지으면서도 지은 것을 내 뜻대로 만들지 않고,
자라게 하면서도 자라는 것을 지배하지 않네.
이것을 일컬어 가믈한 덕이라 하네.

끈 떨어진 선비가 귀향길에 객줏집에서 탁배기 한잔 마시며 푸념으로 시 한 수 쓴 것으로 보여지는 문장인데, 요것이 왜 여기에 끼어들어 구구하게들 번역을 해서 골 아프게 하는지 모르겠네요. 필자 눈에는 별스러워 보이지 않는데 말입니다.

載營魄抱一　能無離乎
<small>재영백포일　능무리호</small>

사람이라는 것이 혼魂 하나로 사는 것인데 혼이 떠나겠다는 것을 어찌 마음대로 막을 수 있겠느냐? 사람은 누구나 다 죽게 마련이다. 하는 말인데….

문장은 그런데, 사실은 거꾸로 본 것이죠. 목숨은 혼이 몸에 들어와서 그 혼의 작용으로 산다는 말인데 사실은 말의 전후가 뒤바뀐 것 아닙니까?

몸이 주인인데 혼이란 놈, 그놈 하나가 들어와서 몸이 살도록[營魄抱

ㄱ 운영해 준다고 말하는 거라. 육신이 혼의 신세로 산다고 하는 말입니다. 다시 말하면 육신은 '나'이고 혼은 내가 아닌 혼이라는 놈인데, 그놈이 싫증이 나서 이제는 몸을 떠나겠단 것을 내 맘대로[能] 못 가게 할 수 없다는 말이죠.

혼魂이든 백魄이든 정신이든 간에 육신이라는 몸뚱이에 붙어 있는 것이지 몸이 박살나면 그게 어디에 붙어살겠어요?
혼이라는 것은 육신이 영육하는 겁니다.
정신이라는 게 몸에서 이루어지는 거예요.
그래서 수도정진은 몸으로 하는 것입니다.
사람이 고장 나서 꼴깍 숨 끊어지면 끝이지 죽은 다음에 뭐가 있다는 것이 엉성한 얘기예요. 사람은 태어나서 딱 한 번 살고 끝나는 일회용입니다. 모든 생물이 일회용인데 오직 사람만 예외일 수가 있겠습니까?
한 번 사는데도 징글징글 고생인데 왜 자꾸만 태어납니까? 한 번만 사는 일회용이니까 확실하게 잘살아야지요. 제우선사濟愚禪師의 수심정기도 몸의 기운을 바르게 하여 마음을 닦는다 하는 거예요.
천도교에서 사람이 살아서 하느님 되는 방법, 즉 선인이 되는 가르침인데 인내천人乃天이 바로 그 말이거든요. 살아서 하느님이 되어야지 죽어서 어찌고 하는 것은 말짱 헛것이라는 겁니다.
덕망德望이라는 것도 타고나는 것이 아니고 사람이 노력하여 습관으로 길들여지는 것이구요. 사람은 누구나 다 죽게 마련이에요. 세속적인 사람들을 예로 들먹이면서 영생永生을 구하고자 하는 도인, 선인, 수도하는 사람들을 비꼬는 말입니다.

다음 문장도 또 비비 꼬고 있습니다.

專氣致柔
_{전 기 치 유}

전기치유專氣致柔라는 말은 도인들이 수련하는 호흡하는 방식(수심정기)을 말한 것입니다. 단전호흡하고는 조금 다릅니다.

노화 방지나 젊어지려고 하는 것이 아니고 정신을 맑게 해서 깨달음을 터득하는 것이 수심정기인데 물론 건강에도 좋고 피부도 고와지지요. 건강해야 도를 닦는 것입니다.

선인仙人들이 하신 말씀, 이걸 또 비꼬며 긁는 문장입니다. 도 닦고 수도한다고 젊음으로 되돌아갈 수 있겠느냐? 되지도 않는 말로 헛소리한다고 비꼬는 말이죠.

滌除玄覽 能無疵乎

마음을 씻고 욕심을 버리면 능히 복이 되고도 남을 텐데, 원체 욕심 많은 놈들이라 창피한 줄도 모르고 헛소릴 한다. 천당 가고 극락 가고 신선이고 도인이고 하는 녀석들은 워낙에 욕심 많은 미련한 녀석들이라서 그따위 정신 나간 헛소릴 하고 있다는 말입니다.

이 사람은 지금 자기는 다 깨달아 통달했다는 겁니다. 부처고 예수고 신선들이고 다 나와 봐라, 맞장 뜰 자신 있다, 하는 거죠.

도인 좋아하시네! 욕심 많고 미련한 녀석들 꼬임에 빠져서 뭘 모르는 무식한 놈들이라고 또 비꼬는 것이죠. 마음을 씻고 욕심을 버리는 것이 공부하는 것 아닙니까?
그게 도 닦는 것이거든요. 수도라는 게 마음 씻는 거죠.
다음 문장에는 공부하는 사람들을 또 비꿉니다.

愛民治國 能無知乎
_{애민치국 능무지호}

백성을 아끼는 마음으로 다스리면 되는 것이지 배움이 없다고 함부로[能] 말할 수 있겠느냐?
과거시험에 계속 낙방하고 고향길 가다가 객줏집에서 탁배기 한 잔에 취해서 술김에 하는 말인 것 같네요. 말이 그렇지 배움이 없이 정치가 됩니까? 알아야 면장도 하는 거지요. 모르고 어떻게 나라를 다스리며 수도하지 않고 어떻게 자비심이 생겨납니까? 아는 것 없이 어떻게 나라를 다스릴 수 있습니까? 밥은 굶어도 공부는 해야 하는 것이지요.

天門開闔 能無雌乎
_{천문개합 능무자호}

하늘 문이 열리고 닫힌다는 것을, 필자는 하늘이 맑았다 흐렸다 하는 뜻으로 새깁니다. 왜냐하면 전체 문장 수준이 낮고 조잡스럽고 서투른 솜씨라서 크게 의미를 부여할 수 없습니다.
먹물이 좀 든 삐딱한 식자들이 자기 깐에는 뭘 좀 안다고 건방을

떤 것으로 보여지네요. 시로 보아도 음률이 맞지 않고 조잡스러워요.

雌는 암컷이라는 말이지만 저속한 표현입니다.

하늘이 갰다 흐렸다 한다고 하늘이 '능무자호能無雌乎', 함부로 만물을 낳아 놓은 암컷이라고 할 수 있겠는가?

말은 맞는 말입니다. 하늘이 갰다 흐렸다 하면서 만물을 새끼 낳듯이 낳는 것은 아니죠.

앞에 나온 도덕경의 수도하는 전체 내용을 삐딱하게 부정적으로 보고 있는 도경道經을 사문난적질한 것으로 보여지는데…. 해석들이 구구하고 엄청 부풀리고 튀겨서 설명들 합니다. 하고 싶은 말은 다음 문장에 있습니다.

도올이 신바람 났습니다.

도올의 책(『노자와 21세기』)에 왕필의 주석을 반박하는 글이 있네요. 먼저 천문개합에 대한 왕필의 해설을 보죠.

"하늘의 문이란, 천하의 모든 것이 그것으로 말미암는다는 것을 일컫는다. 개합이란, 다스려짐과 어지러움의 변화를 말하는 것이다. 어떤 때는 열렸다가 어떤 때는 닫히면서 하늘 아래를 질서 지운다. 그러므로 천문개합이라 말한 것이다."

필자는 하늘이 질서를 만들어 지키도록 하는 것이 아니고 하늘도 질서를 따르는 것이라고 봅니다.

그런데 도올의 반박을 볼까요?

"왕필이 너무 어렸기 때문에, 여체에 대한 경험이 부족하여 이러한 추상적 주석을 달았을 것이다. 여기서 말하는 주제는 분명히 여성[雌]의 문제이다. 여성됨을 말하고 있고, 이것은 분명히 여체의 변화를 빌어 유기체적 우주의 생성을 말한 것이다."

왕필이 몇 살에 주석했을까요? 여자를 모른다니까 하는 말입니다. 雌는 암수 구별할 때 암컷을 말하는데, 실제 암컷[牝]을 뜻하는 글자는 아니고요. 자웅雌雄이라고 할 때 쓰죠. 약하다, 약해진다는 뜻으로 자복雌伏 - 굴복하여 좇는다는 말입니다. 암컷을 지칭하는 성별을 의미하는 뜻이 아니에요, 강약을 의미하는 거지. 사람에게는 좀 천박하게 쓰는 글자입니다.

필자는 그냥 '날씨가 맑았다 흐렸다'로 봅니다. 문장 내용이 크게 덧칠해 부풀려 해석할 문장이 못 된다고 생각하는 거죠. 쥐뿔도 모르는 녀석이 술김에 한 수 써 본 것을 부풀려서 문제 삼는 게 아닌가 하는 생각이 듭니다.

다음에 이어지는 문장을 보면 알 수 있습니다. 하고 싶은 말은 뒤에 이어지는 문장입니다. 현덕玄德이죠.

明白四達 能無爲乎
명백사달 능무위호

"확실히 통달한다고 제 맘대로[能] 될 수 있겠는가?"

공부는 뭣 하러 하느냐? 골 아프게. 배워 봐야 말짱 헛것이다. 배워서 통달한다고 네 맘대로 될 줄 아느냐? 천만의 말씀이다. 세상은 뒤를 봐주는 빽이 있고 돈이 있어야 출세를 하는 거지.

자기 처지가 그런 것 같아 보이죠. 세상이 또 그렇기도 하구요.

生之畜之 生而不有
_{생지휵지 생이불유}

 生之 - 무엇을 만들어 낸다. 생산.
 畜之 - 기르다. 생산된 것을 증식시킨다.

열심히 일해 벌면서 이것이 몽땅 다 나 혼자만의 것이라고 독식하지 말고, 버는 것도 악착 떨지 말고 남들도 벌어 먹게 좀 도와주고 품위도 지키면서 여유 있게 벌어라.
 좋은 말이긴 한데 요게 잘 안 되는 겁니다. 이거 공부 좀 해야 되는 겁니다.
 삶의 바름을 알아야 하는 것인데, 그거 공부해야 돼요.

爲而不恃 長而不宰 是謂玄德
_{위이불시 장이부재 시위현덕}

악착 떨지 말고 과시하지 않는 것이 덕망이다.

 恃 - 믿다, 재물을 모신다, 아까워한다.

재물을 아까워하면 인색하게 되죠.

宰 - 벼슬아치, 재상 등인데 여기서는 재물이 많아져서 생기는 힘, 재력의 힘을 말하는 것입니다. 큰 부자, 재벌입니다.

악착 떨지 않고, 재벌이 되어서도 뻐기고 과시하지 않는 것을 소위 현덕玄德이라고 한다는 말인데, 현덕이 거저 됩니까? 도 닦고 공부해야 현덕이 되는 거지요. 세상에서 가장 무서운 것이 미친 자가 칼 든 것이고, 무식한 자가 돈 가진 것 아닙니까?

베풀어 준 것의 되돌림을 받는 것이 덕인데, 현덕은 넉넉하게 살면서 우러러 칭송을 받으며 사는 사람입니다.

살아가는 현실적인 이야기를 해 본 겁니다. 수도니 출세니 공명이니 공부니 모두 쓸데없는 미친 짓이고, 부지런히 돈이나 벌어서 넉넉하게 살아라, 그게 '땡'이라는 말입니다.

논리가 맞지 않고 경으로는 별가치가 없어 보이지 않습니까?

생이불유生而不有 위이불시爲而不恃 장이부재長而不宰
이것이 어디 말대로 되겠습니까? 이거 하려고 수도 공부 정진 등을 하는 건데 옛날이나 지금이나 돈 버는 게 오죽이나 어려워요? 그게 쉬우면 다 그거 하지 누가 벼슬합니까? 돈을 버는 것도 배우고 뭘 알아야 해 보는 거지 무지렁이가 뭘 합니까?

백정이 양반 된 이야기

『어사록御使錄』에 있는 얘기입니다.

암행어사 박문수가 백정의 조카가 된 얘기인데, 백정 놈이 암행어사 박문수 찜 쪄 먹은 얘기지요. 적어도 요 수준은 돼야 뭘 좀 해 보는 거 아닐까요?

무주 구천동에 박가 성을 가진 백정이 살고 있었답니다.
백정이니 옛날엔 상놈이었지요. 재산도 좀 있고요. 사서삼경 좔좔 주르르 외시면 뭘 하나? 사는 것이 도무지 재밋거리가 없이 사는 것을. 사람은 옛날이나 시방이나 그저 재미로 사는 것이 제일인데 말입니다.
조상 대대로 애비까지 백정질로 모은 재산이라 당최 사람대접을 안 해 주더란 말씀이야. 동네 애 낳는 집에 미역에 쌀 됫박은 당초부터 정해진 일이고, 원님 진짓상은 물론이고, 꾀죄죄한 양반 나부랭이들 쌈짓돈은 제쳐 놓고라도 흉년에 굶는 집 부지기수로 먹여 주고….
이 고을에서 내 신세 안 지고 사는 사람 있거들랑 나와 보슈! 할 만큼 좋은 일 해가며 살아오는 터이련만, 아! 글쎄! 쥐방울만 한 녀석들도 고놈의 갓만 썼다 하면 말을 깔고 하대하며 종놈 취급하는지라 속이 여간 버글거려 도무지 살맛이 안 난다는 거지.
우라질 놈의 세상! 에이 쳐 죽일 놈들…. 분통이 터져 고놈의 갓 나도 한번 쓰고 팔자걸음으로 살아 봐야겠다 벼르면서 수년을 이 궁리 저 궁리하고 있는 터인데 드디어 한 소식 날아들었겄다!
무슨 생각이 들었는지 백정 놈이 무릎을 탁 치면서, "옳지! 바로 그거다." 했다나요.
소문인즉 암행어사 박문수가 3도를 순찰하고 마침 그 고을을 지나 갈 것이라는 정보가 날아든 것인데…. 암행어사 박문수 떴다 하면 원님은 물론이고 방귀깨나 뀐다는 벼슬아치들 벌벌 기고 세상에 나는 새도 손짓 한 번에 떨어뜨린다는 어사 나리가 온다는데 요놈이 시방 뭘 워쩔라고 할까? 백정 놈이 무슨 꿍꿍이속이 있는지 빙글빙글 연신 웃음을 흘리며 좋아하더라나요. 드디어 백정 놈이 일을 저질러 내는디ㅡ.

아! 글쎄 백정 놈이 뒈지려고 환장을 하지 않고서야 일내는 꼴 좀 보소.

"암행어사 박문수는 내 조카다!"

대문짝만 하게 여기저기 방을 써 붙이고 싱글벙글하더라는 거야. 요즈음으로 치면 플래카드를 걸어 놓은 셈이지. 아 글쎄, 아무리 양반에 미치고 환장한 놈이라도 그렇지. 언감생심 감히 어느 안전이라고 암행어사 박문수가 제 조카라는 것이여!

이거 일내는 거 아닙니까? 왁자지껄 개구리 소리로 소문이 자자하게 돌고 돌아서 드디어 박문수 귀에도 들어갔것다.

'발칙한 놈 같으니라고…. 내 요놈을 그냥….'

죄 중에서 괘씸죄가 제일 무섭다는 아닙니까? 지금 세상에도 괘씸죄에 걸려들면 개박살 나고 살아남기 어려운 판인데 말예요.

'요런 발칙하고 괘씸한 놈, 감히! 내 이 녀석을….' 하고는 문수가 상놈의 집을 찾아갔으렷다.

대문짝에도 큼지막하게 '암행어사 박문수는 내 조카다!'라고 붙어 있는 게 아닌가. 참 기가 막혀서!

"여봐라!"

식솔들이 주르르 나와설랑 굽~실굽~실. 박가인가 싶은 놈이 굽실 모시는데 첫눈에 봐도 인물이 수려한지라 필시 무슨 곡절이 있으렷

도덕경 강론 179

다! 짐작하고는….

"주인장이 쓴 거외까?"

박가가 굽실거리며 안으로 모시는데 산해진미 한 상 가득하고 별의별 귀한 것 다 내다 놓으며 그저 임금님 모시듯 정성을 다하는 거예요. 문수가 속으로 필히 곡절이 있겠다 생각했지만 당장 물어 보기도 그렇고 해서 뭉그적거리며 이제나저제나 하고 기다려도 당최 통 무슨 얘기가 없어요.

박문수는 갑갑해서 도무지 견딜 수가 있어야 말이지요.

기다리다 못해서 문수가 먼저 물었어요.

"주인장! 대체 무슨 일이오? 나는 통 영문을 모르겠소이다그려?!"

그러자 백정 놈 하는 말인즉—.

"소인은 아무것도 드릴 말씀이 없고 그저 편안히 쉬어 가시기만 바랄 뿐입니다."

"그래 그 연유가 무엇이냔 말이오?"

"연유도 없고, 단지 떠나실 때 소인이 좀 뭐라 하더라도 그저 고개만 끄덕여 주셨으면 하고 바랄 뿐입니다!"

하고는 달리 부탁하는 말이 없어요.

'싱거운 사람이로고….'

문수가 속으로 중얼거리고 고개를 끄덕였으니 약속은 이미 저질러진 셈. 푹 쉬고 드디어 떠나는 날 동구 밖에 원님부터 양반 나부랭이들이 바글바글 개구리 울음소리를 내는 그 틈새를 비집고 박가 놈이 기름이 자르르 흐르는 말을 끌고는 따라나서더라는 거예요. 동구 밖까지 배웅을 하더니만 번쩍 들어 태워 주면서 박가 놈 하는 말이….

"조카님 잘 살펴 가시게, 에잉! 변변히 대접도 못해 주고 미안스러잉! 내 다음 참엔 단단히 준비를 좀 해 두겠네~잉! 조카니~임!"
 장닭 모가지 빼듯이 큰 소리로 외치더라는 거예요.
 문수가 속으로 '참! 고약스런 인사말이로고….' 찜찜하지만 던져 준 약속이니 물릴 수 없는 노릇이고, 할 수 없이 끄덕일 수밖에 없었지요. 백정 박가가 어사 박문수를 찜해 먹은 거지요.
 옛날이나 지금이나 힘깨나 쓰는 집엔 왜 그렇게들 몰려드는지?
 백정이 하루아침에 단번에 무주대군으로 떴겠다! 원님이 맞절하는 판인데, 그깟 양반 나부랭이들쯤이야! 감히 누구시라고?!
 그동안에 한 짓거리도 있고 하니 벌벌 기지 않았겠어요? 불 보듯 뻔한 일이고 대번에 양반서열 1위에 오른 것이지요.
 박가 놈, 양반 맛이 좋기는 참말로 좋은데 찜찜한 구석이 있는 거예요. 아무리 생각을 해 봐도 이 일이 그냥 넘어갈 성싶지 않거들랑!
 문수 동생이 개건달로 여간한 놈이 아니라는데…. 장비처럼 고리눈에 성깔 더럽고 거칠게 굴러먹는 상종 못할 왈짜패라는데 그냥 무사할 것 같지가 않은 거라 속이 뜨끔거리지요.
 쫓아 내려오면 어쩔 거여?! 언제 들이닥쳐 박살당할지 머리가 지끈거리지 않겠어요? 세상에 제일 무서운 놈이 힘깨나 쓰는 왈짜패가 아닙디까?
 언제 들이닥쳐 개망신 당할지 모르는 처지고 보니 잠이 와야 말이지요. 고민 되고도 남을 고민거리라.
 참말로 무슨 방도를 세우긴 해야겠는데 아무리 짜내도 도무지 뾰족한 수가 없어 이 생각 저 시름에 고민하고 또 고민, 골머리 싸매고 있는 참인데요.

박문수, 어사일지 임금님께 고하고, 문중에 들러 이런저런 세상얘기 보따리를 풀어 놓는 중에 박가 백정 놈의 기막힌 사기행각을 빼놓을 수 없는 일이지요.
아니나 다를까, 동생이 버럭 성깔을 부리며,
"감히 어디라고?! 아 그래, 백정 놈이 형님보고 조카라 했는데 가만 놔두고 왔단 말이오? 그런 쳐 죽일 놈을! 내가 당장 내려가 요절을 내고 말겠소이다!"
팔뚝을 걷어붙이고 부르르 떠는 거예요. 형제라는 게 참말로 이상한 거요. 한배 속에서 나왔건만 왜 그리도 성질머리가 가지각색인지 몰라요.
박문수 생각에 허구한 날 불화통으로 참고는 못 사는 위인인지라 암만해도 일 저지르게 생겼거든요.
"아우님! 그놈은 아주 무서운 놈이니 제발 그만두시게!"
존존하게 타일렀건만 애당초 들어먹을 위인이 아닌데 어쩔 거여. 드디어 일을 크게 내고 마는데….

백정 놈이 몇 날을 고민하다가 또 한 번 탁! 무릎을 치면서 "옳지! 이번에는 바로 그거다." 하더라나요.
백정 놈 이번에 또 무슨 수작질하는지 거둥을 좀 보시죠.
사람이 요 정도는 돼야 뭘 해먹는 거여! 시방도 요 박가 놈 정도는 돼야 뭘 해 본다니깐…. 사람은 궁하면 반드시 통하는 구석이 있게 마련이라. 이건 진리야요, 진리!
박가 놈이 뒷짐 지고 슬슬 흘리며 수작질을 해 대는데—.
"아! 글씨, 한양에 있는 내 조카, 문수 조카님 있잖은가? 둘째동생인가, 셋째인가 그 조카님도 어려서 아주 총명했는데 공부를 너무 하다가 그만 실성을 했다는구먼! 문수 조카님이 내게 걱정이 여간 아니시더라고…. 아! 글쎄 말이야, 문수 조카님이 내게 신신당부하기를…."

동생이 실성해서 그러니 혹시 내려와서 아저씨한테 무슨 행패를 좀 부리더라도 아저씨가 널리 이해를 좀 해 주시고요, 그놈을 아주 호되게 혼찌검 내어 다루어 주셔야지, 아저씨가 점잖아서 문문하게 대하실까 걱정입니다. 내려오거들랑 혼찌검을 단단히 내서 올려 보내라고 신신당부하고 갔다는 거야!

입술에 침을 바르면서 슬슬 수작질하며 생사람 잡으려 하는데, 이래도 되는 겁니까? 허기야 뭐 자유당 시절 이승만 대통령 가짜아들 이강석이도 있었으니깐….

그해도 그럭저럭 다 가고 이듬해, 매미소리가 뚝 그치더니만 벼락 천둥소리가 나는 거야.

"요 쌍놈 박가야! 발칙한 놈 당장 나와라!! 내가 널 요절내러 왔다. 감히 내 형님보고 조카라고 한 놈아!"

동네가 쩌렁쩌렁 울리고 살기에 서까래가 벌벌 떠는 판인데, 백정놈 외눈 하나 깜짝 안 하고 기다렸다는 듯이,

"저 미친 조카 녀석이 이제야 내려왔구나! 여봐라. 무엇들 하느냐? 당장 저놈을 포박하여 광에 처박아 두고 물 한 모금도 주지 마라!"

불호령을 치는 것이 아닌가? 세상에 아니 이럴 수가! 시방 이래도 되는 겁니까?

나는 새도 떨어뜨린다는 암행어사 박문수 동생이 용 한번 못 쓰고 꽁꽁 묶여서 컴컴한 광 속에 처박혀서 물 한 모금 못 마시고 3, 4일

씩이나 썩다니, 기가 막혀 숨 넘어 갈 일이지!

 하늘인들 짐작이나 했겠어요? 억울한 것도 분수가 있는 법인데 해도 이거 너무한 거 아닙니까? 문수 동생 분통이 터져설랑 시뻘겋게 고래고래 발광질을 쳐 봐도 개미새끼 하나 얼씬거리는 놈 없으니 이게 꿈인지 생시인지 모르겠는 거예요.

 며칠 지난 후에 박가 놈이 개다리소반에다 냄새 물씬 나게 한 상 차려 와서 수작질하는 말을 들어보시오잉.

 "고생이 좀 되시지? 미안하이 조카님! 이게 다 자네 형이 잘나서 생긴 일이니 너무 섭섭하게 생각지 마시게잉. 나도 자네 형 잘나서 이러는 거라네."

 게다가 한술 더 떠서 하는 말.

 "공연한 고생 하시지 말고, '아저씨!' 그 한마디만 하면 내 섭섭하지 않게 해 줌세. 어쩔 텐가? 부모 잘 만나 양반이지! 자네가 양반을 사기라도 했나? 나도 부모 잘못 만나서 상놈인 게야! 예서 한양이 천 리인데 내게 아저씨라고 한마디 한들 자네 박씨 문중에 탈이야 나겠는가? 공연한 미련 떨지 말고 '아저씨!' 그 말 한마디만 하시게. 내 섭섭하지 않게 해 줌세!"

 광 속에 가두고 며칠 굶긴 뒤에 하는 말이지요.

 다음 날에 또 능글맞게 수작질해 대자 문수 동생 빨끈 성깔은 살아가지고 드디어 박가 놈 덫에 걸려 일을 낸 거라.

 "이런 쳐 죽일 놈이 감히!"

 욕바가지를 퍼부으며 악발을 써 대는 참인데, 느닷없이 박가 놈이 호통을 치는 거야.

 "여봐라! 저놈이 아직도 정신이 덜 든 모양이다. 침을 맞아야 정신이 들 모양이다! 무엇들 하느냐? 어서 침을 놓지들 않고!"

 불호령을 내리니까 돌팔이들이 우르르 달려들어 요기도 꾸~욱, 조기도 꾸~욱 사정없이 찔러 대는디, 침에 견디는 장사가 어디 있나?

 "아이쿠, 아저씨! 제발 아저씨!"

 한나절이나 복창하고 난 뒤에야 풀려났다지 뭡니까.

 "내 뭐라던가? 진작 그러실 일이지. 으~음! 사람이 미련해 터져설랑은 쯧쯧…."

하고 훈계까지 하더라는 겁니다.

 며칠을 푸근히 쉬어서 가는 날 동구 밖에 기름기 자르르 흐르는 말 한 필에다 풋풋하게 챙겨 배웅하면서 하는 말이,

 "조카님, 잘 살펴 가시게!"

하더랍니다.

제 11 장

三十輻共一轂 當其無 有車之用 埏埴以爲器 當其無
有器之用 鑿戶牖以爲室 當其無 有室之用 故有之以
爲利 無之以爲用

<sub>삼십복공일곡 당기무 유거지용 연식이위기 당기무
유기지용 착호유이위실 당기무 유실지용 고유지이
위리 무지이위용</sub>

바큇살 서른 개가 일제히 가운데로 모아지는 것은 그 중심이 비어 있어서이고, 그 비움은 수레 움직임에 쓰인다.
흙을 빚어 그릇을 만드는 것은 물건을 담아 쓰기 위함이다.
방에 창문을 내는 것은 방을 드나들기 위함이다.
본래 있다는 것은 없는 것을 위해서 쓰려고 하는 것이다.

도올 번역
서른 개 바큇살이 하나의 바퀴통으로 모인다.
그 바퀴통 속의 빔에 수레의 쓰임이 있다.
찰흙을 빚어 그릇을 만든다.
그 그릇의 빔에 그릇의 쓰임이 있다.
문과 창을 뚫어 방을 만든다.
그 방의 빔에 방의 쓰임이 있다.
그러므로 있음의 이로움은 없음의 쓰임이 있기 때문이다.

마차바퀴는 바큇살이 바퀴 중심점, 바퀴통으로 일제히 모아져서 바퀴가 되고 그 바퀴는 마차가 굴러가는 데 유용하게 쓰입니다.

여기에서 하는 말은 허(虛), 비어 있는 것의 쓰임새 공간의 중요성을 부각시키는 말이죠. 바큇살이 중심으로 모여질 수 있는 것은 그 중심에 마땅한 공간[虛]인 바퀴통이 비워져 있어서 가능하다. 맞는 말이지요.

또 그릇을 예로 들어 설명한 것인데, 그릇을 만드는 과정이 힘들고 복잡하지 않습니까?

흙을 개서 이겨 반죽하고 굽고 하는 힘든 과정들이 그릇의 용도인 쓰임새인 무엇을 담기 위한 마땅한 공간[虛], 즉 비어 있음(공간)을 쓰기 위함이지요. 집을 지을 때 문을 만드는 것은 집이라는 아담한 공간을 사용하기 위해서입니다. 허(虛)에 쓰임이 있는 것이지요.

맞는 말입니다. 틀림없는 것을 예로 들어서 하고자 하는 말을 "그렇구나!" 하는 긍정으로 유도하는 형식으로 씌어진 문장인데 예문 때문에 홀딱 빠져 넘어가면 안 됩니다. 정신 바짝 차리고 '故' 다음이 하고자 하는 본말을 살펴보아야 합니다.

故有之以爲利 無之以爲用
고유지이위리 무지이위용

"본래, 있는 것이 좋게 쓰이는 것은 없는 것을 쓰기 때문이다."

이 말은 "마음을 비워라. 마음을 빈 그릇처럼 해야 거기다 무엇을 담을 수 있다." 하는 말을 하는 것인데 마음이라는 게 물건인가요? 비우고 채우고 하게….

마음 비우고 산다는 사람 새빨간 거짓말 하는 것입니다. 마음은 비우고 채우고 할 수 있는 성질의 것이 아닌 거죠. 마음을 비우고 산다 하는 사람은 이득을 챙기려 드는 수작질에 지나지 않아요. 마음 비웠다고 하는 사람 치고 속 시꺼멓지 않은 사람 보질 못했네요. 생각을 바꿔 보려고 작정했다 하면 몰라도….

 마음은 비우는 것이 아니라 착함 자비심으로 가득 채우려고 노력을 해야죠.

 자비라는 게 별것 아닙니다. 불쌍하게 여기면서 살면 되는 것이죠. 미운 놈 용서해 주면서 더불어 살면 자연 곱게 되게 마련입니다. 별 대수로운 내용 아니네요. 서술은 대단했는데 좀 싱겁지요.

 앞의 2장에 유무상생有無相生했던 것 아닙니까?

 사람이라는 게 서로 더불어 사는 건데 어수룩한 사람이 부담 없이 좋아요. 거리에서 자주 길 물음을 당하는 사람이 어수룩한 좋은 사람입니다. 부담 없어 보이는 사람에게 길을 물어 보는 거죠. 똑똑해 보이는 사람에겐 절대 길을 묻지 않습니다. 조수助手로 삶 직한 사람에게 길을 물어 보는 겁니다. 자기 가는 길에 조수가 되어 달라고 사정하는 겁니다.

 사람이 조수로 살면 아주 편합니다. '조수'라는 게 조연출, 주인공을 도와서 부각시키는 역할을 하잖아요. 공을 이루도록 돕는 사람이 조수입니다.

 세상사람은 모두가 다 주인공으로 사는 것입니다. 조수 후보생은 아예 씨도 없어요.

 조수 품귀! 세상에는 귀하면 그 값이 껑충 뛰고 비싸지는 것 아닙니까? 존경받고 살고 싶으면 조수로 사십시오. 인간이라는 동물은 생겨먹기를 자기보다 잘나고 똑똑한 놈을 다들 싫어하죠.

 참 별나고 신기한 동물이 사람입니다. 조수로 사는 것이야말로 참 멋지고 좋은 삶입니다. 강한 자는 항상 저항세력을 만들어요. 그게 강한 자의 숙명이에요.

사람은 억지로 시키면 반드시 반항하게 마련이죠. 그게 강자의 피할 수 없는 업보라는 겁니다. 저항한다는 것은 나를 싫어하는 것. 싫어하고 미워하는데 잘될 리가 있겠습니까? 지는 게 늘 이기는 것이고, 참으면 참을수록 지혜로워진다는 우리네 어른들의 말씀대로 사는 것이 조수로 사는 겁니다. 조수로 살면 아주 좋아들 죽겠다 고마워들 해요.

되지도 않는 마음 비우려고 끙끙거려 애쓰지 마시고 그냥 푹 조수로 사십시오. 조수로! 요것이 사실은 내 밑천입니다. 조수로 사는 것이….

바큇살 30개는 별 의미가 없습니다.

한 달이 30일. 중국 황제의 마차 바큇살이랍니다. 정교했는지는 몰라도 튼튼하지는 못했겠네요. 길에서 고장 나면 어떻게 했을까 걱정되네요.

조선에선 임금님 가마 멜대가 부러졌다고 징역살이 시켰습니다. 해시계를 제작한 발명왕 장영실이죠. 바큇살이 12개쯤 되었으면 좋았을 텐데요.

매사에 모양이나 의미보다는 튼튼한 것이 제일입니다. 실용적인 것이 항상 더 좋은 것입니다. 그것이 조수로 사는 것입니다.

제 12 장

五色令人目盲 五音令人耳聾 五味令人口爽 馳騁畋
獵令人心發狂 難得之貨令人行妨 是以聖人爲腹不爲
目 故去彼取此

화려한 색깔은 정신을 혼란스럽게 만들고,
흥겨운 소리는 마음을 들뜨게 하며,
맛있는 음식은 입맛을 버리게 하고.
사냥질하는 것은 마음을 사납게 만들고,
값진 물건은 사람을 고달프게 만드는 것이다.
본래 성인은 마음으로 보는 것이니,
즐거움보다는 편안함을 택하는 것이 그것이다.

도올 번역
갖가지 색깔은 사람의 눈을 멀게 하고,
갖가지 음은 사람의 귀를 멀게 하고,
갖가지 맛은 사람의 입을 버리게 한다.
말 달리며 들사냥질하는 것은 사람의 마음을 미치게 만든다.
얻기 어려운 재화는 사람의 행동을 어지럽게 만든다.
그러하므로 성인은 배가 되지 눈이 되지 않는다.
그러므로 저것을 버리고 이것을 취한다.

설명에 별 어려움이 없고, 요게 해석이 서로 다르네요.

馳騁畋獵令人心發狂
_{치 빙 전 렵 영 인 심 발 광}

令 - 그렇게 하여지도록 한다.

말 타고 사냥질하는 살생은 측은지심을 없게 하여 사납고 독하게 만든다. 어디에 뭐가 좋은 것이 있다고 하면 괜히들 욕심이 생겨서 왔다 갔다 하고 몸이 고달파진다.
성인은 마음으로 보기 때문에 현혹되지 않는데 그 기준이 눈앞의 즐거움보다는 마음의 편함을 택하기 때문이다.
도올은 "들에서 말 타고 사냥질하는 것은 즐거워서 미친다."라고 번역했는데, 필자는 "사냥을 하는 것은 살생을 하는 것이니 측은지심을 잃어 사람이 독해지고 사납게 된다."고 번역합니다.
칼을 들면 베고 싶어지는 게 사람의 마음인 것입니다.

是以聖人爲腹不爲目
_{시 이 성 인 위 복 불 위 목}

"본래 성인은 편안함을 선택한다. 눈으로 보지 않고 마음으로 본다."

腹 - 배 복자인데 마음 복자로도 쓰입니다. 복안腹案, 네 마음속 생각은 뭐냐? 할 때 쓰죠.

배부르면 더는 그만 아무리 맛있는 거라도 안 먹죠. 왜 그럽니까? 탈날까 봐서죠. 안정성 유지의 욕심, 그게 우리네 배인데 성인은 그걸로 세상을 본다는 겁니다. 안전하고 편안함을 선택한다는 것이죠.

왕필은 "배가 된다고 하는 것은 사물로써 자기 몸을 기르는 것을 말하는 것이요, 눈이 된다고 하는 것은 사물에 자기 몸이 부림을 당하는 것을 말하는 것이다. 그러므로 성인은 눈이 되지 않는다."고 해놨네요. 해석이 어설퍼 보입니다.

도올이 왕필을 그대로 따라갔군요.

성인은 배로 세상을 본다고 하면 번역이 우습게 되지 않습니까? 도올이 잘못 풀이한 겁니다.

故去彼取此
고 거 피 취 차

"저것을 버리고 이것을 택한다."

편안하고 안전한 실속을 차린다는 말입니다. 성인이랄 것도 없고 나이 든 사람들은 다들 그럽니다.

체험해서 터득한 지혜죠. 위험을 감수하면서 모험을 하는 것은 불행을 자초하는 행위인 것을 알고 있기 때문이죠. 상식적인 내용인데 웬 녀석이 뻥을 한번 쳐 본 것 같네요.

제 13 장

寵辱若驚 貴大患若身 何謂寵辱若驚 寵爲下 得之若
驚 失之若驚 是謂寵辱若驚 何謂貴大患若身 吾所以
有大患者 爲吾有身 及吾無身 吾有何患 故貴以身爲
天下 若可寄天下 愛以身爲天下 若可託天下

총애를 받거나 욕을 먹거나 똑같이 황당하게 여겨라.
벼슬을 하거든 몸 아픈 곳을 근심하듯 하라.
왜 욕을 먹거나 귀여움을 받거나 똑같이 황당하게 여기라 하는가?
총애를 받게 되어 놀란 뒤에 그 총애가 어느새 사라진 것에 또 깜짝 놀라게 되기 때문이다.
그래서 칭찬을 받을 때나 욕먹을 때나 다 같이 황당하게 여기라는 것이다.
벼슬을 하거든 몸 아픈 곳을 근심하듯 하라는 말은 무슨 말인가?
아픈 것을 크게 근심하는 것은 몸의 건강 때문이고 몸이 없으면 무슨 근심이 있겠는가?
본래 자기 몸처럼 천하를 돌보는 사람, 세상을 귀하게 여기는 사람, 세상을 자기 몸처럼 사랑하는 사람에게 천하를 맡길 수 있는 것이다.

寵 - 귀여움, 사랑, 총애 등을 윗분에게서 받는 것.
辱 - 무참하게 깨진다.
若 - 같도록 만든다, 해야 한다. 이미 같은 것은 '如'로 씁니다.

도올 번역

총애를 받으나 욕을 받으나 다 같이 놀란 것같이 하라.
큰 걱정을 귀하게 여기기를 내 몸과 같이 하라.
총애를 받으나 욕을 받으나 다 같이 놀란 것같이 하란 말은
무엇을 일컬음인가?
총애는 항상 욕이 되기 마련이니 그것을 얻어도 놀란 것처럼 할 것이요,
그것을 잃어도 놀란 것처럼 할 것이다.
이것을 일컬어 총애를 받으나 욕을 받으나
늘 놀란 것같이 하라 한 것이다.
큰 걱정을 귀하게 여기기를 내 몸과 같이 하란 말은
무엇을 일컬음인가?
나에게 큰 걱정이 있는 까닭은 내가 몸을 가지고 있기 때문이다.
내가 몸이 없는 데 이르르면 나에게 무슨 걱정이 있겠는가?
그러므로 자기 몸을 귀하게 여기는 것처럼
천하를 귀하게 여기는 자에겐 정녕코 천하를 맡길 수 있는 것이다.
자기 몸을 아끼는 것처럼 천하를 아끼는 자에겐
정녕코 천하를 맡길 수 있는 것이다.

출세하고픈 사람들에게 하는 덕담입니다.

칭찬을 받으면 그의 공은 이미 칭찬으로 소멸된 것이고, 더욱 잘하라는 무언의 당부요, 더 잘해 주리라는 기대심리에서 하는 말이니, 총애를 받고 기분 좋아라만 할 게 아니라 더욱더 잘해 주지 못하면 욕먹고 무참히 깨지겠구나 생각하고 방심하지 말라는 말입니다.

貴 - 출세한 사람이 자리를 오래 보존하려면 그 자리를 자기 몸 상한 곳이 덧날까 근심하듯 돌보며, 오만하게 세상을 보지 말고 자기 몸같이 아끼고, 자기 몸처럼 사랑하는 사람에게 세상을 맡기는 것이다.

말씀은 그럴듯하게 해 놓았는데 경經이라 하기가 좀 그렇네요.

사람이 산다는 것은 누구에게 총애를 받거나 출세를 하기 위해서 사는 것이 아닙니다. 살다 보면 부귀공명도 얻는 것일 뿐이지…. 삶의 목적이 부귀공명이고 사람의 일상적인 생활을 그 목적의 수단처럼 보는 것은 아주 잘못된 발상이죠.

인간이 돈 벌고 출세하기 위해서 세상에 태어납니까? 돈 벌고 출세하는 병정놀이를 하기 위해서 세상에 태어난 것이 아니죠. 왜 태어나는가는 따질 것 없고 행복해지기 위해서 사는 것은 분명하죠.

부귀하면 행복할 수 있다는 것은 단지 환상에 불과한 것입니다. 다 갖고도 처참하게 사는 사람들이 얼마나 많습니까. 삶은 아름다움을 추구하는 생명운동일 뿐이지 부귀공명하고는 별 상관이 없는 것입니다. 살고 있다는 그 삶 자체를 즐겁게 생각하면서 살아야 합니다.

사람은 자기 이해득실에 따라 칭찬도 욕도 하는 것인데 뭘 비위짱 맞춰 주면서 신경 쓰며 구질구질하게 살아요? 나는 나고, 그는 그일 뿐이지. 사실 나를 위해서 진정으로 하는 말이 드문 게 세상인심이죠. 신경 쓸 것 없다고 봅니다.

누가 씹고 욕설을 하면 화내고 미워할 게 아니라, 꼼꼼히 살펴 챙겨 봐서 잘못했으면 솔직하고 정중하게 사죄하면 되는 것이고, 잘못한 게 없다면 그놈 잘못이니 속상하고 뭣할 것이 있나요. 그 사람 기분 맞추려고 내가 사는 것이 아니란 말입니다.

내 잘못이 없으면 욕하거나 말거나 내가 전혀 상관할 일이 아닙니다. 그 사람이 미친 사람이죠. 내게 턱없이 수고스러움을 바라는 것이 아닙니까?

제 14 장

視之不見 名曰夷 聽之不聞 名曰希 搏之不得 名曰微
此三者 不可致詰 故混而爲一 其上不皦 其下不昧
繩繩不可名 復歸於無物 是謂無狀之狀 無物之象 是
謂惚恍 迎之不見其首 隨之不見其後 執古之道 以御
今之有 能知古始 是謂道紀

보려고 해도 볼 수 없는 것을 夷라 하고,
들으려고 해도 들을 수 없는 것을 希라 하고,
만지려고 해도 만질 수 없는 것을 微라 하는데,
이 세 가지는 세세하게 구분하여 말로 할 수가 없다.
그래서 얼버무려서 그냥 혼미스러운 것들이라고 말하는 것이다.
그 위는 모두가 밝지 않고, 그 아래 또한 희미하다.
꼬이고 꼬여 이어지는데 말로는 설명할 수 없고,
물체도 아닌 것이 돌고 도는구나!
하여 형상 없는 모양이라고 말하고,
또 참 희한한 일이라고도 말한다.
앞에서도 머리를 볼 수 없고 좇아가도 뒤를 볼 수가 없다.
옛날의 道를 가지고 오늘을 다스려 나간다.
옛 시작이 가히 능해하도다. 그래서 도道의 규율, 질서라고 말한다.

도올 번역
보아도 보이지 않는 것을 이름하여 이라 하고,
들어도 들리지 않는 것을 이름하여 희라 하고,
만져도 만져지지 않는 것을 이름하여 미라 한다.
이·희·미 이 셋은 꼬치꼬치 캐물을 수 없다.
그러므로 뭉뚱그려 하나로 삼는다.
그 위는 밝지 아니하고, 그 아래는 어둡지 아니하다.
이어지고 또 이어지는데 이름할 수 없도다.
다시 물체 없는 데로 돌아가니 이를 일컬어 모습 없는 모습이요.
물체 없는 형상이라 한다.
이를 일컬어 홀황하다 하도다.
앞에서 맞이하여도 그 머리가 보이지 않고,
뒤에서 따라가도 그 꼬리가 보이지 않는다.
옛의 도를 잡아 오늘의 있음을 제어한다.
능히 옛 시작을 파악하니 이를 일컬어 도의 벼리라 한다.

혼돈(카오스), 우주 창조론을 혼란스럽게 썼군요.
『역경』에 무극無極이 태극太極을 낳고, 태극이 음양陰陽을 낳고, 음양이 오행五行(水·木·火·土·金)을 낳고, 오행이 만물을 만들어 내는데, 그 작용이 夷·希·微라는 아주 미미한 움직임으로 되어진다는 말을 인용한 것으로 보입니다.

夷 - 천천히 사라지는 아주 미미한 변화
希 - 바라는 것이 이루어지는 느낌 정도의 아주 미미한 변화
微 - 잘 보이지 않는 느낌 정도의 아주 미세한 변화

이 세 가지는 그 작용이 미미해서 그냥 뭉뚱그려서 '혼미'라고 부른다. 그 변화는 위도 밝지 않고 아래도 희미하고, 빙글빙글 꼬이며 돌아가는데, 말로 설명할 수도 없고 물건도 아니고 형체도 없는 것이어서 있긴 있는데 보이질 않고 참말 묘한 것이다. 처음 시작할 때 그것, 옛날 그것이 오늘을 만들어 나간다. 그것을 도道라고 한다는 것인데, 그것은 도가 아니고 자연의 섭리이죠. 자연과학이고 시간의 운동일 뿐이지 도가 아닙니다. 뚱딴지같이 써 놓은 것을 그럴듯해 보이니까 여기에 넣은 것 같네요.

도라는 것은 사람 사는 얘기입니다.
도는 인간들의 문제요, 우주의 질서나 자연의 섭리하고는 아무런 상관이 없는 것입니다. 인간이 삶에서 선택하는 수단이나 그 방식이 바른길이냐? 바른 방법이냐? 하는 바름의 표준치를 도라고 규정지은 것입니다.

제 15 장

古之善爲士者 微妙玄通 深不可識 夫唯不可識 故强
<small>고지선위사자 미묘현통 심불가식 부유불가식 고강</small>

爲之容 豫兮若冬涉川 猶兮若畏四隣 儼兮其若客 渙
<small>위지용 예혜약동섭천 유혜약외사린 엄혜기약객 환</small>

兮若氷之將釋 敦兮其若樸 曠兮其若谷 混兮其若濁
<small>혜약빙지장석 돈혜기약박 광혜기약곡 혼혜기약탁</small>

孰能濁以靜之徐淸 孰能安以久動之徐生 保此道者
<small>숙능탁이정지서청 숙능안이구동지서생 보차도자</small>

不欲盈 夫唯不盈 故能蔽 不新成
<small>불욕영 부유불영 고능폐 불신성</small>

    옛날 훌륭한 사자士者(軍師)는 극히 사소한 것까지도 무불통달하여 그 깊이를 헤아릴 수가 없다.
    헤아릴 수 없는 그 지혜의 깊이를 굳이 말로 표현한데도 곧이들으려 하지 않겠지만, 그 마음 쓰는 형상이 비슷하여 다음과 같이 말한다.
    매사에 조심스럽기가 겨울철 살얼음판 개울 건너려는 것과 같고,
    경계심이 원숭이가 적을 두려워하는 것처럼 살피고.
    단정한 모습은 찾아온 손님 얼굴같이 겸손하고,
    설득력이 큰 얼음 녹듯이 부드럽고,
    친근함에 둔탁한 소리같이 꾸밈이 없으니,
    그의 마음을 알아볼 수 없는 것이 혼란스러워서 마치 흐린 물과 같구나!
    누가 능히 제 마음을 제 스스로 맑혔다 흐렸다 할 수 있겠는가?
    누가 능히 움직이지 않으면서 편안하게 서서히 영원하게 만들어 낼 수 있겠는가?
    위에 서술한 것을 지키는 사람은 욕심을 내지 않는다.
    오직 욕심을 부리지 않고 그래서 능히 자기를 가리고 변함이 없다.

자신을 고려하지 않기 때문에 능히 자기를 낡게 하면서, 새로이 이루지 아니할 수 없는 것이다.

도올 번역
옛부터 도를 잘 실천하는 자는 세미하고 묘하며 가믈하고 통한다.
너무 깊어 헤아릴 길 없다.
대저 오로지 헤아릴 길 없어 억지로 다음과 같이 형용한다:
머뭇거리네 겨울에 살얼음 냇가를 건너는 것 같고
쭈물거리네 사방의 주위를 두려워 살피는 것 같다.
근엄하도다 그것이 손님의 모습과 같고
흩어지도다 녹으려 하는 얼음과 같다.
도탑도다 그것이 질박한 통나무 같고
텅 비었도다 그것이 빈 계곡과 같네.
혼돈스런 모습이여 그것이 흐린 물과도 같도다!
누가 능히 자기를 흐리게 만들어
더러움을 가라앉히고 물을 맑게 할 수 있겠는가?
누가 능히 자기를 안정시켜 오래가게 하며
천천히 움직여서 온갖 것을 생하게 할 수 있겠는가?
이 도를 보존하는 자는 채우려 하지 않는다.
대저 오로지 채우려 하지 않기에
그러므로 능히 자기를 낡게 하면서
새로이 이루지 아니할 수 있는 것이다.

시골 할아버지 편지 같아서 의견이 분분하고. 모두들 왕필을 따라 번역하는데 필자는 그게 아니라고 봐요.
병술兵術도 배워 알고 공부깨나 한 술객術客이 자기를 알아주지 않는 현실이 안타까워서 푸념으로 쓴 자기소개라고 봅니다.

古之善爲士者
<small>고 지 선 위 사 자</small>

이것을 확대 해석해서 부풀려 문제를 만들어 내는데, 문제는 '사자 士者'가 누구를 말함이냐? 하는 것에 따라서 해석이 달라집니다.

왕필과 도올은 士를 道로 바꾸어 보고, 즉 도자道者로 보고 전체 문장을 번역함에 도에 끼워 맞추다 보니 번역이 억지스럽고 조잡해졌습니다.

필자는 소위 『도덕경』인데 문장 시작을 사자로 썼고, 도인을 여태껏 성인으로 보면서 하필 이 장에서만 도인을 깎아내려 사자로 썼겠느냐 생각합니다.

또 고지선위古之善爲, 옛날에는 이러이러한 사람을 좋아했는데 요새는 안 그런다는 뜻을 내포하고 있다고 봅니다. 즉, 옛날에는 사자를 좋아했다는 단순한 문장을 도올과 왕필이 '옛날부터 도를 실천하는 사람'이라고 해석하면서 아리송하게 슬쩍 넘겨짚어서 번역하면 문제가 있는 것이죠.

도를 잘 실천하는 사람이 도인 아닙니까?

여기서 사자는 군사軍師로 군을 통솔하는 사람을 말하는 것입니다. 제갈량, 장자방 같은 사람을 말하는데 장수일 수도 있습니다. 한신, 이순신 등은 장수이면서도 전략가 아닙니까?

者는 그냥 누구다, 평민이죠. 士者는 등용 안 된 사람입니다. 술객이죠. 문장 전체를 보면 남을 빌려서 자기를 내세우는 기법의 문장입니다. 사자는 결국 자기를 말한 거예요. 그래서 낮추어서 사자라고 쓴 겁니다.

다음 문장 보겠습니다.

<small>미묘현통　심불가식</small>
微妙玄通　深不可識

무불통달하여 그 지혜의 깊이를 통 알아볼 수가 없는데, 자기가 말하는 것이 억지같이[强] 들리겠지만, 그 재능이 이러이러하다고 뻐기는 겁니다.

조심스럽기가 살얼음판 개울을 건너는 듯하고, 경계심이 원숭이처럼 사방을 살피고, 군을 지휘하는 사람 모습이죠?

도인이 이러겠습니까? 겉으로 보기에는 손님처럼 단정한 모습이고, 설득력은 커다란 빙산이 스스로 맥없이 녹는 듯하고, 사람 관계에서는 꾸밈이 없어 마치 둔탁한 소리와 같이 순수하다.

사심私心이라고는 전혀 없어서 그 마음이 텅 빈 골짜기같이 넓으니 도무지 그 속마음을 알아볼 길이 없어 마치 흐린 물속을 들여다보는 것 같아 볼 수조차 없구나!

누가 능히 어지러운 세상을 바로잡아 맑고 깨끗하게 할 수 있단 말인가? 누가 능히 혼란스러운 세상을 태평세월로 오랫동안 누리도록 할 수 있겠는가? 편안하게 천천히 움직여서 자연스럽게 이루어지도록 말이다.

이것을 이루는 사람은 사욕 없고 마음을 비운 자만이 할 수 있는 것인데, 오직 욕심이 없기 때문에 능히 할 수 있으며, 이루고 나서도 변하지 않고 본래 그 모습 그대로일 뿐! 공을 찾아 쥐고 군림하려 하지 않는다. 옛날에는 그랬다는 겁니다.

자기가 지금 그 마음인데 써 주질 않는다는 뜻을 내비치고 있는 것으로 보이죠? 술사術士가 뭘 좀 안다고 주절거리는 것 같지 않습니까?

세상이 더럽게 변해서 요즘은 안 알아준다는 겁니다. 사자를 안 알아주는 세상이라는 말이거든요.

즉, 자기를 알아주지 않는다는 말입니다. 자기를 써 주기만 하면 이 혼란한 세상을 멋지게 만들 수가 있는데, 군주가 멍청해서 알아보지 못하니 답답하고 안타까울 뿐이다 하는 겁니다.

정치든 전쟁이든 시대에 따라서 통치방법이나 전쟁의 양상이 달라지는 것이지, 옛날에 그랬다고 지금도 그 방법이 먹혀들어 갑니까?

도덕으로 정치를 할 수 있나요?

도니 덕이니 하는 것들은 지켜졌으면 하는 세상의 윤리 개념이지 규정이 아닙니다. 강제성이 있는 게 아니죠. 이 사람 세상물정 모르는 것 같네요.

그저 그런 것으로 보이는 문장인데, 이것을 도에 덧붙여서 부풀려 억지 쓰며 해석하는 이유가 뭔지 도무지 알 수가 없습니다. 왕필과 도올이 틀린 겁니다.

제 16 장

<small>치허극 수정독 만물병작 오이관복 부물운운 각복귀</small>
致虛極 守靜篤 萬物竝作 吾以觀復 夫物芸芸 各復歸

<small>기근 귀근왈정 시위복명 복명왈상 지상왈명 부지상</small>
其根 歸根曰靜 是謂復命 復命曰常 知常曰明 不知常

<small>망작흉 지상용 용내공 공내왕 왕내천 천내도 도내</small>
妄作凶 知常容 容乃公 公乃王 王乃天 天乃道 道乃

<small>구 몰신불태</small>
久 沒身不殆

마음을 고요히 정진하여 선정에 들면,
세상 모든 것이 나와 더불어 한 몸인 것을 볼 것이다.
이 세상 모든 것은 은은하게 각기 처음 시작 때의 모습으로 되돌아간다.
시작한 곳으로 되돌아가는 것을 고요함이라 하고 또 제명이라고도 한다.
제명(죽음)은 늘 그런 것이고 그것을 알고 보면 밝은 것이다.
그것을 모르고 보면 흉으로 보게 된다.
항상 지식을 담아라.
담은 지식이 공경의 대상이고 공경받으니 왕이고,
왕은 하늘이고, 하늘은 道이고 道는 영원하다.
죽음을 맞이해도 전혀 두려울 것 없다.

참 좋은 문장입니다!

도올 번역
빔에 이르기를 지극하게 하고, 고요함을 지키기를 돈독하게 하라!

만물이 더불어 자라나는데, 나는 돌아감을 볼 뿐이다.
대저 만물은 무성하게 자라 엉키지만,
제각기 또다시 그 뿌리로 돌아갈 뿐이로다.
그 뿌리로 돌아가는 것을 일컬어 고요함이라고 하고,
또 이를 일러 제명으로 돌아간다 한다.
제명으로 돌아감을 늘 그러함이라 하고,
늘 그러함을 아는 것을 밝음이라 한다.
늘 그러함을 알지 못하면 망령되이 흉을 짓는다.
늘 그러함을 알면 모든 것을 포용하게 되고,
포용하면 공평하게 되고, 공평하면 천하가 귀순한다.
천하가 귀순하면 하늘에 들어맞고, 하늘에 들어맞으면 도에 들어맞는다.
도에 들어맞으면 영원할 수 있다.
내 몸이 다하도록 위태롭지 아니하다!

~차이가 많이 나네요.

致虛極 守靜篤
(치허극 수정독)

"마음을 비워 지극히 맑고 고요함을 지키면" 이 말인데, 선정禪定이 바로 그거죠.
세상과 나는 별개가 아니고 세상 돌아가는 틀에 내가 끼어 있다.
세상과 나는 하나다, 하는 말입니다.

致 - 이룰 치. 다 이루어 돌려보낼 치
虛 - 비어 있을 허. 헛될 허

極 - 다 떨어지다. 남아 있질 않다.
守 - 지킬 수
靜 - 고요히 맑을 정
篤 - 도탑다

도올은 "치허致虛란 '빔에 이른다'는 뜻이다. 그것은 무위無爲의 방향이다. … 그런데 왜 또 '극極'인가? 극은 최상급이다. … 그러나 노자의 언어를 디펜드하는 입장에서 말한다면 '허虛'를 보지하는 행동은 극대화시킬수록 좋다. … 빔에 이르는 것은 천지의 항상 그러한 모습이다."라고 거창하게 설명하고 있는데 안타깝네요.
그게 아닙니다.

萬物竝作 吾以觀復
(만물병작 오이관복)

만물은 모두가 처음으로 되돌아가는 것을 알 수 있다.
여기서 처음이란 말은 생기기 전을 말하니까 죽음을 말하는 것입니다.

竝 - 모두 함께 아울러
作 - 짓는다, 일으키다.
吾 - 나, 그대 당신
以 - ~로부터
觀 - 나타내 보이다.
復 - 돌아온다, 돌려보낸다, 복귀

夫物芸芸 各復歸其根 歸根曰靜 是謂復命 復命曰常 知常曰
明 不知常 妄作凶

　세상의 물건은 모두 향기롭게[芸芸], 기분 좋게 각각 왔던 그 원래의 뿌리로 되돌아가는 것을 말하고 있습니다. 그것을 삶이라고 하는데, 사실 삶은 죽음으로 되돌아가는 과정입니다. 산다는 게 바로 죽는 짓을 하는 거라는 것이죠.
　그것을 고요함이라 한다는…, 맞는 말이죠. 늙는 게 소리가 나나요? 느낌도 없이 진행되는 거지요. 그걸 '제명'이라 하는데, 명이 짧다 길다 하는 것이라고도 합니다.
　그것은 늘 그런 것인데, 알고 보면 죽는다는 게 피할 수도 없고 싫어할 일도 두려워할 일도 아닌 당연한 일이다. 모르고들 사니까 망령 떨며 죽는 게 겁나고 흉측하고 두려워하는 것이지, 죽음이라는 것은 삶의 한 과정일 뿐이란 말이겠죠.

知常容 容乃公 公乃王 王乃天 天乃道 道乃久 沒身不殆

　항상 지식을 가득히 담아 두면 그것이 공公, 공평한 마음이요 억울하지도 않은 마음이니 공경의 대상이요, 두려움이 없이 공경을 받는 삶이니 이것이 왕이고 하늘이며 도이다. 그 이치인 도는 영원한 것이다.
　죽음을 맞이해도 전혀 두려울 것이 없다. 그러니 부지런히 배워서 깨달으라고 하는 말입니다.

知 - 알다 분별하다.
常 - 언제나
容 - 모습, 몸가짐, 뭣을 담다.
公 - 숨김없이 드러내 놓는다, 공경한다.
乃 - 이에, 너, 접때
沒 - 죽다, 끝난다.
殆 - 위태롭다, 해치다.
沒身不殆 - 죽을 때 위태롭지 않다. 편안하게 임종을 맞이하다.

도올의 번역을 볼까요?
"늘 그러함을 알면 모든 것을 포용하게 되고, 포용하면 공평하게 되고, 공평하면 천하가 귀순한다. 천하가 귀순하면 하늘에 들어맞고 하늘에 들어맞으면 도에 들어맞는다. 도에 들어맞으면 영원할 수 있다. 내 몸이 다하도록 위태롭지 아니하다."
~이상해 보이네요.
세상이 다 바뀌고 변하는데 딱 하나 변하지 않는 것이 있죠? 살아 있는 것은 반드시 죽는다는 것, 그거 하나는 영원히 변함이 없는 것입니다.
여기서는 그걸 도라고 했군요. 그 이치를 알면 죽음은 당연한 것으로 받아들일 것인즉 무섭고 두려워 겁먹을 것이 없는 것이다, 잘 새겨 두면 좋겠습니다.

왕필의 주석과 도올의 해석이 볼만하네요. 엄청난 분량으로 거창하게 썼어요. 열변을 토해 놨는데 엄청 빗나간 것 같습니다. 천하를 손에 쥐는 왕이 되는 방법으로 번역하면서도 흔들린 것 같아요.

마음을 비워 허虛의 그릇으로 천하를 담아라.
해설에 『주역』, 『논어』, 『대학』을 총동원하고 그럴듯하게 설명은 했지만, 문장의 핵심을 못 잡아서 남의 동네에서 헤매는 꼴이 되었어요. 문장의 앞뒤 문맥이 서로 통해야 맞는 주석이지 골대를 모르고 공을 차듯 억지 번역으로 보입니다. 억지 부리면 늘 설명이 길어지지요. 그리고 도올이 발 빠르게 따라갔군요. 왕필이 참 고마워하겠죠. 필자에게도 이런 사람이 있으면 밤새워 가르쳐 줄 텐데 말씀이야.

사람이 산다는 것이 고요히 죽음으로 이어지는 과정에 불과하다는 말인데, 여기에 임금이 왜 나오고 천하는 무슨 놈의 천하가 귀순해요? 위태롭지 않기는 뭐가 위태롭지 않고요?
죽음을 맞이해도 전혀 두려울 것 없다고 한 것인데 말씀이야. 알고 보면 죽음도 삶의 한 과정이니 전혀 두려워할 일이 아니다, 그 얘기 한 건데 생으로 더덕더덕 붙여서 부풀리다 보니….
~쉬어 갑니다.

승가사의 범종

사람은 나이가 들수록 죽음에 두려움을 느끼게 되는가 봅니다. 죽음 그 자체의 고통보다는 내세 때문이죠. 젊어서는 죽으면 그만이지 있기는 뭐가 있어! 하지만 나이가 들면 생각이 달라지는 모양이에요.
'아니다'라고 말은 하지만 혹시나 하면서도 내세에 받을 업보가 두려워지는 것이지요. 자신 있게 살아온 사람은 없는 모양이에요.

죄 안 짓고는 살기가 그만큼 어렵다는 말인 셈입니다. 종교인들도 마찬가지고요. 죽음이야말로 정말로 피할 수 없는 두려움의 대상인 것이 분명합니다.

그런데 그 죽음의 두려움을 떨치고 즐겁게 유유히 살다가 자신 있게 간 분이 있는데 바로 제 어머님입니다. 96세에 임종하셨는데, 81세 적 이야기입니다.

어머니는 시골 형님이 모시고, 서울에 또 형님이 두 분이나 사시니까 여름철에 와 계시다가 가을에 내려가시곤 했는데, 제가 막내라서 저한테 많이 계시곤 하셨는데 집사람이 잘해 드리기 때문이기도 했습니다.

자신만만하게 사시다가 두려움 없이 가시도록 해 드린 것도 사실은 제 집사람입니다. 그때 그 일이 지금도 눈에 생생하게 보이고요. 지금도 집사람이 그렇게 고마울 수가 없습니다.

4월 초파일 부처님 오신 날입니다.

벚꽃이 만발하고 부처님도 흐뭇할 만치 화창한 봄날 세검정 금선사에 모시고 갔는데, 제가 신혼 초부터 다니던 절이라서 어머님께도 대접이 아주 좋았습니다. 여러 해 모시고 갔던 절입니다.

그런데 그날은 어머니가 큰 절을 가 보고 싶다고 하시는 것입니다.

북한산에 승가사가 크고 웅장하기는 한데, 길이 힘들고 멀어서 머뭇거리며 말씀을 드렸더니 쉬엄쉬엄 가면 갈 수 있노라 앞장을 서시는 겁니다.

집사람이 막대기를 주워 드려서 지팡이로 짚고 가시는데, 호호백발 할머니를 모시고 절에 가는 모습이 보기 좋아 보였던지 보는 사람마다 부러워하며 칭찬이 자자한 거예요.

"손녀딸이 아니구우~. 막내며느리여! 내 막내~에. 요놈 둘은 내 손자구우…."

기분 좋아하시면서 쉬엄쉬엄 갔는데, 승가사 절이 좀 큽니까? 마애 여래불상도 좀 잘해 놨어요?

어머니에게는 더욱 어마어마하고 신비스럽죠. 사람들이 바글바글 발 디딜 틈이 없더라고요. 차근차근 다 둘러보시고 절도 하시고 잠시 대웅전 앞에서 쉬고 계시다가, 마당가에 있는 범종을 보시더니 홀린 듯이 일어나 그리로 가시는 거예요.

종을 치시려고요. 종각에 계단이 셋이나 있고 못 들어가게 철 줄을 걸어 놨는데 넘어 들어가셨지 뭡니까? 순식간에 벌어진 일입니다.

안 된다고 사람들이 손짓을 하고 몰려드는데, 아! 글쎄 집사람이 고개 숙여 합장하며 맞서고 있는 겁니다.

제발 어머님 소원이니, 소원을 푸시게 도와 달라고요.

이게 시방 될 일입니까? 사람들이 구름처럼 모여들고 참 어처구니없는 일이 삽시간에 벌어진 것인데, 마침 큰스님이 그 광경을 보게 된 것입니다.

쾌히 허락하시고 손수 종 줄을 잡아 주시면서 종을 치도록 해 주셨습니다. 어머니랑 내 아들 꼬맹이 둘하고 집사람 그리고 나. 한 가족이 승가사의 그 큰 범종을 쳤습니다. 지칠 때까지 말입니다. 사람들이 막 박수를 치고 야단이 났었지요. 큰스님이 즉석에서 대중설법을 하시데요.

어머님의 업장은 범종을 친 것으로 지금 이 순간에 완전히 소멸된 것이고, 부처님이 마땅히 이끌어 반드시 왕생극락하신다고 수기 예언을 해 주신 것입니다. 모두들 어머님께 합장을 하시고 또 한 번 크게 박수를 받았습니다.

어머님은 그 예언을 수도 없이 반복하여 말씀하시며 사셨고, 즐거운 마음으로 죽음을 기다리며 사신 것입니다. 그때 집사람 나이가 35살이었다고 하네요.

지금도 그때 일이 눈에 선하고, 집사람이 그렇게 고마울 수가 없습니다.

제 17 장

太上 下知有之 其次親而譽之 其次畏之 其次侮之 信
不足焉 有不信焉 悠兮其貴言 功成事遂 百姓皆謂我
自然

최고의 정치는 누군가(통치자)가 있긴 있는데 그가 누군지를 잘 모르는 것이요,
다음은 흠모하여 사랑을 받는 것이고,
그다음은 두려워하여 벌벌 떨며 복종하게 만드는 것이고,
그다음은 망신을 주어 자극하여 못하도록 하는 것이다.
믿어 줌이 부족하면 상대방도 의심하여 따라 주지 않게 된다.
넉넉하구나, 아껴 쓰는 말씀이여!
애써서 공을 이루고도 그 뜻이 깊고 심오해서
백성들 모두가 스스로 그렇게 해서 된 것이라고 말한다.

도올 번역

가장 좋은 다스림은,
밑에 있는 사람들이 다스리는 자가 있다는 것만 알 뿐이다.
그다음은, 백성들을 친하게 하고 사랑하는 것이다.
그다음은, 백성들을 두려워하게 만드는 것이다.
그다음은, 백성들에게 모멸감을 주는 것이다.
믿음이 부족한 곳엔 반드시 불신이 있게 마련이다.
그윽하도다!

그 말 한마디를 귀하게 여기는 모습이여.
공이 이루어지고 일이 다 되어도 백성들은 모두들 한결같이 일컬어 나 스스로 그러할 뿐이라 하는도다!

도올의 번역이 좀 이상해 보이네요.
이 글은 통치자의 등급을 매긴 것입니다.

_{태상 하지유지}
太上 下知有之

가장 훌륭한 통치자는 높은 것(존경의 대상)이 있긴 분명히 있는데 아랫사람들을 편안하게 해 주니 통치자가 누구인 줄 잘 모르며 사는 것입니다.

_{기차친이예지}
其次親而譽之

다음은 떠들썩하게 잘해서 존경을 받는 통치자지요.

  其 - 그
  次 - 다음
  譽 - 칭찬하다, 가상하다, 떠들썩하게 존경받는다로 번역

도올은 백성을 친하게 하고 사랑하는 것으로 번역했는데 그게 아닙니다.

其次畏之 其次侮之
_{기 차 외 지　기 차 모 지}

그다음이 엄하게 다스려 벌벌 떨게 해서 질서를 세워 기강을 바로 잡는 통치자이고, 망신(모멸감)을 줘서 다시는 그런 짓을 못하도록 하는 통치자가 마지막이라는 겁니다.

　　畏 - 협박, 공포, 두려워 떨다.
　　侮 - 업신여기다, 깔보다, 망신을 주다.

信不足焉 有不信焉
_{신 부 족 언　유 불 신 언}

내가 상대방을 믿어 주지 않으면 그도 나를 믿지 않고 의심하며 따라 주지 않습니다.

말이 많으면 실언을 하게 마련이고, 말을 아껴 귀중하게 여겨 쓰니 다들 믿고 따르게 된다는 것이지요. 말을 신중하게 하라는 겁니다.

悠兮其貴言
_{유 혜 기 귀 언}

넉넉하구나! 아껴 쓰는 그 말씀이….
다스림에 있어 잔소리로 달달 볶지 않고 자율성을 부여한다는 말입니다.

功成事遂
_{공 성 사 수}

遂 - 이루다, 성취하다.

공을 다 이루고도 그 뜻이 깊고 심오해서.

百姓皆謂我自然
_{백 성 개 위 아 자 연}

백성 모두가 자신이 스스로 그렇게 해서 된 것이라고 말한다, 통치자가 공을 백성에게 돌린다는 말입니다.
통치자는 그냥 가만히 있었는데 백성이 스스로 그렇게 했다고 말하는 겁니다.

皆 - 모두 함께 두루 미치다.
謂 - 알리다, 설명하다, 일으키다.
我 - 나
自 - 저절로
然 - 그렇다고 여기다.

도올은 "백성들은 모두 한결같이 일컬어 나 스스로 그러할 뿐이라 하는도다."라고 번역했는데 잘못된 번역입니다.
통치자가 정성들여 백성을 편안하게 살도록 했는데 백성들은 그 고마음을 모르고 저절로 그렇게 된 줄로 안다는 뜻이잖아요?

통치자의 등급을 말하는 것인데, 문장의 주主인 치자가 갑자기 백성으로 바뀌면 문장의 흐름이 탁해집니다.

유혜기귀언悠兮其貴焉은 백성개위아자연百姓皆謂我自然을 말하는 것입니다. 내가 나서서 한 것이 아니고 백성들이 스스로 알아서들 했다고 치자가 백성들에게 공을 돌려준다는 말입니다.

꿈같은 말씀이고 오직 바람이요 환상일 뿐이지 현실 정치에서는 실현 불가능한 일이지요. 이러한 정치가 현실에 있다면 얼마나 좋겠습니까?

제 18 장

大^대道^도廢^폐 有^유仁^인義^의 慧^혜智^지出^출 有^유大^대僞^위 六^육親^친不^불和^화 有^유孝^효慈^자 國^국家^가昏^혼亂^란 有^유忠^충臣^신

큰 도가 무너지니 착한 의리가 생기고,
밝은 지혜가 사라져 큰 위선을 만든 것이며,
가정불화가 사랑스런 효심을 만들고,
국가의 혼란이 충신을 만드는 것이다.

도올 번역
큰 도가 없어지니 인의가 있게 되었다.
큰 지혜가 생겨나니 큰 위선이 있게 되었다.
육친이 불화하니 효도다 자애다 하는 것이 있게 되었다.
국가가 혼란하니 충신이라는 것이 있게 되었다.

 여기서 대도大道라는 도의 개념이 문제인데, 도는 단순히 바른 길, 바른 방법을 말하는 것입니다.
 목적을 달성하는 수단이야 여러 가지 방법이 있을 수가 있죠. 그 여러 가지 방법 중에서 가장 바른 길[道], 가장 옳은 방법을 '도'라고 규정한 것입니다. 도는 신령스럽고 신비한 영靈의 개념이 전혀 아닙니다. 그냥 바른 길, 바른 방법을 도라고 하는 것입니다.
 도 닦는 사람은 바른 길 찾는 사람이고요. 즉 깨달음으로 가는 바른 길을 터득하려고 노력하는 사람이고, 득도했다는 것은 그 길을 찾았다 하는 말이고, 도인은 길을 알고 있는 사람을 말하는 것입니다. 실지로 깨달음까지 가 본 사람입니다. 길잡이 선생님이 도인입니다. 득도는 길만 알아내고 아직 가 보진 못한 것입니다. 엄청난 차이가 있지요.

불교에서는 수행하여 깨닫는 것을 득도라고 합니다. 깨달음이란 것은 인간의 정신력을 업그레이드시켜서 지혜로운 통찰력을 발휘하는 능력을 말하는 것인데, 그 깨달음에는 단계가 많습니다. 도인에도 수준 차이가 많다는 거죠.

득도했다, 도통했다 하는 것은 사실 큰 의미가 없습니다.

그건 자기 혼자 생각이지요. 할 줄 안다는 것과 실지로 하는 것과는 엄청난 차이고, 득도 도통했다는 길이 잘못된 길일 수도 있으니까 반드시 인증을 받아야 합니다.

그런데 여기 『도덕경』에서 도를 무위無爲요, 도는 스스로 그러하다고 번역하는 것이 뭔 말을 하는 건지, 필자는 통 알 수가 없단 말씀이죠.

도를 연然으로 몰고 가면 바른 길 바른 방법을 따져 논할 필요조차 없는 것이고, 무위가 무슨 도인 것처럼 혼란스럽게 하는데 참 고민스럽단 말씀이에요.

然은 '그렇게 할 연', '그럴 연' '방치, 그대로 내버려 둔다'는 것이고, 無爲는 아무 짓도 안 한다는 말이죠.

이 세상에 도인이 모르는 다른 도가 또 있다는 것인가? 도반들에게 물어 봐도 글쎄요! 한단 말씀이에요.

대도무문大道無門, YS가 즐겨 썼다는데 이건 또 뭔 말씀인지?

도무문道無門이라는 말은 있습니다. 도에는 들어가고 나오고 하는 문이 없다, 그래서 도로 들어가는 문을 네게 가르쳐 줄 수가 없는 것이다, 그러니 네 스스로 문을 찾아라, 그걸 찾는 것이 바로 도 닦는 것이다, 하고 가르칩니다.

병아리가 알에서 깨어 나올 때 문이 없어도 나오는 것처럼 세월을 죽여 가며 수심정기해 가노라면 스스로 도의 문을 터득한다는 말씀인데 대도무문이라니?

큰 도에는 문이 없다?! 명분을 앞세워 수단방법을 가리지 않는 것이 무슨 놈의 도야, 엉터리지! 그러면 대도무문大盜無門(?)되지요. 그분도 또 다른 특별하신 도가 있는 같기도 하고!

도는 그냥 도일 뿐 바른 길 바른 방법에 크고 작음이 있을 수 없는 것이죠. 요순시대 정치이념을 말하는 것 같네요.

도는 규범이 아닙니다.

大道廢 有仁義

큰 혼란함 속에서 인의仁義(옳고 착함)가 생겨난다는 말씀이죠.

慧智出 有大僞

훌륭한 지혜 때문에 큰 위선이 생기는 것이다. 가짜는 진짜 때문에 늘 생기는 것. 그러니 진짜를 없애라? 짝퉁이 안 생기게? 짝퉁이 그런 거 아닙니까?

여기서는 짝퉁 인간을 말하는 궤변이고 풍자를 하는 것이죠. 사실로 보면 안 됩니다. 정치 풍자입니다.

六親不和 有孝慈
육친불화 유효자

효자孝慈는 어버이에 대한 효도와 자식에 대한 사랑을 아울러 말하는 것입니다. 육친六親은 부모, 형제, 처자를 통틀어 말하는 것이고요.

"효자는 육친이 화목하지 않아서 생긴다."

육친이 서로 화목하게 지내기란 참 어려운 일 아닙니까? 그래서 효자를 만들어서 귀감으로 삼아 본받아 따라하도록 칭송하고 부추긴다는 것입니다.

불화한 개차반 집안에서 효자가 생긴다고 보면 안 됩니다. 풍자죠

國家昏亂 有忠臣
국가혼란 유충신

나라가 혼란스러울 때에 충성스러운 신하가 생기는 것이다.

충신이라는 것은 신하가 죽은 뒤에 그 업적을 기리고자 붙여 줘서 이루어지는 것인데, 충신을 칭송하고 추앙하는 것은 장차 국가가 혼란스러울 상황에 대비해서 충신열사를 만들려고 하는 겁니다.

효자 충신이 없는 사회를 만들어라? 나라가 평화롭고 가정이 화목하면 충신도 효자도 나올 수 없지 않은가?

정치를 잘못하니까 효자 충신이 생겨나게 되고, 또 생기도록 사당祠堂을 짓고 제사지내고 칭송하고, 기념관 세우고…. 그렇게 법석 떨지 말고 제발 좀 충신 효자가 안 생겨나도 좋으니 정치 똑바로 해라, 하는 말씀입니다. 정치풍자예요. 『장자』에 있는 얘기입니다.

제 19 장

絶聖棄智 民利百倍 絶仁棄義 民復孝慈 絶巧棄利 盜
_{절 성 기 지   민 리 백 배   절 인 기 의   민 복 효 자   절 교 기 리   도}

賊無有 此三者 以爲文不足 故令有所屬 見素抱樸 少
_{적 무 유   차 삼 자   이 위 문 부 족   고 영 유 소 속   견 소 포 박   소}

私寡欲
_{사 과 욕}

너의 그 지혜롭다는 것을 끊어 버리고 그 뭣 좀 안다는 것을 버려라.
그게 백성들에게 백 곱절은 더 이로울 것이다.
너의 그 어질다는 것을 끊고 의롭다고 하는 것도 버려라.
그러면 백성들은 효자로 되돌아올 것이다.
그 교묘한 짓을 끊고 사욕을 버려라.
그러면 도적은 없어지는 것이다.
네게는 지금 이 세 가지가 처음부터 아주 잘못된 것이다.
위에 말한 것을 반드시 지킬 것을 스스로 맹세하고, 소박하고 검소한 마음을 품고
스스로 낮추며 조금 부족한 점이 있더라도 함부로 일을 벌리지 마라.

도올 번역

성스러움을 끊어라! 슬기로움을 버려라!
백성의 이로움이 백배할 것이다.
인자함을 끊어라! 의로움을 버려라!
백성이 다시 효성스럽고 자애로울 것이다.
교사스러움을 끊어라! 이로움을 버려라!
도적이 없어질 것이다.

이 세 가지는 문명의 장식일 뿐이며 자족한 것이 아니다.
그러므로 돌아감이 있게 하라!
흰 바탕을 드러내고 통나무를 껴안아라!
사사로움을 줄이고 욕심을 적게 하라!

번역에 차이가 많아요. 이거 해설이 구구해서 복잡하게 생각하는 것인데 문장을 좀 자세하게 살펴봅시다.
누가 누구에게 무엇을 말하는 것인가?
생각도 없이 무턱대고들 번역해서 만신창이를 만들어 놓고는 노자의 도를 '무위자연이다' 하면서, 노자는 문명이 인간을 타락하게 만들어 불행하니 자연으로 돌아가라 했다는 식으로 몰고 가는데, 도덕경 어디에도 그런 말이 없습니다. 눈을 씻고 찾아보아도 한 구절도 그런 말은 찾아볼 수가 없어요. 학자가 문장 해석을 잘못한 것뿐입니다.
'도법자연道法自然'(25장) 도는 자연을 본받는다는 말도 아주 잘못된 번역입니다. 도는 자연을 본받아 꾸밈이 없다는 말입니다. 그러면 자연이 도인가요? 아니지요. 자연은 스스로의 본성입니다. 자연의 본성이 스스로 그럴 뿐이지 도가 아닙니다.
악어가 눈만 내놓고 먹잇감을 노리는 것은 악어의 본능이지 도가 아닌 거죠. 도는 서로 공존하며 살아가는 인간들만의 문제입니다.
사람은 사람끼리 서로 주고받으며 먹고사는 것인데, 그 주고받는 정당한 기준을 도라고 하는 것입니다.
주고받는 청정한 교환을 도라 하는 거예요. 도는 두고두고 오랫동안 서로 즐겁게 주고받는 방식을 말하는 것입니다.
도를 모르는 사람이 도덕경을 번역하다 보니 문제를 만들어 놓은 셈이죠. 도덕경의 도하고는 전혀 딴판인 궤변입니다. 왕필이 그랬다고 줄줄이 따라가서 그러는데, 따라 해도 되는 말씀을 따라 해야 하는 것 아닙니까? 장님 코끼리 만지듯이 경經을 보면서 목소리만 커가지고는…. 완전히 도덕경을 망쳐 버린 것입니다.

대체 노자가 '무위자연이 도'라고 했다고 경 어디에 씌어 있습니까? 노자가 인간을 자연으로 돌아가라고 한 것은 벌거벗고 원숭이처럼 살아라! 한 것이 아니에요. 문명을 거부하고 원시인간으로 되돌아가라는 것이 아닙니다.

노자는 "스스로 좋아서 하도록 만들어라." 하는 교육의 선진화를 말한 것입니다. 그게 도의 실천이에요.

강제로 시키면 잘되지 않는다. 잘되게 하려면 그것을 좋아 미치게 하도록 하라. 노자는 인간의 자율성을 말한 것이고 잘되는 방법인 바름을 규명한 것입니다.

바름이 바로 도요, 바른 길 바른 방법을 도라고 말하는 겁니다.

문명은 인간이 수천 년 동안 목숨을 바쳐 이룩한 소중한 유산인데, 노자가 이걸 내동댕이쳐라! 몽땅 다 버리고 벌거숭이로 다시 원시인으로 살아라! 문명은 골치 아프다! 복잡하고 힘들지 않느냐, 태곳적 옛날로 돌아서라. 그게 훨씬 좋지! 그게 훨씬 더 행복한 거야. 이런 말을 한 게 아닙니다.

노자는 이 문명을 더욱 고도로 발전시키려면 스스로 좋아서 하도록 해 주라는 방법을 말한 것이지, 죽든 살든 그냥 내버려 두라는 게 결코 아니에요. 이래라저래라 간섭하고 억지로 끌고 가고 강제로 시키면 아무리 좋은 목적이라도 성공할 수 없다고 하는, 교육방침의 선진화를 말한 것입니다.

무위자연, "스스로 그렇게 하여지도록 하라."라고 번역하는 게 옳은 풀이가 아닌가! 달을 가리키는 손가락을 보지 말고 달을 봐야지요.

이 문장은 특정인, 즉 별 볼일 없는 못난 치자(왕)한테 이르는 말입니다. 본래가 신통치 못한 사람일수록 욕심만 많고 폼이나 잡고 생색내고 아는 것이 많은 법이거든요. 나라를 잘 다스려 백성을 잘살게 하고 추앙받는 성인이 되고 싶은 욕심에서 제 깐에는 힘들여 별의별 짓을 다하는데도, 잘되기는커녕 더욱 혼란스럽고 민심은 떠나고 반역의 무리가 사방에서 들고일어나서 민심이 뒤숭숭하고 통치하기가 어렵다 이겁니다.

어떻게 해야 세상을 바로잡아 다스려 나갈 수 있겠습니까? 하는 치자의 물음에 그 수습 방안을 말한 것입니다.

그 방법을 차삼자此三者, 세 가지로 말하는 거죠.

번역에 '너', 너를 빼면 문장 해석이 빗나간다는 점에 주의해야 합니다.

絶聖棄智 民利百倍
절성기지 민리백배

"너의 그 지혜롭다는 것을 싹둑 끊고, 네가 그 뭣 좀 안다는 것을 내버려라. 그게 백성에게는 백배나 이로운 것이다."

백성을 위한다고는 하지만 사실 너는 지금 백성을 괴롭히는 정치를 하고 있다고 지적한 것입니다.

絶 - 그만두다, 끊다.

聖 - 뛰어나다.
棄 - 내버려라, 그만두다.
智 - 슬기롭다.

絶仁棄義 民復孝慈
절인기의 민복효자

"너의 어질다는 생각을 싹둑 잘라 버리고, 옳다고 우기는 것도 버려라. 그렇게 하면 민심이 다시 수습되고 편안한 사회가 될 것이다."

너는 지금 네가 스스로 어질고 옳다고 착각하고 있다고 짚어 주는 것입니다.

復 - 되돌아온다, 뒤집힌다.
孝 - 가정의 편안함
慈 - 사랑, 따뜻한 인정

絶巧棄利 盜賊無有
절교기리 도적무유

"잔머리(술수) 쓰는 것을 딱 끊고 사리사욕을 버려라. 그렇게 하면 도적은 저절로 없어지게 될 것이다."

巧 - 교묘한 꾀, 잔머리

此三者 以爲文不足
_{차삼자 이위문부족}

"위의 이 세 가지가 네게는 처음부터 아주 잘못된 것이다."

  文 - 색채, 무늬, 채색, 얼룩
  足 - 발, 뿌리, 근본
  不足 - 근본이 아니다.

도올은 "이 세 가지는 문명의 장식일 뿐이며 자족한 것이 아니다." 라고 번역했는데, 천만의 말씀! 잘못 번역한 것입니다.
 처음부터 세 가지가 잘못되었다 하는 말입니다. 누가? 치자죠. 지금 묻고 있는 당사자가.

故 令有所屬 見素抱樸 少私寡欲
_{고 영유소속 견소포박 소사과욕}

여기서 영令은 강제성이 있는 거죠. 명령입니다.
 소속으로. 누구 소속? 자기 자신의 소속을 말합니다. 사람의 습관이나 마음은 쉽사리 바꾸기가 어렵지요. 명령을 하라, 절대복종하도록 하라는 겁니다.
 무엇을 명령합니까? 포박소사과욕抱樸少私寡欲을 지킬 것을.
 순수함을 가슴에 품고 조금 부족하다 하더라도 스스로 일을 벌이지 말라고 자기 스스로에게 명령하라 하는 것이죠.

所 - 위치, 자리
屬 - 엮다, 맡기다, 돌보다.
見 - 돌이켜보다, 생각해 보다.
抱 - 품다, 안기다.
樸 - 본디 그대로
少 - 약간, 얼마간 적다고 여기다.
私 - 사사로이
寡 - 작다(스스로 낮춤)
欲 - 하고자 한다.

믿음은 통치자의 생명입니다. 믿음을 잃으면 쿠데타가 발생하는 거죠. 여기서 도적은 정권을 찬탈하려는 집단 좌경입니다.

『논어』 위정편에 이런 글이 나옵니다.

子曰 道之以政 齊之以刑 民免而無恥 道之以德 齊之以禮 有恥且格

"형벌로만 다스리면 모면하려고만 할 뿐 수치심을 몰라 뻔뻔해지고, 덕으로 다스리며 예절로 대하면 잘못을 뉘우치고 반듯해진다."
인간은 강제로는 교정할 수 없다는 말이죠. 참 명언입니다.
사회주의국가는 수치심이 없습니다. 스스로 자각할 수 있도록 분위기를 만들어 주는 것이 최선의 방법이죠.
독재자의 말로가 이래서 비참해지는 겁니다. 강제로 복종하도록 하기 때문입니다.

제 20 장

절학무우 유지여아 상거기하 선지여오 상거하약 인
絕學無憂 唯之與阿 相去幾何 善之與惡 相去何若 人
지소외 불가불외 황혜 기미앙재 중인희희 여향태뢰
之所畏 不可不畏 荒兮 其未央哉 衆人熙熙 如享太牢
여춘등대 아독박혜 기미조 여영아지미해 래래혜
如春登臺 我獨泊兮 其未兆 如嬰兒之未孩 儽儽兮
약무소귀 중인개유여 이아독약유 아우인지심야재
若無所歸 衆人皆有餘 而我獨若遺 我愚人之心也哉
돈돈혜 속인소소 아독혼혼 속인찰찰 아독민민 담혜
沌沌兮 俗人昭昭 我獨昏昏 俗人察察 我獨悶悶 澹兮
기약해 료혜약무지 중인개유이 이아독완사비 아독
其若海 飂兮若無止 衆人皆有以 而我獨頑似鄙 我獨
이어인이귀사모
異於人而貴食母

배우지 않으면 근심이 없을 터라.
대답함에 있어 "예와 응"이 다르면 서로 얼마나 다를까?
또 좋고 나쁨은 서로 얼마나 차이가 날까?
그러나 남들이 두려워하는 것은 나도 두렵지 않을 수 없지!
허전하구나!
마음이 텅 비어 비틀거리네!
사람들은 큰 잔치에서 대접받는 듯,
화창한 봄날 누대에 오른 듯 좋아하는데
나 홀로 담담하도다

마음 움직일 기미 아직 없고,
갓난아이가 아직 웃음 터뜨리지 않은 듯하다
고달프고 나른함이 돌아갈 곳 없는 것 같네!
사람들은 모두 넉넉한데 나 홀로 버려진 듯하다
내가 우매한 이의 마음인가
혼란스럽기만 하네!
속인들은 잘도 밝히는데 나 홀로 멍청하고,
속인들은 잘도 살피는데 나 홀로 어두워서
그저 담담한 마음일 뿐!
고요한 바다와 같이 마음이 담담하고 시원한 바람이 그치지 않는구나!
세상 사람들은 저마다 쓰임이 있는 듯한데
나 홀로 고집스럽게 비천한 것 같구나.
내가 저들과 굳이 다른 점이 있다면,
사모食母를 귀하게 여기는 것뿐이다.

사모食母? 이게 문장의 핵심입니다.
사모가 뭔 말인지? 이걸 잘못 짚어서 해설이 엉망으로 되는 것입니다.
도올 번역을 보시죠.

도올 번역
배움을 끊어라! 근심이 없을지니.
네와 아니요가 서로 다른 것이 얼마뇨?
좋음과 싫음이 서로 다른 것이 얼마뇨?
사람들이 두려워하는 것을 나 또한 두려워하지 않을 수 없으리.
황량하도다! 텅 빈 곳에 아무것도 드러나지 않네.
뭇사람들은 희희낙락하여 큰 소를 잡아 큰잔치를 벌이는 것 같고,
화사한 봄날에 누각에 오르는 것 같네!

나 홀로 담박하도다!
그 아무것 드러나지 아니함이 웃음 아직 터지지 않은 갓난아기 같네.
지치고 또 지쳤네! 돌아갈 곳이 없는 것 같네.
뭇사람은 모두 남음이 있는데
왜 나 홀로 이다지도 모자라는 것 같은가?
내 마음 왜 이리도 어리석단 말인가?
혼돈스럽도다!
세간의 사람들은 똑똑한데 나 홀로 흐리멍덩할 뿐일세.
세간의 사람들은 잘도 살피는데 나 홀로 답답할 뿐일세.
담담하여 바다같이 너르고 고고한 산들바람처럼 그칠 줄을 몰라.
뭇사람들은 모두 쓸모가 있는데
나 홀로 완고하고 비천하여 쓸모가 없네.
나 홀로 뭇사람과 다른 것이 있다면,
만물을 먹이는 생명의 어미를 귀하게 여기는 것이지.

~번역이 엄청 크게 다릅니다.
 빈틈없이 짜여진 깊이 있고 멋진 문장인데 해석이 엄청나게 차이가 납니다. 핵심 설정이 서로 다르기 때문에 그렇습니다.
 도올이 빗나간 것 같네요. 왕필을 따른 겁니다. 문장을 잘못 본 것이죠.
 이런 문장을 읽을 때에는 누가 무엇을 말하려 하는지 그 핵심을 정확하게 파악해야지, 아니면 자칫 빗나가기 쉬워요.
 이 문장은 설說이 아니고 시詩입니다.
 설은 설득하여 대중을 이롭게 하는 귀감으로 삼을 만한 문장을 말하는 것이고, 시는 그때 그 순간의 감정을 함축성 있게 토해 내는 정서입니다.

이 글을 쓴 분은 다산茶山 정약용丁若鏞 같은 분인 듯싶습니다.
다산은 훌륭한 학자였죠. 수려한 인품에 덕망 또한 높고 정치에도 탁월한 식견을 가진 분이었습니다. 이분이 유배를 가게 된 것은 정치 소용돌이에 휘말려 희생될까 봐 아까워서 신변보호 차원에서 유배를 보내게 되는데, 평생 등용되지 못하고 말년에 병들어서 풀려나 고향에서 생을 마감합니다.
유배된 임지에서 원망도 후회도 없이 담담히 공부에 전념하고 엄청난 분량의 소중한 책을 썼습니다. 바르고 공부를 많이 한 게 죄가 된 셈이죠. 그러면 다산 선생이 공부한 것을 후회했을까요?
지금 이 글을 쓴 분은 지금 공부 많이 한 것을 후회해서 이런 시를 지었을까요? 차라리 무식쟁이로 그냥 평생 노가다나 뛸 것을 공연히 공부는 해 가지고 후회하는 말로 보이나요?
여태껏 주석하신 분들 모두가 그렇게 보아 온 모양입니다.
도올도 왕필을 따르며 그렇게 보고 있는 것입니다.

식자우환識字憂患이라는 말은 절학무우絶學無憂의 본뜻을 모르고 번역한 사람들이 만들어 낸 말입니다. 선무당이 사람 잡은 꼴이죠. '상사민무지무욕常使民無知無欲'(3장) 뜻을 잘 모르고 번역해서 보탠 것이구요.
"항상 백성을 무식하고 욕심 없게 만들어라."라고 잘못 번역한 때문입니다.
이분은 그냥 울적해서 시 한 수 쓴 건데 첫머리의 '절학무우', 마치 공부가 근심을 만드니 그까짓 근심만 되는 공부 때려치워라, 하는 식으로 해석을 하고 있습니다. 신바람이 나서 모두들 왁자지껄합니다.

그러면서 도덕경이 어쩌고저쩌고 하는데, 공부 때려치우고 무식쟁이로 살라는 것이 무슨 성인의 가르침이고, 그 딴 게 무슨 경입니까?

사람이라면 공부해서 뭘 좀 알아야 하는 거지, 생 날탕이 무슨 도 운운하느냐 말입니다. 상식적으로 봐도 말도 안 되는 소리 아닙니까. 이 글이 말하고자 하는 핵심은 맨 마지막 '사모食母'인데, 이게 뭔지 차근차근 해설하여 밝혀 보겠습니다.

絶學無憂

"배움이 없으면 근심도 없으련만!"

누구한테 하는 말입니까?

자기 자신한테 하는 말이죠. 그냥 푸념하는 것입니다.

이 문장을 쓴 데는 한 폭의 그림 같은 배경이 있습니다. 머릿속에 그림을 먼저 그려 보세요.

다음 이어지는 문장에 속인, 중인衆人이라는 말이 나와요.

잡것들이 몰려와서 시끌벅적 한바탕 질펀하게 노는 것을 보고는, '저들이 느끼는 것과 내가 느끼는 것이 과연 얼마나 차이가 있을까?' 하는 것을 배운 자와 안 배운 자로 구분하는 것입니다.

唯之與阿 相去幾何 善之與惡 相去何若

唯-웃사람에게 하는 공손한 대답

阿-허물없이 하는 대답. '응'

"저들이 '예' 또는 '응' 하고 대답할 때, 또는 '좋다' '나쁘다' 할 때 나와 저들의 느낌의 차이는 얼마나 될까?"
 분명 차이가 있다고 전제하고 있는 것입니다.
 그러나 도올은 왕필을 따라 차이가 없다고 본 듯합니다.

人_인之_지所_소畏_외 不_불可_가不_불畏_외

"남들이 두려워하는 것은 나도 역시 두려워하지 않을 수 없다."
 나도 저들과 똑같은 사람인데, 그런데도 분명하게 차이가 있다고 말하는 것입니다.
 보세요. 저들은 신바람을 내며 좋아라 하는데 나는 그냥 덤덤하거든요.

荒_황兮_혜

비가 오지 않아 메마른 들판 텅 빈 것처럼 쓸쓸하구나 하죠?

其_기未_미央_앙哉_재

여기서 其는 마음을 가리키는 것이고, 마음이 가운데 있지 않다.

그냥 덤덤하다 하는 것입니다. 뭐 '별로다' 하는 겁니다.

衆人熙熙 如享太牢 如春登臺
_{중인희희 여향태뢰 여춘등대}

앞의 문장에서 그 잡것들이 노는 모습을 말하는 것입니다. 태뢰太牢는 나라에서 제사를 지낼 때 소를 잡아 통째로 바치던 것을 말합니다. 그것을 '큰 잔치'에 비유한 것이죠.

여러 사람들이 거나하게들 한잔 걸치고 니~나노~ 질퍽하게 물씬 놀아 제치는 모습을 말한 것입니다.

여춘등대如春登臺, 화창한 봄날 누대에 오른 것처럼, 그렇게 신바람이 나게 노는 걸 보면서도 아무 흥미도 없고 아무런 감정이 일어나지 않는다, 그냥 덤덤하다, 멀뚱멀뚱 바라보는 두세 살배기 어린아이와 같다는 말입니다.

儽儽兮
_{래래혜}

'나른하다, 피곤하다'라는 의태어입니다.

지금 자신의 몸과 마음의 상태를 말하는 거죠. 폼이 안 난다, 자신이 초라하다 하는 말입니다.

약무소귀
若無所歸

"돌아갈 곳도 없는 것 같고."
 유배지에서 풀려났지만 등용될 것 같지도 않다는 뜻으로 필자는 해석합니다.

중인개유여   이아독약유
衆人皆有餘　而我獨若遺

"사람들은 모두 넉넉한데, 어찌하여 나는 버려진 듯한 것일까?"
 자기 성품을 말하는 것입니다. 자신을 돌아보며 신세를 한탄하는 겁니다. 후회하는 말이 아니라, 본래 대쪽 같은 성품이라 저들과 거리가 멀다는 것이죠.

아우 인지심야재   돈돈혜
我愚　人之心也哉　沌沌兮

"내가 어리석은 사람의 마음일까, 혼란스럽기만 하구나!"
 자신을 돌아보니 참 답답하다는 말이죠.

속인소소 아독혼혼 속인찰찰 아독민민
俗人昭昭　我獨昏昏　俗人察察　我獨悶悶

속인들은 잘도 자신을 드러내고 또 이익에 밝은데 나는 항상 명청

하기만 하고, 속인들은 영악스럽게 샅샅이 살피는데 나는 홀로 미련스럽다고 말하는 겁니다.

여기서 속인이란 누굴 말한 것일까요?

민民(백성)입니까, 천민賤民입니까?

세간사람(세속인)이라 번역하면 세상사람 모두를 말하는 것이고, 그것은 불가에서 스님들끼리만 쓰는 말입니다.

이분이 스님일까요? 백성은 민이라 하지 속인이라 하지 않지요. 속인은 고운 말이 아닙니다. 때 묻은 사람, 더러운 사람이라는 의미가 있습니다.

속물근성이 있다느니, 그 사람 속물이야, 이거 욕하는 거죠?

왕필이 속인을 민民으로 보니까 모두들 덩달아서 세간사람(세속인)으로 번역하는데 문장을 잘못 본 것입니다.

여기서 속인은 정치 모리배입니다. 충신을 모함하여 내쫓고 부귀권세를 독차지하려 드는 고약한 정치모리배, 백성을 도탄에 빠뜨리는 간사한 무리로 봅니다.

뒷받침하는 문장이 뒤에 있습니다.

속인소소俗人昭昭 속인찰찰俗人察察 — 속인이 하는 짓을 표현한 문장입니다.

소소昭昭는 '밝히고 밝힌다'는 뜻이에요. 속인이 뭘 밝히겠어요? 사리사욕이지. 뇌물! 뻔할 뻔자 아닙니까?

찰찰察察은 샅샅이 살핀다, 감시한다. 뭘 살펴? 사람을. 왜? 트집 잡아 죽이고 몰아내려고.

찰察은 기분 나쁜 글자죠. 좋은 뜻으로 살피는 것은 성省을 씁니다.

경찰할 때 쓰는 찰은 '조사, 살핀다, 감시한다'는 의미가 강해요. 경찰서가 기분 좋은 곳은 아니지 않습니까?

이분은 덕망 있는 충신인데 모함을 받아 유배지에 있는 것입니다. 다음 문장을 보시면 더욱 분명해집니다.

아독혼혼我獨昏昏 아독민민我獨悶悶 — 나 혼자만 사리(이익)에 어둡고 어두워서. 나 혼자만 미련하고 미련스러워서.

민悶은 '마음의 문을 잠근다' '말하지 않는다' '불지 않는다'는 뜻이에요. 그래서 죄도 없이 덤터기나 쓰고 유배까지 왔으니 자신이 미련한 놈이다, 하는 말입니다. 후회하는 마음에서 하는 말이 아니고 죄가 없다, 잘못한 일이 없다는 뜻이에요.

혼혼민민昏昏悶悶은 약삭빠르지 않고 심지가 굳다는 좋은 뜻입니다. 억울하게 누명을 쓰고 있는 것으로 생각이 들지요?

다음 문장을 보면 알 수가 있습니다.

담 혜 기 약 해　　료 혜 약 무 지
澹兮其若海　飂兮若無止

잔잔한 바다같이 마음이 담담하고 신선한 바람이 그치지 않는다.

억울한 마음이 전혀 없어요. 참말로 멋들어진 마음이야! 수려한 인품 고고하고 깨끗한 선비죠. 참으로 존경스럽네요. 조금도 흐트러짐이 없지 않습니까?

이러신 분인데 절학무우를 '배움을 끊어라, 근심이 없을지니'라고 번역하면 되겠습니까?

중인개유이 이아독완사비
衆人皆有以 而我獨頑似鄙

사람들은 저마다 쓰임이 있는 듯한데, 유독 나 혼자만이 고집스러워 비천하구나!

그저 잠시 씁쓸한 표현일 뿐 전혀 후회하는 말이 아닙니다.

아독이어인이귀사모
我獨異於人而貴食母

"내가 저들과 유독 다른 점이 있다면, 오직 사모食母를 아주 귀중하게 여기는 것뿐이로다."

이것이 배운 사람과 안 배운 사람 사이의 차이라고 하는 말입니다. 여기서 배움이라고 하는 것은 단순한 글공부를 말하는 것이 아니라 마음공부, 인간 됨됨이, 도를 말하는 것이죠. 삶의 바른 자세를 말하는 겁니다.

이분이 목숨 바쳐 오직 귀하고 또 귀중하게 여기는 사모食母!

사모라는 말이 무엇일까요? 이것을 잘못 짚으면 번역이 전혀 다르게 되게 마련입니다.

왕필의 주석을 볼까요?

식모 생지본야   인자개기생민지본   귀말식지화   고왈아독욕이어인
食母 生之本也 人者皆棄生民之本 貴末飾之華 故曰我獨欲異於人

식모란, 생의 뿌리이다. 뭇사람들은 모두 인간에게 생명을 부여하는 그 뿌리를 망각하고 말엽의 장식적인 꽃만을 귀하게 여긴다. 그래서

나 홀로 뭇사람들과 다르다고 한 것이다.

왕필이 천재소년은 아닌 듯싶어 보입니다. 멍텅구리입니다.
그런데 도올은 왕필의 주석을 그대로 따르면서 '사모食母'를 만물을 먹이는 생명의 어미를 귀하게 여기는 것[食母生之本也故食母] '생명의 어미'라고 번역해 놓았습니다. 그러면서,

"道를 추구하는 나의 고독은, 꽃을 귀하게 여기지 않고 그 뿌리를 귀하게 여긴다는 데서 온다. 꽃은 피었다가 지곤 하는 것이지만 뿌리는 꽃이 피고 짐을 영속케 할 수 있는 어미이다. 食母는 道의 다른 표현이다."

라고 했는데, '생명의 어미'가 무엇일까요? 영양소를 말하는 것인가?
또 그 '생명의 어미'가 道라니요!
왕필과 한통속으로 도올도 헤매고 있습니다.
제1장 "도가도비상도道可道非常道 명가명비상명名可名非常名"에 얼어 가지고 정신이 홀라당 돌아서 남의 동네에서 헤매고 있는 거예요.
사모를 '만물을 먹이는 생명의 어미'로 번역하면 문장이 성립되질 않습니다. 문장의 전후 내용이 맞아떨어지지 않아요.
도덕경은 한 장章이 한 내용입니다. 나누어서 따로따로 뜻을 다르게 번역하면 안 됩니다.
필자는 사모食母를 자기가 모시던 군주君主를 말하는 것으로 봅니다. 옛날에는 군주, 왕을 만백성의 어버이라고 말하지 않았습니까?

제 21 장

<small>공덕지용 유도시종 도지위물 유황유홀 홀혜황혜 기</small>
孔德之容 惟道是從 道之爲物 惟恍惟惚 惚兮恍兮 其
<small>중유상 황혜홀혜 기중유물 요혜명혜 기중유정 기정</small>
中有象 恍兮惚兮 其中有物 窈兮冥兮 其中有精 其精
<small>심진 기중유신 자고급금 기명불거 이열중보 오하이</small>
甚眞 其中有信 自古及今 其名不去 以閱衆甫 吾何以
<small>지중보지상재 이차</small>
知衆甫之狀哉 以此

심오한 덕이 담겨진 모습은 오직 따르는 길 바로 그것이다.
道는 물건을 만들어 내는데 그 모습이 오직 황홀할 뿐이다.
그 황홀한 것이 형상을 만들고
그 황홀한 것이 만물을 만들어 낸다.
가득하긴 한데 보이질 않는 그곳에 정기가 있는데
그 정기는 지극히 참되고 믿음이 있어서
옛날부터 지금에 이르기까지
그 이름 가진 그거는 계속 쉬지 아니하니
세상에 있는 것 중에서 가장 큰 모습이다.
어째서 나는 그 모습을 알지 못하는 것일까?
以此, 지금 여기에도 그것이 있는 것인데.

도올 번역
빔의 덕의 모습은 오로지 도를 따를 뿐이다.
도의 물 됨이여!

오로지 황하고 오로지 홀하다.
홀하도다 황하도다!
그 가운데 형상이 있네.
황하도다 홀하도다!
그 가운데 물체가 있네.
그윽하고 어둡도다!
그 가운데 정기가 있네.
그 정기가 참으로 참되도다!
그 가운데 진실이 있네.
예로부터 지금까지 그 이름 사라지지 아니하니
이로써 만물의 태초를 살필 수 있지.
만물의 태초의 모습을 내 어찌 알리오! 이 도로 알 뿐이지.

~차이가 많이 나죠?
 대자연의 섭리를 도라고 보고 오묘한 변화작용을 찬미한 시입니다. 오묘한 섭리를 도로 보고 서로 생성해서 이루어지는 만물의 육성을 도의 작용인 덕으로 보고 말한 것입니다.
 이 글을 쓴 분도 도라는 개념을 모르면서 쓴 것입니다. 시간 예찬을 한 것 같은데 별거 아니네요.
 시간이라는 것은 지구의 운동에서 발생하는 엄청난 소용돌이 에너지이고, 그 속에서 생명이 저마다 태어나고 죽고 하는 것이지 시간이나 도라고 하는 것이 맘먹고 그렇게 육성해 주는 것이 아닙니다.
 도는 만물을 육성시켜 주는 농장農場의 주인이 아닙니다. 만물이 악착같이 살아남으려 발버둥치는 겁니다. 그게 생명이에요.
 시간은 생명도 물체도 아니고 그냥 운동일 뿐입니다. 시간이나 자연의 섭리를 도라고 하면 얼빠진 소리가 됩니다.

孔德之容 _{공덕지용}

앞의 공孔은 '구멍'이란 말입니다.
구멍이 꽉 차면 답답한 것입니다. 좀 넉넉해야 덕이 담겨진 모습이죠. 이게 시간인데 이분이 시간작용을 잘 몰라서 배고픈 소리를 한 것으로 보입니다.

以閱衆甫 _{이열중보}

왕필의 번역을 볼까요?

> 衆甫 物之始也 以無名說萬物始也
> 중보라는 것은 만물의 시작이다. 노자는 원래 무명無名으로써 만물의 시작을 말했던 것이다.

중보衆甫를 만물의 태초로 본 것입니다. 꼭지가 돌아서 아리송해 가지고는….
필자는 중보衆甫를 '만물을 육성해 주는 그 무엇', 추상적인 개념으로 봅니다.
만물을 육성시켜 주는 그 무엇은 절대로 있을 수가 없는 것입니다.

스스로 발버둥질 치며 살아가는 것일 뿐입니다.

　태초에 뭐가 있어서 만물을 만들어 기르고 육성해 주는 것이 아니라, 만물 스스로가 악착같이 살아남으려고 분투노력을 하는 것입니다. 그게 생명이에요. 생명이 살아간다는 것은 자연의 반역행위입니다. 죽여도 새끼 쳐서 자꾸만 되살아나는 것이 반역 아닙니까?

　늙는다는 것이 죽이는 것입니다. 육성해 주는 그 무엇이 있다면 생물은 영원히 계속해서 성장해야 하는 것이죠.

　태초에 뭐가 있어서 지구라는 농장에 생명을 심어 놓고 가꾸고 기르는 것이 아니라 어쩌다가 생명이 생겨나서 반역하며 악착같이 살아남으려 계속 변이하고 발버둥질하고 있는 것입니다.

　그래서 삶이 참 고달픈 짓이죠. 우주 순환의 반역행위를 하는 것이 생명운동이다, 이겁니다.

　창조주가 있어서 관리한다면 지금도 새로운 인간, 새로운 동물의 종種이 계속해서 창조되어야 하질 않겠습니까? 인간이 새로운 품종을 개발해 내듯이 말입니다.

　별로 대수로운 내용의 문장이 아니라서 다음으로 넘어갑니다.

제 22 장

곡즉전 왕즉직 와즉영 폐즉신 소즉득 다즉혹 시이
曲則全 枉則直 窪則盈 敝則新 少則得 多則惑 是以

성인포일 위천하식 부자현고명 부자시고창 부자벌
聖人抱一 爲天下式 不自見故明 不自是故彰 不自伐

고유공 부자긍고장 부유부쟁 고천하막능여지쟁 고
故有功 不自矜故長 夫唯不爭 故天下莫能與之爭 古

지소위곡즉전자 기허언재 성전이귀지
之所謂曲則全者 豈虛言哉 誠全而歸之

숙이고 겸손하게 살면 온전한 삶이 된다.
상대방을 위해 굽혀 주는 것이 예절의 바른 자세다.
움푹 파이면 거기에 뭔가가 고이게 되고,
자신을 낮추고서 보면 세상 모든 것이 새롭게 보인다.
조금 적어야 얻을 수 있는 것이지,
많으면 오히려 미혹(혼란)이 따르게 마련이다.
본래, 성인은 단 한 가지만 가슴에 품고서도 세상에 으뜸이 되었는데
자신의 모습을 세상에 스스로 드러내 보이려 하지 아니하고 살아가시니
스스로 밝아지고,
자기가 옳다고 주장하지 않으니 존경을 받게 되며,
자기를 스스로 자랑하지 않으니 우러러보며 공이 있고,
너그럽게 눈감아주시니 우러러 덕망이 있고,
스스로 겸손해하니 천하에 으뜸이 되는 것이다.
이것은 오직 온전하게 다투지 않고 살고자 함이니,
그와 다툴 사람은 온 천하에 있을 수 없는 것이다.
옛말에 이르기를,

숙이고 사는 사람이 능히 온전하다는 말이
어찌 헛된 말씀이 될 수 있겠는가!
온전한 삶을 이루고자 하거든 모두 이 옛 말씀,
'곡즉전曲則全'으로 돌아가라.

도올 번역
꼬부라지면 온전하여지고, 구부리면 펴진다.
파이면 고이고, 낡으면 새로워진다.
적으면 얻고 많으면 미혹하다.
그러하므로 성인은 하나를 껴안고 천하의 모범이 된다.
스스로 드러내지 않으니 밝고,
스스로 옳다 하지 않으니 빛난다.
스스로 뽐내지 않으니 공이 있고,
스스로 자만치 않으니 으뜸이 된다.
대저 오로지 다투지 아니하니, 하늘 아래 그와 다툴 자가 없다.
옛말에 꼬부라지면 온전하여진다 한 말이 어찌 헛말일 수 있으랴!
진실로 온전함을 추구하는 모든 것은 도로 돌아갈지어다.

~꼬부라진다?! 해설이 이상하지요.
사람이 살아가는 방식을 성인을 들어 설명한 문장인데 평범한 말이면서도 핵심을 정확하게 찌른 것으로 보입니다. 좋은 글입니다.

曲^곡則^즉全^전

곡曲은 '유연할 곡' '굽을 곡' 또는 '곡조' 할 적에 쓰는데 스스로 굽혀 유연하다는 말입니다.

전全은 임금님 있는 곳, 들 입入 밑에 임금 왕王, 임금이 들어 있는 곳, 즉 대궐이죠. 대궐은 경비가 삼엄하여 지켜 주는 사람이 있어서 온전하다, 살아가는 데 아무 탈이 없다는 것입니다.

세상은 각기 다른 다양한 사람들이 제각기 다른 일을 하면서 함께 더불어 사는 것인데, 옳다 그르다 하는 시비是非를 따지고 살면 살벌해지고 고달프다 하는 말입니다. 사람관계는 옳고 그름을 따지기보다 심미적心美的인 감정이 더 중요하다고 강조하여 이르는 말씀입니다.

사람은 저마다 성격, 취향, 선오善惡의 기준이 각각 다른 것인데 무엇을 기준으로 분별하여 따지느냐? 저마다 자기 기준으로 하겠지요. 그러니 옳다고 우기지 마라. 우기면 서로 껄끄러운 관계가 생기게 된다.

숙인다는 게 단지 굽실거리라는 뜻이 아니고 부드럽고 유연하다, 우기지 않는다, 상대방을 존중한다 하는 것입니다.

도올은 "꼬부라지면 온전해지고 구부리면 펴진다." 했네요.

필자와 뜻이 사뭇 달라 보입니다. 꼬부라진다는 글자는 굴屈입니다.

도올이 강의 중에 활과 화살의 예를 들어서 힘이라는 것은 굽혀서 펼 때에 생기는 것으로 설명하는 걸 보았는데요, 그것은 강제로 굽혀 펴지는 반동력인 힘이고, 지금 이 문장과는 전혀 다른 문제죠.

이 문장에서 곡曲은 스스로 굽혀 숙이는 겸손함을 말하는 것입니다. 대인관계에서 상대방의 인격을 존중하여 지켜야 하는 예절을 말하는 겁니다.

枉則直

왕枉은 '스스로 굽혀 준다'는 뜻으로 모실 왕, 상대방에 대한 정중한 예절이죠. 왕림枉臨하셨다 할 때 씁니다.

상대방에게 스스로 굽혀 주는 것이 예절이고 바른 자세이다. 그래야 서로 간에 기분이 좋아진다.

손님을 맞이할 때 쓰는 예절은 겸손하게 나를 낮추어 상대를 기분 좋게 하는 것, 그것이 바로 삶의 바른 자세입니다. 어깨에 힘을 빼라. 건방 떨어 불쾌한 분위기를 만들지 마라. 그렇게 하면 온전하기 어렵다. 괘씸죄에 걸려서 뒷날에 재미가 적게 된다 하는 것입니다. 죄 중에서 가장 무서운 죄가 괘씸죄입니다.

즉則은 '바로' 곧 '~하면'으로 번역합니다.

직直은 '곧다', '바른 행위', '정도正道'를 말합니다.

窪則盈 敝則新

"파이면 고이고 낮추면 새롭다."

와즉영窪則盈

움푹 파인다, 마음에 상처를 받으면 그 속에 섭섭함이 고인다는 뜻입니다. 불쾌하고 괘씸한 응어리가 생기잖아요.

사람은 괘씸죄가 제일 무서운 거죠. 상대방을 섭섭하게 대하지 말라는 것입니다. 뭘 들어주고 안 들어주고 하는 것을 말하는 것이 아니고, 거절하더라도 마음 상하게 하지 마라, 심미적인 감정을 갖고 겸손하게 대하라는 말입니다.

또 입바른 말을 할 적에 자기 견해가 옳음을 내세워 나무라듯이 불쾌하게 내뱉으면 상대방은 뉘우치는 게 아니라 반발심만 생기죠. 그거 저 잘났다고 망신을 주는 것 아닙니까? 섭섭하고 불쾌하죠.

마음이 파이면 파인 마음에 섭섭한 원한이 고이게 된다. 그 섭섭함이 늘 문제를 일으킨다.

참! 좋은 말씀입니다.

어떤 상황에서 어느 누구라도 섭섭하게 대하지 마라. 그것이 복 짓는 것이다. 우리 어머님 말씀이 여기에 있군요.

웅덩이 와窪는 '움푹 파진 구덩이' 또는 '파인다'로 번역합니다.

가득히 찰 영盈은 가득 차서 넘칠 영, 영어의 full을 뜻합니다.

폐즉신敝則新

敝 - 낮춘다. 스스로 자기를 낮춘다는 뜻
新 - 새로울 신

"나를 낮추고 보면 상대방을 새롭게 제대로 볼 수 있다."

상대방을 편안하고 자유스럽게 해 줘야 상대방을 제대로 알아볼 수 있다는 것입니다. 진짜 명언 중 명언입니다.

우리가 동물을 관찰하여 똑바로 알아보려면 그 동물이 안심하게 제멋대로 자연스럽게 노닐도록 해 줘야 제대로 관찰하는 것이지, 자극을 주면 움츠리고 숨어서 그 모습조차 보기 어렵지 않습니까?

사람은 더하다는 거죠. 말 바꾸고 위장술이 가장 뛰어난 동물이 사람이거든요. 겁박하면 상처받아 응어리지고, 겉으로는 좋은 듯 웃음을 보이지만 가시 돋친 괘씸한 맘이 쇳녹처럼 눌어붙어서 언제든 간에 찔리고 앙갚음을 당하게 됩니다.

나를 낮추어 세상을 본다는 것은 상대방을 편안하게 해 주면 상대방이 안심하고 제멋대로 놀아나니까 세세하게 다 볼 수 있다는 것입니다. 그것을 새롭게 보인다 한 것입니다.

도올은 "낡으면 새로워진다"고 했네요.

한참 빗나간 듯 싶습니다.

少則得 多則惑
(소즉득 다즉혹)

  少 - 나누어 상대가 이익 되게 한다. 젊어 양보할 소, 젊을 소
  小 - 억울하다. 작을 소. 상대방이 더 가져서 나는 작다.

글자의 뜻이 서로 다릅니다.

베풀어 욕심이 적으니 이득이 생기고 욕심이 많으면 되레 혼란스러울 뿐이다. 욕심 부려 이것저것 다 알려고 들지 말고 한 가지만 해도 족하다.

지식을 말하는 것입니다. 재물이 아닙니다. 재물이야 많을수록 좋은 것이죠. 지식의 순수성을 강조한 것입니다.

잡다한 지식에 오염되면 박식무용지물博識無用之物로 우유부단하고 혼란스런 인간이 되기 마련입니다.

是以聖人抱一 爲天下式
_{시 이 성 인 포 일　위 천 하 식}

是以 - 본래가
抱一爲天下式 - 한 가지 방식으로 천하를 품는다.

"본래 성인은 단 한 가지 마음으로 세상을 사는데도 삶에 으뜸이 되는 것이다."
그 한 가지가 뭡니까?
곡즉전曲則全이죠. 굽히고 사는 것.
다음 문장은 굽히고, 숙이고 살아서 좋은 점을 설명한 것입니다.
참 귀감으로 삼을 만한 말입니다.

不自見故明 不自是故彰 不自伐故有功 不自矜故長
_{부 자 현 고 명　부 자 시 고 창　부 자 벌 고 유 공　부 자 긍 고 장}

부자현고명不自見故明

見 - 돋보이려 내세운다. 자신을 드러내 보이려 한다.
故 - 과거에. 지난날에 그런 연고로. ~했기 때문에
明 - 밝게 빛난다.

"자신을 스스로 드러내 보이려고 하지 않으니 더욱 유명해지고."

부자시고창不自是故彰

是 - 옳다고 하다. 분명하다. 날 일日자와 바를 정正자의 합성
　　반드시 옳다고 단정하는 글자. 시비를 가린다의 是입니다.
彰 - 밝다. 뚜렷하다. 두드러지게 드러나다. 빛난다.

"따지며 스스로 옳다고 주장하지 않으니 밝게 빛난다."
남이 높이 우러러보게 되는 것입니다.
　시비를 가리면 분쟁이 생기는 것입니다. 기준이 각자 자기 주관적일 수밖에 없거든요. 꼬치꼬치 캐묻고 따지면 불쾌하죠.
　사람은 옳고 그름을 따져 살면 피곤한 것입니다. 서로 분위기 좋게 사는 것이 중요하죠.

부자벌고유공不自伐故有功

不自伐 - 알면서도 나무라지 않는다. 눈감아 준다. 벌주지 않는다.
故有功 - 그렇게 함으로 해서 공이 있어 항상 우러러 모신다.

"상대의 잘못을 너그럽게 눈감아 주시니 공덕이 있다."
사람이란 게 참 묘한 동물입니다.
　잘못을 지적하면 모면하려고 변명할 뿐 뉘우침이 없습니다. 지적하고 나무라면 반발심이 생겨서 어깃장이나 놓고 개선을 안 합니다.
　그런데 모르는 척 눈감아 주면 제 스스로 뉘우치고 고마워하면서 개선해 나갑니다.

『논어』에도 자왈, "친구 간에 충고는 한두 번으로 족한 것이지 자주 하면 원성을 듣고 멀어지게 마련이고, 나라님께 충언은 단 한 번이면 족하다. 두 번 간하여 들어주지 않으면 스스로 관직을 떠나라. 목숨이 위험하게 된다."라고 했습니다.

부자긍고장不自矜故長

矜 - 뽐내다, 자랑하다, 설치다.

"겸손하시니 그냥 자연스럽게 세상 사람들이 높이 우러러보게 되는 것이다."
이게 모두 '곡즉전'에서 생기는 것이다, 하는 말입니다.

부유부쟁 고천하막능여지쟁 夫唯不爭 故天下莫能與之爭

夫唯 - 오직 그렇게 사는 사람

"그것은 오직 다투지 않고 살고자 하는 마음뿐이므로 그와 다툴 사람이 온 천하에 있을 수 없는 것이다."

막능여지쟁莫能與之爭

"다투려고 하던 사람이 스스로 능히 사라진다."
존경의 대상일 뿐이지 세상 어느 누구도 욕하는 사람이 있을 수가 없다는 말입니다.

古之所謂曲則全者 豈虛言哉
<small>고 지 소 위 곡 즉 전 자　기 허 언 재</small>

    古之所謂 - 옛말 속에
    謂 - 말하기를
    曲則全者 - 숙이고 사는 사람이 탈이 없다.
    豈虛言哉 - 어찌 헛말이 되겠는가?

"옛말에 이르기를 '숙이고 사는 사람은 능히 온전하다'는 말이 어찌 헛말이 되겠는가!"

誠全而歸之
<small>성 전 이 귀 지</small>

"탈 없이 살고 싶거든 모두 진실하게 숙이고 조수로 살아라."

    誠全 - 모두들 진실하게
    歸之 - 무엇무엇으로 돌아가라

필자가 좋아하는 문장입니다.
사람은 그룹으로 떼 지어 살면서 저마다 자기 왕국을 세워 살아보려는 서글픈 숙명을 지니고 태어나는 별난 동물입니다. 인간은 혼자서는 도저히 살아갈 수가 없죠.

끼리끼리 패거리 짓고 연줄연줄 줄에 대롱대롱 매달려 사는 게 우리네 인생입니다. 끈 떨어지면 죽는 걸 뻔히 알면서도 그 끈에다가 가당치 않게 자기 왕국을 건설하려고 아등바등하는 것, 그게 우리네 인간의 삶입니다.

산다는 것이 어찌 보면 슬픈 짓거리예요. 되지도 않는 일을 가지고 씹고 씹히고 물고 뜯고 속고 속이고 울고불고 하는 모든 짓거리가 모두 저마다 자기 왕국을 세워서 왕 노릇을 하려는 욕망의 소산이거든요. 자기 왕국을 포기만 하면 이거 간단한 문제라.

왕을 포기하고 재미있게 사는 것이 훨씬 더 좋은 삶인데도 어설프게라도 왕이 돼서 우쭐대고 뻐겨 보려고 아등바등하는데, 그거 해 봐도 별것 아닙니다.

사람은 서로 더불어 즐기며 편안하게 지내는 것이 제일이에요. 즐거움은 곡즉전에서만 이루어지는 겁니다. 잘났다고 고집부리면 깨지는 겁니다. 세상은 저보다 잘난 놈을 모두 다 싫어하거든요. 말 안 들어먹고 고집부리는 것이 바로 왕 노릇 하는 짓인데, 그런 녀석 잘되는 거 내 평생 한 놈도 보질 못했네요.

제 깐엔 고집을 자존심이라는 하는데, 이는 모든 사람들이 싫어하는 바고, 자기가 하면 좋고 남이 하는 것은 못 봐주게 싫은 거 아닙니까?

우쭐거리고 뻐기며 과시하는 게 큰 행복으로 착각들 하는데 그거 행복하고는 거리가 아주 먼 것입니다. 무지의 소치요 오만입니다. 웃기는 짓이죠. 그 짓이 고통의 늪이라는 것을 몰라서 겁 없이 뻐기며, 아등바등 세월 다 보내고 억울해서 심통을 내는데요.

세상살이가 좀 떫고 다소 섭섭하더라도, 세상이란 게 본래 내 것이 아니고 남의 것이니 으레 그러려니 하고 늘 져 주고 양보하며 조수로 자청해서 살면 아주 편안하고 존경받게 마련이다, 하는 것을 "숙이고 사는 사람이 어떤 상황에 처해도 능히 온전하다." 한 것입니다.

그것이 존경받는 성인의 삶이니 본받아서 모두들 그렇게 하라 하는 거예요. 꾸~욱! 참기 힘들면 푸~욱! 용서해 주면서 그냥 조수로 사십시오! 이것은 내 밑천이에요, 조수로만 사는 것이.

"나는 세상의 조수다!" 하고 사는 것이 필자입니다.

~쉬어 갑니다.

꺼병이 녀석 이야기

내 시골, 죽고 떠나고들 이제는 원시로 복원되는 산골 빈집들이 솔찬하고, 노인네 몇 분이 다 삭아 가는 동네를 맥없이 지키고 있는 마을에 오십 갓 넘어 보이는 꺼병한 떠돌이가 홀로 굴러들어 와서 사는데, 그 사는 모양새가 아주 특이한 거라.

텃밭 달린 빈집들이 수두룩한데도 하필 옹색한 외딴집 골라 사는 것 하며, 촌놈이 제 농사일에는 아예 손 털고 남의 일이나 거저 해 주며 사는 것 하며, 궂은일은 도맡아 해 주면서 돈이라고는 땡전 한 푼 안 받고도 걱정 없이 사는 녀석이 요즘 세상에 있다는 것이 참 희한한 일이 아닙니까?

형님이 사는 시골이고 일 년에 한두 번 잠시 다녀오는 터라 동네 사정에 어두운데, 그 꺼병이가 인사하는 짓이 하도 특이하고 이상해서 형님께 물어서 아는 얘기입니다.

배는 볼록하고 잘생긴 부분이 별로 없는 영락없는 촌놈이, 그 인사하는 요상한 짓만 빼면 여느 사람들과 다를 바 없는 꺼벙한 녀석이, 인사라고 하는 짓이 참 희한한 짓인거라.
　양손 쥐어 가슴에 대고 엄지를 내세우고는,
　"대장부 살림살이 요만만 하면은 넉넉하지."
하고는 궁둥이를 뒤로 살짝 빼며 살살 흔들어 씨~익 하얗게 웃음을 보내면서 꿉~뻑! 하고는 돌아서는 것이 미운 데라고는 없는 참 기묘한 짓이라서….
　"누굽니까?"
　"삼박골! 이름은 이장이나 알지 통 몰러. 초면에 이름이 뭐냐? 물었더니. 아! 글쎄, '이름이유? 아무케나 불러 주시유~.' 하더라구. 별 미친놈이 다 있구먼 생각했더니, 좀 모자라긴 해두 글쎄 사는 것이 신선이지 뭔가? 혼자 몸뚱이 뭐 하러 자글자글 끓이면서 살어! 그녀석 말마따나 남의 일 거저 해 주고 밥이나 먹으면 되는 거지. 그 사람 신선이라니께~."
하면서 형님이 들려주는 이야기예요.

　다들 고맙다고 하지. 돈은 절대 안 받구. 또 저 하기 싫으면 죽어도 안 하구. 읍내 무슨 구경거리 들어왔다 하면 하던 일도 내팽개치고 내빼 버려. 욕심이라고는 손톱만치도 없구, 술 담배 일절 안 하고, 돈도 필요 없는 사람이여!
　아! 차비를 받나?
　보는 사람마다 밥 먹었나? 그게 인사인디, "그냥이유~." 하면 다들 먹여 줘. 착하고 곧고 말도 없고 틀림없는 사람이지!
　군내에 모르는 사람이 없어. 명물이야, 명물!

아~암 ! 명물이구말구, 신선인디. 냉장고 테레비 없는 것 없이 잘 해 놓고 살어! 새것 사면 헌 건 으레 그 녀석 차지라구.

혼자 몸뚱이 먹으면 얼마나 먹나? 동네에서 그냥 다들 먹여 주지. 요새 세상에 품삯 안 받는 사람이 어디 있어. 돈이면 시뻘건 세상인디. 시방 글쎄, 쭈그렁뱅이 할메도 일당이 3만 원이여!

그 사람은 돈 안 갖구두 잘만 살어! 근심걱정 없지. 비가 오니 걱정 있나, 가물으니 걱정 있나. 농약 치고 비료 살 걱정 없고, 애상 받칠 것 하나 없는 사람이라.

아! 일은 하면 잘하지. 남의 집 상머슴살이 한 사람인디 말할 것 있나. 느지감치 와서 한나절쯤 해 주구는 고거 있잖은가? '~대장부 살림살이'고 지랄하구 간다니까~아.

시집간 딸이 하나 있다던디 별스럽지 않은가 벼어. 십 년 넘게 사는데 본 일이 없거들랑. 젊어서 남의 집 머슴도 살고 염전일도 했다는디, 마누라 죽고부터 저렇게 산다더만…. 말을 잘 안하니까 통 잘 모르지. 하여간에 그 사람 신선이여!

"인사를 왜 그렇게 한대요?"

"응, 그건 인사하는 게 아니고 노래하는 거여. 기분이 좋으면 저절로 입에서 쏘~옥 나온대야! 갈 적에만 하지. 재미지지 않은가? 늘 고거 한 가지만 혀어. 시키면 절대로 안 혀어."

"집에 갈 때만 해요?"

"그렇지! 기분 좋게 헤어질 때만. 하여간에 지 기분이 좋아야만 혁. 동상 몇 번 보셨지? 동생이 좋은가 보데. 뭘 하시는가 묻더구먼!"

"말 안 해 봤는데요. 한 번도!"

"그래도 좋으면 그냥 좋은 거지 뭐어! 아까 참에 오는 걸 봤으니까 낼쯤 건너올 끼여. 일자무식인데 녀석이 괜찮여. 좀 모자라기는 해두. 아! 촌놈이 기름때 반지르르 흐르는 것보다야 양반이지! 오면 말씀 나눠 보시게!"

이튿날—.

"담배 하시나요?"

"이전에 술 담배 다 먹어 버렸구먼이유."

'옛날에 지 몫은 몽땅 다 먹어 버렸다?!'

"혼자 사신다구요?"

"같이 살어두유~ 다들 혼자유우!"

요거 뭔 말씀? 어눌하고 꺼벙한 녀석이 이게 한 소식 들어 익어 가는 게 아닌가! 과연 기인奇人이라!

"왜 하필 삼박골에 사시는지?"

"밭뙈기 보면유우 가만있지 못하거든유~ 촌에서 남의 일이나 그냥 좀 해 주는 게 낫지유우~."

"품삯을 안 받는다고 들었는데?"

"그 돈 다 거기 있는데유, 뭐어!"

그 돈이 다 거기에 있다?! 기가 막힌 말씀이 아닌가?

"살구꽃이 좋아서 삼박골 산다 들었는데요?"

"쬐깐 적에 보니께 참 좋더먼유우~. 은제든지 그 생각이 나고 해설랑 왔시유우~."

꼬맹이 적에 엄마랑 외갓집에 가다가 지나는 길에 살구꽃이 활짝 핀 것을 본 것인데, 어미 죽고 계모 밑에서 살다가 뛰쳐나와 떠돌이로 머슴살이, 노동판 굴러다니면서 고생깨나 하면서 아등바등 살다가 늦게나마 결혼해서 단꿈을 꾸며 살았는데 그놈의 가난이 웬수라.

돈 벌려고 새댁이 바다에 나가서 죽는 바람에 절단이 나서 보니, 사람이 산다는 것이 도무지 한마당의 꿈이라!

그놈의 돈이 웬수요. 마누라 죽인 그 웬수 놈의 돈이 싫어설랑 죽어도 고놈의 돈은 안 벌고 살기로 작정했노라 하는데, 듣고 보니 참 대단한 기인이라.

꺼벙한 녀석인데 엄마랑 손잡고 외가에 가다가 본 살구꽃 핀 외딴 집 그림이 가장 행복했던 시절의 꿈이라서 늘 잊지 못하곤 해 오다가 그 집이 빈 지는 여러 해 지났지만 살구나무는 아직도 꽃피고 살아 있다고 해서 와서 산다는 거라. 좀 멋쩍어 하면서요.

가만히 들여다보니 좀 모자라는 녀석이긴 해도 영대靈臺는 맑은 사람인지라 껍질만 벗겨 주면 심안心眼이 탁 트이겠더라구.

천수가 짧은 것이 맘에 걸리지만….

"절밥 먹어 본 일 있수?"

"개심사에서 잡일이나 하면서 한 삼 년 있었시유~우. 재미두 없구, 무식해서유우~."

하루 더 묵어 녀석에게 정진 방법을 가르쳐 주고 지두법指斗法을 전수해 주며,

"이것은 도인의 비법이니 절대 다른 사람에게 전하지 말고 내가 일러줬다고도 말하지 마시게. 하루에 한 사람, 단 한 건만 치면 신의 경지에 들걸세!"

했는데 과연 그렇게 됐는지라!

소문에 듣기를 녀석이 귀신처럼 알아맞히는데 하루에 한 사람밖에는 안 봐 줘서 욕을 바가지로 먹었다던가! 역시 돈은 한 닢 안 받고.

지두법은 본래 도인이 쓰는 법이라 도인이 쓰면 백발백중인데 일반인이 쓰면 두신斗神이 응해 주지 않아서 잘 맞질 않아요. 정진해서 영대가 맑아야죠.

녀석이 워낙 무식쟁이라서 차객법次客法을 가르쳐 줄 수가 없었거든요. 녀석이 회갑문턱에서 죽었는데 형님 말씀이,

"녀석이 뒈지려면 누워 죽든가 해야지 염하기 좋지. 아! 글쎄 앉아서 죽어설랑은 염하느라 여간 고생이 아녔어. 죽은 지 며칠 지나서야 알았는데 그래도 곯지는 않아서 다행이었어!"

"좌선입탈坐禪入脫했군요."

"몰러어. 저기 내 산에 묻어 줬네. 장사 잘 치렀지. 꽃상여 타고."

"꽃상여까지나요?"

"암! 그게 그렇게 됐었지. 이 세상이 거저는 없는 법이여! 하늘에서 먹으라 하면 먹는 거여. 이장이 애는 썼지만 애쓴다고 그게 어디 될 일인가아? 장사 치르구두 돈냥이나 남았지! 돈 가지구는 그렇게 못하는 거여! 다 하늘이 해 주는 거지. 면내에서 다들 왔더구먼!"

이게 십 년쯤 된 얘긴데, 이제는 안개 같은 신화만이 어렴풋이 남아돌 뿐이고, 형님도 가시고, 이제 나 또한 가야 하는 마당에 그냥 다 내동댕이치고 가 버린 텅 빈 마을에서 "대장부 살림살이 요만만 하면은 넉넉하지!" ~요것만이라도 건져 두고 싶어서.

제 23 장

希言自然 故飄風不終朝 驟雨不終日 孰爲此者 天地
天地尙 不能久 而況於人乎 故從事於道者 道者同於
道 德者同於德 失者同於失 同於道者 道亦樂得之 同
於德者 德亦樂得之 同於失者 失亦樂得之 信不足焉
有不信焉

스스로 하는 데는 별말이 없는 것.
거센 바람은 짧은 아침에는 그칠 수 없고
퍼붓는 장대비는 하루 동안에 그칠 수 없다.
이렇게 하는 자가 누구인가?
천지이다.
천지도 능히 그렇게 하지 못하거늘 하물며 사람에서랴!
본래 도를 배워 도인이 되고자 하는 사람은 도를 따라 똑같이 실천하고,
덕망을 기르는 사람은 덕을 따라 똑같이 덕을 실천하라.
실패하고 싶으면 실패하는 짓을 똑같이 따라하면 된다.
도와 같아지려는 사람은 도 역시 즐겁게 그를 맞이할 것이고
덕망을 기르고자 하는 사람은, 덕 또한 즐겁게 그를 맞아 줄 것이다.
실패할 짓을 하면, 실패 역시 실패하도록 즐겁게 그를 인도해 주는 것이다.
내가 믿는 마음이 부족하면 상대방도 역시 나를 불신하게 되는 것이다.

도올 번역
말이 없는 것이야말로 스스로 그러한 것이다.
그러므로 회오리바람은 아침을 마칠 수 없고,
소나기는 하루를 마칠 수 없다.
누가 이렇게 만들고 있는가?
하늘과 땅이다!
하늘과 땅도 이렇게 오래갈 수 없거늘, 하물며 사람에서랴!
그러므로 도를 따라 섬기는 자는 알아야 할 것이다.
도를 구하는 자는 도와 같아지고
얻음을 구하는 자는 얻음과 같아지고
잃음을 구하는 자는 잃음과 같아진다.
도와 같아지는 자는 도 또한 그를 즐거이 얻으리.
얻음과 같아지는 자는 얻음 또한 그를 즐거이 얻으리.
잃음과 같아지는 자는 잃음 또한 그를 즐거이 얻으리.
믿음이 부족한 곳에는 반드시 불신이 있게 마련이니.

~차이가 많이 납니다.

希言自然

이거 해설이 구구한데….

　　希 – 바랄 희, 지고의 바람, 드물 희. ~가 있기가 어렵다.

　희언자연希言自然은 "스스로 하는 데는 별말이 없다." 이렇게 번역을 하는 건데 도올은 "말없는 것이야말로 스스로 그러하다." 했군요.

무슨 말일까?

대자연을 말한 것으로 보이네요. 자연은 말을 할 수가 없죠. 여기서는 사람을 들어 하는 말입니다.

도경道經은 사람 사는 얘기입니다.

필자는 희언자연을 "자기가 스스로 좋아서 하는 일에는 별말이 없다."로 번역합니다.

도올은 노자의 도를 '무위자연無爲自然', '스스로 그러함', '무위無爲'로 보는데, 필자는 '스스로 그렇게 하여지도록 하는 유위有爲'로 봅니다.

좋아서 늘 스스로 그렇게 하도록 배움에 자율성을 부여해서 교육의 선진화를 하라. 그것이 노자가 말하는 가르침의 도, 바른 가르침입니다. 희언자연은 "스스로 그렇게 늘 하는 사람은 별로 말을 하지 않는다."라는 뜻입니다.

다음에 전개되는 문장을 전제로 쓴 것입니다.

도올은 "말없는 것이야말로 스스로 그렇다."고 했는데, 뭔 말인지?

필자는 30년쯤 산에 다니고 있는데 산이 어쩌고 하는 말은 별로 하지 않습니다.

새내기들이 어디어디 무슨 산을 갔다 왔는데 어쩌고 하면서 야단들이지요.

사람은 뭔가가 하고 싶지 않을 때에 뭐가 어째서 어쩌고저쩌고 변명하는 말이 많아지는 것입니다.

다음 문장을 보십시오.

故飄風不終朝 驟雨不終日 孰爲此者天之 天地尙不能久而況
於 人乎

세차게 불던 바람이 아침나절에 딱 그칠 수 없고, 억수로 퍼붓던 장대비는 갑자기 뚝 그칠 수가 없다.

바람이나 비가 뚝 그쳤으면 좋겠는데 바람이라는 게 서서히 자지러드는 것이고, 비도 가랑비로 내리다가 서서히 날씨가 개는 것이다.

누가 하는데 그러냐? 천지다.

천지가 하는데도 그런데 하물며 사람은 더욱 그렇지 않겠는가! 습관으로 길들이는 데 많은 시간과 노력이 따르게 된다고 하는 말입니다.

숙위치자孰爲此者 천지天地

비바람 불고 갰다 흐렸다 하는 것은 대체 누가 하는데, 그 모양으로 단박에 뚝 그치게 하지 못하는가? 천지가 한다. 천지가 하는데도 못한다는 겁니다.

천지도 그러하거늘, 하물며 사람이라는 것은 더욱 힘들고 어려운 게 당연하다는 말씀이죠.

뭐가 그렇게 어렵고 힘든가?

고故 다음에 이어지는 문장이 본말입니다.

지금까지의 문장은 다음 문장을 전제로 한 서술로 크게 논쟁거리가 못 됩니다.

고종사어도자　도자동어도　덕자동어덕　실자동어실
故從事於道者 道者同於道 德者同於德 失者同於失

도인이 되고 싶으면 도인이 하는 것을 따라서 똑같이 하면 되는 것이고, 덕망 있는 사람이 되고 싶으면 덕을 베풀고, 망하고 싶으면 망하는 놈 하는 짓을 따라 하면 된다는 것인데, 그 모두가 생각처럼 쉽지 않다는 것이죠.

많은 시간을 공들여 습관으로 길들여져야 한다는 말입니다.

맞는 말이죠. 덕망은 타고나는 것이 아니라 부단한 노력과 실천으로 길들여진 것입니다. 매사 무슨 일이든 간에 어느 날 갑자기 되는 것이 아니죠. 잘하려면 그만한 노력과 그만큼의 시간이 걸리는 겁니다.

실지로 하는 것 하고, 할 줄 아는 것하고의 차이는 엄청나게 다릅니다.

요즘 70대 후반은 핸드폰 문자편지 못하는 사람 부지기수입니다. 할 줄은 다들 알죠. 알면서도 안 하니까 결국 못하지요.

문자편지라는 게 간단해 보이지만 20글자 내외로 명료하게 의사전달하기가 쉬운 게 아닙니다. 해 보면 생각대로 잘 안 되거든요.

배우고 연습을 좀 해야 합니다. 배워서 연습을 좀 하면 요긴하게 쓸 줄 알면서도, 안 하니 못하면서 말들이 많죠. 눈이 어둡고 귀찮고 뭐 별로 쓸데가 없다고 합니다. 연습하기 싫어서 하는 소리입니다.

문자편지야말로 나이 든 사람들에게 꼭 필요한 의사소통 수단입니다. 의사 전달하기가 편해요. 부딪치지 않고 서로 편하고 좀 좋아요. 용돈 좀 달라기도 수월하고….

도는 스스로 그렇게 되어지도록 하는 자비의 실현이니 유위이고, 그냥 주니 받게 되는 것일 뿐 대가를 받으려고 주는 것이 아닌 것이니 무위입니다. 그게 확실한 도의 개념입니다.

주고받는 행위의 바른 길 바른 방법이 도입니다.

인간 됨의 최고의 높은 경지가 도이고, 최상의 아름다움이 도입니다. 삶의 청정한 수단을 바로 도라고 하는 겁니다.

덕이란 베풀어서 받는 복을 말하는 것입니다.

물物은 물질적인 문제입니다. 도하고는 의미가 다르죠. 쓰임새로, 쓰는 데 있어서의 마음가짐을 덕으로 표현하는 것입니다.

덕은 주고받는 행위의 넉넉한 아름다움을 말하는 것이에요. 돈을 버는 것은 쓰려고 버는 것인데, 쓰는 마음이 풍성하고 곱게 쓰며 사는 것을 덕망 있다고 하는 것입니다.

덕망은 많이 가지고도 소박한 생활을 하면서 쓰임새가 고마운 마음이 저절로 우러나서 언젠가 무엇으로든지 꼭 보답하겠다는 마음이 새겨지도록 쓰는 것을 말합니다.

흔히들 "나는 인덕이 없다."고 하는데, 욕심 많고 인색한 사람이 그럽니다. 어쩌다 좀 쓰고는 생색을 크게 내거든요.

공은 생색으로 다 없어졌는데 뭘 또 바랍니까?

이 대목에서 얘기 하나 하고 쉬어 갑니다.

기자불립 企者不立

필자가 역술원을 하고 있을 때의 일인데 한 15년쯤 지났나요.

그저 그런 사장님이 형님형님 하며 들락거렸는데, 하고 사는 짓이 도무지 예쁘질 않은 거라. 매사에 까치발로 서서 고단하게 사는 사람입니다. 부풀려서 큼지막하게 보이려고 안간힘을 쓰면서 아등바등 사는 사람인데 안쓰럽고 딱해서 복 짓는 얘기로 '기자불립企者不立'을 말해 주는데도 통 알아먹질 못하는 거라.

  내 얘기가…. 나는 발레인가 뭔가 하는 서양 춤이 도무지 예쁘질 않아! 아 글쎄, 춤이라는 것은 신바람이 나서 저절로 흔드는 거지. 그것이 춤 아닌가?

  춤이라는 건 힘이 있어야 돼요. 그래야 저절로 흥이 나는 거지…. 발꿈치를 땅에 대고 사뿐히 밟아 사위를 내고 그 춤사위가 흥을 돋워설랑 허리에 힘을 실어서 흔들거리다가 댓바람에 무아지경으로 해 대는 것을 춘다는 것이고 그걸 춤이라는 거야! 까치발로 서서 깡뚱질하는 게 춤이야? 서커스지!

  까치발로 서서 제깐 것들이 얼마나 추어 대고 버티나? 석고 같은 얼굴이 도무지 신바람 나서 하는 짓 같지도 않고 말이야. 사람 사는 것도 재미로 사는 거요. 이것저것 세상일 다 알고 살려고 할 것 없는 거야. 그 바닥에서 통하는 상식 하나면 족한 거라고.

  상식 그것 하나 움켜쥐고 그 바닥 신호등 지키면서 액면가 그대로 그냥 열심히 살면 탈 없어요. 그걸 안 하니까 탈이 생기는 거지!

  제 인생 제가 사는데 왜들 극성 맞고 고달프게 까치발로 서서 살면서 고생들을 하는지 원! 액면가대로만 살면 별 탈이 없는데 말이야….

  기자불립, 요걸 덕담으로 했는데 통 알아먹지 못하는 거라. 거참! 쑤셔 넣어 줄 수도 없고 참 딱한 노릇이죠.

  얼마 지나서, 녀석이 드디어 사고를 내는데 고약한 짓을 만들었어요. 그녀석 선배랑, 누구를 위한 술자리인지는 모르겠으나 돈 백이나 나가는 자리인데, 도무지 거북해서…. 떠밀려서 오긴 왔는데 도무지 내가 있을 자리가 아닌 거라. 땅속으로 쑥 꺼져 버렸으면 좋겠는 거 그런 거 있지요?!

내 취향이 감자튀김에 생맥주 오백 두세 잔이면 아주 족해하는 걸 뻔히 아는 녀석이 생색을 내며 푼수를 떤 거란 말씀이야!

술이든 음식이든 나이 차이가 많으면 같이 안 하는 것이 좋아요. 봉투에 조금 넣어 슬며시 손에 쥐여 주면 두고두고 고맙다는 생각이 나 들 것을….

여하간 개운치 않은 술을 먹기는 먹었는데 소문이 돌기를 2백만 원 술대접을 내게 했다는 거라. 참! 어이가 없어서…. 이 늙은이가 뭣 한다고 그렇게 퍼먹어?

말이야 바로 하자면, 제 놈 처먹고 제 놈 선배 먹고, 나도 끼어서 셋이서 먹었으니 30만 원쯤 먹은 셈인데, 녀석이 장사 한번 기차게 잘하는 거라. 돈 백쯤 쓰고 6백을 생색내는 게 아닙니까?

나를 아는 사람들한테 2백, 제 녀석 선배 아는 사람한테 2백, 제 놈 친구에게 2백, 도합 6백만 원이죠? 지 처먹은 본전 흠뻑 빼먹고도 4백 남은 거니 장사 한번 썩 잘한 거잖아요. 세상에 이렇게 신바람 나고도 푹신 남는 장사 어디 있어요?

요것을 기자불립이라 하는 거죠. 사람은 끈으로 사는 건데 끈 떨어지면 비참해집니다. 이 사람 지금 비참하게 삽니다.

덕은 늘 쌓아 가며 살고 복은 늘 지어 먹어야 하는 것이지 통째로 다 잡수시면 반드시 탈이 나게 마련입니다. 그게 인간관계의 보험이에요.

~다시 문장으로 갑니다.

<small>동어도자　도역락득지　동어덕자　덕역락득지　동어실자　실역</small>
同於道者 道亦樂得之 同於德者 德亦樂得之 同於失者 失亦
<small>락 득 지</small>
樂得之

"도와 같아지려는 사람은 도 역시 기꺼이 받아 주고, 덕과 같아지려는 사람은 덕 역시 즐겁게 받아 주고, 실패하고 싶은 사람은 실패 역시 고맙게 여기며 받아 준다."

끊임없이 노력하여 습관이 되도록 하라는 말로 "하늘은 스스로 하는 자를 돕는다."는 말과 좀 비슷한 말이지요.

<small>신 부 족 언　유 불 신 언</small>
信不足焉 有不信焉

"네가 믿지 않으면 그도 역시 너를 믿지 않는다."

내 말을 명심하고 꼭 그렇게 하라는 당부를 멋지게 돌려서 말한 것입니다.

제 24 장

<ruby>企者不立<rt>기자불립</rt></ruby> <ruby>跨者不行<rt>과자불행</rt></ruby> <ruby>自見者不明<rt>자현자불명</rt></ruby> <ruby>自是者不彰<rt>자시자불창</rt></ruby> <ruby>自伐者無功<rt>자벌자무공</rt></ruby> <ruby>自矜者不長<rt>자긍자부장</rt></ruby> <ruby>其在道也<rt>기재도야</rt></ruby> <ruby>曰餘食贅行<rt>왈여식췌행</rt></ruby> <ruby>物或惡之<rt>물혹오지</rt></ruby> <ruby>故有道者不處<rt>고유도자불처</rt></ruby>

까치발을 하고는 오래 서 있을 수 없고,
가랑이 벌려서 걸으면 오래 걸을 수가 없다.
잘난 체하면 도리어 손가락질 받고,
저만 옳다고 우기면 못난이 취급을 받는다.
폼 잡고 설쳐 대면 오히려 공을 이루지 못하고,
스스로 최고라 여기면 으뜸이 될 수 없다.
도인들은 이런 것을 말하여 먹고 버린 껍데기요,
해서는 안 되는 아주 지저분한 짓이라고 말한다.
세상 모두가 어떠한 경우에도 이런 것을 추하게 여긴다.
그래서 도인은 어떠한 경우에도 이러한 짓은 절대로 하지 않는다.

필자는 이 문장이 좋아요.

도올 번역

발꿈치를 들고 서 있는 자는 오래 서 있을 수 없고,
가랑이를 벌리고 걷는 자는 오래 걸을 수 없다.
스스로 드러내는 자는 밝지 아니하고,

스스로 옳다 하는 자는 빛나지 아니하고,
스스로 뽐내는 자는 공이 없고,
스스로 자만하는 자는 으뜸이 될 수 없다.
이것들은 도에 있어서는
찌꺼기 음식이요 군더더기 행동이라 한다.
만물은 이런 것을 혐오한다.
그러므로 도를 체득한 자는 처하지 아니하리니.

企者不立 跨者不行
<small>기자불립 과자불행</small>

"까치발로는 오래 서 있을 수 없고 가랑이를 벌리고는 오래 걸을 수 없다."

企 - 꾀할 기, 멀리 바라볼 기, 발돋움할 기
跨 - 뽐낼 과, 과시할 과
企者不立 - 뒤꿈치를 들고 서면 오래 서 있을 수가 없다.
跨者不行 - 가랑이를 벌리고는 오래 걸을 수가 없다.

팔자걸음, 옛날 양반님네 걸음걸이를 말하는 겁니다. 가랑이를 벌리고 몸을 뒤로 떡 젖히고 장죽을 쥐고 팔을 휘적휘적 도포자락을 날리며 폼 잡는 걸음이죠.

걸음에도 여러 가지가 있습니다.

지체 높은 분을 모시고 다니는 놈은 사뿐걸음으로 걷고, 쌍것들은 고개를 숙이고 참새처럼 종종걸음을 치죠.

각기 신분에 따라 걷는 것까지 달랐으니 고약한 세상이었던 거죠.

팔자걸음 아무나 못하지요. 그러면 경을 친다구. 양반걸음으로 오래 걸을 수가 없죠. 가랑이 벌리고 먼 길을 갈 수 있습니까? 팔자걸음으로는 자기 마당가나 걷는 거지 허풍떨고 과시하는 놈은 오래 못 간다는 말입니다. 왜냐하면 끈이 떨어지니까요.

사람은 연줄연줄 끈으로 사는 것입니다. 시방 전철역 노숙자들 끈 떨어져서 그런 거예요. 일가친척 친구 다들 있다고요. 한국사람 인심 하나는 참 좋아요. 웬만하면 먹여 주고 재워 줍니다. 끈을 잘라 먹어서 그렇게 된 겁니다. 끈이 바로 삶의 생명줄이 아닙니까.

취자불립炊者不立이란 말도 있습니다.

아궁이에 불 땔 때 불꽃은 타는 나무에서 좀 떠서 타지 않습니까?

허풍 떠는 놈은 땅에 발붙이고 사는 놈이 아니다. 허풍쟁이 말발이 센 녀석을 말하는 것이죠.

自見者不明 自是者不彰 自伐者無功 自矜者不長
자현자불명 자시자불창 자벌자무공 자긍자부장

自 - 여기서는 '억지로 한다'로 번역. 뒤에 오는 글자에 따라 번역을 달리합니다. '스스로 한다'고 번역하면 안 됩니다.
明 - 알아준다.
彰 - 빛 창
功 - 공명
長 - 으뜸

"억지로 유명해지고 존경받는 사람으로 군림하려 들면 절대로 되지 않는다. 존경받고 유명해지는 것은 내가 결정할 수 있는 성질의 것이 아니고, 세상이 알아서 결정하는 일이다."
꼭 맞는 말씀이죠.

其在道也 曰餘食贅行
기재도야 왈여식췌행

贅 - 군더더기 췌. 없어야 되는 너저분한 것. 쓰레기

"그 따위 짓은 도인의 입장에서 말하기를 먹다 버린 음식찌꺼기, 절대로 먹어서는 안 되는 쓰레기 음식 취급한다."

物或惡之 故有道者不處
물혹오지 고유도자불처

"세상사람 모두가 어떠한 경우에도 추하게 여긴다. 따라서 도인은 절대로 이런 추한 짓을 하지 않는다."
남이 모르더라도 추한 짓을 하면 추한 사람입니다.
~참 좋은 문장입니다.

제 25 장

<small>유물혼성　　　선천지생　　　적혜요혜　　　독립불개　　　주행이불태</small>
有物混成　先天地生　寂兮寥兮　獨立不改　周行而不殆

<small>가이위천하모　　　오부지기명　　　자지왈도　　　강위지명왈대</small>
可以爲天下母　吾不知其名　字之曰道　强爲之名曰大

<small>대왈서　서왈원　원왈반　고도대　천대　지대　왕역대　역</small>
大曰逝　逝曰遠　遠曰反　故道大　天大　地大　王亦大　域

<small>중유사대　이왕거기일언　인법지　지법천　천법도　도법</small>
中有四大　而王居其一焉　人法地　地法天　天法道　道法

<small>자연</small>
自然

혼돈스러운 것이 천지보다 먼저 있었다.
고요하고 쓸쓸하도다!
그래도 함부로 변하지 않고,
마구 싸돌아다니는데도 위태롭지 않으니,
천하의 어미라고 할 만도 하구나!
나는 그 이름을 알지는 못하지만 글자로는 도라고 하는데,
믿기지 않겠지만 말하기를 大(크다)라고 한다.
다 크면 모름지기 죽게 마련이고,
죽은 것은 멀어지고,
멀어지면 다시 반대로 가까워진다.
본래 도는 크고, 하늘도 크고, 땅도 크고, 왕 또한 역시 크다.
세상에는 네 가지 큰 게 있는데 임금이 그중의 하나다.
사람은 땅을 본받고, 땅은 하늘을 본받고, 하늘은 도를 본받는데,
도는 자연을 본받아 꾸밈이 없다.

도올 번역
혼돈되이 이루어진 것이 있었으니 천지보다도 앞서 생겼다.
적막하여라!
쓸쓸하도다!
외로이 서 있건만 함부로 변하지 않는다.
가지 않는 데가 없건만 위태롭지 아니하니 천하의 어미를 삼을 만하네.
나는 그 이름 알 길 없어, 그것을 글자로 나타내어 도라 하고
억지로 그것을 이름 지어 크다고 말하지.
큰 것은 가게 마련이고,
가는 것은 멀어지게 마련이고,
멀어지는 것은 되돌아오게 마련이네.
그러므로 도는 크고, 하늘은 크고, 땅은 크고, 왕 또한 크도다.
너른 세계 속에 이 넷의 큼이 있으니 왕이 그중의 하나로다.
사람은 땅을 본받고, 땅은 하늘을 본받고, 하늘은 도를 본받는데,
도는 스스로 그러함을 본받을 뿐이지!

~해석이 많이 다르네요.
 말재간을 부려 도를 설명한 문장인데 좀 엉성한 얘기입니다.
 도는 스스로 그러한 것이라는 말인 것 같은데, 여기서는 우주질서를 도로 본 것이고, 인간이 추구하는 도와는 개념이 서로 사뭇 다릅니다. 기억해 두셔야 합니다.
 인간이 추구하는 깨달음의 도는 '아뇩다라삼먁삼보리'입니다.
  선인仙人이죠. 도인의 입장에서 베풀고 마음 씀이 '스스로 그러하다'는 것이죠. 무던히 애쓰면서 자신의 이익을 바라지 않는다, 즉 자비심입니다. 그게 진짜로 도인 성품이라 하는 것이고, 흔히 우리네

사람들의 도는 수단의 바른길, 바른 방법을 말하는 것입니다.
   지금 이런 부류의 문장들은 자연의 섭리를 도와 혼돈해서 쓰니까 혼란스러워지고, 도라는 개념이 어벙벙해지는 것입니다. 도가 뭔지 뭘 잘 모르고 써 놓은 것으로 보여집니다.
   글은 딱 부러지게 써야 되겠지요. 번역도 두루뭉술하게 얼버무려서 넘기지 말고 자신이 서지 않으면 아예 쓰지 말아야지요. 그것이 배움의 도입니다.

有物混成 先天地生
유물혼성 선천지생

『역경』에서 말하는 천지의 시작(카오스) 과정을 인용한 것으로 보입니다. 처음에 뭐가 있긴 있었는데 혼돈스러웠다. 그것을 혼성混成(카오스)이라고 한다. 그 혼돈스러운 것이 천지를 만든 것이다.
   이것은 가설입니다. 그랬을 것 같다고 하는 정도죠.
   천지가 만들어진 것은 아직도 천체학자들이 연구 중입니다. 아직 밝혀 내지 못하고 있어요. 입자물리학에서는 암흑물질이 밝혀져야 가능하다고 합니다.
   이론물리학에서는 우주를 받쳐 주는 또 다른 우주가 존재하는 것인데, 그것을 과학적으로 밝혀내기가 어렵다 합니다.
   문장에서는 아직 음양이 생기기 전 무극無極운동입니다.
   무극이 태극을 만들어 내고, 태극이 음양을, 음양이 오행을 만들고, 오행이 만물을 만들었다는 것이 『주역』에 설정된 이론인데, 맞는 말이 아니에요. 구분 지을 수도 없고 그냥 가설이지.

무극이든 태극이든 황극皇極이든 간에 그 운동 자체가 오행이에요. 오행이 이기理氣고, 이理와 기氣는 서로 붙은 한 몸통으로 운행運行입니다.

기氣는 물질이 아니고 그냥 운동성질입니다.

이 운동이 물物을 만들어 내는 것이고, 물질 그 자체도 끊임없는 운동으로 존재하는 것입니다. 그럴싸한 주역 이론을 여기에 써먹은 것 같습니다.

왕필의 주석을 봅시다.

混然不可得而知 而萬物由之以成
_{혼연불가득이지 이만물유지이성}

어지럽게 섞여 있어 그것을 도무지 규정할 길이 없다. 그럼에도 불구하고 만물이 그로 말미암아 생성되고 있는 것이다. 그래서 '혼성'이라는 표현을 쓴 것이다.

이거 잘못입니다. 그냥 혼성일 것이다, 하는 생각일 뿐이에요. 거기에는 더욱 섬세한 질서가 지어져 있는 것이죠. 인간의 혼성과는 다른 것입니다.

진흙탕 물속에도 엄연한 질서가 있는 것입니다. 질서가 없이는 물物이 생겨날 수도 존재할 수도 없어요. 우주 그 자체가 하나의 질서입니다. 따라서 카오스는 인간의 막연한 가상일 뿐 실제로는 있을 수 없습니다.

난자와 정자가 합해서 수태되는 것에도 더욱 섬세한 섭리의 정연한 질서가 있는 것이지 혼돈에서는 수태할 수가 없는 것 아닙니까?

寂兮寥兮 獨立不改
<small>적혜요혜 독립불개</small>

그때, 처음 시작할 때 고요하고 적막했을 것이라는 거죠.
아직 그 어느 것도 생기기 전이니까 고요할 것이다.
상상이지 사실은 아닙니다.
혼자지만 불개不改, 함부로 고치지 않는다.
혼자지만 스스로 어떤 질서를 따른다는 말입니다.
자기 혼자일 뿐이지만 제멋대로 함부로 하지 않는다는 말이죠.
세상에는 어떤 경우에도 혼자서는 존재할 수 없습니다. 존재 배면의 존재가 있어야 비로소 존재가 있을 수가 있는 것입니다.

왕필의 주석을 보면…,

> 寂寥無形體也 無物之匹 故曰獨立也 返化終始 不失其常 故曰不改也
> <small>적요무형체야 무물지필 고왈독립야 반화종시 부실기상 고왈불개야</small>
>
> '적막'하다니 '쓸쓸하다'니 하는 표현들은 모두 형체가 없는 상태를 나타낸 것이다. 그리고 이러한 道적 세계에는 짝지을 만한 구체적 물상이 있을 수 없다. 그래서 '외로이 서 있다'[獨立]라고 말한 것이다. 그리고 이것은 시작과 끝을 끊임없이 반복하면서 변화하지만 그 항상됨을 잃지 않는다. 그러므로 '함부로 변하지 않는다'[不改]라고 말한 것이다.

라고 해 놓았는데, 필자는 문장이 그런 말 같지가 않아요.
고요하고 쓸쓸하다는 것은 인간의 생각이지, 빗방울 하나 생겨 내리는데도 엄청난 구름의 소용돌이에서 생겨나거늘, 하물며 천지가 만들어지는 과정이 고요하고 적막하겠습니까? 물物은 기氣운동 에너지의 축적이거든요.

지구 6백억 톤의 천만 배나 되는 중력은 자전이 초속 16㎞, 공전이 초속 32㎞의 운동에서 일어나는 에너지인데 조용하겠습니까?

인간이 못 듣는 것이지요.

독립불개獨立不改라는 말은 세세한 섭리의 질서가 촘촘히 존재한다는 말입니다. 필자는 그 질서를 바로 혼성混成이라고 보고 있는 것이죠.

周行而不殆 可而爲天下母
<small>주행이불태 가이위천하모</small>

"마구 싸돌아다니는데 전혀 위험하지 않다. 혼자 싸돌아다니지만 질서 있게 다니니 천지의 어미라고 할 수 있다."

그냥 그렇게 생각을 할 뿐이지 사실이 아니에요. 상상입니다.

세상이 없이 단 혼자뿐이라면 싸돌아다닐 수가 없죠. 싸돌아다닐 데가 있다는 것은 혼자가 아니죠.

자기 외에 또 다른 존재, 돌아다닐 수 있는 존재와 함께 있는 것이 아닙니까?

吾不知其名 字之曰道
<small>오부지기명 자지왈도</small>

"나는 그 이름을 모르겠는데 글자로 말하자면 도라고 한다."

도의 개념을 잘못 보고 있는 것입니다. 자연의 본질을 도라고 한 것입니다.

물이 낮은 곳으로 흐르는 것이 물의 도입니까? 그것은 물의 본질입니다. 생명이 없는 것의 성질을 본질이라고 합니다.

_{강 위 지 명 왈 대}
强爲之名曰大

"곧이듣지 않을는지 모르지만, 그 이름 도는 아주 큰 것이다."

  强 - 우긴다, 억지를 쓴다.

잘못입니다. 엉성한 얘기를 억지 부려 폼 내려고 한 것입니다 이를테면 좀 아는 체하고 싶어서죠.

_{대 왈 서　서 왈 원　원 왈 반　고 도 대　천 대　지 대　왕 역 대}
大曰逝 逝曰遠 遠曰反 故道大 天大 地大 王亦大

"다 큰 것은 모름지기 죽게 마련이고, 죽은 것은 멀어지게 마련인데, 멀어지면 또다시 가까워지는 것 아닌가?"
자연의 순환을 말한 것이죠.
"본래 도는 크고, 하늘도 크고, 땅도 크고, 임금도 역시 크다."

역중유사대   이왕거기일언
域中有四大 而王居其一焉

"세상에는 네 가지 큰 것이 있는데 임금도 그중의 하나로 친다."
대단하신 임금도 죽고, 죽으면 또 새로운 임금이 생긴다는 거겠죠.

인법지   지법천   천법도   도법자연
人法地 地法天 天法道 道法自然

"사람은 땅을 본받고, 땅은 하늘을 본받고, 하늘은 도를 본받는 것이고, 도는 자연을 본받아 꾸밈이 없다."

  法 – 본받다, 지키다.

도법자연道法自然, "도는 자연을 본받아 꾸밈이 없다"로 번역해야 합니다.
왕필과 도올이 이 문장을 "도는 스스로 그러함을 본받을 뿐이다."라고 했는데 문장을 잘못 본 것 같아요.
도는 자연을 본받는다는 문장입니다. 자연은 그냥 자연의 본성일 뿐이지 자연에 이성理性이 있습니까?
본질을 도라고 혼동하면 안 되죠. 물이 흐르고 비바람이 불고 나무가 자라고 꽃이 피고 하는 것은 그들의 본성일 뿐 도가 아니에요. 악어가 수면 위에 눈만 내놓고 죽은 듯이 있는 것은 오로지 먹이사냥을 하기 위한 본능이지 도가 아닌 것입니다.

사람이 땅을 본받습니까?

땅이 하늘을 본받습니까?

땅이니 하늘이니 하는 개념 자체가 추상적인 것이지요.

대체 뭘 들어서 하늘이라 하고, 뭘 들어서 땅이라 하느냐 말입니다. 본받다니…? 사람이 땅의 무엇을 본받아요!

땅을 오염시키고 파헤치고 온통 몸살을 내는 판인데 땅을 본받다니? 땅이 하늘의 뭘 본받는데요?

말장난한 것을 가지고 왕필이 가니까 생각 없이 넘어가서 널널하게 말장난처럼 "도는 스스로 그러함"이라는 거지요.

도법자연, 도는 자연을 본받는다.

자연의 무엇을 본받는 것일까?

꾸밈이 없음을 본받는다고 명시해 놔야지요.

그래야 도를 '무위자연'으로, 道는 '스스로 그러함'이라는 말이 안 나오지요. 도는 어떤 상황에서도 수단의 바른길, 바른 방법을 말하는 것입니다. 인간들의 삶의 관계에서만 있는 말입니다.

성인도 도인도 예수도 석존도 인간들 세계에서만 위대한 분입니다. 종교도 교육도 인간에게만 필요한 것 아닙니까?

함께 더불어 살아가는 인간들 관계에서 바른 방법을 규정하는 잣대[尺]로 도가 필요한 것이에요. 스스로 그러한 것은 속성이라고 하는 것입니다.

왕필이 줄줄이 주석을 달아 놨는데 필자가 보기에는 민망할 정도입니다. 아니면 따르지 말고 모르면 가만히 있는 게 더 낫습니다.

도올 선생이 왕필을 바싹 따라간 것으로 보이네요.

제 26 장

<ruby>重<rt>중</rt></ruby><ruby>爲<rt>위</rt></ruby><ruby>輕<rt>경</rt></ruby><ruby>根<rt>근</rt></ruby> <ruby>靜<rt>정</rt></ruby><ruby>爲<rt>위</rt></ruby><ruby>躁<rt>조</rt></ruby><ruby>君<rt>군</rt></ruby> <ruby>是<rt>시</rt></ruby><ruby>以<rt>이</rt></ruby><ruby>聖<rt>성</rt></ruby><ruby>人<rt>인</rt></ruby><ruby>終<rt>종</rt></ruby><ruby>日<rt>일</rt></ruby><ruby>行<rt>행</rt></ruby> <ruby>不<rt>불</rt></ruby><ruby>離<rt>리</rt></ruby><ruby>輜<rt>치</rt></ruby><ruby>重<rt>중</rt></ruby> <ruby>雖<rt>수</rt></ruby><ruby>有<rt>유</rt></ruby>
<ruby>榮<rt>영</rt></ruby><ruby>觀<rt>관</rt></ruby> <ruby>燕<rt>연</rt></ruby><ruby>處<rt>처</rt></ruby><ruby>超<rt>초</rt></ruby><ruby>然<rt>연</rt></ruby> <ruby>奈<rt>내</rt></ruby><ruby>何<rt>하</rt></ruby><ruby>萬<rt>만</rt></ruby><ruby>乘<rt>승</rt></ruby><ruby>之<rt>지</rt></ruby><ruby>主<rt>주</rt></ruby> <ruby>而<rt>이</rt></ruby><ruby>以<rt>이</rt></ruby><ruby>身<rt>신</rt></ruby><ruby>輕<rt>경</rt></ruby><ruby>天<rt>천</rt></ruby><ruby>下<rt>하</rt></ruby> <ruby>輕<rt>경</rt></ruby><ruby>則<rt>즉</rt></ruby><ruby>失<rt>실</rt></ruby>
<ruby>本<rt>본</rt></ruby> <ruby>躁<rt>조</rt></ruby><ruby>則<rt>즉</rt></ruby><ruby>失<rt>실</rt></ruby><ruby>君<rt>군</rt></ruby>

무거운 것은 가벼운 것의 뿌리이고,
고요한 것은 시끄러운 것의 머리이다.
성인(치자)은 종일토록 무거운 것을 멀리하지 아니하고,
비록 영화스럽더라도 그저 초연할 뿐이다.
만승萬乘 수레의 천하 주인으로 어찌 가볍게 몸을 굽히겠는가?
가벼이 하면 그 뿌리를 잃고 시끄러우면 그 머리를 잃게 된다.

도올 번역
무거운 것은 가벼운 것의 뿌리가 되고,
안정한 것은 조급한 것의 머리가 된다.
그러하므로
성인은 종일 걸어 다녀도 무거운 짐을 내려놓지 않고,
비록 영화로운 모습 속에 살더라도
한가로이 처하며 마음을 두지 않는다.
어찌 일만 수레의 주인으로서
하늘 아래 그 몸을 가벼이 굽힐 수 있으리오?
가벼이 하면 그 뿌리를 잃고, 조급히 하면 그 머리를 잃는다.

重爲輕根 靜爲躁君
_{중위경근 정위조군}

躁 - 시끄럽고 떠들썩하다.

여기서 '무겁다'는 말은 중병이 들었다, 사건이 중대하다, 골머리 아픈 것을 말합니다.
가벼운 것은 좋은 것을 말하는 것이고.
조용한 것은 시끌벅적한 것의 대장, 즉 머리가 된다.
우선순위를 따져 본 것입니다. 본래 조용했던 것이 시끌벅적해지는 것이니까.

是以聖人終日行
_{시이성인종일행}

"본래 성인은 하루 종일 하는 데 있어서."
성인이 뭔지도 모르고 쓴 문장입니다.
다음 문장을 보면 성인이 아니고, 치자의 행위거든요.
모르는 사람이 써 놓은 거라 내용 자체도 아주 빈곤합니다.

不離輜重 雖有榮觀 燕處超然
_{불리치중 수유영관 연처초연}

"일신에 영화가 있더라도 무거운 것을 멀리하지 않고, 영달을 하더라도 그냥 초연하다."

부귀공명을 얻었어도 과시하지 않고 근신하며 초연할 뿐이라는 말입니다.

<small>내 하 만 승 지 주　　이 이 신 경 천 하　　경 즉 실 본　　조 즉 실 군</small>
奈何萬乘之主 而以身輕天下 輕則失本 躁則失君

만승萬乘, 만 마리가 끄는 수레의 주인으로서 천하의 주인이면 군주겠지요?
"천하의 주인인 만승 부자富者가 어찌 가볍게 몸을 굽힐 수 있겠는가? 가볍게 처신하면 바탕을 잃고, 시끌벅적대면 그 머리를 잃는다."
군주의 자리인 듯싶은데 그 자리를 잃게 된다는 말입니다.
성인하고는 거리가 멀지 않습니까?
~쉬어 갑니다.

족제비 엄마 이야기

머슴을 들여서 며느리에게 씨를 받게 하여 대를 이어 간 장한 시어머니 얘기인데, 실지로 내 시골 이웃 동네에 있었던 기가 막히는 이야기입니다.
족제비는 자라다가 멈춰 버린 어른이에요. 마음까지 딱 멈춰서 순진한 아이 그대로 굳어 버린 어른입니다.
나이는 삼십이 훨씬 넘었죠.
그 생김새가 족제비가 새를 잡으려고 가만히 서 있는 말뚝 족제비처럼 생겼다고 해서 애도 어른도 그냥 족젭아! 족젭아! 하고 불렀는데요, 참말로 딱 들어맞는 별명입니다.

언제나 조그만 막대기를 들고 촐랑촐랑 다니는데, 내게는 가장 잘해 주던 어른이고 사실은 내 친한 동무였어요.

성장이 멈춰서 작을 뿐이지 여느 난쟁이와는 생김새가 다릅니다. 밉게 생기질 않았어요. 순진하고 착한 사람을 바보라고들 하는데 바보 중에서도 더한 바보가 내 동무 족제비입니다. 길가에 밤이 떨어져 있으면 주워서 그 집에 꼭 가져다주고 가는 사람이에요. 길에 떨어진 물건이라도 있을라 치면 시시한 것이라도 꼭 주인을 찾아서 주는 사람입니다.

말이라고는 고작 "응, 어메에~" 몇 마디 할 뿐인 좀 모자라기는 하지만 진실과 착함으로만 뭉쳐진 꼬맹이 어른이 족제비입니다. 말을 못하고 듣기만 해요.

No면 고개를 가로젓고, Yes면 "응" 하고 끄덕입니다.

개구리나 뱀을 보아도 "에메에!" 하고 놀라 물러서고, 지렁이 한 마리 주검에도 슬퍼서 글썽거리던, 나와 함께 놀아 주던 사람입니다.

잔칫집에서도 남의 음식은 절대로 안 받아 먹고 주머니에 늘 볶은 콩을 넣고 다녔습니다. 내게 나누어 주곤 했죠.

어느 해 겨울 내가 겨울 내내 염병을 앓다가 봄이 돼서야 겨우 벗어나서 작대기를 짚고 양지쪽에 쪼그리고 앉아 있는 것을 족제비가 지나다가 보고 친구가 되어 준 것입니다. 삐쩍 마른 나뭇등걸 같은 몰골에 머리까지 듬성듬성 빠진 처참한 꼴을 한 나에게는 전염병이라 아무도 놀아 주지 않는다는 것을 알고 나를 불쌍하게 여긴 거죠.

"나 하고 놀면 너도 아파. 저리 가아!"

고개를 가로저었습니다.
"아파 봤어?"
"응!"

끄덕이며 손가락 한 개를 펴 보입니다. 한 번 앓아 봤다는 겁니다. 한번 앓아 본 사람은 다시 안 걸린다고는 하지만 그래도 꺼림칙해서 모두 멀리들 하는 마당에 참 고마웠습니다.

그 뒤에 매일같이 눈만 뜨면 와서 챙겨 주고 놀아 주고, 내게는 참말로 고마웠던 속사연이 많은 사람이지요. 평생에 가장 진실하고 착했던 사람으로 여겨집니다. 전혀 꾸밈을 모르니까요.

"응" 하고 약속을 하면 장대비가 억수로 쏟아져도 틀림없이 약속을 지키는 내 동무 족제비입니다.

고개를 두 개나 넘고도 한참 가서 산모롱이 외딴집이 그의 집이었는데, 나는 듣기만 했지 그때까지는 가 보질 못했습니다.

워낙 병치레를 많이 하고 큰데다가 나한테는 너무 멀었거든요. 호젓한 길이라서 좀 무섭기도 하고요. 산골 동네는 모두가 외딴집입니다. 산을 개간해서 먹고사는 시골이니까 그런 것입니다.

여름 내내 같이 놀아 주고 늦은 가을 조금 추울 때, 나도 이제 기운이 좀 돌고 할 무렵인데 족제비 말인즉 애기가 생겨서 애기를 봐야 하니까 이제는 못 온다고 떠듬떠듬 손짓 섞어 아주 좋아라 말하고는 다시 오지 않았습니다.

그 후로 다시는 영영 족제비를 보지 못한 것 같아요. 그냥 잊은 거죠 뭐. 사는 것이 늘 그렇지 않습니까?

여기서부터는 필자가 커서 어머니한테 물어서 들은 이야기입니다.

그때 저는 애기가 어떻게 해서 생기는지 몰랐습니다. 낳고 싶으면 그냥 생기는 줄로만 알았거든요. 그런데 그게 아니더라고요. 그때에 족제비 잠지가 내 잠지나 같았거든요.
　애가 있었다는 것이 이상스러워서 제가 어머니한테 물어 본 것입니다. 제가 40이 넘어서입니다.
　얘기가 거슬러 올라갑니다.

　족제비 엄마가 17살에 시집을 왔는데 홀시어미의 외아들. 고약한 시어머니를 만나 시집살이를 엄청 심하게 했답니다.
　곳간열쇠를 움켜쥐고 농간을 부리는 바람에 굶기를 밥 먹듯 했다 하네요. 먹고사는 데는 별걱정 없는 집이었다는데요.
　일은 많고 허기져서 하늘이 빙빙 도는 중에도 임신은 해설랑 뭐가 먹고 싶어 죽겠고 헛것이 보일 지경인데, 때마침 부엌 큰 독에 족제비가 빠져서 나오려고 덤벙대는 것을 보고 뚜껑을 덮어 버렸대요. 고기가 먹고 싶어 환장을 한 거죠.
　새벽녘까지 덤벙거리는 것을 삶아 먹었는데, 그 업을 받고 태어난 자식이 족제비라고 하는 것입니다. 사실이 아니라 하더라도 업보는 업보지요. 낳은 사람이 철석같이 그렇게 믿고 살아왔으니까요.
　아들을 보며 무슨 생각에 얼마나 애태우며 후회하고 살았을까요? 밑으로 딸 둘은 인물이 곱대요. 아들만 족제비가 된 거라 합니다.
　수태 중에는 부부가 마음가짐을 선하게 하라는 태중교육이 그냥 하는 말이 아니라는 생각이 듭니다. 요즈음 젊은 부부들 이것을 좀 지켜 주면 좋을 텐데…. 제 자식 낳는 것 아닙니까? 공들여 낳으면 좋지요.
　태중교육 참 좋은 것입니다.
　모유 먹여 키우면 건강하고 똑똑해요. 우유 먹여 키우니까 뒤룩뒤

룩 살만 쪄서 미련해 가지고는…. 사람은 먹는 대로 가는 겁니다. 소젖 먹고 컸으니 소 닮는 것이 뻔하지 않습니까?

옛날에는 장가가는 인심은 좋았나 봐요. 재산은 좀 있어서 송아지 두 마리 얹어 주고 며느리를 들였는데요, '그 일'을 당최 모르는 족제비이고 보니 애기가 생겨야 말이지요.

도무지 애기인걸요. 일곱 살배기 내 동무인데 누가 일러 줘서 되는 일도 아니고 얼라가 그런 '고상한' 것을 알 턱이 있나요. 그래저래 속 끓이다가 영감마저 저세상으로 떠나고 세 식구 사는데 며느리가 애처로워 도무지 못 보겠는 거라. 천벌을 받을 일이지 또 이 업보를 어떻게 감당하랴! 후회하고 후회하고 하다가…,

"아가야! 내가 잘못했다. 또 욕심을 부려 천벌 맞을 짓을 한 거야. 용서해 다오! 마땅한 후처자리라도 알아봐 줄 테니, 너 시집가거라. 이게 다 내가 지은 죄다!"

타일러 보건만 며느리는 막무가내로,

"어머님 돌아가시면 저 사람은 어떻게 되는데요? 착한 사람이에요. 구실은 못하지만…."

죽어도 이 집 귀신이 되겠으니 두 번 다시 그런 말씀일랑은 하시지 말라고 엉엉 울더라는 거지요. 이 일 워짜면 좋을까잉?

근심으로 보내다가 드디어 내 엄마와 의논을 해서 작당을 한 것이, 머슴을 들여 며느리 바람내자 한 거래요. 시어머니가 말입니다.

엄마는 작은삼촌하고 머리 맞대고요.

그래서 삼촌이 처갓집 친척 총각을 머슴으로 들였답니다.

물론 세 사람만의 비밀이지요.

세 사람이서 며느리 바람내도록 분위기를 잡아 준 겁니다. 우리 엄마가 한몫 단단히 하신 것 같아요. 능히 그러실 어른인지라.

드디어 족제비 색시가 아들을 낳은 것입니다. 머슴은 떠나고요. 이듬해 또다시 불러들여 수태를 시키고 떠납니다. 둘째아이는 유복자로 태어납니다. 그 머슴은 인민군 끌려가서 죽었답니다. 족제비는 아들 둘을 얻었고요.

할머니가 정성을 다해서 키웠다네요. 고부간에 사이가 그렇게 좋을 수 없었대요. 면내에서 효부孝婦 표상을 세 번이나 받았다고 합니다. 큰아들은 면장을 지냈고, 작은아들은 지금 초등학교 교장을 한답니다.

"어머니! 둘이 줄행랑을 놓으면 워쩌실려 했어요?"

"그리 돼도 나쁜 일은 아니잖니? 처녀총각이 사랑하여 같이 살겠다는데…. 족제비 엄마가 그리 돼도 좋다고 삼촌한테 말했다고 하더라!"

"그 비밀 아무도 모르나요?"

"덕을 많이 쌓으면 흉은 자연히 감춰지게 마련이란다."

저는 더 이상 아무것도 물어 볼 수가 없었습니다. 족제비가 어떻게 됐는지도요. 궁금해하는 나 자신이 너무나 작아 보여서 말입니다.

제 27 장

_{선행무철적} _{선언무하적} _{선수불용주책} _{선폐무관건}
善行無轍迹 善言無瑕謫 善數不用籌策 善閉無關楗
_{이불가개} _{선결무승약이불가해} _{시이성인} _{상선구인}
而不可開 善結無繩約而不可解 是以聖人 常善求人
_{고무기인} _{상선구물} _{고무기물} _{시위습명} _{고선인자} _불
故無棄人 常善救物 故無棄物 是謂襲明 故善人者 不
_{선인지사} _{불선인자} _{선인지자} _{불귀기사} _{불애기자} _수
善人之師 不善人者 善人之資 不貴其師 不愛其資 雖
_{지대미} _{시위요묘}
智大迷 是謂要妙

잘 다니는 사람은 자취를 남기지 아니하고,
말 잘하는 사람은 허물을 남기지 않는다.
셈을 잘하는 사람은 산가지를 쓰지 않고,
잘 잠그는 사람은 빗장을 쓰지 않는데도 도무지 열 수가 없다.
잘 묶는 사람은 끈으로 묶지 않는데도 풀어 볼 수가 없다.
본래 성인은 항상 사람을 구제하는 것을 좋아하므로
사람을 버리지 아니하고
항상 사물을 구제하는 것을 좋아하므로
사물을 버리지 아니한다.
항상 별의별 사람들을 다 구제함을 좋아하여
그들을 버리지 아니한다.
이것을 말하여 밝음에 두텁다고 말한다.
본래가 착한 사람은 어리석은 자의 스승이 되며,
어리석은 자는 착한 사람의 재산이 되는 것이다.

그 스승을 귀하게 여기지 않고
그 재산인 어리석은 사람을 사랑하지 않으면,
비록 지혜롭다 하더라도 크게 길을 잘못 든 것이다.
이것을 반드시 해야 하는 오묘한 이치라 한다.

도올 번역
잘 가는 자는 자취를 남기지 아니하고,
잘하는 말은 흠을 남기지 아니한다.
잘 헤아리는 자는 주산을 쓰지 아니하고,
잘 닫는 자는 빗장을 쓰지 않는데도 열 수가 없다.
잘 맺는 자는 끈으로 매지 않는데도 풀 수가 없다.
그러하므로 성인은
늘 사람을 잘 구제하며 그렇기 때문에 사람을 버리지 않는다.
그 사물을 잘 구제하며 그렇기 때문에 사물을 버리지 않는다.
이것을 일컬어 밝음을 잇는다고 한다.
그러므로 좋은 사람은 좋지 못한 사람의 스승이며,
좋지 못한 사람은 좋은 사람의 거울이다.
그 스승을 귀히 여기지 않고 그 거울을 아끼지 아니하면,
지혜롭다 할지라도 크게 미혹될 것이다.
이것을 일컬어 현묘한 요체라 한다.

善行無轍迹 善言無瑕讁
(선행무철적 선언무하적)

轍迹 - 수레바퀴가 지나간 자국
瑕讁 - 꾸짖으며 욕하는 것.

"잘 다니는 사람은 그 자취를 남기지 않고, 말씀을 잘하는 사람은 상대방이 듣기 좋은 말로 골라서 한다."

설득력이 좋다고 하는 말입니다. 바른말이라고 듣기 싫게 함부로 말하지 말고 심미적인 감각을 고려해서 하라. 흔히들 입바른 소리라 해서 따지면서 불쾌하게들 말하지 않습니까?

나무라며 망신을 주는 거지요. 기분 나쁘게…. 그것은 말을 아주 못하는 거죠. 오히려 반발심이 생기도록 하니까요.

듣기 좋도록 좋은 말로 정감 있게 분위기를 봐서 하라는 것입니다. 그래야 감동하여 설득력이 따르게 된다는 겁니다.

달변을 말하는 것이 아닙니다. 감동해서 스스로 하도록 하라는 것이죠.

不用籌策
불 용 주 책

籌策 - 산가지. 셈을 쉽게 하는 기구

셈을 잘하는 사람은 굳이 산가지를 쓰지 않는다. 암산으로 한다. 시시콜콜 따지지 않아도 틀림없다.

옛날에는 물건을 셈할 적에 하나요, 둘이요, 셋하고 넷인데~ 열까지 세고는 센 물건 한 개를 따로 떼어 놓고 다시 하나요, 둘이요~ 다 세고 나서는 떼어 놓은 물건을 산가지로 셈하여 개수를 서로 확인하여 상거래를 했는데 떼어 놨던 산가지가 덤(둠)입니다.

덤을 주느니 안 주느니 하는 말은, 팔고 사는 그 과정에서 발생하는 심미적인 상황으로 정해지는 것입니다. 사는 사람이 아쉬워서 사면 산가지(덤)를 받을 수 없고요, 파는 사람의 입장을 고려해서 사 주는 경우에 고마움의 표시로 산가지를 함께 주는 것이죠.

'갈아 준다', '덜어 준다' 하는 것이 있는데, 파는 사람이 "갈아 주세요. 덜어 주세요." 하면 덤인 산가지를 주겠다는 의사표시입니다. 장사 속에 스며 있는 훈훈한 인정이죠.

우리 선조들은 못살아도 훈훈한 인정은 있었습니다. 이런 것은 살아서 문화유산으로 계승되어져야 하는 것인데 말씀이에요.

~새치기 좀 합니다.

동양에는 숫자마다 철학적인 개념이 있습니다.

일一

가를 일. 존재하는 것은 ●(점)으로 표시하고 그것을 가른다 하는 것입니다.

갈라서 처음 시작. 존재를 갈라야 뭐가 시작되지 않습니까?

가르다, 가를 일. '시작'을 의미합니다.

이二

나눌 이. 길이가 똑같지 않죠. 분배방식을 말하는 것인데 능력에 따라 분배하는 것이 가장 온전하다. '양보'라는 의미가 있어요.

삼三

기본 삼. 무엇을 하려면 기본적으로 세 가지가 구비되어야만 됩니다.

사四
살필 사. 넷이면 서로 짝지어서 흩어지기 쉬워요. '분리', '이산'하기 쉬우니 동태를 잘 살펴라. 불안하다.

오五
뭉칠 오. 이제 뭘 할 만한 조건이 구비된 겁니다. 주먹이죠. 오행五行을 갖춘 겁니다.

육六
펼칠 육. 한번 벌여 본다.

칠七
가질 칠. 한판 벌여서 서로 제몫을 챙기려 한다.

팔八
나눌 팔. 나누어 분산. 무너지려 든다.

구九
갖출 구. 이제 다 갖추었다.

십十
이룰 십, 완성할 십. 이룩했다, 성공이다.
가장 안전한 숫자입니다.
상하좌우의 0 지점. 남지도 모자라지도 않는 자리가 0입니다. 완성입니다.

　예수님의 십자가도 완성을 뜻하는 것입니다. 못 박혔던 사형장의 표시로 쓰는 것이 아닙니다. 완성된 성인이라는 표시입니다.

　산가지를 1개 떼어 놓고 다시 하나요, 둘이요~ 세어 나가죠. 동양에는 0(제로)이라는 개념이 없습니다.

　~내친김에 『천부경天符經』 해설합니다.

『천부경』 해설

　숫자의 개념을 들어 천지창조를 설명한 배달민족의 경전經典이 있습니다. 『천부경』입니다.

　『천부경』은 81자로 『지부경地符經』, 『음부경陰符經』 등과 함께 우리 상고시대부터 내려오는 고전으로 진경眞經이라고 합니다.

　신라 최치원 선생이 묘향산 단군굴 바위에 새겨진 것을 적은 것으로 전해지는 천부경이 있습니다.

　숫자가 철학적인 개념으로 표기되어 숫자의 뜻을 모르면 전혀 해석이 안 됩니다. 당시에는 숫자의 의미가 가장 좋은 표기방법이었던 것 같아요.

　도무지 문자로는 해석이 난감하니까, 무슨 신령스러운 신통주神通呪인 줄 알고 염송하는 사람들도 있고, 별의별 방식으로 번역을 하는데 모두 천만의 말씀입니다.

　주역쟁이들이 해석이 안 되니까 최치원이 베껴 쓸 때에 실수로 글자가 바뀐 것이라 주장하는 사람도 있습니다.

도대체 최치원이 누구입니까? 당나라에서도 신동으로 알아주던 천재잖아요. 그까짓 경 81자를 베끼고 말고 할 게 뭐가 있습니까? 한눈에 주르륵이지.

해석이 난감해서 이름깨나 있는 사람들은 다들 몸 사리고 외면합니다. 천하제일인 양주동, 이희승, 조동식, 함석헌 등도 다들 기피하고 근래 잘나가는 이름 있는 사람들도 손사래를 친다는 골 아픈 우리 고대 경전입니다.

예언서를 다루는 사람들이 해석한 게 있는데 구구각각입니다. 『환단고기』에는 고조선 환국桓國시대에 구전으로 전해 오던 것을 배달조선 환웅桓雄시대에 신지神誌가 녹도문자鹿圖文字로 기록하여 전하다가 단군조선에서는 전서篆書로 전했다고 하는데, 전서는 진시황 때 이사李斯가 개혁한 문자입니다.

뒤에 예서隸書로 개혁했다가 다시 개혁한 문자가 해서楷書입니다. 지금 우리가 쓰고 있는 한자漢字입니다. 『천부경』은 해서입니다.

고조선은 환인국 7대, 환웅국 17대, 단군국 28대로 삼천 년 역사인데, 최초 환인국은 동북아시아 집단부족 연합으로 세계 여러 민족으로 나뉘고, 주류는 남하하여 환웅국으로 집단부족을 형성하다가 한헌瀚軒(황제)이 집단으로 이탈한 것이 중국이고 또 한 지류가 몽골입니다.

단군국이 주류로 남하하다가 터키와 구려句麗국으로 분리된 것으로 터키가 우리의 가장 가까운 형제국으로 기록되어 있습니다.

『천부경』은 단군시대에 신지가 비사祕詞로 기록하여 전한 것인데, 묘향산 단군굴 위 바위에 새겨져 있는 것을 최치원 선생이 베껴 쓴 것이라고 전해 오는 것입니다.

증산교甑山教에서는 예언서 신통주술주로 여기며 암송하고, 개천절

날 TV에 나와서 되지도 않는 말을 중언부언 늘어놓는 것인데 그게 뭡니까? 뭘 좀 알고 나와서 말해야지요.

필자가 시원하게 해설해 드리겠습니다.

一始無始一析三極無

盡本天一一地一二人

一三一積十鉅無匱化

三天二三地二三人二

三大三合六生七八九

運三四成環五七一妙

衍萬往萬來用變不動

本本心本太陽昂明人

中天地一一終無終一

시작이 계속해서 거듭 반복한다.

그것이 크게 세 가지로 갈라져 나가지만 그 본성은 변하지 않는 것이다.

天이 하나로 처음이고, 地도 하나로 두 번째요, 人도 하나로 세 번째다.

그것은 처음 하나가 쌓이고 모아져서 세 가지가 된 것인데, 天이 세 가지로, 地도 세 가지로, 人도 세 가지로 나누어지는 것이다.

이 셋은 합하면서 자기 개성대로 나누어지고 갖춰지며 생성하는 것인데, 셋은 본성 그대로 어우러져서 돌고 돌아 이룩하며 운행하는 것이다.

그 묘한 그것 하나가 늘 쉬지 않고 오가며 변하는데도 그 본성은 그냥 그대로다.

그것은 본래가 그렇게 생긴 것이다.

크게 밝고 높이 우러러 맑고 정연하게 움직이게끔 생긴 것이다.
소멸이 계속해서 거듭 반복한다.

일시무시일一始無始一

"생겼는가 하면 사라지고 또 생기고 시작이 끊임없이 계속 반복한다."

『천부경』은 세상이 어떻게 생겨나고 어떻게 운행하고 있는가를 설명한 고전입니다. 예언서로 주술呪術이 아니에요.

천지창조에 관한 이론입니다. 현대 천체과학 이론과 별반 차이가 없습니다. 상고시대에 이런 사상이 있었다는 게 참으로 놀랍습니다.

도인이 아니고는 감이 잘 안 잡히는 내용이고, 문장이 난해합니다. 글자를 세심하게 분석해야만 합니다.

- 一 – 존재를 가른다 해서 시작, 처음의 뜻이지 꼭 하나를 말하는 것이 아닙니다.
- 始 – 근원, 시작
- 無 – 없다는 0의 개념이 아니라 변화가 계속 유동적이어서 고착화하여 뭐라고 하기가 곤란하다. 정체성을 분간하기 어렵다는 뜻입니다. 자꾸만 움직여 변하니까 가르고 갈라 계속 나누어지는 상태를 표시하는 글자입니다.

일시무시일一始無始一, "시작이 끊임없이 계속 반복한다. 생기는가 하면 사라지고 또 생기기를 끝없이 계속해서 운행한다"는 말입니다.

창조주 신을 부정하는 거죠. 세상만물은 하느님이 만든 것이 아니다, 하는 겁니다.

석삼극析三極 무진본無盡本 천일일天—— 지일이地—二 인일삼人—三

"크게 세 가지로 갈라져 떨어져 나가는데, 그 바탕인 본성은 변하는 것이 아니고 늘 그대로인데 갈라져서 생기는 세 가지가, 天이 하나로 처음이고, 地도 하나로 두 번째이고, 人도 하나로 세 번째가 된다. 시작한 그 무엇인가 그것이 크게 셋으로 쪼개서 천지인을 계속 만들어 내는데, 본래의 그 변하는 본바탕은 바뀌는 것이 아니다."

여기서 본래의 본바탕이 뭡니까?

천지인天地人을 만드는 것이죠. 천지인을 만드는 능력이 줄거나 변하지 않고 영원하다 하는 말입니다.

天이 하나인데 처음 생기는 것이고, 地도 하나인데 두 번째요, 人도 그중의 하나인데 세 번째 생기는 것이다.

여기서 人은 사람을 지칭하는 것이 아니고 땅 위의 만물입니다. 물론 사람도 그중에 포함은 되겠죠.

'천지인天地人' 할 때 人은 사람이 아니고 천지간에 있는 만물입니다. 움직이는 생명을 말합니다. 생명이 없는 것은 땅이죠. 사람을 지칭하는 것이 전혀 아닙니다.

천지지간天地之間 만물지중萬物之衆입니다. 그 속에 인간도 들어 있기는 하죠. 존재와 존재 사이에서 발생하는 상호작용을 人이라 하는 것입니다. 잘 알아 두셔야 합니다.

析 - 쪼갠다, 나누어 밝힌다, 나누어 따로따로 되게 한다.
極 - 다하다, 남아 있지 않다, 끝까지 떨어지다.
盡 - 다 되다, 한계에 이르다, 죽어 없어지다, 끝나다.
本 - 뿌리, 기초, 근본 바탕

人 - 주고받아 세울 인, 움직일 인. 여기서는 존재와 존재 사이의 작용

일적십거무궤화삼一積十鉅無匱化三 천이삼天二三 지이삼地二三 인이삼人二三

"시작된 그것이 쌓이고 뭉쳐서 세 가지를 만들어 내는데, 天이 셋으로 나뉘고, 地도 셋으로 나뉘고, 人도 셋으로 나뉜다."

여기서 셋이 뭐냐? 天地人이죠.

天도 天地人을 육성하고, 地도 天地人을 육성하고, 人도 天地人을 만드는 겁니다. 天地人이 따로따로 분리되어 있어 보이지만 서로 같은 것을 만드는 것으로 天地人은 본래가 한 몸이다. 서로가 서로를 만들어 공존하여 자기를 만든다, 하는 말입니다.

시작한 그거 하나가 쌓이고 쌓이면서 天地人을 만드는 그 본성대로 갈라지고 변하면서 완성되는 것이다. 天地人 셋이서 서로 공존하면서 셋으로 나뉘어 작용한다는 겁니다.

여기서 '二'는 나눈다는 뜻입니다. 형편에 맞게 나눈다. 유감없이 갈라선다. 이게 해석하기가 난해한 부분입니다.

숫자에 대한 철학적인 개념이 없으면 해석을 못하죠. 도무지 감을 잡을 수가 없어요.

처음 시작한 그것이 아무리 쪼개지고 변해도 그 본성이 변하지 않는다는 것이 바로 天地人이거든요. 天地人은 한 몸이라는 것입니다.

天地人이 계속해서 天地人을 만들며 운영하는데 그렇게 만들며 운영하는데도 그 본성인 天地人 자체는 변하지 않고 본래 모습 그대로다, 참 대단한 말입니다.

현대과학으로 봐도 거의 손색이 없는 이론입니다.

『격암유록格菴遺錄』은 기인奇人 남사고南師古가 쓴 책인데, 별의별 것이 다 들어 있습니다.

예언서라고 떠들어 대는 책인데, 그 책에 '一積十鉅無匱化三'이 나옵니다. 이 문장을 잘못 해석하는 바람에 '일적십거도一積十鉅圖'라는 그림부적이 나오고, 『천부경』이 무문신주문無文神呪文으로 둔갑해서 생난리를 치고 야단들입니다. 격암 남사고가 일을 낸 것이죠.

『천부경』 81자는 쓰다 보니 그렇게 된 것이지 숫자에는 아무런 의미가 없는 거예요. 이름도 그럴싸한 『천부경』인데 도무지 해석이 안 되니까 제멋대로 살 붙여서 별난 짓 다합니다. 81 숫자를 바둑판에 올려놓고 별소리 다 합니다.

근래에 최동환 씨가 『천부경의 예언론』을 낸 것도 있는데, 그분도 헛소리한 것을 보면 미혹에 빠진 사람입니다.

    積 - 쌓이다, 포개지다, 떼 지어 모이다.
    十 - 이룰 십, 완성할 십
    匱 - 삼태기, 함, 고리짝
    鉅 - 크다, 강하다, 단단하다, 존귀하다, 높다.
    化 - 바꿀 화, 생긴 모형이 바뀌다, 고치다, 변하다.
    二 - 둘 이, 나눌 이, 적당하게 나눈다.

대삼합육생칠팔구大三合六生七八九 운삼사運三四 성환오칠成環五七
"큰 셋이 합하는데, 자기 본성은 그대로 변하지 않고 나뉘고 갖추어져서 만들어진다."

대삼합大三合은 천지인을 말하는 겁니다. 천지인이 셋이 서로 합심해서 육생六生 칠팔구七八九한다는 겁니다.

六 - 펼친다. 펼칠 六

여섯을 셀 적에 주먹을 쥐었다가 새끼손가락을 펼치지 않습니까? 펼칠 육입니다. 힘이 모아져서 불끈 솟아오르는 것.
육생六生, 힘이 불끈 솟아 펼쳐 만들어 낸다. 숫자로 6이 아닙니다. 펼쳐서 만드는 과정 설명이 七 八 九입니다.
六을 숫자로 보고 여섯(6)이 七 八 九를 만든다고 하면 틀린 겁니다. 해석이 되질 않아요.
七 八 九가 과연 뭐냐?

七 - 자꾸만 욕심내어 가지 칠
八 - 밀고 당겨 찢어질 팔.

八은 의견이 서로 달라서 찢어지는 것이에요. 찢어지면 이혼離婚이죠. 서로 기분 좋게 갈라서는 글자는 나눌 二입니다. 잘 알아 두세요.

九 - 갖출구.

갖춰졌으니 완성해야죠. 十입니다.
제 본성대로 찢어져서 갖추는 성질이 七 八 九입니다. 이게 세상의 모습이죠. 그렇게 만들어진 세상이 어떻게 운행하는가를 말한 것이

'운삼사성환오칠運三四成環五七'입니다.

운運은 일정한 법칙을 따라 반복해서 움직이는 것, 운행이죠.

운삼運三은 天地人을 말합니다. 天地人 셋이 운행을 한다.

사성四成은 함부로 하지 않고 서로 어긋나지 않나 살펴서 이룩한다.

四는 살핀다. 정해진 규정에 위배되지 않는가 남에게 피해 안 주려고 조심스럽게 행동한다는 글자입니다. 정해진 테두리 □의 범주 내에서, 나눌 八 찢어질 八로 움직인다. 그러니까 살피는 것입니다.

天地人이 서로 상대방에 누를 끼치지 않을까 조심스럽게 이룩한다는 겁니다.

환環은 돌고 도는 순환의 고리. 구슬로 보면 안 됩니다.

오五는 뭉칠 오. 서로 같은 마음으로 단결. 제 고집대로 뭉쳐 돌고 돌면서. 뭐가? 天地人이죠.

자기욕심인 개성을 잃지 않고 뭉쳐서 서로 돌고 돌아 환環[玄], 운행을 한다. 天地人이 합심했는데 본성은 그대로다.

부부가 합하여 살아도 본성은 그 대로죠. 자기 개성을 그대로 서로를 배려하며 공존하여 가정을 꾸려 나가는 것 아닙니까?

여기 七을 十의 오자誤字로 보고 베껴 옮겨 적을 때 최치원 선생이 잘못된 거라고 우기는 사람이 많아요. 최치원을 우습게 보는 거죠.

운삼사성환오칠運三四成環五七에서 三四에서 五七은 순환이 안 되니 七은 十을 잘못 쓴 거라는 겁니다. 붓으로 쓸 때 번졌다는 겁니다. 그렇게 봐도 풀리지 않기는 매한가지입니다.

우주의 구성을 『주역』의 오행으로 보고 오행을 수치로 따져서 一六水 二七火 三八木 四九金 五十土 풀어 본 것인데 역시 안 풀립니다.

송나라 시대 소강절邵康節이 '원회운세元會運世'라는 우주운동을 주장했습니다. 지금도 사이비종교 말세론의 경전으로 쓰입니다.

우주의 중심은 북극성이고 태양은 지구를 끼고 북극성을 돈다는 거죠. 천만의 말씀, 낭설입니다.

원元은 우주의 1년으로 봄 여름 가을 겨울, 사계절이 있어 4단계로 변화한다고 한 것입니다. 봄에서 여름을 선천운先天運 64,800년을 생장生長이라 하고, 가을 겨울 129,600년을 후천운後天運 염장斂藏하는데 31,600년이 겨울이 된다 하는 겁니다.

가을부터 싹쓸이하고요, 선천운 봄에 다시 시작하는데 지금까지 12번 반복하고 지금 가을로 접어들고 있다고 했습니다. 천만의 말씀! 강아지가 하품하는 소리입니다.

조선말 일부一夫 선생이 홀딱 넘어가서 『주역』의 수리數理, 건책수乾策數 216 + 곤책수坤策數 144 = 360을 원회전의 도수度數 1년으로 보고 5일이 남으니까 360일이 되는 날이 후천개벽後天開闢이다. 신천지 새 세상으로 낙원이다. 이걸 깨달았노라 우쭐하고 좋아서 무릎 치며~ 오호라! 천하에 오일부吾一夫로다. 찢어지게 좋아서 강중강중 뛰었다나요. 무식해서 허튼소리 한 것입니다.

지구 공전이 원력原歷 375일, 생역生易 366일, 장역長易 3654/1일, 성역成易 360일로 변화한다는 것입니다.

지금이 선천 끝자락 말세인데 무진戊辰년에 성역시대에 접어들면 지구가 우지~끈하고 지축이 바로 서서 360일 정오행正五行으로 바뀐다. 5일이 윤도수閏度數로 음양이 부조화해서 세상이 사악해지는 것인데 360일로 축이 바로 서면 묵은 세상 싹~ 쓸어엎고 새로 시작한다. 후천 시작. 천지개벽으로 무진년 새 세상 성인의 시대가 열린다고 했어요.

1988년 무진년 지났는데 지금 말짱하잖아요? 뭐가 달라진 거 있습니까? 무식해서 허튼소리 한 것이지요.

태양은 북극성을 도는 것이 아니에요. 북극성은 은하계의 별이고요. 592조 톤의 1천만 배 중력인 지구가 공전 초속 30㎞로, 자전 초속 16㎞ 속도로 운행하는데 뭐가? 무슨 힘으로 지축을 바로 세우고 속도를 늦춥니까? 달을 맘대로 멀리했다 당겼다 한다면 또 모르지.

지구 운행속도는 달이 조정하는 겁니다. 시간은 앞으로만 진행할 뿐 원시반복原始反復하는 것이 아닙니다.

세월은 앞으로만 가는 거예요. 지축이 바로 서면 지상낙원은커녕 기후변동이 없어져서 생물이 살아날 수가 없는 불모지가 되는 거죠. 지구 회전축의 기울어짐이 계절을 만들어 주는 것인데 일부가 무식해서 73세에 헛다리 짚은 것을 주역쟁이 태산太山이 곧이듣고 뽕해서 무진년부터 시작되는 후천세계에 사용할 새 달력을 보물처럼 만들어 놓고 죽었죠. 우리네들 고맙게 두고 쓰라고 말입니다. 모두 『주역』의 대가들입니다.

『천부경』을 이 속에다 끼워 넣고 하도河圖 낙서洛書와 함께 섞어서 범벅을 쳤습니다.

『주역』의 하도, 낙서, 문왕팔괘文王八卦, 복희팔괘伏羲八卦, 역경易經, 황제내경黃帝內徑 등은 모두 한漢나라 때 만들어진 것으로 보는 것이 학자들의 정설이에요.

주역쟁이들은 이치를 규명하지 못하고 직관으로 그냥 팍 터트립니다. 참 창피한 일이에요! 개신교의 2000년 종말론이나 같은 얘기지.

서기 기원은 인간이 편의상 정해 쓰는 것이지 지구가 예수 탄생을 기억하고 숫자나 나이를 압니까?

어떤 종교에서는 『천부경』의 운삼사성환오칠運三四成還五七을 회전하는 원, 동그라미로 보고 원에다 삼각형 사각형 오각형 칠각형을 그려 넣은 도형을 부적으로 팔기도 합니다. 신령한 신통력이 있는 '천부경도 부적'이라는 것입니다. 산에다 남모르게 탑을 세우고 공덕을 바라는 사람들도 같은 맥락입니다.

一妙衍 萬往萬來 用變不動本
(일묘연 만왕만래 용변부동본)

"오묘한 그것이 쉬지 않고 오가며 변하는데도 그 본래 모습 그대로이다.

> 一妙衍 - 개울물 흐르듯이 오묘하게 움직이는
> 妙 - 오묘하다.
> 衍 - 흐르다, 순행하다
> 萬往萬來 - 늘 오고가는데
> 用變不動本 - 변하는데도 그 본바탕은 본래 그대로다.
> 用變 - 변하는 것으로 쓴다.

부동본不動本, 근본은 흔들리지 않는다는 말입니다.
그 근본이 흔들리지 않는 이유가 뭐냐?
왜 그런가?

本心本太陽昂明人中 天地一

본심본태양앙명인중本心本太陽昂明人中, 본래가 그렇게 생겨먹은 것이다. 본성이 크게 밝고 맑고 숭고하게 움직이는 것이다.

여기서 人은 움직일 인, 사람이 아닙니다. 본래가 그렇게 움직인다는 글자입니다. 밀고 당기고 움직이는 것이 사람이다. 그래서 사람 人 하는 겁니다.

인중人中은 "움직임이 치우침이 없다."

앙명인중昂明人中은 "밝게 치우침이 없이 환하게 움직인다."

뭐가? 본태양本太陽이. 본태양이 뭐냐?

본태양은 일시일一始一이죠.

시작해서 없어지고 또 생기고 하는 그것. 바탕이 크고 밝은 본성입니다. 말로 설명이 잘 안되는데, 좌우간 그것입니다.

본심본태양앙명인중本心本太陽昂明人中 천지일天地一

이거 하나님, 옥황상제, 산신령, 귀신 그런 거 아닙니다. 이게 무슨 신통한 주문인 줄 알고 써 붙이고 중얼중얼…, 남사고가 헛소리해 가지고 이 지경이 되었어요.

『격암유록』은 남사고가 쓴 예언서로 별의별 것이 다 들어 있는데 첫 장 '송가전松家田'이라는 문장 속에 천부경이라는 글자가 나옵니다.

여기서 말하는 천부경은 여동빈이 쓴 참동계參同契 용호결龍虎訣을 말하는 것이지, 이 『천부경』을 말하는 것이 아니에요. 도교의 가르침, 수도 지침서입니다. 이것을 혼동하는 겁니다. 본 『천부경』을 해석하지 못하니까 그렇지요.

격암 남사고는 화담, 자하, 북창, 청운 등과 같은 조선의 도맥道脈입니다.

보시죠.『격암유록』첫 장에 등장하는 송가전입니다.

　　　송가전
　　　丹書用法天符經　無窮造化出現　天井名生命水
　　　天符經眞經也　聖神劍名掃腥塵　無戰爭天下和

단서용법천부경丹書用法天符經

"단전을 수련하는 방법의 글은 하늘에서 주신 경으로 틀림없다."

몸의 자세, 숨 쉬는 방법 등 수련하는 여러 가지 움직임이죠. 이걸 몰라서 남의 동네에서 헤매며 난리를 치는 거시죠. 여기에 나오는 천부경은 단서丹書를 말하는 겁니다.

무궁조화출현無窮造化出現

"무궁무진한 조화로움이 나타나는 것이다."

수련을 해서 도가 탁 트이면 그렇다고 일러 주는 겁니다. 그런 뭐가 좀 있어야 수도 정진을 하는 것 아닙니까?

천정명생명수天井名生命水

"하늘의 우물 생명수라고 하는 것이다."

단丹을 수련하여 곡신谷神을 만들어 현빈玄牝을 이루어 출신出神하는 것을 말한 겁니다. 무궁무진한 조화로움이 생기죠.

컴컴하던 객진이 무너지고 잠재의식 7백여 개의 방이 환하게 열리는데 그것을 하늘의 생명수라고 한다. 현빈을 말한 것입니다.

천부경진경야天符經眞經也

"천부경은 진짜로 틀림이 없다."

여기서 천부경은 금화종지金華宗旨, 용호결, 참동계 등을 말하는 겁니다.

신지神誌 비사祕詞의 본 『천부경』이 아닙니다.

다음 문장을 보세요.

성신검명소성진聖神劍名掃腥塵

"추악한 객진을 쓸어버리는 신령한 칼이다."

무전쟁천하화無戰爭天下和

"마음에 갈등이 없고 어떤 경우에도 편안하다."

새삼스러운 말이 아니고 득도하면 일체 시비에서 벗어납니다.

남사고가 말하는 천부경은 경전이 아니고, 단 수련하는 방법을 말하고 있는 겁니다.

『천부경 예언론』을 집필하고 현묘지도玄妙之道를 시리즈로 출판한 최동환 씨의 번역 송가전을 보시죠.

> 송가전
> 단군 이래 전해진 천부경은 그 활용방법에 따라 무궁무진한 조화가 출현하니 하늘 우물이 생명수요 천부경은 진경이다.

천부경은 성스러운 신께서 더럽고 추하며 날고기 썩는 비린내 나는 세상을 바로잡을 때 사용하시는 검의 이름이며, 이를 사용하여 전쟁이 없이 천하가 평화로워진다.
　　*丹書는 壇書의 은유. 단군이 전해 주는 책이며 『격암유록』에 나오는 丹은 전부 壇을 말하는 것이다.

기절하겠다니까요~!
깡그리 절단 냈잖아요. 이것을 들고 TV에 나와요.
송가전은 단전 아래 석문石門을 말하는 것으로, 도 닦는 사람들입니다. 수도하는 사람을 말하는 것입니다.

일종무일종―終無終―

"끝났어도 끝난 게 아니다. 끝남이 끊임없이 이어지는 것이다."
진짜 놀라워요. 믿어지지 않습니다. 고조선 시대에 이런 사상이 있었다는 것이…. 4, 5천 년 전에 말입니다.
현대과학인 입자물리학으로도 거의 손색이 없습니다. 귀중한 우리 유산인데 제대로 된 번역이 없어서 영판 엉뚱하게 전해지는 것이 필자는 통탄스럽고 한이 됩니다.

한자漢字의 문제점

한자는 동기부여의 뜻글자로 존재하는 것에만 의미를 부여하여 만든 글자입니다. 글자 조직을 살펴 뜻을 새겨야 합니다.
한자를 흔히들 골문자骨文字 운운하는데 잘못입니다. 그것은 최초

하夏·은殷 시대 얘기이고, 문자 개혁을 세 번이나 합니다. 지금 와서도 상형문자로 본다는 것은 웃기는 짓이죠.

지금의 한자는 상형문자가 아닙니다. 복합 조합문자지.

한자는 동기부여를 조합한 특이한 구조로 되어 있어서 구조만 이해하면 뜻을 쉽게 새길 수 있도록 만들어진 문자입니다.

조합의 구조방식이 아주 단순합니다. 말은 몰라도 그 뜻은 알 수 있게끔 만들어진 글자예요.

중국에서 로마, 아랍, 일본 등 아주 먼 곳까지 한자로 뜻을 전하곤 했는데 무슨 뜻으로 씌어 있는지 그곳의 학자들이 능히 알아본 것입니다.

뜻을 전하는 뜻글자이니까 일종의 암호문자입니다.

한자는 기본문자 8개, 기초문자 8개, 보조문자 8개, 상대적 개념문자 8개 도합 32개의 부호로 만들어진 복합 조합글자입니다.

부호의 뜻만 정확하게 알면 한자 해석에 별 어려움이 없어요.

고전이나 경을 공부하시는 분은 알아 두면 좋지요.

요즘 옥편에는 뜻의 오자誤字가 많아요. 지금도 상형문자로 한문을 가르치는 엉터리들이 있다는 게 서글픕니다.

글자를 요상하게 모형을 그려서 가르치는데 잘못이에요. 그렇게 하면 글자의 뜻을 새길 수가 없게 되는 것이죠. 뜻글자인데 모형은 왜 따집니까? 뜻으로 삭여 가야지요.

~도덕경으로 되돌아갑니다.

善閉無關楗而不可開　善結無繩約而不可解
_{선폐무관건이불가개　선결무승약이불가해}

"문을 잘 잠그는 사람은 빗장을 쓰지 않는데도 열 수가 없고, 잘 묶는 사람은 끈으로 묶지 않는데도 풀기가 어렵다."

늘 못하고 하기 싫은 사람이 핑계를 대고 말이 많다, 못난이가 늘 말이 많고 나서기는 잘한다, 라는 뜻으로 하는 말입니다.

다음 문장이 하고픈 본말이겠죠.

是以聖人　常善求人　故無棄人　常善救物　故無棄物　是謂襲明
_{시이성인　상선구인　고무기인　상선구물　고무기물　시위습명}

"성인은 항상 사람을 구제하는 것을 좋아하므로 사람을 버리지 않고, 또 항상 모두가 잘되게 하는 것을 좋아하므로 그들을 버리지 않는다. 이것을 겹겹이 밝다고 한다."

　　物 - '여러 부류의 사람들'로 번역.
　　襲 - 껴입을 습

도올은 物物을 사물로 봤는데 잘못 본 것입니다. 사물로 보면 문장이 성립되지 않습니다.

쓰기 나름이지 사람은 누구나 다 쓸모가 있다. 유능한 사람은 사람을 버리지 않는다.

이 말을 전제로 하여 하고 싶은 본말이 故 다음 문장에 나오겠죠.

故善人者 不善人之師 不善人者 善人之資
_{고선인자 불선인지사 불선인자 선인지자}

"착한 사람은 어리석은 사람의 스승이 되는 것이고, 어리석은 사람은 착한 사람의 재산이 된다."

어리석은 사람이 있기 때문에 착한 사람이 돋보이게 되어서 착한 이의 이익이 된다.

어리석은 사람이 착함이 이루어지도록 하는 재산이니 그를 미워하지 말라고 하는 말인데, 표현방식이 참 설득력 있는 문장이 아닙니까.

도올은 자資를 거울로 봤네요, 재산인데 말입니다.

不貴其師 不愛其資 雖智大迷
_{불귀기사 불애기자 수지대미}

여기서 기사其師(귀중한 스승), 기자其資(귀한 재물) 하는 것은 앞 문장에 나온 것을 말하는 겁니다. 즉, 착한 사람은 어리석은 사람의 스승[其師]이 되는 것이고, 어리석은 사람은 착한 사람의 재산이 된다는 것이죠.

서로 더불어 공존하여 살아가는 서로의 고마운 관계를 말하는 것입니다. 이 공존의 법칙을 모르는 사람은 제 깐엔 뭘 좀 아는 게 있다고 하더라도 배움의 길을 잘못 들어선 사람이라는 말입니다.

알고 있는 것은 모르는 사람을 위해서 있는 거죠. 지식은 공유할 때에 가치가 있는 것입니다. 모두들 다 잘 알면 안다는 것 자체가 쓸모없는 것이거든요. 잘난 체하는 지식인을 나무라는 말입니다.

뭘 좀 안다고 건방 떨지 마라. 모르는 사람이 있어서 그나마 돋보이니 고마운 줄로 알아라. 모르는 사람이 네게는 큰 재산인 줄이나 알아 둬라. 모르는 사람을 너의 재산처럼 아끼고 소중하게 여겨 보살펴 줘라. 뭘 좀 안다고 무시하고 건방 떨지 말라 하는 말입니다.

맞는 말입니다.

是謂要妙 _{시위요묘}

"이것은 마땅히 꼭 해야 할 즐겁고도 좋은 일인 것이다."

要 - 해야 할 요, 구할 요
妙 - 소년소녀가 같이 있는 묘. 즐겁고도 아주 좋은

배움이 좀 덜 된 사람에게 자중하라는 말씀인데 매끄럽지가 않아 보입니다.

『명심보감明心寶鑑』의 한 구절입니다.

口舌者는 禍患之門이요 滅身之斧也라 利人之言은 煖如綿絮하고
傷人之語는 利如荊棘이라 一言利人은 重値千金이요 一語傷人이면
痛如刀割이라 口是傷人斧요 言是割舌刀니 閉口深藏舌이면 安身處
處牢니라

입에 혀라는 것은 재난과 근심의 문이요, 몸을 망치는 도끼라.
사람을 이롭게 하는 말은, 그 따스하기가 부드러운 솜과도 같고,

사람을 상하는 말은 날카롭기가 가시와도 같다.
한마디 말과 짤막한 글귀는 그 무겁기가 천금의 값을 하고,
말 한마디가 사람을 상하면 그 아픔이 칼로 심장을 베는 것과도 같으니라.
입은 사람을 상하는 도끼요,
말은 사람을 베는 칼이니,
입을 꼭 닫고서 혀를 깊이 감추면 어느 곳에 있으나 편안하리라.

귀가 닳도록 어머님이 필자에게 하신 말씀입니다.

사람은 한 가지 기능에만 쓰도록 만들어 진 눈, 코, 귀는 탈이 없는데, 두 가지 겸용으로 쓰는 곳이 늘 문제를 일으키는 것입니다.

입과 또 한 곳이 있죠. 이 두 곳이 늘 화근을 만듭니다. 바로 이 두 곳이 바로 성인이 되는 구멍이죠.

사람됨의 평가가 이 두 곳의 쓰임성의 여부에 달려 있어요. 공부한다는 것이 바로 이 물건 써먹는 얘기입니다. 참으로 위대한 곳입니다.

인간의 가치를 결정하는 하는 것이 바로 그 두 물건입니다.

『논어』에 "교언영색불선의巧言令色不鮮矣"라는 말이 있습니다.
"알랑거리며 구변 좋은 사람 치고 마음씨 고운 놈 보질 못했다."
지나친 친절에는 사기성이 있다는 공자의 말씀입니다.

제 28 장

知其雄 守其雌 爲天下谿 爲天下谿 常德不離 復歸於
嬰兒 知其白 守其黑 爲天下式 爲天下式 常德不忒
復歸於無極 知其榮 守其辱 爲天下谷 爲天下谷 常德
乃足 復歸於樸 樸散則爲器 聖人用之 則爲官長 故大
制不割

잘나가면서도 그 약해짐을 지키면 골짜기에 흐르는 물같이 된다.
골짜기에 흐르는 물은 항상 여기저기서 모여들어 시냇물이 된다.
냇물은 새로이 커져서 큰 개울이 된다.
무럭무럭 자라는 갓난아기처럼.
밝음을 알면서 그 어둠을 지키면 세상에서 모범이 되며
세상에 모범이 되면 德은 항상 변하지 않는다.
그 덕이 자꾸 반복되어 돌아와서 그 끝이 한이 없다.
영화를 알면서도 굴욕을 참으면, 세상에 맑은 샘물이 된다.
세상에 맑은 샘물이 되면 항상 가는 데마다 德이 가득하게 되고
그 德이 자꾸 반복되어 되돌아와서 자꾸만 쌓이게 되면
세상에서 무엇을 이룩할 만한 큰 업적이 된다.
큰 업적이 되면 다시 무엇을 담을 그릇이 되어진다.
성인은 이런 이치를 터득하여 드높아지는 것이다.
본래 위대한 다스림은 누구도 잘라 버림이 없는 것이다.

도올 번역

그 수컷됨을 알면서도 그 암컷됨을 지키면 천하의 계곡이 된다.
천하의 계곡이 되면, 항상스런 덕이 떠나질 아니하니,
그리하면 다시 갓난아기로 되돌아간다.
그 밝음을 알면서도 그 어둠을 지키면 천하의 모범이 된다.
천하의 모범이 되면, 항상스런 덕이 어긋나질 아니하니,
그리하면 다시 가없는 데로 되돌아간다.
그 영예를 알면서도 그 굴욕을 지키면 천하의 골이 된다.
천하의 골이 되면, 항상스런 덕이 이에 족하니,
그리하면 다시 질박한 통나무로 되돌아간다.
통나무에 끌질을 하면 온갖 그릇이 생겨난다.
성인은 이러한 이치를 터득하여
세속적 다스림의 우두머리 노릇을 한다.
그러므로 위대한 다스림은 자름이 없는 것이다.

~전혀 다르지요. 도올이 틀린 것입니다.

知其雄 守其雌 爲天下谿
_{지기웅 수기자 위천하계}

웅자雄雌, 이것 때문에 번역의 차이가 생기는 겁니다.
왕필과 도올은 '수컷과 암컷'으로 보았는데, 필자는—.

  雄·雌 - 암수의 구별이 아니고 우열을 뜻하는 말
  雄 - 웅장하다, 씩씩하다, 빼어나다, 거침없이. 요샛말로 잘나간다.
  雌 - 雄과 반대적인 현상. 쪼그라든다, 즉 약해진다는 것

谿 - 맑은 시냇물

"잘나가는 것을 알면서도 약해지는 그 이유를 알고 이를 지키면 세상에서 산골짜기 계곡의 쏟아지는 물과 다를 것이 없다."

계곡에서 쏟아지는 물은 막을 수가 없는 것처럼 확실하다는 말입니다.

도올은 "수컷됨을 알면서도 암컷됨을 지키면 천하의 계곡이 된다."고 했는데, 도무지 뭔 말인지 알 수가 없어요.

위 천 하 계　　상 덕 불 리　　복 귀 어 영 아
爲天下谿　常德不離　復歸於嬰兒

"그 덕이 커지는 모습이 맑은 개울물이 산골짜기 여기저기에서 항상 모여들어 점점 커져서 큰 냇물이 되는 것처럼 확실한데, 그 커지는 모습이 마치 갓난아기가 무럭무럭 자라는 것처럼 빠르다."

도올은 "천하의 계곡이 되면 항상스런 덕이 떠나질 아니하니, 그리하면 다시 갓난아기로 되돌아간다."고 했는데, 천만의 말씀! 잘못된 번역입니다.

지 기 백　수 기 흑　위 천 하 식　위 천 하 식　상 덕 불 특　복 귀 어 무 극
知其白　守其黑　爲天下式　爲天下式　常德不忒　復歸於無極

"밝음을 알면서 그 어둠을 지키면 세상의 모범이 되며, 세상에 모범이 되면 덕은 항상 변하지 않는다. 계속 반복되어져서 그 끝이 없

는 것이다."

자연을 비유해 예를 들어서 다음 문장의 내용을 설득하려는 것이죠. 설득력이 강한 문장 형식을 구사한 것입니다.

그런데 도올은 "그 밝음을 알면서도 그 어둠을 지키면 천하의 모범이 된다. 천하의 모범이 되면 항상스런 덕이 어긋나질 아니하니 그리하면 다시 가없는 데로 되돌아간다."고 했습니다.

무슨 말인지 이해가 됩니까? 도대체 무슨 말씀인지? 문장의 본질을 모른 듯합니다.

知其榮 守其辱 爲天下谷 爲天下谷 常德乃足 復歸於樸
(지기영 수기욕 위천하곡 위천하곡 상덕내족 복귀어박)

곡谷은 '물이 솟아오르는 구멍', 물구멍을 말합니다.

문장 첫머리에 위천하계爲天下谿가 있죠.

거기에 연결된 문장이고, 여기에 있는 谷 때문에 물이 흐르는 골짜기의 개울로 보는 것입니다. 물이 송골송골 솟아오르는 옹달샘, 강의 근원지로 봐야 문장이 풀립니다. 물이 없는 계곡도 얼마든지 있거든요.

"영화를 알면서 굴욕을 참는 것은 맑게 솟아나는 샘물처럼 세상에서 꼭 필요한 것이다. 이 샘물은 흘러가는 데마다 모두 덕을 이루고 그 덕이 다시 되돌아와서 무엇을 이룩할 만한 큰 업적이 되는 것이다."

그러니 굴욕을 참으라는 말인데, 사실은 '부지런히 덕을 베풀어라' 하는 말입니다.

덕은 행위의 넉넉함이에요. 때로는 모욕을 당해도 괘씸하게 생각하지 말고 너그럽게 용서해 주고 편안하게 대해 주라 하는 겁니다.

도올은 "그 영예를 알면서도 그 굴욕을 지키면 천하의 골이 된다. 천하의 골이 되면 항상스런 덕이 이에 족하니, 그리하면 질박한 통나무로 되돌아간다. 통나무에 끌질을 하면 온갖 그릇이 생겨난다."고 했네요. 뭔 말인지 알 수가 없네요.

박산즉위기   성인용지   즉위관장   고대제불할
撲散則爲器 聖人用之 則爲官長 故大制不割

    樸 - 본시 생긴 그대로 완전히 성숙되다.
        용도를 변경하여 쓰기에 딱 맞다.

"성인은 농익은 이것을 때에 맞춰 쓰니까 쉽게 다스림의 우두머리다."

이것이 결국 뭐냐 하면 다음 문장에 있는 '고故 대제불할大制不割', "큰 다스림은 하나도 잘라내지 않는다."는 말입니다.

사람 밥그릇을 빼앗는 곳에는 언제나 핏발을 세우지요. 목을 자르면 생계수단이 막막한데 심각해지는 것이 아닙니까? 당연히 원성을 사게 되는 것이죠.

모두가 참여하는, 원성이 없는 다스림이 최고의 다스림이라는 말입니다. 멋진 말씀이지요. 우리 대통령이 이걸 좀 하시면 얼마나 좋을까요? 정권만 바뀌면 목 자르고 법석을 떨어 대니….

통치자가 공무원의 목을 자르는 것은 국민을 위해서 하는 행위가 아닙니다. 밥줄을 움켜쥐고 자기에게 복종하도록 만드는 비열한 수단입니다. 결국 공무원이 공무로 공무를 집행하지 못하게 하는 것이죠.

도올은 "성인은 이런 이치를 터득하여 세속적 다스림의 우두머리 노릇을 한다. 그러므로 위대한 다스림은 자름이 없는 것이다."라고 했네요.

왕필의 주석을 볼까요?

_{웅 선지속 자 후지속야 지위천하지선야 필후야}
雄 先之屬 雌 後之屬也 知爲天下之先也 必後也

  수컷이란 앞섬을 상징하는 것이다. 암컷이란 뒤로 물러남을 상징하는 것이다. 천하의 선두가 될 수 있는 것을 알고 있음에도 불구하고 반드시 자기를 뒤로 물러 세운다.

雄·雌를 항상 양보하라는 말로 본 것 같은데, 전혀 아닙니다. 또 이어지는 문장을 보죠.

_{계 불구물이물자귀지}
谿 不求物而物自歸之

  계곡이란 무엇인가? 그것은 자기가 물을 구하지 않아도 모든 물이 저절로 모여드는 것을 말한 것이다.

왕필은 物을 '물[水]'로 보았는데, 여기서 物은 사람을 말합니다.

_{영아 불용지이합자연지지}
嬰兒 不用智而合自然之智

  영아란 무엇인가? 그것은 자기가 지혜를 구사하지 않아도 스스로 그러한 지혜에 합치되는 것을 말하는 것이다.

이게 말이 됩니까? 대체 무슨 말인지 원!

냇물이 불어나는 성장속도를 갓난아이의 예로 비유한 문장입니다. 표현방법이 좀 특이하지요.

도올은 왕필의 주석이 천하의 명주석이라고 침을 발랐는데, 천만의 말씀! 전혀 그런 말이 아닙니다.

~쉬어 갑니다.

회갑년回甲年

회갑년! 이게 뭘까요?

태어나서 61세가 되는 해가 회갑년이에요.

사람은 살아온 길을 뒤돌아보아야 할 때가 있어야 합니다.

나이가 더 들면 살아온 길이 너무 멀어서 보이지도 않고, 설혹 보인다 해도 개선할 수가 없게 되는 것이죠. 힘이 있어야 고치고 말고 하는 것 아닙니까.

요즘 사람들은 회갑연回甲宴을 탄생 60주년 기념식쯤으로 여기고 칠순잔치나 하자고 미루는데, 이거 안 될 일이에요. 꼭 챙겨야 합니다.

회갑연을 안 챙겨서 노인네들의 품위가 떨어지고 옹고집에 꼴통을 부리고 노망이니 치매니 말썽이 생겨나는 것입니다.

시커멓게 곪아터진 애환을 계속 끌어안고 늙어 가니까 그렇게 될 수밖에 없는 것이죠. 그거 좀 시원하게 탁 풀어드리면 참 좋은 건데 말입니다. 안 풀어줘서 탈이 생기는 거라고요.

사람이 만물의 영장인데, 죽을 적에 치매 오고 망령 떨며 고생고생하다가 죽게 만들어졌겠습니까? 죽음이라는 것이 생을 마감하는 삶의 한 과정인데, 그토록 추하고 비참하게 죽도록 만들어진 것이 아닙니다.

가장 우수하고 탁월하게 만들어진 게 사람입니다. 잘못 살아서 마감을 더럽게 하는 겁니다. 순리대로 살면 절대로 그런 낭패 안 납니다. 마감을 잘못해서 그런 것이지요.

회갑연이 순리 중에서도 순리입니다. 사람이 사는 것이 어디 쉬운 일입니까? 맨날 억울하고 숨통 터지는 일뿐이잖아요.

60년쯤 살다 보면 별의별 사연들이 얽히고설키게 마련인 거라. 후회스럽고 미안하고 속상하고 억울하고 분통 터지는 일들이 오죽이나 많습니까! 돌아보면 모두가 부글부글 끓고 살아온 날이 찝찝한 것뿐이죠. 후회 없이 사는 사람 없어요. 몰라서들 그렇지, 다들 지지하게 살아온 삶입니다.

처음부터 다시 시작하라 하면 냉큼 손들고 나서는 사람 없을 거예요. 앞일을 모르니까 혹시나 하고 그냥들 살아온 것이지요! 뻔히 알면서 그 지겨운 짓을 처음부터 다시 시작해요? 나라도 안 하겠네요.

이 무거운 짐을 풀고 가자는 것이 회갑연을 하는 것인데, 이 귀한 것을 살짝 빼고 그냥 간단 말씀이야. 몰라서들 그러시겠지만! 회갑연은 마음속에 응어리진 한을 풀고 남은 삶을 곱게 살아가겠다고 다짐을 하는 축하연입니다. 용케도 오래 살았다는 경축이 아니에요.

그깐 육십이 용케도 오래 산 것입니까? 칠순 팔순도 얼마든지 있는데요. 회갑은 이제 갓 늙은이예요.

육순六旬, 회갑回甲, 진갑進甲이 왜 연순年順으로 삼 년씩이나 계속하게 되어 있는지 한 번쯤 깊이 생각해 보신 적 있습니까? 그냥 먹통으로 사시면 안 됩니다. 사람이 밥만 먹고 사나요? 기왕에 사는 거 뭘 좀 알고 지켜가며 살아야 산다고 하는 것이지요.

회갑연回甲宴은 해원解冤

회갑연은 그동안 살아오면서 맺힌 원한을 풀어내자는 아주 중요한 의미가 있는 것입니다.

사람이 산다는 게 모두들 초행길을 걷는 거라 나이가 들어도 맨날 처음 사는 겁니다. 인생에 숙달된 사람 어디 있어요? 모두들 처음 사는 인생이라 서투르게 살아가게 마련인 거죠.

사람은 추억과 기억으로 사는 거예요. 그런데 기억이라는 게 좋은 것은 별로 없고, 섭섭하고 응어리진 것이 훨씬 더 많이 생각나게 마련입니다. 돌아보면 그냥 후회스럽고 억울하고 못난 짓거리한 것이 찝찝할 뿐인 거라.

슬프고 처량한 것이 몽땅 추억이지요! 후회 없이 사는 사람 어디 있겠어요? 얼룩진 기억뿐이지. 그게 우리네 인생살이예요. 이걸 탁 털어내야 하는 겁니다.

사람은 한을 풀어야 영혼이 가벼워져서 곱게 늙는 것이고, 편안한 마음으로 살다가 죽어야 하늘에 오르는 것이죠. 영혼이 시커멓게 썩고 무거우면 죽을 때도 고생고생 하다가 죽는 법이야요. 말끔하게 청소! 이거 좀 해드려요.

요즘 다들 보잖아요. 노인네 때문에 골치들 아프고 죽을 맛이지! 서로가 못할 죽을 고생을 하는! 빨리 죽어 줬으면 싶은데 냉큼 죽어 주지도 않고요. 긴 병에 효자 어디 있어요!

회갑연은 다시 태어나 고운 마음으로 여생을 살겠다는 무언의 다짐이고 뉘우치는 해원! 서로의 원한을 풀자는 것인데, 이것을 안 하면 케케묵은 습성들이 쇳녹처럼 눌어붙어서 옹고집에 망령이나 떨고 치매 오고 추하게 늙게 마련입니다.
 얼른 죽지도 않죠. 죽음 자체를 고장 낸 물건인데 금방 죽기나 하나! 숨통 끊어질 때까지 징글징글 속 썩이는 거지. 죽음의 방향조차 아주 잃은 것인데요 뭘!
 사람은 새 출발의 다짐이 없이 살면, 나이 먹으면 먹을수록 그냥 찌그러들어 막 살게 되는 겁니다. 막 사는 것이 당장은 편하거든요. 더러운 옷 입으면 더러운 짓 하잖아요. 한을 풀어서 깨끗한 노인으로 다짐하여 살도록 대접을 해 줘야 합니다. 그게 회갑연이에요. 인생이 70부터라니? 이게 어디 말이나 되는 소리인가? "야옹" 하는 소리지.
 정신력이 있을 때에 습성을 바꾸고 마음가짐을 되돌아보는 거지, 다 늙어서 정신이 오락가락하는데 뭘 합니까? 망령이나 떨고 똥이나 싸 뭉개며 자식들 징그럽게 고생시키다가 추하게 죽게 마련이고….
 육십 년을 살다 보면 별의별 일들이 많아요. 남의 인생 안 건드리고 사는 사람 어디 있어요? 감춘 부끄러움이 좀들 많아요?
 푸르뎅뎅하게 응어리지고 누렇게 곪아서들 살아온 겁니다. 이게 툭 터지면 뇌경색! 눌어붙으면 치매야요!
 골치 아픈 이거 털어내고 새 기분으로 살아 보자는 것이 회갑연인데 10년씩이나 더 썩혀 가지고 칠순잔치나 하자! 그때까지 갈 필요가 있나요? 나이가 더 들면 이거 못 삭이거든요. 얼른 풀어 버리지, 뭣 때문에 그때까지 끌고 갑니까?
 회갑연을 하면서 가족끼리 그간에 섭섭했던 한을 풀어 버리는 겁니다. 살다 보니 본의 아니게 이러저러한 일들이 많았다, 좀 더 잘해 줬으면 좋았을 것을 후회스러운 것도 말하고 잘못했던 부분에 대해 용서도 구하고 또 당부 말씀도 하면서 말예요. 가족관계의 무거운 짐을 이제 내려놓고 뒷전으로 물러나서 새로운 마음으로 살아갈 것을 다짐하고, 그 의논을 하는 것이 육순잔치를 하는 거예요.

사람이 산다는 게 죽는 날까지 그냥 돈이나 아등바등 악착같이 벌어 대는 것이 아닙니다. 사람이 돈 벌다가 죽는 짐승입니까?

때가 되면 접고 수양도 하고 넉넉한 마음으로 편안하게 지내다가 가는 거라고요. 죽을 준비도 좀 해야 하는 거예요. 좋은 일도 좀 하시고 이웃도 돌아보면서 후회 없이 즐겨 살다가 가야 합니다. 이제는 서서히 접으면서 뒷전으로 물러나 앉는 겁니다. 정년을 맞추어 가는 겁니다. 재산도 나누어 주고 당부도 하고. 정리할 것들이 좀 많아요? 60년 살아온 인생을 총정리하는 마당인데….

그거 의논하는 것이 육순잔치입니다. 회갑연은 함께 살아온 사람들과 해원하는 겁니다. 살아온 이웃 친지들 간에 맺혀진 한을 풀자고 하는 거예요. 그간에 찝찝하고 섭섭한 사연이 있는 분들에게 무언으로 용서를 구하며 서로의 섭섭함을 풀고 새로운 사람으로 거듭 태어나 살겠다는 약속을 다짐한다는 뜻으로 청첩을 하여 모시고 대접을 하는 잔치입니다.

한평생 살다 보면 말로는 못할 섭섭한 사연이 한으로 남아 있게 마련입니다. 남의 인생 집적거리지 않고 사는 사람 어디 있나요? 서로 간에 말로는 못할 어정쩡하게 얼룩진 게 고여 있기 마련이죠. 누렇게 곪은 것이 머릿속에 그득해요. 기막힌 슬픈 사연을 모르는 체 안고 찝찝하게 사는 것이 우리 인생살이예요.

그걸 확 풀어버리는 게 회갑연을 하는 이유입니다.

이를테면 아들에게, "저기~ 아무개 자당님께 술 한잔 올려라." 하면 그간에 누렇게 썩어 눌어붙은 앙금이 탁배기 한 잔에 싸~악 녹아내리는 거지요. 그저 눈물이 핑~ 돌면서, '아! 그걸 용서해 달라는구나, 저 늙은이가! 이제 손 놓고 가는 나이에 새삼 용서를 빌다니?!'

그처럼 고마운 마음이 어디 있어요? 이거 얼마나 멋지고 좋아요. 이거 꼭 해야 하는 거 아니겠어요? 굳이 못 오시는 분에게는 술과 음식을 갖다 드리고요.

뉘우쳐 용서를 받고 새사람으로 다시 태어나서 새로운 마음으로 곱게 살겠다는 것을 선언하는 것이 회갑연인데, 이것을 안 하고 뭉개는 이유가 도대체 뭡니까? 몰라서들 그러시겠지만….

이 글을 보신 분들은 이웃과 옆 사람에게도 권해 보세요. 이것이 도의 실천입니다.

사람이 습성대로 살다가 늙으면 망령이나 떨고 치매 오고 추해지는 거죠. 요즘 깨끗한 노인네 별로 없어요. 막 나가고 골치들 아파! 돈이나 많아야 꼬리표 붙여서 외국으로 망명이라도 보내겠는데, 처지가 처지고 보니 아파트에서 오줌똥 뭉개고 숨통 막히지, 사는 게 도무지 사는 것이 아니라고요. 마음이 맑으면 병 안 생겨요. 맨날 푸르뎅뎅하게 사니까 허구한 날 쑤시고 아파서 병원 신세 지며 죽을 맞인 것입니다. 약발도 좀처럼 안 들어요. 회갑연은 부모님의 해원이지 경축이 아니에요.

그리고 친구는 왜 불러들여? 제 부모하고 원수 진 일이 있나? 부조돈은 왜 받고? 제 부모 팔아서 장사하려고?

회갑연에는 돈 안 받는 겁니다. 또 업을 짓나요? 그간에 지은 것도 모자라서? 회갑연은 그냥 보시布施하는 겁니다.

'불청객'이란 말이 여기서 생긴 말인데, 나는 초청받은 사람이 아니다 하는 말, 아무런 사연이 없는 사이, 좋은 관계로 살아온 처지다 하는 말입니다.

존경받는 분을 모시고 새사람으로 살아가는 데 필요한 여러 가지 덕담도 듣는 자문을 구하기도 하고 남은여생을 어찌어찌하며 살아갈 생각이다, 그런저런 얘기를 하는 모임입니다.

새로 출발한 삶의 모습을 인정받는 모임이 진갑입니다. 지켜본 어른들의 말씀이, "그만하면 되시겠네!" 이 말 들으면 합격!
어른을 욕할 때 "환갑 진갑 다 잡수신 어른이…" 하죠?
환갑 진갑 먹어 보지도 못하고 욕먹는 분이 참 많아요. 그러니까 늙어도 철이 없지. 그냥들 막 산다니까요. 점잖은 것은 아예 쏙 빼고 창피한 것조차도 몰라요. 늙은 게 무슨 큰 벼슬이나 되는 것처럼 고래고래 소리나 질러 대고요.
나도 팔십이나 된 늙은이지만 내가 봐도 참 창피해요. 앞으로 이거 큰일이야! 우리 사회의 큰 문젯거리라고요. 온통 늙은이 세상으로 접어드는데 우짤 것이여? 무슨 대책을 세워야지.
애들은 줄어들고 늙은이만 버글버글한 세상으로 가는데 심각한 일 아닙니까? 회갑연을 안 해 주니 해묵은 원한이 곪아서 누리끼리 썩어 있는 거라. 요거 탁 털어내고 살면 안 그럴 텐데 말입니다.
부모님이 안 하시겠다고 우겨도 떼써서라도 응당 해드려야 할 것이 회갑연인데 왜들 안 챙겨 주고 골치 아프게 당하며 사는지 원!
옷을 곱게 차려입으면 성품도 깔끔해지는 겁니다. 화사하게 옷 입혀 모시면 보기도 좋고 좀 좋아요? 케케묵은 옷 구질구질하게 입히니까 구질구질하게 사는 거예요. 마음이 맑으면 뇌경색 치매 그딴 것

안 생기는 겁니다.

　인간은 3, 4일 만에 곱게 죽어 하늘에 오르게 만들어진 걸작입니다. 본래 마감이 그렇게 되도록 만들어진 것이 사람입니다. 본래가 신선神仙으로 만들어진 겁니다. 징글징글 고생하며 숨통 끊어지는 불량품으로 만들어진 물건이 절대 아닙니다.

　길어야 일주일 누워 있다가 살며시 가게 되어 있는 거예요. 영혼이 가벼워야 해요. 그래야 하늘에 오릅니다. 영혼이 가볍게 죽을 준비도 좀 하시도록 해드려야 합니다. 영혼이 무거운 사람은 힘들게 살다가 힘들게 죽게 마련이에요. 한이 많아서 하늘에 오르지도 못하죠. 이거 필자가 도안道眼으로 보는 확실한 것입니다.

　회갑연!

　이건 우리만 가지고 있는 세계 최고의 자랑거리입니다. 이것이 바로 인생살이 도인데 시방 사라져 가고 있으니 어쩌면 좋아요? 이것이 바로 도입니다.

　이거 세계문화유산에 등록 안 될까 몰라요?

제 29 장

將欲取天下而爲之 吾見其不得已 天下神器 不可爲也 爲者敗之 執者失之 故物或行或隨 或歔或吹 或強或羸 或挫或隳 是以聖人去甚去奢去泰

천하를 움켜쥐려고 억지를 쓰는 사람은,
나는 그가 절대로 못 쥐는 것을 볼 수 있다.
세상은 참 희한한 물건이어서,
인간이 마음대로 할 수 있는 그런 대상이 아니다.
억지로 하고자 드는 자는 반드시 패할 것이요,
억지로 잡는 자 또한 놓칠 것이다.
본래 세상만사 어떠한 일을 하는 경우도
꼭 따라 살펴야 할 것이 있느니,
흑흑거리고 울면 도리어 숨을 뱉게 되고,
강하면 고달픔이 따르고,
남을 꺾으려 하면 되레 무너지게 된다.
본래, 성인은 극심한 것을 버리고,
사치한 것을 버리고,
분에 넘치는 것을 하지 않는다.

도올 번역
천하를 가지려고 발버둥치는 자를 보면,

나는 그 얻지 못함을 볼 뿐이다.
천하란 신령스러운 기물이다.
도무지 거기다 뭘 할 수가 없는 것이다.
하는 자는 패할 것이요. 잡는 자는 놓칠 것이다.
그러므로 사물의 이치는
앞서가는 것이 있으면 뒤따라가는 것이 있고,
들이마시는 것이 있으면 내뿜는 것이 있고,
강한 것이 있으면 여린 것이 있고,
솟아나는 것이 있으면 무너지는 것이 있다.
그러하므로 성인은
극심한 것을 버리고
사치한 것을 버리고 과분한 것을 버린다.

~차이가 많이 납니다.

將欲取天下而爲之 吾見其不得已
장욕취천하이위지 오견기부득이

장욕취將欲取

"수단방법을 가리지 않고 천하를 거머쥐고자 욕심부리는 사람을 보면 나는 그가 얻지 못할 것을 분명하게 본다."

어째서 그것을 볼 수 있는가?

다음 문장에 있겠죠.

天下神器 不可爲也
_{천하신기 불가위야}

"세상은 참 희한한 것이어서 사람이 어떻게 해 보고 하는 그런 대상이 아니다."

사람이 세상을 움켜쥐는 것이 아니고, 세상이 스스로 사람을 선택하여 쓰는 것이라는 말입니다.

천하는 인간이 살아가는 세상을 말합니다.

신기神器의 신神은 영靈의 개념이 아니고, 사람들의 인심을 말하는 것입니다. 세상을 영귀靈魂가 담긴 영물靈物로 보면 안 됩니다.

  神 - 형용사로 그렇게 되어지는 묘한 작용
  器 - 담는 그릇

불가위야不可爲也는 어떻게 해 보고 하는 그런 대상이 아니라는 말입니다.

爲者敗之 執者失之 故物或行或隨
_{위자패지 집자실지 고물혹행혹수}

"강제로 가지려는 자는 패할 것이요, 찬탈하는 자는 놓칠 것이다."

세상일이라는 것은 거기에 따르는 이치가 반드시 있게 마련이라는 말입니다.

或歔或吹 或强或羸 或挫或隳
<small>혹 허 혹 취　혹 강 혹 리　혹 좌 혹 휴</small>

歔 - 흐느껴 울다.
吹 - 입으로 불다.
强 - 억지 부리다.
羸 - 여위다, 고달프다, 약하다.
挫 - 강제로 꺾다.
隳 - 무너뜨리다, 깨지다, 쓸모없게 되다.

혹허혹취或歔或吹는 울고 있는 사람의 모습을 표현한 문장인데, 슬퍼서 흑흑 흐느껴 우는 모습이 흑흑 숨을 들이마시기만 하는 것처럼 보이지만 어떤 경우에도 숨을 내뱉게 된다는 말입니다.
　중국식 표현인데, 좀 생소하죠? 꼭 맞는 말입니다.

혹강혹리或强或羸는 어떤 경우에도 억지를 부려 강해지면 반드시 지치고 고달픔이 따르게 된다는 말입니다.
　강하면 으레 반발을 하는 것이 이치죠. 저항세력을 만들어 내는 것이 강한 자의 숙명이거든요.
　독재자는 말로에 처참하게 무너지는 게 역사 아닙니까?

혹좌혹휴或挫或隳는 꺾으면, 즉 강제로 빼앗으면 어떠한 경우에도 스스로 무너짐이 따른다는 말입니다.
　왜 그런가? 세상은 참 묘한 것이어서 자격 미달인 자가 억지로 빼앗고 차지하면 스스로 그렇게 되게 생겨먹은 것이죠.

다음 문장이 하고 싶은 본 말입니다.

是以聖人 去甚去奢去泰
_{시 이 성 인   거 심 거 사 거 태}

본래 성인은 거심去甚 - 지극히 최고, 거사去奢 - 지극히 사치스러움, 거태去泰 - 지극히 큰 것을 버리는 것이다.

즉, 지나친 것을 하지 않는다.

성인도 이렇게 조심스러워하거늘, 하물며 너 같은 무지렁이는 꿈도 꾸지 마라. 그러다가 몸 상할라! 하는 말입니다.

도올이 좋은 글을 소개했네요.

我有三寶 持而保之 一曰慈 二曰儉 三曰不敢爲天下先
나에겐 세 가지 보물이 있는데 이를 늘 지니고 지킨다.
첫째는 자비로움이다.
둘째는 검약함이다.
셋째는 천하에 감히 앞서지 않음이다.

본서는 '도경'만을 다루었지만, 이 글은 덕경에 나오는 글이지요. 눈 밑에 새겨 귀감으로 삼을 만합니다.

제 30 장

以道佐人主者 不以兵强天下 其事好還 師之所處 荊
棘生焉 大軍之後 必有凶年 善有果而已 不敢以取强
果而勿矜 果而勿伐 果而勿驕 果而不得已 果而勿强
物壯則老 是謂不道 不道早已

군주를 바르게 섬기는 신하는 세상을 다스림에 있어
강력한 무력으로 통제하지 않는다.
그렇게 하면 그 대가가 반드시 되돌아오게 마련이다.
군대가 주둔한 자리는 살벌한 목책만 생기고,
전쟁을 치른 후에는 반드시 흉년이 든다.
난을 막을 때에 어쩔 수 없이 무력을 사용할 뿐
강력한 위엄으로 통치하려는 것이 아니다.
공을 세우고도 오히려 그 공을 아끼지 아니하고,
공훈을 받고도 뽐내지 않으며,
공을 세워 칭송을 받아도 잘난 체 과시하지 않고,
부득이해서 그렇게 된 것으로 여기는 것이다.
공을 세웠다고 강함을 남에게 과시하려 들지 마라.
세상의 온갖 사물은 크면 클수록 일찍 늙는 것이니,
이것을 道답지 않다고 말한다.
바름을 따르지 아니하면 그 수명이 짧아지는 것이다.

도올 번역

도로써 사람의 주인을 잘 보좌하는 사람은
무력으로 천하를 강하게 하지 않는다.
무력의 대가는 반드시 자기에게 되돌아오기 마련이다.
군대가 처한 곳에는 가시덤불이 생겨나고,
대군이 일어난 후에는 반드시 흉년이 따른다.
부득이해서 난을 구해 줄 뿐
무력으로 세상을 억누르지 않는다.
좋은 성과가 있어도 뽐내지 아니하며,
좋은 성과가 있어도 으스대지 아니하며,
좋은 성과가 있어도 교만치 아니한다.
성과가 있었던 것도 단지 부득이해서 그리된 것일 뿐이니,
좋은 성과를 올렸다 해서 강함을 과시하려 하지 마라.
모든 사물은 강장하면 할수록 일찍 늙는 것이니,
이것을 일컬어 도답지 아니하다고 한다.
도답지 아니하면 일찍 끝나 버릴 뿐이다.

_{이 도 좌 인 주 자}　_{불 이 병 강 천 하}　_{기 사 호 환}
以道佐人主者　不以兵强天下　其事好還

"임금을 바르게 섬기는 신하는 강력한 무력으로 세상을 통치하려 하지 않는다. 무력으로 천하를 엄히 다스리면, 겉으로는 두려워 벌벌 떨지만 속으로는 반발심이 생겨나서 반드시 무력을 가진 강력한 저항세력이 생기는 원인이 된다."

이게 역사의 기록이고, 강한 자가 당하는 숙명이지요.

주자主者는 군주君主, 즉 임금님을 말하는 것입니다.

師之所處 荊棘生焉
^{사 지 소 처 형 극 생 언}

"군대가 주둔한 곳에는 살벌한 목책만 세워지고."

형극荊棘은 통나무를 뾰족하게 깎아 엮어서 세운 울타리, 요즘 말로는 철책입니다.

왕필과 도올은 형극생언荊棘生焉을 "가시덤불이 생겨난다"고 번역했네요.

왕필의 주석을 볼까요.

言師凶害之物也 無有所濟 必有所傷 賊害人民 殘荒田畝 故曰荊棘生焉
^{언사흉해지물야 무유소제 필유소상 적해인민 잔황전무 고왈형극생언}

이 구절은 군대라고 하는 것이 흉하고 해로운 것임을 역설한 것이다. 군대는 인민의 삶을 구원하는 바는 없고 반드시 상처를 주는 일만 하게 된다. 인민의 목숨을 빼앗고 농토를 황폐하게 만들 뿐이다. 그래서 "가시덤불이 생겨난다."고 말한 것이다.

도올이 같은 생각으로 따랐는데, 천만의 말씀! 막강한 군사력이 있어야 국가가 유지되고 국민의 생활이 안정되는 것이죠.

이 문장은 군사력을 논하는 게 아니라 군주를 모시는 신하 된 사람의 처신에 관해 말하고 있는 것인데, 너무 앞서 나간 것같이 보입니다.

大軍之後 必有凶年
<small>대 군 지 후   필 유 흉 년</small>

"큰 전쟁 뒤에는 반드시 흉년이 들게 마련이다."

전쟁하느라고 제반 산업시설이 망가지고 인명 피해가 많아 농사를 짓고 산업을 이룩하기에 역부족이 된다는 말입니다. 이것을 인재人災, 인간이 만들어 낸 재난이라고 하지요.

인재 뒤에는 반드시 천재天災도 함께 따르는 겁니다. 날씨가 가물고 돌림병에 병충해가 심해져요.

1, 2차 세계대전 뒤에도 기후 변화로 대흉년이 들었고, 6·25전쟁 후 전염병이 돌았고 송충이와 들쥐의 피해가 엄청났습니다. 중국 통일 전쟁 뒤에는 가물고 벌레와 메뚜기의 피해가 엄청 심했다고 합니다.

요즘은 아프가니스탄, 이라크 등이 전쟁을 치르고 기후 변동으로 지금 세계적인 재난이 닥치고 있습니다.

善有果而已 不敢以取强
<small>선 유 과 이 이   불 감 이 취 강</small>

"도덕적 기준에 비춰 볼 때 도저히 어쩔 수가 없는 형편이라서 그것을 그치게 하기 위해 부득이 전쟁을 하는 것이지, 힘을 과시하여 무력으로 통치하려는 것이 아니다."

果_과而勿矜_{이물긍} 果_과而勿伐_{이물벌} 果_과而勿驕_{이물교}

矜 - 아끼다.
果 - 이루다, 해냈다.
勿 - 마라.
伐 - 공적, 공훈
驕 - 말 타고 창을 비껴들고 다닌다는 글자인데, 화려하게 꾸미고 거들먹거리며 티내고 과시하는 것

"공을 세웠어도 그 공을 아까워하지 마라."
전쟁에서 세운 공을 덜 알아준다고 투덜대지 말라는 것입니다. 포상을 받고 진급되어도 우쭐거리고 과시하지 말며, 공을 세웠어도 교만하지 말라는 뜻입니다.

果_과而不得已_{이부득이} 果_과而勿强_{이물강}

공을 이룬 것 자체도 어쩌다 운이 좋아서 그렇게 된 것으로 여길 뿐이지 자신이 강해서 이룬 것이라고 생각조차 하지 마라. 강함을 과시하면 더 강한 자가 반드시 나타나는 것이다. 겸손해야 한다고 이르는 말이죠.
왜 그런가는 다음 문장에 있겠죠.

物壯則老 是謂不道 不道早已
물장즉노 시위부도 부도조이

"세상 만물은 크면 클수록 일찍 늙게 마련이고, 그것을 말하여 道가 아니라 한다."

여기서 '그것'이라는 것은 矜(아까워함), 伐(과시), 驕(교만함)를 말하는 것입니다. 부도조이不道早已는 인간사에 도를 따르지 않으면 아무리 공을 세운다 하더라도 아침나절에 끝날 뿐으로 영화를 유지하는 수명이 아주 짧게 된다는 말입니다.

이 장에서는 군주를 보필하는 신하된 자가 그 자리 보존을 오래 하고 영화를 누리는 처세 방법을 도라 했습니다.
그럴 수 있죠. 바른길이니까.
~쉬어 갑니다.

개발선사 수월 스님이 소 장사한 얘기

수월水月 스님은 대선사大禪師인데, 워낙 농지 개간을 많이 하셔서 개발선사開發禪師라고도 합니다.

경허선사鏡虛禪師의 수제자이고 만공스님의 도반인데 평생을 숙이고 사신 분이라 대선사인데도 속성조차 박씨(?)인지 알 수 없고 단지 덕행의 파편만 한 토막씩 전해 옵니다.

개심사開心寺에서 정진할 때 절이 온통 환해서 불이 난 줄 알고 동네 사람들이 달려갔다는 말도 전해 오고, 탁발을 다녀도 개가 짖는 일이 없었다는 기록도 있어요.

짚신을 잘 삼으셨는데 삼아서 남의 문전에 두고 가시고, 돈이 있으면 짚신 속에 넣어서 삼거리에 두고 가시곤 했다는 이야기도 있습니다.

이야기 속으로 들어갑니다.

수월 스님이 개심사 산골에 논 서너 마지기를 손수 개간하시고는 논을 팔겠다고 소문을 냅니다. 천수답天水畓이라 가물어도 물 걱정 없고 농사도 쏠쏠하니 잘되고 해서 너도나도 침을 바르는데 3년이 되도록 팔지 않으시고 판다고 말씀만 하시는 겁니다.

흥정 붙이고 구전 먹으려는 녀석들도 이제는 다 시들해진 마당인데 하루는 마을에 다녀오시면서,

"얘들아! 내 논 팔았다!"

하며 좋아하시는 거라.

"스님 얼마 받으셨시유?"

"십 전 받았구먼!"

좋아서 싱글벙글 웃으시면서,

"장사 잘했지? 오 전은 농사지어 받기로 허구."

스님들은 어이없어 하면서 속으로 '못 말려! 또 속아 넘어간 거지!' 하고는,

"아이쿠, 저런! 스님, 반값도 못 받으셨는데 장사 잘하시기는요."

"이눔아! 논은 저기 그대로 있고 십 전 여기 남았잖아! 이만하면 장사 잘한 거지!"

하셨다는데, 요것이 뭔 말씀?!

이걸 무슨 화두로 알고 땡초들이 선문답집에 꼬박꼬박 싣는데요. 이건 화두가 아니고 그냥 스님이 장사를 잘하신 겁니다.

논의 주인이 될 작자를 이미 정해 놓고 개간한 것이잖아요. 사찰 땅이니 누가 함부로 개간할 수 없는 노릇이고, 손수 개간해서 그 사람이 그 논에 농사 지어 그 땅 사도록 소문내면서 3년을 기다려 온 것 아닙니까?

스님이 땅을 뭘 하려고 개간합니까? 역시 수월 스님이 개발대선사시죠.

"스님 그 돈 뭘 하시렵니까?"

"응, 소 장사나 할란다!"

"말도 안 돼!"

셈도 제대로 못하시는 멍청한 스님이 소 장사라니? 또 한 번 더 놀라서,

"스님이 소 장사유~우?!"

했다는데, 소 장사 또 멋지게 합니다. 역시 대선사이십니다.

송아지 사 주면서 하시는 말씀이,

"새끼 낳거든 어미 소는 너 갖구 송아지만 나 주거라!"

하신단 말씀이야.

거꾸로 장사하니 너도 나도 좀 잘되겠어요? 스님들이 하도 어처구니가 없어서,

"스님! 소 장사를 왜 거꾸로 하십니까?"

"이눔아! 거꾸로라니? 장사는 이렇게 해야 잘되는 거야. 벌써 소가 열 마리다."

스님 소는 내내 본전 송아지 한 마리뿐이죠.

다섯 마리로 시작했으면 내내 다섯 마리고요.

이렇게 해서 태안, 해미, 음암 등지로 소 없는 집이 별로 없었다니 대체 스님의 소가 몇 마리입니까? 스님이시니 소 장사 참 잘하시는 거지 뭐요!

신두리가 지금 해수욕장인데 내 고향 충청도 백사장에 요즈음도 쇠똥구리 많아요. 곤충학자들이 생태계 보존 운운하며 신문에도 가끔씩 나곤 하드만. 골프장 개발 어쩌고 하던데, 좋은 곳은 왜 깡그리 절단내며 그러는지 몰라요. 놔두고 보며 후세들에게 물려주면 어디 덧납니까?

여하간, 신두리가 예전엔 아주 외딴곳, 집 두 채뿐이고 농터도 해산물도 없는 살기 힘든 아주 척박한 오지였습니다. 예전엔 소 방목장이었어요, 조선 최초로.

6·25전쟁 전에 신두리 백사장에 소가 한 백여 마리 있던 것으로 기억합니다. '중놈의 소'라고 했거든요.

시골 내 형님도 들은 얘기인데요, 예전에 어떤 스님이 송아지 몇 마리 사다 주면서 어미 소는 차지하고 송아지만 달라 했는데, 몇 번 다녀가더니만 영 안 오시더라는 겁니다.

소가 자꾸만 새끼를 낳는데 어쩔 수 없어서 백사장에 그냥 내버려둔 것이 소 방목장이 된 거라고 전해 오는데, 그때만 해도 사람 사는 시절이라 누가 뭐라고 해도 '소는 스님의 것'이라고 절대 팔지 않았다고들 합니다.

개심사에서 뱃길로는 멀지 않아요.

수월선사가 소 장사를 하신 게 틀림이 없어 보이는 흔적이 더러 남아 있습니다. 스님이 소 장사 참 잘하신 거죠.

세상의 등불 아닙니까? 스님의 소가 지금도 어디엔가 남아 계속해서 새끼를 치고 있을 것으로 여겨지네요.

이런 고마운 분들이 심어 준 사랑의 불씨가 저마다의 가슴속에 남아 전해져 힘은 들어도 그래도 세상은 늘 아름답고 살아 볼 만한 가치가 있는 것이지요.

시간이 지나면 사실도 전설이 되고, 또 지나면 전설도 시간 속으로 흔적도 없이 사라집니다. 아무 일도 없었던 것처럼 말이죠.

이런 얘기는 지워지지 않았으면 싶은 얘기이죠.

제 31 장

夫佳兵者 不祥之器 物或惡之 故有道者不處 君子居
則貴左 用兵則貴右 兵者不祥之器 非君子之器 不得
已而用之 恬淡爲上 勝而不美 而美之者 是樂殺人 夫
樂殺人者 則不可得志於天下矣 吉事尙左 凶事尙右
偏將軍居左 上將軍居右 言以喪禮處之 殺人之衆 以
哀悲泣之 戰勝以喪禮處之

장수가 화려하게 치장을 하고 다니는 것은,
아무리 멋지게 보인다 해도 그것은 복이 되는 물건이 아니다.
어떠한 경우에도 사람들은 그것을 좋게 여기지 않는다.
그래서 훌륭한 장수는 꾸밈새에 신경 쓰지 않는다.
군자는 앉음에 왼쪽을 귀하게 여기고,
군사를 쓸 때는 오른쪽을 귀하게 여긴다.
무술은 좋은 것이 아니고, 더욱 군자가 연마할 만한 것은 못 된다.
무력은 어쩔 수 없는 부득이한 경우만 쓸 뿐이지,
평화스럽고 넉넉한 것이 제일 좋은 것이다.
싸움에 이겨도 그 이긴 것을 좋아하지 마라.
싸워 이기는 것만 좋아하는 사람은

결국 사람 죽이는 것을 즐기는 것이 아닌가!
대체 사람 죽이기를 좋아하는 사람이
어찌 천하의 민심을 얻을 수 있겠는가?
좋은 일에는 왼쪽을 상석으로
흉한 일에는 오른쪽을 상석으로 하는 법이다.
부관 장군은 왼쪽에 최고 장군은 오른쪽에 앉는데,
이것은 전쟁을 곧 상례喪禮로 생각하라는 말이다.
사람을 그렇게나 많이 죽였으면,
슬퍼하고 자비의 눈물을 흘려야 할 일이다
전쟁에는 승리해도 반드시 상례로 처할 것이다,

도올 번역

대저 아무리 훌륭한 병기라도
그것은 상서롭지 못한 기물일 뿐이다.
만물은 모두 그것을 혐오할 뿐이니,
그러므로 道 있는 자는 그것에 처하지 않는다.
군자는 평상시에는 왼쪽을 귀하게 여기고,
전쟁시에는 오른쪽을 귀하게 여긴다.
무기란 것은 도무지 상서롭지 못한 기물이며,
군자의 기물이 아니다.
부득이해서 그것을 쓸 뿐이니,
초연하고 담담한 자세가 제일 좋은 것이다.
개가를 올려도 그것을 아름답게 생각하지 않는다.
승리를 아름답게 여기는 자는 곧 살인을 즐기는 것이다.
대저 살인을 즐기는 자가
어떻게 천하에 뜻을 얻을 수 있겠는가?
길사 때에는 왼쪽을 높은 자리로 하고,
흉사 때에는 오른쪽을 높은 자리로 하는 법이다.
그러므로 부관장군은 왼쪽에 자리 잡고

최고 상장군은 오른쪽에 자리 잡는다.
이것은 곧 전쟁에는 상례로써 처하라는 말이다.
사람을 그다지도 많이 죽였으면
애통과 자비의 마음으로 읍해야 할 것이다.
전쟁엔 승리를 거두어도 반드시 상례로써 처할 것이다.

~차이 많이 나네요.

30장과 연결되는 내용인데, 군주를 모시는 장수가 몸가짐을 바르게 하여 영화를 오래도록 유지하는 방침을 설명한 것입니다.

夫佳兵者 不祥之器
부가병자 불상지기

왕필과 도올은 부가병자夫佳兵者를 대단한 병기로 보고 사람 죽이는 병기가 '佳-아름답다'는 것이 말이 되느냐 하면서 佳의 해석을 新으로 바꿔 첨단 새로운 병기로 해석하며 불상지기不祥之器, 상서로운 물건이 아니다 했는데요. 천만의 말씀입니다.
필자는 병기가 아니라고 봅니다. 병기가 아니고 멋 부려 치장한 장수의 꾸밈새로 옷차림입니다.

　　夫 - 여기서는 대장부로 장수
　　佳兵者 - 화려하게 치장한 군인의 모양새

옛날 장수는 화려하게 치장하고 멋을 부려서 위풍당당하고 사치스러운 것으로 위엄을 보였습니다. 막강한 장수일수록 더욱 심했던 거죠.

갑옷, 투구, 칼, 창, 화살통, 안장, 채찍, 의상 등에 화려한 문양을 넣고 보석 장신구를 달고 화려하게 꾸밈새를 하고 거들먹거리는 장수를 말하는 것입니다.

문장 뒤에 器(그릇)가 있으니까 신예무기, 훌륭한 병기 등으로 운운하는데 천만의 말씀입니다.

그런 말이 아니고, 器는 앞의 문장 부가병자夫佳兵者 장수가 치장한 너덜너덜 달고 다니는 화려한 꾸밈새 장신구를 말하는 것이죠.

불상지기不祥之器는 화려하게 치장한 꾸밈새를 사람들이 좋게 보지 않고, 폼 잡고 거들먹거리고 다니는 걸 좋지 않게 여긴다, 하는 말입니다. 장수를 말하는 게 아니라 꾸밈새를 말하는 거죠.

화려하게 꾸미고 다니지 말라고 충고를 하는 문장입니다.

物或惡之 故有道者不處
물 혹 오 지　고 유 도 자 불 처

물혹오지物或惡之는 "누구라도 다 싫어한다"는 말입니다.

뭘 싫어합니까? 화려하게 치장하고 거들먹거리는 것을….

"사람들은 어떤 경우에도 장수가 화려하게 꾸미고 거들먹거리는 것을 좋아하지 않는다. 본래 훌륭한 장수는 꾸밈새나 장신구 같은 것에 아예 마음을 두지 않는다."

치장에 신경 쓰지 않는다. 그리고 다니는 걸 유치하게 생각한다는 것입니다.

物 - 여러 부류의 사람들
故 - 본래
有道者 - 도를 아는 사람. 여기서는 훌륭한 장수
不處 - 머물지 않는다. 그 짓은 아예 하지 않는다.

왕필과 도올은 物을 만물로 보았습니다. 그래서 "만물은 모두 그것을 혐오할 뿐이다."라고 했죠.
이어지는 문장 해석을 보면 핵심이 빗나간 것입니다. 잘못이죠.

君子居則貴左 用兵則貴右
_{군자거즉귀좌 용병즉귀우}

지체 높은 대신이나 선비들 자리마당에는 왼쪽을 귀하게 여겨 왼쪽이 상석이고, 전쟁 시나 군사 자리마당에는 오른쪽을 귀하게 여겨 오른쪽이 상석이 된다.

兵者不祥之器 非君子之器
_{병자불상지기 비군자지기}

여기서 器가 뭐냐? 하는 것이 문제인데, 이거 골 아픈 겁니다. 잘 살펴보세요.

器 - 그릇 기, 재능 기, 국량 기

그릇이 만들어지는 과정이 흙을 이기고 반죽하고 굽고 하는 많은 공정과 정성이 들어야 되지 않습니까?

값비싼 그릇일수록 수고로운 기술연마가 더 많이 따릅니다.

그 정성과 기술연마를 표현하는 글자가 器입니다. 재능 기, 국량 기, 기량器量 할 때 씁니다.

여기서는 사람의 재능과 도량을 말하는 거예요. 수없이 연마해서 닦은 무술을 말하는 것입니다. 무술은 사람 죽이는 기술, 그래서 좋지 않게 본다는 거지요. 더욱이 군자가 배울 것이 못 된다, 한 것입니다.

왕필과 도올은 器를 무기로 보았습니다. 잘못 본 것이죠. 무술武術입니다. 도올이 왕필을 따라간 해석이죠.

"무술武術 연마는 좋은 것이 못 된다. 더욱이 무술은 군자가 닦을 것이 아니다."

사람 죽이는 기술이라고 말하는 것이죠. 좀 심했지요. 무관武官을 낮추어 똘마니 취급했어요. 무관의 행패가 심했던 모양이죠.

不得已而用之 恬淡爲上
부득이이용지 염담위상

여기서 용지用之가 뭐냐? 쓴다는 것이 뭐냐? 하는 것이 문제가 되는데, 용지는 '무술'입니다.

도올은 용지를 '무기'로 봤지요. 번역의 핵심이 전혀 달라집니다. 무술과 무기는 서로 다르죠. 무기는 병기를 말하는 거 아닙니까?

무술은 연마한 기능이니 무기 없이도 능히 가능하죠. 권법, 쿵푸, 합기도 등 맨손으로 연마해서 하는 것 아닙니까? 활 쏘고 창 쓰는 기술도 연마해야 되는 것이지, 무기만 있다고 되는 것이 아니죠.

"무술은 도저히 어쩔 수 없는 상황일 때에만 써야 되는 것이고, 조용하고 편안하게 대해 주는 것이 제일 좋은 것이다."

옛날 장수는 무력으로 거들먹거리며 우락부락 험상궂게 접주고 했던 모양입니다. 그 짓거리 하지 말라는 말입니다.

왜? 수명이 짧아지니까요.

이 장은 장수가 오랫동안 영화를 유지하는 처신에 관하여 한 말이거든요.

^{승이불미} ^{이미지자} ^{시락살인}
勝而不美 而美之者 是樂殺人

"싸움에 이겨도 아름다운 것이 못 된다. 승리만을 좋아하는 자는 결국 사람 죽이기를 좋아하는 것이 되기 때문이다."

^{부락살인자} ^{즉불가득지어천하의}
夫樂殺人者 則不可得志於天下矣

"무릇 사람 죽이기를 좋아하는 사람이 어떻게 천하의 민심을 얻을 수 있겠는가?"

힘깨나 쓴다고 험상궂게 우락부락하고 다니면 공을 세우고도 자칫 원성을 사게 된다고 이르는 말씀입니다.

득지어천하得志於天下에서 천하는 '민심'으로 번역합니다. 즉, 민심을 얻는다. 천하를 '세상'으로 번역하면 역모로 문장의 번역이 잘못 됩니다.

도올은 그냥 천하라고 했군요. 여기서는 단지 사람들의 원성을 사고 안 사고 하는 정도를 말하는 것입니다.

吉事尙左 凶事尙右
_{길사상좌 흉사상우}

좋은 행사에서는 왼쪽을 상석으로 쓰고, 흉한 의식일 때는 오른쪽을 상석으로 쓴다.

偏將軍居左 上將軍居右 言以喪禮處之
_{편장군거좌 상장군거우 언이상례처지}

군에서는 좌석의 배열이 반대로 부장군은 왼쪽, 상장군이 오른쪽인데, 그 이유는 상례를 따르기 때문입니다. 죽는 것을 전제로 해서 정한 예절이지요.

"부장군은 왼쪽에 앉고 상장군은 오른쪽에 앉는다."

이게 뭔 말인가 하면, 풍수지리 얘기인데…. 사람이 앉을 때 앞쪽을 북(현무)으로 보고, 뒤를 남(주작)으로, 왼쪽을 동(청룡), 오른쪽을 서(백호)로 봅니다.

동쪽(청룡)은 아침, 떠오르는 태양, 젊음, 왕세자로 보고, 서쪽(백호)은 석양, 지는 해, 소멸 등으로 보지요.

지리서地理書에 산소에서는 시신이 앉아 있는 것으로 따져서 청룡이 낮으면 그 집안 가문에 남자가 잘 안 되고, 여자가 잘된다 하는 말이 있습니다.

좌의정이 우의정보다 세력이 더 높지요.

편장군(부관)이 왼쪽 청룡자리에 앉는다는 것은 전쟁 시에 부장을 보호한다, 나는 죽더라도 부장을 보호하여 내 후임을 두게 한다는 죽음의 예로 부관을 배려한다는 것입니다.

흉한 일에는 오른쪽을 상석으로 한다는 것이죠.

殺人之衆 以哀悲泣之
(살인지중 이애비읍지)

전쟁에서 승리했다는 것은 수많은 사람을 죽인 결과이니, 슬프고 애통의 눈물을 흘리는 마음으로 임해야지 승전을 축하하는 기쁨으로 임해선 안 된다.

옛날에는 전쟁에서 승리하면 싸움터 현지에서 크게 잔치를 했습니다. 승전 축하죠. 그거 크게 하지 말라는 겁니다. 왜일까요?

적군이든 아군이든 간에 죽은 자에 대한 명복을 빌며 상례로 하라고 하는 겁니다. 민심을 먼저 생각해야 한다는 것이죠.

승전 축하! 축제로 하면 결코 민심이 따르지 않게 된다고 이르는 말입니다.

누구에게 하는 말인가요? 바로 장수에게 이르는 말이죠. 공을 세워 영화를 오랫동안 누리라고.

틀림없는 말입니다. 역사적으로 유명한 장군은 다들 그랬습니다.

戰勝以喪禮處之
_{전 승 이 상 례 처 지}

"전쟁의 승리는 반드시 상례로 해야 하는 것이다."

승전 축하! 팡파르하지 말고…. 그러면 참 좋겠네요. 적군이라도 전쟁에는 죄 없는 자가 죽었거든요.

단지 서로 간에 필연일 뿐이고 서로가 똑같은 피해자일 뿐인데 하물며 전사한 사람은 더 말할 게 있습니까? 모두 함께 위로하고 영혼이나마 편하라고 명복을 빌어야죠.

이렇게 하면 공을 세우고 민심을 얻어 영화를 오랫동안 누리게 된다고 무관에게 교육시키는 문장입니다. 전쟁이나 평화를 말하고 있는 문장이 아닙니다. 승전의 기쁨은 이긴 자의 축하보다는 살아남은 자의 기쁨이죠.

~쉬어 갑니다.

닭싸움에 울었던 필자 이야기

아무리 둘러봐도 좀 그럴싸하게 생겨먹은 데라고는 절대로 없는 내 고향 충청도 산골. 지금은 죽고 떠나고 텅 비어 허전하기까지 하지만, 내가 꼬맹이 적만 해도 심가沈家네 집성촌에 타성바지 몇 집이 끼어 살고 있었지요.

좌의정에 자제분이 한성부원군에 강화도감찰사, 한때는 잘나가던 명문세도가였는데, 다음 분이 정유재란 때 소근진所斤鎭 수장군水將軍

으로 오셔서 잘못되는 바람에 내리 8대가 땅이나 파먹고 살아왔는데…, 그렇게 된 내력조차 모르면서 그냥들 막 살았어요. 먹고살기가 너무 팍팍했으니까.

나라님이 수군水軍을 없애려면 응당 장졸將卒은 거둬 주고 챙겨 줘야 하는 것 아닙니까?

원균이 대패하자 아예 수군 해산하고 참전용사를 현지에 그냥 내버리면 그들은 어찌 되라는 겁니까! 나라의 도는 이미 여기서 거덜 난 것이고 '대왕' 소리 듣기 낯부끄럽지요. 선조대왕 사실 창피한 임금이 아닙니까.

이순신이 노량해전에 수군통제사쯤으로 출전한 줄 아는데 천만의 말씀이야! 순전히 민병대장이였던 거라. 백의종군이 뭔지나 들 알아요?

흰옷 입고 전쟁에 나간 것이 아니라 관직을 박탈한 겁니다. 나라에 수군을 없앴으니 계급장 떼고 완전히 민간인이야, 민간인! 왜놈 쪽에서 보면 비적이라고요.

명나라 수군제독으로 참전했던 진린陳璘의 기록에도 있어요.

비적 이순신이 노량해전에서 내 말 몽땅 무시하고 왜군을 모조리 작살내고 싹쓸이해서 수장水葬시켜 버린 아주 고약한 비적이라고 씌어 있어요.

얼마나 억울하고 분통이 터졌으면 유언이, "배우기는 하되 벼슬은 절대로 하지 마라!" 했을까요?

한을 품고 대물림하는 집안이고, 나 또한 그 속에서 한심하게 태어난 거지요. 왕밤 씨알이면 뭘 합니까? 산속에 떨어지면 쥐밤이 되게 마련인 걸!

옹색한 터전에 **빽빽**이 처박혀 살다 보니 모두가 섭섭하고 한이 많은 거죠. 허구한 날 동네가 시끌시끌 쌈박질이었어요. 다들 어려운 때라 끼니 거르는 사람 부지기수요, 누렇게 들떠 가지곤 어디 잔칫집이 생길라 치면 으레 쌈이 터지거든….

허기야 빈속을 탁배기로 채우다 보니 꼭지가 돌아서 주정으로 시작되기도 하지만, 모두들 배고프고 한이 많아서들 그랬을 겁니다.

그때 쌀 섞어 먹는 집 몇 안 됐고, 목구멍이 껄끄러운 꽁보리밥도 부러워들 했으니까요. 점심은 건너뛰기 일쑤였고 무엇으로든 그냥 때우면서들 살았지요. 나도 그냥 뭐나 한번 실컷 먹어나 봤으면 그게 소원이었어요. 사는 게 모두가 그 지경이니 한인들 좀 많아요?

탁배기 한잔 걸치면 으레 케케묵은 감정이 울컥 치밀어 가지고는 공연한 걸 가지고도 쌈박질로 가는 거라. 싸움 자체가 승부를 내는 싸움이 아니고 감정싸움이라, 뜯어말리고 늘 무승부로 끝을 보게 마련이지만 그게 나중 어떤 날 또다시 시작되곤 하는 거지요.

꼬맹이 적에 난 어디서 싸움만 터졌다 하면 개싸움이건 닭싸움이건 간에 신들린 놈처럼 쫓아가곤 했어요. 싸움판에 내가 안 보일라 치면, "그 애 어디 아픈가? 안 보이네!" 묻는 정도였으니깐. 뭐니 뭐니 해도 싸움은 역시 사람 싸움이 볼만한 것이죠.

동네 싸움이라는 건 내용 자체가 시시해요. 처음에는 술 같이 먹고 잘들 지내다가도 으레 말꼬리를 물고 시작되거든. 처음에는 언성이 좀 높아지다가 삿대질하고….

삿대질 그게 시작이야! 끼니도 못 이어 누렇게 떠가지고들 사는 처지에 그까짓 삿대질이 뭐가 그리 대단한 거라고, 체면만은 어떻거나 세워 볼 심사로 "얻다 대고 함부로 삿대질하느냐?" 이거야! 그까짓

거 좀 하면 어디 덧나나?!

　순식간에 목청을 높이며 벌떡 일어나서 한바탕 벌일 듯싶지만 대개는 거의가 그냥 사그라지게 마련이지. 사람들이 말리고 어찌어찌해서 그냥 찌그러들고 말거든요.

　헤어져 돌아가다가 분한 김에 울컥 중얼거린 욕질이 그게 진짜배기 시작이라.

　"자네 시방 뭐라고 했어! 응. 그래, 야~아 인마!"

　걸쭉한 욕설이 터지고 서로 삿대질을 해 대며 핏발을 세우는데, 이쯤 되면 체면이고 나발이고 몽땅 내동댕이치고 울컥 짐승이 되어 가지고는 동작이 빨라지지. 성깔 있는 분이 으레 팔뚝을 걷어붙이고 달려들거든요.

　폼 좋고 한 가닥 할 것 같지만 대개는 약질이야! 짐승처럼 달려들지만 으레 멱살을 덜컥 잡힌단 말씀이야. 촌 싸움은 번번이 멱살잡이 싸움이거든.

　멱살을 비틀어 움켜쥐고는 밀고 당기고 옥신각신하다가 벌렁 나자빠지면 승부는 이미 결판난 것인데도 망신만은 어떻게든 모면해 볼 심사로, "너 오늘 임자 만난 줄 알아라!"

　웃통을 벗어부치고 손바닥에 침을 탁 뱉고 죽일 듯이 악을 쓰며 달려들지만 마음뿐이지 싸움은 욕심대로 되는 게 아녜요. 밀치고 당기고 몸싸움을 하다가 힘 빠지면 제풀에 지쳐 모가지 처박으며, "죽여~ 봐아. 어디 죽~여 보라니께에!"

　싸움은 여기서 끝을 내는 거예요. 뜯어말릴 때 끝을 내줘야지, 더 끌다가 힘 다 빠지면 집에 못 가거든요.

　뜯어말려 주면 못 이기는 체하고 돌아서서는, "너어~ 어디 두고 오~ 보자아~! 내일이 너어~ 제삿날인 줄 알아라!"
 엄포를 놓고는 비실비실 집으로 가는 거지요.
 이게 동네 싸움질이고 싸움의 정석定石이니 싸움의 도라고도 말할 수 있는 것이지. 진짜 나 신바람 나게 쫓아다녔네요.
 어디서 싸움이 났다 하기만 하면 밥 먹다가도 숟가락 내동댕이치고 바람처럼 달려갔으니까. 신들린 놈이지, 꼬맹이가. 그게 나였어요.
 참 억수로 쫓아다녔네요. 신들린 거지, 그게 어디 누가 시킨다고 했겠어요? 저 좋으니까 하는 짓이지!
 싸움이라는 것은 싸움을 말리는 말림꾼, 그분의 역할이 아주 중요한 거라고요. 승부를 조작하고 재미를 붙여 주는 것은 다 그분의 몫인 거야. 그분이 잘해 줘야 재미진 싸움이 된다고요.
 싸움은 그냥 뜯어말리는 게 아니야. 동네싸움은 말리면서 으레 편을 들어 주게 마련이지. 친인척 좋다는 게 뭔데? 바로 그거야! 상대가 거칠고 험하게 나오면 꼬투리 잡아서 대신 붙어 주지. 그게 의리야.
 그러면 새 싸움이 터지는 거야! 볼만하지요. 빠지면서 꼬투리 잡아 슬며시 넘겨받는 거, 고거 참 재미져요.
 고게 싸움판 기술 중에서도 기술인데, 삼촌네 큰형님은 기술이 역부족인데다가 편을 너무 세게 들어 주시는 거라. 내가 늘 봐도 그게 아닌데 말이야! 정도正道가 지나치다는 거지. 뭐든지 정도가 지나치면 언젠가는 일내는 거죠.
 형님이 어느 날 그거 잘못하다 새 싸움으로 번져설랑 논두렁에 처박힌 거라. 코피 터지고 얼굴 상처 나고 망신 톡톡히 당했지. 도가 아니면 늘 그렇게 되게 마련인 겁니다.
 원래가 약질인데다가 술에 취해서 새 판싸움은 떼고 말리고 할 겨

를도 없이 그냥 제풀에 꼬꾸라진 건데, 삼촌이 쫓아오고 벌컥 뒤집혀서 생난리 법석을 쳤어요.

사람이 뚝심이 있어야지 남의 싸움질에 끼어들어 편도 들어 주고 하는 건데, 그 형님은 나서기는 잘 나서는데 내가 봐도 늘 불안하더라니깐. 편도 어느 정도껏 들어 줘야 하는 건데….

집에서 내게 형님의 싸움 얘기 다 들어보시더니만, "작은아버지가 가만있지 않겠는걸!" 하시더라고요.

난 또 큰 구경거리가 생기는구나! 하고 잔뜩 기대하고 있었는데 아무 일도 생기질 않고 심심해 죽겠는 거야. 한참이나 지나서 삼촌이 장에 가서 수탉을 사 왔어요.

여기서부터 문제가 생기는 거라.

수탉 한 마리가 온 동네 인심을 거덜 내고, 친인척 간에 기막힌 일들이 벌어지는데…. 친척이고 나발이고 간에 싸~악! 안면몰수하고요, 닭판인지 개판인지 사람도 닭도 연일 싸움이 벌어지고 시끌벅적 퍼렇게 날 세워 쑥대밭 되는 동네에 결국에는 꼬맹이 나도 당당한 주연급으로 끼어들게 된 거라.

와! 수탉이 엄청 커요. 개만 한데, 참 멋지게 생긴 것이 꽁지도 아주 길고 벼슬도 높고 추~욱 늘어진 게 신비스러워 보이는 거 있죠? 꼬~끼~오! 울면 동네가 지르릉~ 산 메아리가 울리곤 하는데 눈이 부리부리한 것이 존경스럽더라니까.

정말 엄청나! 그렇게 크고 잘생긴 닭 처음 보았네요.

그런데 한 달포나 지났을까? 고놈이 슬슬 일내기 시작하는 거라. 역시 인물값 하더구먼.

터전을 잡더니만 야금야금 영역을 넓혀 나가는데, 어느새 윗말 박씨네 닭 몽땅 제 계집으로 만들었지 뭐야! 그 집도 장닭이 있는데, 그놈도 센 놈인데 3일 만에 완전히 묵사발 낸 거야!

보통 장닭은 제 집 근처에서 제 식구 거느리고 놀지 남의 계집 강도질 안 해요. 경계구역이 있어요. 자기 구역을 침범하면 보호수단으로 쫓아내는 거지. 그러면 또 쫓겨 와 주고. 닭이라고 아무렇게나 막 싸움질 하는 게 아니야.

낯익은 동네 닭끼리는 싸움 붙이기 힘들어요. 좀처럼 안 싸운다니까…. 싸움거리를 만들어 줘야 하는데 이거 쉽지가 않아요. 먹는 것 갖고는 닭은 절대 싸우는 일이 없어요. 우리네 사람보다 훨씬 낫지.

닭의 사회에도 엄연한 규범이 있고 칼날 같은 윤리가 있는 거야. 도가 있는 셈이지. 닭싸움은 닭의 윤리문제야. 존심 있는 놈들이야, 닭들이….

그런데 도를 모르는 별종 하나가 들어온 거지. 완전한 변태라!

삼촌이 그걸 알고 사 온 거지. 장에 가서 비싼 돈 쳐 주고 말야. 삼촌이 좀 그런 어른이시거든.

며칠 쉬더니 당숙네 장닭하고 또 붙었지. 단 한나절 만에 묵사발 만들고 몽땅 제 계집 삼고. 우리 닭은 뭐 붙었다고 볼 수도 없었어. 처음부터 겁먹고 비실비실 쫓기면서 머리통 깨지고 제 계집 상납했으니깐. 승승장구하는데… 참말로, 세긴 엄청 센 놈이야!

며칠 지나니까 양지마을까지 원정을 나가는데, 온 동네가 고놈, 고 잘생긴 놈 하나 때문에 발칵 뒤집어져 가지고는 핏발 세우고 앙칼지게 생난리가 났었지.

난 참말로 재미진 생활이라 신바람이 나설랑 고놈이 어떻게 하고 있나, 또 무슨 짓을 꾸미나? 그걸 살피는 게 내 일과요 생활이라.

요샛말로 치면 닭 연구가지. 공부 참 많이 했네요.

닭이라는 게 한바탕 전쟁을 치르고 나면 금방 또 다른 놈하고 안 붙어요. 한바탕 전투를 하고 나면 이긴 놈도 벼슬이 시퍼렇게 변한다구. 벼슬이 다시 빨그스레해지고야 다시 한판 붙는데, 회복이 20여 일은 지나야 제대로 된다구요.

진 놈은 아예 문밖출입도 잘 안 해요. 제 집에서도 왕따로 혼자 놀아. 제 계집 올라탈 생각도 아예 안 하고. 이것이 닭 세계의 도인 셈이야. 싸움에서 진 닭은 참 비참한 거야! 축 늘어져 가지고 꼬끼~오 하고 울지도 못해요.

박씨네 닭 눈깔 빠져 장님 됐지, 당숙네 수탉 묵사발 나서 마당에도 얼씬 못하지, 우리 닭은 말할 것도 없고, 이제는 양지마을까지도 거의 망가져 가는 판인데….

닭이라는 것도 바람기가 세고 남의 계집을 더 좋아하는 것 같더라고요. 멀쩡한 제 계집 내버리고 해만 뜨면 쪼르르 용케도 알고 남의 집 가서 판을 치는 것을 보면, 닭 날갯죽지가 풍이 세다는 말 맞는 말일 거야!

어디서 수탉 울음소리가 나면 며칠 뒤에는 영락없이 그 집 쳐들어가서 또 한판 붙는 거야. 며칠씩이나 싸움질할 때도 있지. 해가 지면 휴전하고 다음 날 아침 10시쯤 되면 다시 붙는 거야. 어제 그 장소에 약속이나 한 듯 누가 먼저라고도 할 것 없이 어김없이 제 시간에 딱 만나니까.

목마르잖아? 물 먹고 또 붙어요. 비가 오면 며칠이고 간에 휴전이야. 싸우는 걸 떼어 놓으면 멀찍감치 돌아서 또 만나 붙는다구. 잘 보면 고거 참 신기한 거 많아요.

항복하고 도망가면 딱 끝나는데 제 계집이 보고 있으면 절대 도망 안 가요. 죽기 살기로 끝까지 가는 거지. 암탉은 제 서방 뒈지거나 말거나 멀뚱멀뚱 쳐다만 봐요.
　닭싸움이라는 게 제 계집 강간하려 들어야 막 붙는 거야! 이기고 나서는 남의 계집 냉큼 올라탄다구. 지고 당하는 놈 심사가 오죽할까? 살맛나겠어요? 죽는 게 차라리 더 낫지요. 그때는 그것까지는 미처 몰랐는데 이젠 알 만하네요.
　닭싸움이 사람싸움으로 번져 가지고 동네가 하루도 조용한 날이 없는 거라. 맨날 날 세워 핏발질이야!
　모조리 여자들 싸움판인데 악다구니만 써 대지 이건 볼거리가 안 되는 거야. 차라리 닭싸움이 더 낫지.
　여자들 싸움, 부부싸움, 그 딴 건 절대로 난 안 가요. 사납고 악발만 써 대지 진짜 재미대가리가 없거들랑. 너무 사나워.
　그러던 어느 날, 어머니가 삼촌하고 한판 붙었것다.
　고놈의 닭을 갖고 삼촌을 심하게 나무라는 거라. 삼촌이 나이가 위이시지.
　"아, 형수님! 내가 닭보고 싸움질하라고 시키기라도 합디까? 닭이 그러는 걸 날 보고 우째란기요. 오죽하면 닭고집이라니…."
　우리 어머니 고 성깔 발끈해서,
　"태화太和 씨(삼촌 호), 그 말씀 한번 잘두 하셨네! 내 요번 참에 서울 갔다 올 적에 겡까도리 사 올 테니 어디 두고 봄세!"
　"맘대로 하~슈. 겡까도리를 사 오든지 쌍까도리를 사 오든지. 아~ 헤~엠!"
　뒷짐 지고 점잖게 휘적휘적 건너가시더라고. 어머니가 약이 바짝 올라 바르르 떨어요.

"엄니, 그게 뭔데유?"

"그런 게 있다. 너 좋은 구경하게 될 거다!"

며칠 뒤에 어머니가 서울 형님 댁에 가셨지. 나는 기대감에 부풀어 흥분해 가지고 동네 애들한테 구라빨을 치고 다니는 거야. 순전히 생으로 깽똥거린가 뭔가 하는 것을 어머니가 사 가지고 오는 날, 저딴 거는 즉시 골태골로 간다는 거지!

애들도 덩달아서 좋아 죽겠고 깨지고 작살내는 그림이 눈에 훤히들 보여. 신바람이 나설랑 한 소리를 또 하고 또 하고 맨날 목이 빠지게 기다려 왔는데, 아 글쎄! 병아리 새끼를 사 오셨지 뭐야. 참! 어이가 없어서….

메추리처럼 생겨 처먹은 게 첫눈에 봐도 물건이 그게 아니야. 싹수가 영판 틀려 처먹었더라니깐. 병아리라도 그렇지!

내가 쌈질하는 닭 어디 한두 번 본 놈이야? 그거 보러 다니는 게 내 생활인데…. 실망 정도가 아니라 그냥 한심해지는 거 있지요? 속이 뒤집혀설랑 무식해도 엄마가 그렇게 무식해. 어지간한 걸 사 오시지. 기가 막혀 진땀이 나고 속이 부글부글 끓어설랑,

"엄만 몰라도 그렇게도 몰라? 어른이. 이게 뭐야! 뭐냐구~우?"

찔끔거리며 징징거렸지. 화딱지가 치밀고 엄마가 밉더라니까요.

"새끼라서 그렇지 크면 괜찮다. 헛간에다 가두구, 깨구락지도 잡아다 주고 그래라!"

속이 터지는 거야! 난 본래 개구리 그 딴 거 못 잡는 줄 뻔히 아시면서…. 신경질이 나고 속이 뒤집혀서 그냥 바글바글 끓는 거 있잖아? 머리가 가렵고.

송사리 미꾸리 엄청나게 공양하면서도 보면 볼수록 비참해지는 거야! 처먹기는 억수로 처먹어 대면서도 별로 크지도 않고 모가지만 기다란 게 비쩍 말라비틀어져 가지고는…. 정말 물건이 그게 아닌 거야!

꽁지도 없는 게 벼슬도 쪼빗뽀삣 재수대가리 없이 껍적대고 촉삭맞게 생겨먹은 데다가 키는 껑충하니 애들 치마 훔쳐 입은 거지꼴을 해 가지고는 수탉이라는 게 꼬~끼~오 하고 울지도 않아요. 그게 수탉의 멋인데 말야.

삼촌네 닭은 얼마나 큰데! 개도 얼씬 못하고 생긴 게 벌써 힘깨나 쓰게 생겼지. 싸움은 아무나 하는 줄 알아? 우선 덩치가 있어야 하는 거야! 저딴 게 뭘 해, 하기는! 주먹만 한 것, 척 보면 아는 거지. 쳐다보기도 싫어요.

동무들도 실망해설랑은, "야! 어림 턱도 없다. 저 딴 게 뭘하냐?" 빈정거리면서 날 놀려 대는 거라.

사실 내가 구라가 좀 심했거든. 아마 크면 송아지만 해진다고 말했을 거야. 이젠 공양도 나 혼자 책임지는 건데 참 힘들데요.

희망 없는 일에 정성을 들인다는 게 얼마나 힘들고 하기 싫은 짓인지 그때 터득했구면요. 평생 살면서 뭘 시키지 않는 사람이 나야. 그때 터득했다니깐. 사람은 시키면 하기 싫고 기분 떨어져요. 공연히 심술이 나서 시큰둥하던 어느 날 어머니가 제 귀를 잡아당기는 거예요.

"삼촌 일 가거든 몰래 풀어줘라!"

"엄니, 저거 죽으면 워쩔라구? 삼촌네 닭은 얼마나 큰데. 삼촌이 좁쌀도 주고 하시더만."

어머니 발끈해 가지고는 ㅡ.

"믿어! 믿으라구!!"

"저, 쬐꼬만 걸?"

아무 말씀 안 하시고 휑하니 나가시는 거라. 깨져서 묵사발 터지는 것은 보나마나 뻔할 뻔 자이고 걱정이 돼서 집에 형님한테 물었어요.

"형! 어쩔까?"

"이긴다, 이겨어! 엄마가 누군디이. 걱정 마러어! 작은 고추가 더 매운 거여!"

그런 것도 같더라구요. 형 말을 들어 보니깐 마음이 좀 놓여설랑은 삼촌이 어디 가시기를 망을 보는데 도무지 안 가시는 거야. 참말로 환장하겠더구먼. 조바심이 나서 죽을 지경이었어요. 동네 애들 다 모가지 빠지고.

고놈의 닭을 보고 주먹질해 대면서, "너 내일이 네 제삿날이다." 그러기를 십여 일 넘게 했나? 참 세월 길기도 하더구만. 징역쟁이들 그래서 폭삭 늙는다는 말 맞아요.

드디어 그날이 되었것다. 풀어 주자마자 아 글쎄! 총알처럼 달려가는데 날갯짓을 하며 춤을 추고 가는 거야! 어이가 없어서….

아니 쌈박질하는 게 그렇게도 좋아 미쳐서 뛰어? 정말 대단하더라고요. 이건 싸움질이 아니고 살인이야, 살인! 닭이니까 살계인가?

쬐끄만 게 달려들어 홀짝홀짝 뛰어넘어 혼을 빼고는 발로 차고 찍어 대는데, 삽시간에 피범벅이 되고 벼슬이 그냥 찢어지고 하는데…. 이건 싸움이 아니고 깡패야 깡패!

"우아!?" 모두들 입이 딱 벌어졌지.

싸움이라는 것도 프로레슬링처럼 엎치락뒤치락해야 뭐가 좀 재미지고 볼거리가 있는 건데 이건 전혀 그런 게 아닌 거라.

싸움이라는 것은 무슨 싸움이든 간에 법도가 있고 예절이 있고 그런대로 율律이 설정되어 있게 마련이야. 닭싸움도 순서가 있는 건데, 그게 싸움의 도요 예절이지.

순서대로 싸움을 하는 거지 초장부터 막 찍어 대면 반칙이야. 그게 무슨 놈의 싸움이야, 깡패지! 깡패가 뭔지 알아? 정당한 방법을 쓰지 않는다는 거야. 도에 어긋난다 이거야.

싸움은 어디까지나 승부야! 승부!

승부라는 것은 이기고 지는 정당한 행위지. 죽이고 병신 만들고 하는 그따위 추잡한 짓 하는 것이 아닌 게야. 닭싸움도 아무렇게나 막 해대는 게 절대로 아니라니까. 순서가 있고 예절이 있는 거야.

처음에 갸우뚱거려 째려보며 깃털을 세워서, "뭘 봐! 한판 붙어 볼래?" 그게 신호야!

깃털을 곤추세우고 몸집을 크게 부풀려 상대의 기氣를 꺾으려고 빙빙 돌면서 고갯짓을 하면, 그때 암탉들은 조용해지고 움직이질 않아. 먹지도 않고 숨을 죽이며 승부를 지켜보는 거야.

털을 세우고 목을 길게 빼면 싸움이 시작되는데, 싸움질해 대기 좋은 장소로 서로 노려보며 이동을 한다구. 안 따라오면 기권이고.

아무 데서나 안 싸워요. 싸울 장소에서 싸움질하지. 사람보다 훨씬 낫고 신사야. 암탉들도 함께 따라 옮긴다구.

길게 모가지를 빼서 땅바닥에 붙이며 노려보면서 끄떡끄떡 인사를 몇 번 하는 거야.

"무슨 방식으로 할래?"

규정을 서로 타진하는 싸움판의 예절이지. 빙빙 몇 바퀴 돌지. 금방 안 붙어, 계속 기싸움이야. 훌쩍 뛰어서 몸을 부딪쳐 보기도 하고 엄포를 놓는 거라. 내 힘을 느껴 보라는 거야.

서로 으르는 거지 실제 싸움이 아니야. 안 찍어. 으름장을 놓는 거지. 겁주는 거라고. 훌쩍 뛰어넘고 발로 차고 하지만 실제 싸움은 아니야.

상대가 기죽어서 목의 깃털을 내리면 기권으로 치고. 승자는 날갯짓을 크게 하고는 "고~고~곡!" 한다고. "꺼져~" 하는 거지.

진 놈은 목을 늘어뜨리고 엉덩이를 흔들며 도망질 치고 그러면 승자는 쬐끔 쫓아가는 척하다가 말아요. 닭싸움은 대개 이렇게 끝나지요. 찍히고 피 흘린 싸움도 승부는 늘 이렇게 가리는 거라구. 사람처럼 비겁하게 치사한 짓은 절대 안 해요.

지더라도 내일 싸움터에 나가서 당당히 예절을 갖춰 져 주지, 안 나가고 피하고 그런 건 없어요. 붙들어 매 놔도 풀어 주면 또 가거든. 승부를 내주러 가는 거지 싸움질하러 간다고만 볼 수 없어요. 몇 판 붙지도 않고 돌아서는데 뭘 깔끔하게 승복해 주려고 가는 거라구. 몰라서 사람들이 고집으로만 보는 거지.

닭은 신사예요. 싸움에 지고 한번 "형님" 하면 영원한 형님이야! 우러러 모시고 제 계집 다 내줘요. 안 보는 데서도 치사하게 옆구리 쿡쿡 찌르고 딴 짓거리 절대로 안 하거든.

그런데 내 닭은 처음부터가 반칙인 거야. 완전 변태지! 싸움의 도를 모르는 무식한 놈인 거예요.

세상에 그 따위로 하는 싸움이 어디 있어? 순서고 나발이고 내동댕이치고 초참부터 죽어라 하고 막 찍어 대는 게.

세상에 저게 닭이야? 솔개지! 생긴 것부터가 싸가지 없고 치사하게 생겨 처먹은 것이. 싸워 보라 했지 누가 죽이라고 했나?

싸움질도 참 더럽게 하는 거라. 어이가 없어서! 재미는커녕 소름이

쫘~악 끼치는 거 있죠? 무섭더라니까요.

기권하고 도망치려 하는데도 가로막고 사정없이 계속 찍어 대는 거야! 그냥 죽이는 거지. 와! 무섭데요. 진짜 처참해요.

완전히 저게 미친 거지. 싸움질도 사실은 재미로 하는 건데.

"야! 저거 죽겠다!?"

누가 먼저랄 것도 없이 막대기로 뜯어말리는데 그게 어렵더라니까요. 겨우 구출해서 내가 안고 있는데 나한테도 막 달려들어요.

세상에! 글쎄 내가 누구야? 제 놈의 주인이시고 혀가 빠지게 공양을 한 어른이신데 안면 싸~악 몰수하고 막 달려드는 거야!

무서워서 친구들이 막대기 들고 호위해서 삼촌 집에 몰래 갖다 놨다니까요. 애들이 너무 놀라서 얼굴만 쳐다보고 말도 안 했어! 갑자기 울먹해지고 눈물이 나는 게 우울해지더라구요. 완전히 배신당한 기분이야. 참! 더러워서.

싸움질도 어느 정도 상대방을 봐 가며 하는 거지, 도망치는데도 막아서며 마구 찍어 대? 무식하게시리. 그걸 싸움이라고 해?

싸움은 어디까지나 승부야, 승부!

더러운 자식. 치사하게 생겨 처먹어 가지고 싸움도 더럽고 치사하게시리.

"그게 싸움이냐? 미친 지랄 하는 거지!"

침을 탁탁 뱉었지.

"형. 저건 닭이 아니야. 솔개지?"

"싸움닭이라더라!"

"싸움질만 하는 닭도 있나?"

"세상에는 별거별거 다 있어!"

"형! 나 저거 죽었으면 좋겠어. 보기도 싫어! 미워 죽겠다구~웅~!"
또 훌쩍거렸던 거지. 그렇게 멋있고 잘생긴 닭을 그따위로 찍어 작살을 내다니…, 나도 참!

그때 나 엄청 슬펐어요. 밥도 먹기 싫어. 그 신비롭고 당당하던 녀석이 뒷마당에 처박혀서 세상을 등지고 살게 될 줄이야. 불쌍하고 미안해서 코끝이 찡하고 또 훌쩍거린 거야.

세상이 아무 재미대가리두 없고 시무룩하게 지내다가 병이 나서 몇 달을 앓았다니까. 그 일로 해서 나는 싸움판에 흥미를 잃게 되고 아무 재미도 없이 보내다가 어느 날 글공부에 취미가 생겨서 서당이라는 데를 또 신들린 놈처럼 다니게 된 거라. 대여섯 살 적 일이지.

삼촌이 그때 얼마나 속이 상하셨을까?

어깨가 축 늘어져서 다니시던 모습이 지금도 눈에 선하네요.

동네사람들은 속으로는 좋으면서 의뭉 떨었지. 우리 집은 그때부터 닭을 키우지 않았고, 점차 닭 키우는 집도 몇 안 됐어.

삼촌과 엄마는 서로 별 말씀도 없이 지내셨지.

마을에는 이런저런 일들이 늘 꼬리를 물고 이어지게 마련이고, 사람들은 몽땅 까맣게 그 일을 잊고도 한참이나 더 지난 뒤…. 삼촌이 병이 나서 자리에 눕게 되었는데 엄마가 문병 가서 말씀하시기를,

"태화! 그때 일 내가 잘못했네! 용서하시게…."

그 말 금방 알아차려 들으시고 눈물을 주르르륵~ 흘리면서 손을 꼭 잡아 주시더라고, 두고두고 내게 여러 번 말씀을 하시곤 했지!

어머니도 그 일로 무척이나 마음 아파하셨던 거야. 뭘 가르쳐 주시려고 여러 번 내게 말씀하시곤 했는지 나는 알고 있었어.

삼촌이 차도가 좀 있어서 거동을 좀 하시고 했는데, 어머니가 늘

막걸리를 준비해서 드리곤 했었어. 지금도 눈에 선하게 보여요.
 그 일이 오래전 일도 아닌 듯싶은데, 지금은 모두들 다 가시고 지금 내가 그때 삼촌 나이보다도 십여 년을 훨씬 더 넘게 살아가고 있구먼요! 그 닭에게도 찜찜한 마음이 여지껏 서려 있고, 가끔은 이런 어처구니없던 일들이 추억으로 남아서 삶을 곱씹어 보면서 혼자 씁쓰레 웃을 때가 많아요.
 산다는 게 뭔지, 하면서요.

제 32 장

<small>도상무명 박수소   천하막능신야   후왕약능수지 만물</small>
道常無名 樸雖小 天下莫能臣也 侯王若能守之 萬物
<small>장자빈   천지상합이강감로   민막지영이자균   시제유</small>
將自賓 天地相合以降甘露 民莫之令而自均 始制有
<small>명 명역기유   부역장지지   지지가이불태   비도지재천</small>
名 名亦旣有 夫亦將知止 知止可以不殆 譬道之在天
<small>하   유천곡지어강해</small>
下 猶川谷之於江海

道라고 하는 것은 항상 이름을 지을 수 없다.
사물이 이루어지는 순리는 비록 작다 하더라도
천하에 아무도 그 순리를 능히 바꾸어 볼 수 없는 것이다.
제후나 왕이 이것을 조용히 지키기만 하면
세상에 별의별 사람들 모두가 스스로 손님이 되어 모실 것이다.
천지가 서로 합하여 단비를 내려 주듯이
시키지 않더라도 백성들은 스스로 자기 분수에 맞추어 살게 되는 것이다.
명성을 크게 떨칠 때에는 역시 그칠 줄도 알아야 하는 것이다.
그칠 줄 알아야 위태롭지 않다.
도가 천하에 있는 것을 깨달으면
이것은 마치 강물이 바다로 흘러가는 것과 같이 확실한 것이다.

도올 번역

도는 늘 이름이 없다.
통나무는 비록 작지만
하늘 아래 아무도 그를 신하로 삼을 수 없다.

제후 제왕이 이 통나무를 잘 지킨다면
만물이 스스로 질서 지워질 것이다.
하늘과 땅이 서로 만나 단 이슬을 내리듯이,
백성들은 법령을 내리지 않아도 스스로 제 길을 찾는다.
통나무에 제한을 가하여서 비로소 이름이 생겨나게 되는 것이니,
이름이 일단 생겨난 후에는
대저 또한 그침을 알아야 할 것이다.
그침을 알아야 위태롭지 아니할 수 있다.
도가 천하에 있는 것을 비유하면,
온갖 계곡의 시내들이 강과 바다로 흘러들어 가는 것과도 같다.

~차이가 많이 나네요.

道常無名 樸雖小 天下莫能臣也
<small>도상무명 박수소 천하막능신야</small>

  여기서 도道는 세상만사가 그렇게끔 되어지는 자연의 섭리를 도라고 했군요.
  섭리는 순리順理를 말하는 겁니다. 순리는 차곡차곡 순서대로 되어져 거슬림이 없다는 말이죠. 그냥 뭉뚱그려서 도라고 해 놓으니까 당최 뭔 말인지 자꾸 헷갈려요.
  사물이 그렇게 되어져 가는 순리는 똑바르게 말로는 하기가 어렵다고 하는 말을 "도는 항상 이름이 없다." 했네요.
  잘못입니다. 도가 이름이 없다니? 바른길, 바른 방법이 도인데 도를 모르니까, 그런 말을 하는 것이지요.

박수소樸雖小

"순리의 모습은 비록 작다 하더라도."

樸 - 본디 그대로, 순수하게 무르익어, 농익은 상태, 절정기
雖 - 비록 수. ~하더라도

이게 뭔 말인가 하면, 순리는 순서대로 차곡차곡 진행되는 전 과정을 말하는 것인데, 순리의 한순간만 잘라서 본다면 극히 미미하고 보잘것없이 작게만 보인다 하는 것입니다.

한 송이 나팔꽃이 피고 열매가 맺히기까지는 그 전체의 과정이 처음 씨가 땅에 떨어져야 하고 싹이 터서 잎이 나오고 줄기가 생겨 넝쿨이 되어서 넝쿨이 뱅뱅 꼬여 올라가서 꽃이 피는 것인데, 그 전체의 과정에서 한순간의 과정만 따로 떼어내어 본다면 아주 작고 미미한 것이지만 그 작고 미미한 과정을 거쳐야 비로소 꽃이 피고 열매가 맺히고 하는 거란 말이에요.

그 과정을 박수소樸雖小라 했군요.

천하막능신야天下莫能臣也

莫 - 없다, 사라진다, 없어진다.

"세상의 누구도 능히 그것을 신하로 부려먹을 수가 없다."
자연의 순리는 임금님도, 그 어느 누구라 하더라도 바꿀 수가 없는 거죠. 순리를 따를 것을 강조하는 문장입니다.

侯王若能守之 萬物將自賓

"제후나 왕이 조용히 이 순리를 능히 지키기만 하면 세상 별의별 사람들이 모두 스스로 귀한 손님이 되어진다."

만물萬物은 많은 물건이 아니고 여기서는 사람을 말하는 겁니다. 별의별 계층의 다양한 사람들입니다.

중국은 예부터 여러 종족이 살고 있는 다민족국가입니다. 한족漢族을 주인으로 보고 다른 인종을 천시하는 인종차별을 옛날부터 해 왔지요. 짐승처럼 물건 취급한 겁니다. 중세기 흑인도 물건입니다. 팔고 사는 노예였죠.

지구를 밟고 있는 사자의 모습이 중국의 상징인데 사자가 한족이고 밟히는 지구가 타인종입니다. 만물은 타인종을 표현한 것인데 왕필이 한족이면서 그것을 몰랐네요.

도올은 왕필을 따라가서 "만물은 스스로 질서 지워질 것이다."라고 했어요. 문장 핵심이 빗나간 겁니다. 잘못 본 것이죠.

여기서는 다양한 사람들, 각양각색 여러 부류의 사람들입니다.

만물장자빈萬物將自賓, 위엄을 보이고 겁주지 않아도 세상의 별의별 사람들이 마음속에서 스스로 우러나서 극진히 모시고 우러러 존경하게 된다는 말입니다.

흔히 쓰는 생활용어예요. 자빈自賓은 스스로 귀한 손님이 된다는 말입니다. 귀한 손님은 예절을 갖추어 내게 이익을 주는 사람입니다. 별의별 사람들이 모두들 받들어 모신다는 말입니다.

天地相合以降甘露 民莫之令而自均
_{천 지 상 합 이 강 감 로   민 막 지 영 이 자 균}

"천지가 서로 합심해서 단비가 내리듯이 백성들은 시키지 않는데도 스스로 알아서 서로 돕고 협력하여 자기 형편에 맞도록 살아간다."

여기서 천지의 개념은 하늘과 땅, 대자연이죠. 서로들 협력해서 자기 형편에 맞춰 평화롭게 잘 살아간다는 뜻입니다.

균均을 '조화롭게', '서로 협력해서' 등으로 번역하는데 필자는 '자기들 형편에 맞춰서'라고 번역합니다. 사람이 자기 분수에 맞춰서 살면 별탈이 없는 겁니다.

건방 떨고 약아빠지면 언젠가는 덫에 걸리게 마련이고 까치발 서서 외상으로 살면 수명이 짧아지게 마련이죠. 빚을 내서 외상 먹고 가불로 사는 동물은 지구상에서 인간밖에 없습니다.

인간이라는 게 참 슬픈 동물입니다. 사실은 사람이 사는 데 그렇게 큰 돈 안 듭니다. 먹고 살 만큼 벌어가며 재미있게들 살면 좀 좋아요? 왜들 싹쓸이하려고 아옹다옹하며 설쳐 대는지 몰라요. 싸 놓고 두고 두고 금고金庫 노릇하면 행복한 줄 알지? 금고한테 물어봐요. 언제 도둑놈이 털어갈까 겁난다고 합니다.

많이 가지고 있으면 늘 불안하단 말씀이야요. 돈이나 출세가 행복하고는 전혀 무관하다는 걸 알아야지요. 과시를 행복쯤으로 착각하시는 분들, 그것은 저 혼자 생각이지 사실은 꼴불견인 줄 몰라서들 악착을 떠는 거라. 척! 하는 것처럼 미운 게 또 어디 있어요?

始制有名 名亦旣有 夫亦將知止
_{시 제 유 명　명 역 기 유　부 역 장 지 지}

"처음에 시작한 그것을 열심히 해야 유명해지고 이름을 크게 떨칠 때 마땅히 그칠 줄도 알아야 한다."

명성이라는 게 쉽지 않다는 거죠. 처음에 시작한 것을 죽어라 하며 갈고닦아야 비로소 명성을 얻게 되는 것인데, 그 명성이 한참 크게 날릴 때, 스타덤에 있을 때에 또한 스스로 그칠 줄도 알아야 한다, 명예롭게 은퇴하라는 말입니다.

  制 - 규격에 맞게 갈고닦는다. 죽기 살기로 열심히 한다.
  亦 - 여기서는 '대단히 크게'로 해석하고 뒤에 오는 문장 부역장지지
    夫亦將知止에서는 '역시', '또한'으로 해석해야 됩니다.
  旣 - ~을 하는 동안에. 이거 잘 봐야 합니다.

잘나갈 때에 그칠 줄도 알아야지 평생을 잘나갈 수 있나요. 꽃은 오래 가는 것이 아닙니다. 명성이라는 것이 그저 한 줄기 바람이에요.
바람에 자꾸만 집착하면 돌아버리거나 우울증에 시달리고 정신병자가 됩니다. 자살도 하고요. 명성 그 자체를 자신으로 착각하는 건데, 우리 주변에 그런 사람들 참 많아요.
스타라는 것은 세상사람들이 저 좋아서 떠들어 대는 것이고 나는 나대로 그냥 있는 것인데, 저들이 싫어한다는 것은 저들 마음이 변한 거예요. 내가 뭐 억지로 좋아들 해라, 할 수 없는 노릇이고 저들이 좋아해서 스타가 되면 그것도 저들의 사정인 것이지 인기관리라는 것이 말이 되느냐 하는 겁니다.

저는 저고 나는 나지, 저들의 입맛에 맞춰 살면 나는 대체 뭐하는 놈이냐? 저들의 꼭두각시인데 그게 그렇게 좋은 것입니까?

명성이라는 게 조변석개朝變夕改하는 군중의 대중심리의 한 현상으로 안개 같은 것이죠. 내가 하는 것을 그들이 좋아라할 뿐이지, 내가 그들 좋아라고 살면 나는 그들의 무엇이 되는 겁니까?

知止可以不殆 譬道之在天下 猶川谷之於江海
(지지가이불태 비도지재천하 유천곡지어강해)

매사에 그 멈추는 그것을 알면 위태롭지 않게 된다.

멈추어야 하는 시기, 그때를 말하는 겁니다. 한참 열심히 해야 할 때 멈추면 안 되는 거잖아요. 거기에 맞는 엄연한 순리가 있다는 것을 알아야 합니다.

비譬는 '알아차리다', '감 잡았다'는 말인데, 각覺하고는 의미가 다릅니다.

覺은 '터득', '깨달음', '진리 득도' 등 수준 높은 정신적인 것이고, 譬는 '눈치를 채다', '말귀를 알아듣다'는 정도죠.

그것을 예를 들어 말하자면, 개울물이 강으로 흘러 바다로 가는 거와 같이 틀림없는 사실이다, 하는 말이에요. 별것도 아닌 것을 요란하게들 번역하고 있는 것이죠.

이 장 맨 앞으로 돌아가서 왕필이 '도상무명道常無名 박수소樸雖小 천하막능신야天下莫能臣也'에 단 주석을 볼까요?

道無形不繫 常不可名 以無名爲常 故曰道常無名也 樸之爲物 以無爲
心也 亦無名 故將得道 莫若守樸 夫智者 可以能臣也 勇者 可以武使也
巧者 可以事役也 力者 可以重任也 樸之爲物 憤然不偏 近於無有 故曰
莫能臣也 抱樸無爲 不以物累其眞 不以欲害其神 則物自賓而道自得也

이 주석을 도올은 다음과 같이 번역해 놓았습니다.

    도라는 것은 본시 형체가 없고 얽매임이 없어 늘 이름 지을 수 없는 것이다.
    그것은 이름이 없는 것으로써 항상 그러함을 삼기 때문에, 그러므로 노자가 "도는 늘 이름이 없다"라고 말한 것이다.
    통나무의 물건 됨이 항상 그 없음으로써 그 마음을 삼는다.
    그러나 통나무 또한 이름이 없다. 그러므로 도를 얻으려고 하면 이 통나무를 지키는 것이 첩경인 것이다. 대저 지혜로운 자들은 신하로 삼을 수가 있다. 용맹한 자들은 무력으로 부릴 수가 있다. 기술이 뛰어난 자들은 공사를 일으켜 쓸 수가 있다. 힘이 센 자들은 무거운 것을 지게 할 수 있다.
    그러나 통나무는 그 물 됨이 텅 빈 것 같고 치우침이 없어 있지 않은 것처럼 보인다. 그러므로 노자는 본문에서 "신하로 삼을 수 없다"라고 말한 것이다.
    통나무를 껴안고 무위를 실천하며, 구체적인 물로써 그 참된 모습을 구차스럽게 하지 않으며, 욕망으로써 그 신령함을 해치지 않으면, 곧 만물이 스스로 손님 노릇을 잘하고 또 도는 스스로 얻어지는 것이다.

이외에도 왕필의 주석을 엄청나게 써 놨는데 도무지 뭔 소리를 하는 건지 알 수가 없고 전혀 공감이 가질 않네요.
　도道를 그냥 박樸으로 본 거죠. 그러니까 "도가 통나무다." 한 겁니다. 박樸은 사전에 '본디대로', '생긴 그대로의 것', '통나무', '다듬다', '다스리다'로 씌어 있습니다. 해서 도를 질박한 통나무라고 번역한 것입니다.
　도인의 마음이 순수하여 꾸밈이 없다 한다면 몰라도, 도가 그렇다고 하면 문제가 있죠. 도는 어떠한 상황에서도 바른길 바른 방법, 요샛말로 정석定石입니다.

　도道는 우리 인간생활의 기본 바탕입니다. 삶의 잣대[R]죠. 이것이 망가지면 인간의 미래는 행복의 보장을 기대할 수가 없는 아주 중요한 문제입니다. 도는 학술용어가 아닙니다. 우리들이 살아가는 생활용어로 삶의 기준치입니다. 도를 혼란스럽게 오염시켜서 쓰면 안 됩니다.
　도가 무너진 것은 왕필의 책임이 커요. 왕필이 도가 뭔지 모르면서 『도덕경』을 주석해서 도道를 오염시킨 것이죠.
　이거 참 심각한 문제예요. 세상 모든 종교 또는 교육이 다 사라지더라도 도는 살아 있어야 인간의 미래가 있는 것입니다.
　"바른길 바른 방법"이 도입니다. 종교도 바름에서 출발하는 것이고요. 바름이 없는 교육, 바름이 없는 종교는 한낱 광란에 불과한 것입니다.
　왕필이 주석한 『도덕경』은 일종의 광란이 아닌지요?
　31장은 도를 논하기보다는 사물의 이치를 말한 것입니다. 순서대로 차곡차곡 이어지는 순리를 살펴서 해라, 그 순리에 따라서 하라, 아무리 소소한 것일지라도 빼놓지 말고. 어긋나면 낭패 나는 법이다, 내 말이 틀림없다는 그런 문장입니다.

제 33 장

<ruby>知人者智<rt>지인자지</rt></ruby> <ruby>自知者明<rt>자지자명</rt></ruby> <ruby>勝人者有力<rt>승인자유력</rt></ruby> <ruby>自勝者强<rt>자승자강</rt></ruby> <ruby>知足者富<rt>지족자부</rt></ruby>
<ruby>强行者有志<rt>강행자유지</rt></ruby> <ruby>不失其所者久<rt>부실기소자구</rt></ruby> <ruby>死而不亡者壽<rt>사이불망자수</rt></ruby>

남을 알아보기보다는
자신을 아는 것이 더 밝은 것이고.
남을 이기는 놈이 힘센 것 같지만
참는 사람이야말로 더욱 강한 것이다.
그대로 만족함을 알면 부자라 하고,
부지런히 실행해 나가는 사람이 뜻이 있는 사람이다.
옳음을 잃지 않고 사는 사람이 오래가는 사람이고,
죽어서도 칭송을 받는 사람이 오래 사는 사람이다.

도올 번역
타인을 아는 자를 지혜롭다 할지 모르지만,
자기를 아는 자야말로 밝은 것이다.
타인을 이기는 자를 힘세다 할지 모르지만,
자기를 이기는 자야말로 강한 것이다.
족함을 아는 자라야 부한 것이요,
행함을 관철하는 자라야 뜻이 있는 것이다.
바른 자리를 잃지 않는 자라야 오래가는 것이요.
죽어도 없어지지 않는 자라야 수하다 할 것이다.

知人者智 自知者明
<small>지인자지 자지자명</small>

    知 - 알 지. 사물을 분별할 줄 아는 판단 능력
    智 - 지혜 지. 슬기로움, 깨달아 아는 것, 품위, 됨됨이

알 지知와 지혜 지智는 서로 엄청난 차이가 있죠.
지인자지知人者智, "사람 볼 줄 안다", 상당한 능력입니다. 큰 지혜죠. 척 보면 안다는 게 얼마나 대단합니까?
사람은 위장술이 워낙 뛰어나거든요. 곱게 차려입고 화장을 하는 것이 위장하는 것이고, 성형수술은 완전히 바꿔치기하는 것이고, 매너라는 것이 사기기술이죠. 잘 보여 속여 먹으려고 별의별 짓 다 꾸미는데 그게 모두 가짜 아닙니까?
더구나 광고 홍수시대에 사람 알아보는 게 쉽지가 않지요. 사람 볼 줄 몰라서 허구한 날 당하고 분통 터져…. 그놈의 짝퉁 인간들 때문에 말입니다. 요즘은 아예 뱀파이어야요.
자기 자신을 알기만 하면 짝퉁 인간들이 환하게 다 보인다는 것입니다. 자신 속에 있는 미혹의 근원인 객진을 녹여라 하는 말인데, 수심정기修心正氣를 말한 겁니다.

勝人者有力 自勝者强
<small>승인자유력 자승자강</small>

"남을 이긴 사람이 센 것 같지만 참는 사람이 더 센 사람이다."
늘 못난 놈이 쌈 잘하고 바락바락 대들지요. 수용할 만한 넉넉한

마음이 없거든요. 세상사람 모두가 싫어하는 모습이죠. 바락바락 이겨서 얻을 수 있는 것은 불쾌감뿐이고, 한편 적을 만드는 일입니다.

너그러이 용서를 해 주면 미안스러워하고 더욱 잘 대해 주는 것이죠. 그래서 늘 져 주는 것이야말로 이기는 것이다 하는 것입니다. 우리 어머님 말씀이 여기에 있네요.

자승자강 自勝者强

사람의 마음속에는 항상 두 가지 생각이 엉클어져 있는데, 할까 말까 하는 고놈들입니다. 속에 든 꼬맹이가 늘 보채서 일을 그르쳐 놓거든요.

그 녀석이 방해자입니다. 그 꼬맹이를 이기가 힘들다는 겁니다. 자승自勝이 바로 그 말입니다. 그놈을 이기기만 하면 성공하고 원만함을 보장받을 수 있는 것인데, 그게 잘 안 되는 거라. 그래서 마음공부, 도를 닦는 것입니다.

성공하고 넉넉한 사람들은 다들 그 변덕스럽고 염치없이 짜증 부리고 싫증 잘 내는 그 꼬맹이 녀석을 이기고 사는 사람들입니다.

그런데 그 녀석을 이기는 방법이 있어요. 참아서 이기려 들면 반드시 지게 됩니다. 인내심에는 한계가 있는 것이죠. 꾸~욱 참으려고 이를 악물면 꼬맹이가 점점 더 커져 들쑤셔 대며 발광을 떨지요. 그때는 참지 말고 그 녀석을 이기는 것을 좋아하면 됩니다. 타인과 관계 사항은 쑥 빼내 버리고 오로지 마음속에 있는 꼬맹이와 승부를 걸어 이기는 것을 좋아하면 언제든지 이기고 기분이 좋습니다.

이게 객진을 몰아내는 방법인데, 이것을 할 줄 아는 사람이 강한 사람이다, 하는 말입니다.

왕필의 주석을 볼까요.

勝人者 有力而已矣 未若自勝者無物以損其力 用其智於人 未若用其智於己也 用其力於人 未若用其力於己也 明用於己 則物無避焉 力用於己 則物無改焉

남을 이기는 자는 단지 힘이 세다고 말할 수 있을 뿐이다. 그것은 외부적인 사물로써 자신의 힘을 손상시키지 않고 스스로 이기는 자만 못한 것이다. 지혜를 타인에게 사용하는 것은 그 지혜를 자신에게 적용하는 것만 같지 못하다. 힘을 타인에게 사용하는 것은 그 힘을 자신에게 사용하는 것만 같지 못하다. 밝음(깨달음)을 자신에게 쓰면 사물이 나를 피할 바도 없이 자유자재롭다. 힘을 자신에게 쓰면 사물이 자기주장만 하는 방해물로써 날 괴롭힐 바가 없는 것이다.

~왕필이 문장을 잘 이해하지 못한 것 같습니다.

知足者富 强行者有志

만족할 줄 알아야 부자이고 먹은 마음을 지속적으로 실천해 나가는 사람이 뜻이 있는 사람이라는 말입니다.

富는 넉넉하고 풍성한 심성을 말하는 글자입니다. 부는 누구나 바라는 바이고 그걸 이루려고 아등바등하는 것 아닙니까? 많이만 가지고 있으면 능히 그럴 수 있다고 여기면서.

그런데 사실은 그렇지들 않거든요. 바리바리 싸 놓고도 찢어지게 인색하고 더럽게 살며 가난뱅이 짓 하는 사람이 참 많아요. 쓰지도 않을 돈 뭘 하러 억척을 떨면서 고생고생 하는지 몰라!

에이구! 그것도 사는 짓이라고?! 그게 사는 겁니까? 돈 벌어 대는 짐승이지. 돈은 쓰려고 버는 것인데, 버는 것도 좀 넉넉한 마음으로 벌고 쓸 때도 넉넉하게 써야 멋스럽지요.

술과 음식은 조금 남아야 멋이 있는 것이고, 돈이라는 것은 서로 간에 고맙게 쓸 줄 알아야 아름다움이 고이는 것입니다.

많이 쌓아 놓고 한꺼번에 부자 하려 들지 말고, 있는 그대로 만족스럽게 여기며 사는 것이 정말로 부자라는 말입니다.

옳은 말씀입니다.

강행자유지 强行者有志

하고자 하는 목적을 세우면 그 목적을 이루는 과정에 따르는 노력이 바로 삶이거든요. 그 삶의 노력 여하에 따라서 목적이 이루어지는 것입니다.

목적보다 실행하는 과정이 더욱 중요하다는 말입니다.

不失其所者久 死而不亡者壽
부실기소자구　사이불망자수

"그것을 가지고 있으면서 잊지 않고 실천하는 사람이 목숨이 긴 삶이고, 죽은 뒤에도 사람들이 우러러 칭송하는 사람이 오래 사는 사람이다."

여기서 그것은 앞에 나와 있는 문장에 있는 내용을 말합니다.

좋은 일 하는 것은 그것이 그냥 좋아서 하는 것뿐이지 뭘 바라고 하는 것이 아닙니다. 그냥 하는 겁니다.

남들에게 돋보이고 칭송받고 그런 것이 전혀 아닌데 내용이 좀 그렇지요. 복 받으려고 좋은 일 하면 좀 이상한 사람 아닙니까? 하나님 부처님께 복 달라고 믿는다면 말입니다.

제 능력껏 열심히 정직하게 살면 되지 뭘 내놓으라고 떼를 쓰며 애원합니까? 믿는다고 아첨 떨며 졸라 대면, 하나님이 귀찮아서 옜다, 먹어라! 하고 한 귀퉁이 뚝 떼어 줄 것 같습니까?

『논어』학이지편에 나오는 글입니다.

_{자공왈 빈이무첨 부이무교 하여 자왈 가야 미약빈이락 부이호예자}
子貢曰 貧而無諂 富而無驕 何如 子曰 可也 未若貧而樂 富而好禮者
_야
也

자공이,
"빈천하더라도 아첨하지 않고, 부자라도 교만하지 않으면 어떻습니까, 선생님."
하고 여쭈니까 공자께서 시큰둥하게,
"뭐, 괜찮지! 그런데 얘야! 가난하더라도 즐겁게 살고, 부유하면서도 예를 좋아하는 자만은 못하지 않겠니?"
하셨습니다.

기가 막힌 명언으로 이게 종교입니다. 본래 으뜸이 되는 가르침을 종교라 하지 않습니까?

인간 삶에 신이나 내세 따위는 아무 상관 없는 것입니다. 하나님이나 부처님이 있으면 어떻고 없으면 또 어떻습니까?

인간이 신을 경배하고 내세를 위해 삽니까?

천도天道는 무친無親입니다.

인간이 사는 데 필요에 의해서 종교를 만든 것이죠. 사람의 행복은 그 사람이 하는 덕행에 비례하지 않는다는 비극 때문에 신이 불가피하다고 본 것뿐입니다.

아무런 잘못이 없는데도 그냥 가난한 사람이 많아요. 못돼 처먹은 놈들도 얼마든지 잘만 사는데, 착한 사람이 못 사니 억울하죠. 형평성에 어긋나지 않습니까? 인간의 비극이죠.

이 비극 때문에 신이 필요하게 되는 것입니다. 지금은 비록 형평성이 어긋난다 하더라도 언젠가는 그의 덕행과 행복이 일치하도록 해주는 절대적인 존재인 신이 없이는 사회도덕성 가치기반을 유지할 수 없다고 생각한 것입니다. 신이 반드시 있어야 한다는 겁니다.

신은 인간이 필요해서 요청한 거예요. 서양의 사고방식입니다. 그러니 도덕성 유지에 필요한 가르침이 모두 종교가 되는 것이죠. 따라서 『도덕경』은 가장 올바른 삶의 방식을 스스로 깨닫도록 가르침이니 커다란 종교입니다. 『논어』도 종교입니다. 신이 없다고 종교가 아닙니까?

지혜는 신 위에 있는 것입니다. 지혜 앞에서는 신의 존재도 하나님도 무용지물이에요. 군자는 신이 필요하질 않습니다. 도덕성에 어긋나지 않는 사람에게는 종교가 필요 없다, 하는 말입니다.

배움이 없어도 능히 실천하는 사람에게 무슨 가르침이 더 필요하겠습니까?

"가난하더라도 즐겁게 살고, 부유하면서도 예를 좋아하는 자만 못하다."

사람이 사는 데 이거 하나로 반듯한 종교가 됩니다.

세상은 늘 가진 자가 문제입니다. 세상을 망가뜨리는 것은 늘 가진 자들이 하는 겁니다. 돈 좀 있고 힘이 생기면 무법자로 변하고 싶어 하니까요.

사람은 뭘 좀 가지면 과시하고 오만해져서 힘으로 질서를 파괴합니다. 무법자죠. 세상의 온갖 비리 횡포는 가진 자가 저지르는 것입니다. 예절을 안 지키고 살면서도 당위성을 인정해 달라는 겁니다. 그게 가진 자의 폭력입니다.

없는 사람이 서러운 것은 없는 것보다는 가진 자의 횡포 때문에 더욱 서러운 처지에 놓입니다.

위 학이지편 문장에서 "자공문왈子貢問曰"이 아니고, 그냥 "자공왈 子貢曰"인 것에 주목하세요.

자공이 공자님께 여쭤 본 것이 아니고 그냥 말한 것입니다. 자기 자신의 말을 자랑삼아서 공자님께 넌지시 말한 것입니다.

"저는 가난해진다 하더라도 있는 자에게 빌붙어 아첨하지 않을 것이고, 지금 잘살고 있는데도 교만하지 않으니 어떻습니까? 이만하면 저 괜찮은 편이죠, 선생님."

자공은 부자여서 공자님 학당에 돈을 대주는 처지였거든요.

그러자 공자님이, "가야可也! 뭐 괜찮지!"

시큰둥하게 대답하고는 한참 뜸을 들이다가,

"그런데 얘야! 가난하더라도 즐겁게 살고, 부자이면서 예절을 지키며 사는 것이 더 좋지 않겠느냐?" 한 겁니다.

참! 기가 막힌 말입니다. 이 한마디 말로 자공이 탁 터서 개오開悟

합니다.

봅시다.

> _{자공왈 시운여절여차 여탁여마 기사지위여 자왈 사야 시가여언시}
> 子貢曰 詩云如切如磋 如琢如磨 其斯之謂與 子曰 賜也 始可與言詩
> _{이의 고제왕이지래자}
> 已矣 告諸往而知來者

"『시경』에 자른 듯, 다듬은 듯, 쪼은 듯, 간 듯하다는 말이 이 말을 한 거군요!"

"사賜야(자공의 이름), 이제야 비로소 너와 더불어 시詩를 말할 수 있구나! 단박에 알아차리는구나!(지나간 것을 말해 주니 올 것을 말하는구나!)"

자공이 이 말 한마디로 크게 깨달아 부를 누리며 예절을 지켜서 후세까지 덕숭德崇이라고 불립니다.

덕숭은 가진 사람의 최고 덕목에 붙여 주는 존칭입니다.

자공은 공자보다 36세 연하였고, 이재理財의 귀재로, 국제무역상 대부호로 삼두마차에 비단을 싣고 각 나라를 누비면 제후들이 성문 밖까지 나와 마중했다고 합니다.

공자님 묘소에 6년 시묘살이를 하고 고향에 돌아가 덕숭의 길을 걷습니다. 공자님의 맥을 이어 간 것은 사실은 자공이에요. 후에 직하학파稷下學派가 생깁니다.

증자曾子나 유자有子는 공자님 학당을 이어 간 그냥 별 볼일 없는 인물입니다. 맹자가 노나라 사람으로 어려서 잠시 자사子思에게 공부하고 후에 왕사王師가 되니까 공자님의 직계도맥直系道脈의 정당성 확보를 위해 증삼曾參을 증자로 높여서 부른 것입니다.

공자님의 도맥은 자공입니다.

자공의 뒤를 이어 자장子張, 자유子游, 자하子夏 등 공자님의 맥을 이어 직하학파가 생겨나죠. 위衛나라의 최고의 두뇌집단입니다.

순우곤淳于髡, 맹자孟子, 순자荀子, 한비자韓非子, 이사李斯, 서문표西門豹 등등 유명한 학자가 모두 직하학파 출신이에요. 맹자도 직하학파 출신입니다. 수많은 고전, 주역, 병술서, 제가백가 사상이 전부 직하학파에서 생긴 것입니다.

"가난하더라도 즐기며 살고 부자라면 예절을 지키며 살아라."

이 말씀 한마디로 반듯한 종교죠. 굳이 더 필요한 말을 보탤 것이 있겠습니까?

~내친 김에 더 쉬어 갑니다.

예절에 맞는 우선순위

남을 챙겨 주는 것도 우선순위에 맞아야 예절이 되는 겁니다.

사람이 산다는 것이 서로 챙기는 짓을 하는 것인데 챙기고 챙겨 주는 데는 우선순위가 있습니다.

우선순위를 지키는 것이 예절이고 도입니다. 챙겨 주는 우선순위가 뒤바뀌면 시끌벅적 생난리가 나는 겁니다. TV 드라마나 소설, 사건들이 다 챙기는 우선순위가 뒤바뀌어서 발생하는 말썽 얘기입니다. 개처럼 벌어서 정승처럼 쓰라는 말이 바로 이 챙기는 순위를 두고 하는 말입니다. 제 돈 쓰고 우선순위가 바뀌어서 욕보는 사람이 많습니다.

챙기고 쓰는 데는 근접순위로 해야 정승처럼 사는 겁니다. 그게 삶의 기본 틀이고 도예요. 가정에 이 도가 무너지니까 가족끼리 화목하지 못하고 사네 못 사네 시끄러워지는 겁니다.

필자가 챙기는 도를 말씀드릴 테니 꼭 따라 지켜보세요. 그래서 정승처럼 사세요. 이거 확실한 것입니다.

챙겨야 하는 우선순위는, 기혼자와 미혼자의 순위가 서로 다릅니다. 기혼자는 미혼일 때에 쓰던 우선순위를 반드시 바꾸어야 합니다.

위계질서 서열이 확 바뀝니다.

이것이 삶에 가장 중요한 도예요. 이것이 서툴러서 말썽이 생기는 겁니다. 중요한 문제죠.

노자의 도는 몰라도 이것은 꼭 알아야 합니다. 손가락으로 따져서….

엄지는 자기 자신, 자신의 일은 자기가 챙기니까 순위 1번.

미혼일 적에는 검지는 두 번째로 부모.

장지는 세 번째로 형제.

무명지는 네 번째로 친구.

새끼손가락은 다섯 번째로 권속인 삼촌, 고모 친척입니다.

그런데 결혼하면 이 순서가 확 바뀝니다. 보기 쉽도록 우선순위를 비교해 봅니다.

미 혼 자	기 혼 자
1. 엄지 - 자기	1. 엄지 - 자기
2. 검지 - 부모	2. 검지 - 배우자
3. 장지 - 형제	3. 장지 - 자식
4. 무명지 - 친구	4. 무명지 - 부모
5. 새끼손 - 권속	5. 새끼손 - 형제

결혼하면 2순위 부모가 4순위로 밀려나고, 4순위 형제가 5순위가 되고, 친구는 다섯 손가락에서 벗어나는 것에 유념해야 합니다.

손은 항상 다섯 손가락이 함께 움직이는 것으로 기혼자의 5순위는 언제라도 함께하는 생활의 기본 틀입니다. 이게 가족이에요.

챙기는 우선순위가 달라졌을 뿐이지 늘 함께하는 한 손 안에 있음을 꼭 알고 지켜야 가정에 탈이 없고 화목해지는 겁니다.

결혼해서 부모나 형제를 나 몰라라 하면 손가락 두 개 없는 병신으로 가정도 똑같은 병신가정이 되는 겁니다. 드라마가 다 이 얘기 하는 것이죠. 순서가 뒤바뀌어서 발생하는 찜찜하게 사는 얘기들이 드라마입니다.

결혼식은 자리바꿈 서열을 엄숙히 선언하는 행사입니다.

새로운 가정이 탄생하여 새 출발함을 선언하는 것은 지금까지 지내 온 우선순위인 가족서열을 바꿔서 상호 간에 반드시 지킬 것을 엄숙히 선언하는 거죠.

그 약속함을 축하하고 살아가는 모습을 지켜봐 달라는 무언의 당부를 하는 것이 결혼식입니다. 그런데 순위 2번의 자리바꿈이 항상 문제를 일으키는 것입니다.

2번이 부모였죠? 결혼하면 4번으로 밀리는 겁니다. 억울하시겠죠.

옛날에는 시어머니와 며느리의 고부 갈등으로 시집살이를 살았는데, 요새는 친정엄마인 장모가 가정을 다 깨고 부셔 버립니다.

이혼은 전부 여자가 안 살고 걷어차서 생긴 거예요. 여자가 안 살려 들면 남자는 방법이 없습니다. 가정은 다들 여자가 깨는 겁니다. 사실은 장모가 딸을 충동질하고 부추겨서 깨는 거지요.

시집가면 생활환경이 갑자기 바뀌어서 적응하기가 좀 어렵고 불편한 것은 당연한 것인데, 친정엄마가 적응하도록 다독거려 돕는 것이 아니라 어떻게 키운 내 새끼인데 하고는, 그럴싸한 구실을 붙여 가며 사위를 힘 잡아서 딸 편을 들고 사돈댁을 험담하여 이간질시켜서 정을 갈라놓고는 도리어 화를 부추겨 충동질해서 이혼시키는 데 크게 공헌을 합니다.

2번 순위는 본래 자기 것인데 사위가 차지하고 4번 순위로 밀려나는 것에 대한 앙갚음을 하는 거죠.

자기 딸 신세 망치는 것에 서슴없이 나서요. 비열하고 악랄한 짓이죠. 속물 중에서도 속물, 자기 딸 신세 망치는 짓인 줄 뻔히 알면서…. 이혼하고 혼자 사는 딸이 좋습니까?

돌싱이 세상에서 가장 추한 신분이고 대접 못 받는 천덕꾸러기입니다. 차라리 과부가 되면 동정이나 받지요.

딴 녀석 만나서 팔자 고치려고 벼르는데 꿈들 깨셔용~. 사내 녀석들은 말짱 병신인 줄 알아요? 쓸 만한 사내 좀처럼 안 걸려듭니다. 혹시나 하고 한두 번 거쳐 가다 보면 벼랑 끝까지 가는 것이 여자의 생리야! 그러다 보면 희뜩희뜩한 머리카락 새치라고 우겨도 이미 낙동강 오리알…. 처량하시지, 하소연할 데도 없고, 누가 내 인생 대신 좀 살아 줬으면 싶은 거야!

세상은 다 자기 할 탓인 겁니다. 웬만하면 그냥 눌어붙어 살아요. 팔자려니 하고…. 베풀면서 살면 탈 없이 행복이 굴러오고, 잇속만 챙기려 하면 고생하는 겁니다.

씨암탉 잡아 주며 타이르는 장모님 요새 씨 말랐다는데, 요거 참 큰 문제라! 주례자가 자리 바꿈을 선언하고 그 까닭을 단단히 설명하여 주면 좋으련만 영판 딴 말씀으로 바빠요.

자, 보세요. 기혼자가 챙기는 순위는 자기 빼고 배우자가 챙기는 우선순위 1번 첫 번째입니다. 처가 남편을 챙기고 부부간의 생활을 제 부모와 상의해서 합니까?

부모 문제는 부부가 상의해서 하니까 우선순위 3번이 되는 겁니다.

자식이 생기면 부모보다 자식이 먼저니 자식이 3번 되고, 부모가 4번이 되는 것이 당연지사입니다. 부부간의 문제나 자식에 관한 문제는 부모님과 상의해서 하는 것이 아니죠. 총각처녀 시절에는 나 다음에 부모로 1위가 부모입니다. 부모가 보호자고요.

결혼하면 그날 즉시 우선순위가 바뀌는 것입니다. 3순위로 밀려나는 부모 입장에서 밀리기 싫고 서운한 마음일 수 있죠. 그러나 스스로 써~억 물러나서 자리바꿈을 해 줘야 하는 것이 인간의 윤리며 바로 삶의 도입니다.

서투른 새내기들에게 챙기는 우선순위도 가르쳐 주고, 마땅히 3, 4번 순위로 시원하게 물러나 줘야 합니다. 제발 자식들 편하고 안 찢어지게끔. 편들어 간섭하고 끼어들면 깨지는 겁니다.

요즈음 시집가는 딸에게 교육시켜 보내는 부모 있습니까?

그런 거 있잖아요. 벙어리 3년, 귀머거리 3년, 장님 3년.

이거 먼 얘기가 아닙니다. 바로 우리네 어머니들이 누님 시집보낼 때 귀에 못이 박이도록 하고 또 하시던 말씀입니다. 딸 부부가 티격태격하며 시댁어른과 심기불편하고 시끌벅적하게 사는 딸이 보기 좋습니까?

명절날 왜 일찌감치 친정으로 가시나 몰라! 시댁에서 친척들 모시고 챙기며 가문을 배우고 일을 하도록 해야지요. 시집갔으면 그 집 사람인데 시집간 딸을 왜 불러들여? 온다고 해도 못 오게 해야지요.

명절 전후에 잠시 다녀오면 되잖아요?

꼭 명절날 차례 지내기가 무섭게 도망가느라고 수선을 떨고…. 시댁어른들이 불편하고 설거지하기 싫어서. 이거 못된 짓거리야! 그 대가는 언젠가 꼭 치르게 되게 마련이에요.

처갓집하고 변소는 멀면 멀수록 좋다고 하는 말 그냥 한 말이 아닙니다. 내 집 사람으로 만들어야 가문을 계승하는 겁니다. 처가는 신혼 초에 2, 3년 인사치례로 다니는 거예요. 뻔질나게 드나들면 품위 떨어지고 처가에서도 사실은 좋아도 안 해요. 품위 떨어지고 오히려 귀찮게 여깁니다. 사위를 백년손님이라고 하는 거 몰라요?

인간의 역사를 보면 정치나 사회제도는 수없이 변화를 해 왔는데도 가족제도만큼은 단 한 번도 변하지 않았고, 민족 풍습이 다르더라도 가족관계 챙기는 우선순위는 똑같은 것입니다.

해서 이것이 진리입니다. 이 챙기는 우선순위가 바로 가정의 도이고 가정의 도가 세상 도의 어미입니다.

배우자는 오직 자기만이 챙겨 줄 수 있는 가장 소중한 사람, 순위 1번을 적극적으로 챙겨야 하는 거예요. 으스러지도록 챙겨 줘야 하는 겁니다.

삶의 모든 문제는 부부 사이에 의논하여 결정하는 것이고 여기에 부모가 끼어들면 가정이 시끄럽고 금이 가는 거예요.

돈 쓰는 것도 여기가 순위 1번. 반드시 부부가 상의해서 써야 탈이 없어요. 2번 자식, 3번 부모, 4번 형제, 5번 권속 순으로 챙기며 돈을 쓰는 겁니다. 권속은 부모의 형제니 삼촌이나 고모, 이모입니다.

손가락 다섯 개는 언제라도 함께 따라 움직이죠. 기본입니다. 이 기본의 틀은 언제라도 함께 가는 겁니다.

이 기본 틀만 잘 지키고 살면 어떠한 상황에 처하더라도 크게 어려움이 없게 됩니다. 이게 바른길, 바르게 사는 방법이니 바로 도죠.

정승처럼 산다는 말은 정승벼슬도 부러울 것이 없다, 하는 말입니다. 돈은 이거 좀 폼 나고 멋지게 잘하려고 힘들게 버는 것이죠. 돈이 없어도 능히 할 수 있는 일이기도 하구요. 이게 진짜로 사는 거예요. 사회적인 면에서도 기혼자와 미혼자 간에 챙기는 우선순서가 서로 다릅니다.

왼손가락으로 봅니다.

미 혼 자	기 혼 자
6. 엄지 - 선배	6. 엄지 - 권속
7. 검지 - 스승	7. 검지 - 친구
8. 장지 - 후배	8. 장지 - 선배
9. 무명지 - 애인	9. 무명지 - 스승
10. 새끼손 - 일가친척	10. 새끼손 - 이성 친구

미혼자와 기혼자 간에 우선순위가 아주 달라요.

이 순위가 사는 방식 삶의 잣대[金尺]인데 지키며 살면 존경받게 됩니다. 미혼자의 배우자 우선순위가 9번임을 주목하세요. 배우자 선택에 선배 스승 부모 형제들의 의견을 반드시 수렴하라는 것입니다. 그래야 탈이 없는 거예요. 어른 말씀 무시하고 제멋대로 저질러 한 결혼은 제멋대로 깨지는 겁니다.

말 안 듣고 제멋대로 결혼하여 살다가 풍비박산 내고 새끼만 덜렁 부모한테 맡기는데요, 부모가 저 키워 줬으면 됐지 제 새끼까지 떼밀면 되겠어요? 말 안 듣고 고집부리고 그래 봐야 결국은 저 망하는 거지요. 이거 우선순위 꼭 알고 지켜야 해요.

주례 서는 분들 지식자랑하지 말고 이거 좀 써먹으시라고. 『논어』 이인편里仁篇의 한 구절 인용합니다.

자왈　덕불고　필유린
子曰 德不孤 必有隣
덕을 베푸는 사람은 외롭지 아니하다. 어려울 때 반드시 돕는 이웃이 있게 마련이다.

인간관계에서 베풀며 사는 것보다 더 좋은 보험은 없습니다.

제 34 장

<small>대　도　범　혜　　기　가　좌　우　　만　물　시　지　이　생　이　불　사　　공　성　불　명</small>
大道氾兮　其可左右　萬物恃之而生而不辭　功成不名

<small>유　의　양　만　물　이　불　위　주　　상　무　욕　　가　명　어　소　　만　물　귀　언　　이</small>
有　衣養萬物而不爲主　常無欲　可名於小　萬物歸焉　而

<small>불　위　주　　가　명　위　대　　이　기　종　불　자　위　대　　고　능　성　기　대</small>
不爲主　可名爲大　以其終不自爲大　故能成其大

큰 도의 넘침이여! 자유자재하구나.
만물은 저를 믿고 살아가는데 어쩌면 말 한마디 없고
크게 공들여 이룩하면서도 그 이름조차 없이
만물을 감싸고 기르면서도 주인 행세하지 않고.
늘 욕심이라고는 없으니 그 이름은 작은 것이다.
만물은 모두 그에게로 돌아가는데도 주인 노릇하지 않으니
크다고도 할 수 있는데 스스로는 종내 크다 하지 않는다.
그래서 능히 크게 이루는 것이다.

도올 번역

큰 도는 범람하는 물과도 같다.
좌로도 갈 수 있고 우로도 갈 수 있는 것이다.
만물이 이 도에 의지하여 생겨나는데도
도는 사양하는 법이 없다.
공이 이루어져도 그 이름을 가지려 하지 않는다.
만물을 입히고 기르면서도 주인 노릇 하려 하지 않는다.
그리고 항상 무욕하니 작다고 이름할 수도 있다.

만물이 모두 그에게로 돌아가는데 주인 노릇하지 않으니
크다고 이름할 수도 있는 것이다.
끝내 스스로 크다 하지 않으니
그러므로 능히 그 큼을 이룰 수 있는 것이다.

도의 개념이 필자와는 전혀 다릅니다.
도道는 바른길, 바른 방법이에요. 목적을 달성하는 여러 가지 수단 중에서 가장 바른길, 가장 바른 방법, 정석을 말합니다.
이 장에서는 대자연의 섭리를 도라고 말한 것입니다.
자연의 섭리를 몽땅 도라고 써먹는데 도의 개념 설정을 잘못하면 해석이 빗나가고 헛다리를 짚는 꼴이죠.

大道汜兮 其可左右
(대도범혜 기가좌우)

대도大道를 대자연의 섭리를 말한 것으로 보여지고, 기가좌우其可左右는 제 맘대로 종횡무진한다는 말인데 그렇지 않죠.
섭리에는 엄연한 질서가 있는 겁니다.
천지天地 그 자체가 자연의 섭리로 질서입니다.
대도? 좀 이상한 말입니다. 도는 인간에게만 국한된 언어입니다. 본능대로 살아가는 동식물이나 자연에게는 도라는 말을 쓰지 않습니다.
자연은 순환의 섭리라 하고 동물은 본능이라고 합니다.
인간 삶을 대중적 가치로 볼 때에 어떠한 상황에서라도 삶의 바른 길, 바른 방법을 도라고 규정한 것인데, 이렇게 씌어진 문장들 때문에 왕필과 도올이 "도 ~스스로 그러함"이라고 위무위爲無爲로 말하는 것입니다. 도의 바른 뜻을 훼손시키는 결과가 되었지요.

대도를 설명한 왕필의 주석을 볼까요.

_{언도범람무소부적　가좌우상하주선이용　즉무소부지야}
言道氾濫無所不適 可左右上下周旋而用 則無所不至也
이것은 도가 범람하여 가지 않는 곳이 없는 모습을 형용한 것이다. 좌로 우로 위로 아래로 두루두루 돌며 작용하니, 이르지 아니하는 곳이 없는 것이다.

기$_{氣}$ 운행을 말한 것 같습니다.

그런데 도올이 앞에 나서면서 하신 말씀이…

"시간과 공간이 먼저 선행하고 그 속에 도가 넘실거린다는 생각을 하면 안 된다. 도는 그 자체로 인해 동시적으로 우리는 시·공의 모습을 그려야 할 것이다. 도$_{道}$·시$_{時}$·공$_{空}$! 그것은 한 몸체다."

자연의 섭리를 도라고 하면, 인간의 바른길 바른 방법은 대체 뭐라고 말합니까? 왕필과 도올의 도는 '자연의 섭리'이지 인간의 도가 아닙니다.

인간이 규정하는 도 개념이 아니라는 것을 꼭 알아야 혼란스럽지 않습니다.

_{만물시지이생이불사}
萬物恃之而生而不辭

여기서 '만물'은 생명을 가진 모든 것들입니다.

만물을 사람으로 보면 문장 해석이 되질 않습니다.

"수많은 생물이 저를 의지하고 살아가는데 힘들다든가 어떻다고 일체 군소리를 하지 않는다."

辭 - 하소연, 군소리

功成不名有 衣養萬物 而不爲主 常無欲 可名於小 萬物歸焉
而不爲主 可名爲大

공성불명유功成不名有

"공들여 키우면서도 명예 같은 건 필요 없다."

공치사 같은 것은 아예 생각지도 않고 오로지 내가 해야 하는 일이니까 그냥 군소리 없이 묵묵히 한다는 것입니다.

뭐가 합니까? 천지가 하는 겁니다.

도가 하는 게 아니죠.

의양만물衣養萬物 이불위주而不爲主 상무욕常無欲 가명어소可名於小

"만물을 기르면서도 주인으로 행세하려 들지 않고 항상 욕심이라고는 전혀 없으니 그 이름 미미하기 마련이다."

衣 - 옷을 덮어 준다, 감싸 준다.
養 - 먹여 주고 키워 준다. "감싸고 기른다"로 번역
於小 - 미미하다, 비교적 작다.

만물귀언이불위주萬物歸焉而不爲主 **가명위대**可名爲大

"만물이 그에게 되돌아오는데도 굳이 주인으로 행세하려 들지 않으니 그 이름 크다고도 말할 수 있다."

첫머리에 대도라고 쓴 것을 설명하는 겁니다.

도는 대도大道 소도小道가 있을 수 없는 것이죠.

왕필의 주석을 볼까요?

萬物皆歸之以生 而力使不知其所由 此不爲小 故復可名於大矣

만물이 모두 도道로 말미암아 생겨난다. 그러나 일단 생겨난 후에는 자기가 어디서부터 생겨난 것인지 알 바 없다. 그러므로 천하 사람들이 항상 무욕하게 되면 만물이 각기 제자리를 얻게 되며, 도와 같은 것이 만물에게 은혜를 베푼다 생각지 않게 된다. 그러므로 '작다'고 이름할 수 있는 것이다.

도를 무엇으로 보든 간에 왕필의 주석은 틀린 겁니다.

왕필은 도를 기 운행으로 보는 겁니다. 오행이죠. 오행은 이기운행理氣運行, 시간운동의 색깔입니다. 대자연의 섭리를 도로 본 것입니다.

도올도 왕필과 같은 생각인 모양입니다.

以其終不自爲大 故能成其大

"끝까지 스스로 자기는 크지 않다고 여김으로 해서 능히 크게 이루는 것이다."

제 몫은 응당 자기가 해야 하는 것이니 군소리하지 말고 묵묵히 하라는 말씀을 기창하게 하신 거네요.

사람마다 다 자기가 해야 할 몫이 있는 것인데 당연히 해야 하는 자기 몫을 하면서도 말들이 많고 생색을 내고, 때로는 안 하려고 핑계를 대고 불평을 하고 짜증을 부리고 하잖아요?

제 몫을 하는 게 저 사는 것이거든요. 응당해야 하는 것이 사는 거란 말입니다. 소는 밭 갈려고 키우는 거 아닙니까?

힘이 들어도 묵묵히 밭을 갈아라. 그게 네 몫이다. 밭을 안 갈려고 떼를 쓰는 소는 어떻게 합니까? 고기값이나 치는 거지요

사람도 맡은바 자기 몫은 스스로 꼭 해야 합니다. 그게 사는 것이고 존재의 가치라는 것이죠.

존재의 가치가 없는 사람은 죽은 사람, 숨 쉬는 송장이라는 말이 아닙니까.

제 35 장

執大象 天下往 往而不害 安平太 樂與餌 過客止 道
之出口 淡乎其無味 視之不足見 聽之不足聞 用之不
足既

큰 모습 크게 깨달아 그것을 지켜 나가면
세상이 사람들이 존경하여 모신다.
그러는데도 전혀 해됨이 없이 오히려 지극히 즐겁고 편안하다.
풍악을 울리고 맛있는 음식을 공짜로 대접하면
오가는 행인을 멈춰 세워 불러들일 수 있지만,
도를 말하면 그 맛을 모르고 싱겁게 여겨 도무지 들으려 하지 않는다.
그것은 세세하게 살핀다고 볼 수 있는 것이 아니고,
듣고자 해도 들어서 되는 것이 아니다.
그것을 쓰는 데는 본래부터가 부족하게 생겨먹은 것이 아니다.

도올 번역
큰 모습을 잡고 있으면 천하가 움직인다.
움직여도 해가 없으니 편안하고, 평등하고, 안락하다.
아름다운 음악과 맛있는 음식은 지나가는 손을 멈추게 하지만,
도가 사람의 입에서 나오는 것은 도무지 담담하여 맛이 없다.
그것을 보아도 보이기엔 족하지 아니하고,
그것을 들어도 들리기엔 족하지 아니하고,

그것을 써도 쓰이는 데 궁함이 없다.

~차이가 많이 납니다.
이 문장은 참다운 이치, 진리의 말씀을 도라고 규정하여 하는 말입니다.

執大象 天下往 往而不害 安平太
_{집대상 천하왕 왕이불해 안평태}

집대상執大象에서 대상은 '큰 형상'을 말합니다.
이게 뭐를 말하는 거냐? 이게 중요한데, 여기서는 크게 깨달은 진리의 모습은 도인, 성인을 말하는 겁니다.

 執 - 가지고 지킨다.
 往 - 자유자재로 마음대로 움직인다.

"도를 깨달아 지키며 살면 온 세상 사람들이 흠모하며 모신다. 온 세상 사람들의 존경을 받아도 전혀 해로움이 없다."
이거 뭔 말이냐 하면, 집권자의 눈에 위험인물인 역적이나 반란자로 오인을 받지 않는다는 말입니다. 민중의 추앙을 받으면 집권자가 겁이 나서 혹세무민으로 몰아 죽였죠. 그런데 오히려 지극히 편안한 즐거움을 누린다고 하는 말이에요.

 安 - 즐거움을 누린다.
 平 - 바르다 곧다.
 太 - 매우 심히

이것을 한 자씩 따로 떼어서 편안하고(安) 평등하고(平) 안락하다(太)고 번역하면 잘못입니다.

"지극히 편안하고 즐겁다."로 붙여서 번역해야 합니다.

天下往 往而不害 安 平 太를 끊어서 독립으로 본 점을 유의하세요. 도올도 그렇게 따라갔습니다.

필자는 붙여서 "지극히 편안하고 즐겁다."로 해석합니다.

_{악여이 과객지 도지출구 담호기무미}
樂與餌 過客止 道之出口 淡乎其無味

"풍악을 울리면서 맛있는 음식을 공짜로 대접하면 오가는 사람들을 멈춰 세워 불러들일 수 있지만, 참된 진리인 도를 말하면 사람들은 그 맛을 몰라 싱겁게 여겨 도무지 관심조차 없어 한다."

與餌 - 베풀어 준다. 공짜로 먹여 준다.
淡乎其無味 - 그 맛이 없고 싱거워서. 쌈박하지 않다.

바른길, 바른 방법이라는 것이 듣기에는 다 평범한 말이잖아요.

_{시지부족견 청지부족문 용지부족기}
視之不足見 聽之不足聞 用之不足旣

"세세히 살펴보려 해도 보이는 성질의 것이 아니고, 들으려 해도 듣기에 족한 것이 아니다. 그런데 그것을 써먹는 데는 본래가 전혀 부족함이 없다."

시지부족견視之不足見 청지부족문聽之不足聞
"본래가 보거나 듣기에는 적합하게 생겨먹은 것이 아니다."

旣 - 본래가, 처음부터

그러면 어떻게 하라는 것일까요?
건성으로 듣지 말고 말씀을 새기고 깊이 통찰해서 스스로 깨달아야 한다는 말을 하는 겁니다.
왕필의 주석을 봅시다.

1. 집대상執大象

大象 天象之母也 不寒不溫不凉 故能包統萬物 無所犯傷 主若執之
則天下往也

　여기 말하는 '큰 모습'이란 하늘의 추상적 가치의 근원을 말하는 것이다. 그것은 춥지도 않고 덥지도 않고 서늘하지도 않다. 그래서 만물을 능히 포통할 수 있는 것이라서, 범하고 상하게 될 바가 없다. 임금이 그것을 잡으면 곧 천하가 움직이게 될 것이다.

천만의 말씀! 그런 문장이 아닙니다.
도올은 "대상을 잡으면 천하가 움직인다. 가슴을 설레게 하는 강력한 언사……" 운운했는데 천만의 말씀! 헛다리 짚은 것입니다.
왕필과 도올은 대상大象을 웅장한 포부로 보고 있는데 잘못입니다.

전혀 아니죠.

필자는 대상을 크게 깨달은 진리의 모습, 즉 도인, 성인으로 봅니다. 포부가 아닙니다.

그것을 지켜 나가면 온 세상 사람들이 다 우러러 모신다.

그게 뭡니까? 도죠! 삶의 바른길, 바른 방법이죠.

"그런데도 본인에게 전혀 해됨이 없다. 위험인물로 오인받지 않는다. 오히려 지극히 즐겁고 편안하다."로 번역합니다.

2. 악여이樂與餌 과객지過客止 이하

<u>언도지심대</u> <u>인문도지언</u> <u>내경불여락여이응시감열인심야</u> <u>락여이즉</u>
言道之深大 人聞道之言 乃更不如樂與餌應時感悅人心也 樂與餌則

<u>능령과객지</u> <u>이도지출언담연무미</u> <u>시지부족견</u> <u>즉부족이열기목</u> <u>청지부</u>
能令過客止 而道之出言淡然無味 視之不足見 則不足以悅其目 聽之不

<u>족문</u> <u>즉부족이오기이</u> <u>약무소중연</u> <u>내용지불가궁극야</u>
足聞 則不足以娛其耳 若無所中然 乃用之不可窮極也

이 단은 도의 깊고 큼을 형용하고 있다. 사람들이 도의 말됨을 들으면, 그것은 좋은 음악과 맛있는 음식이 때에 응하여 사람의 마음을 감열시키는 것만 같지 못하다. 음악과 음식은 지나가는 손의 발걸음도 멈추게 할 수 있지만, 도가 입에서 나오는 모습은 도무지 담담하여 맛이 없다. 보아도 보이지 않으니 그것은 눈을 즐겁게 할 수 없고, 들어도 들리지 않으니 귀를 즐겁게 할 수도 없다. 아무것도 없는 것같이 속이 텅 비어 있어 아무리 퍼내 써도 다함이 없다.

도올과 같은데요, 문제는 문장을 전후로 분리해서 각각 1, 2로 나누어 독립된 문장으로 볼 수 있느냐 하는 겁니다.

분리해서 이 장이 설명이 되는지를 살펴보면 답이 나오지요.

『도덕경』은 한 장 전체가 한 말씀입니다. 내용이 하나예요. 문장이 서술과 주술로 되어 있는 겁니다.

먼저 예를 들어 설명하고, 하고자 하는 본 말로 몰아가는 설득력이 강한 형식의 문장입니다. 서술은 흡인력으로 그냥 쓴 것입니다.

본 말은 故 다음에 오는 문장입니다. 그게 하고자 하는 말이에요. 골대를 모르니까 헛발질하고 남의 동네에서 헤매는 것이죠.

『도덕경』 1장 첫머리에 "道可道非常道 名可名非常名"은 경 전체에 대한 흡인력으로 씌어진 서술입니다.

왕필과 도올이 한 문장을 1, 2로 각각 따로 구분해서 전후가 다르게 번역하는데, 그러면 문장의 주제가 과연 뭐냐? 하는 점이죠. 왕필과 도올이 잘못 짚은 것이죠.

~쉬어 갑니다.

장례와 제사

『논어』에,

曾子曰 愼終追遠 民德歸厚矣
(증자왈 신종추원 민덕귀후의)

라고 씌어 있는데, 이거 해석을 훈장들이 신종愼終을 상례喪禮로, 추원追遠을 제례祭禮로 나누어서 보고,

_{신종자} _{상진기애야}
愼終者 喪盡其哀也 상례는 오직 슬픔을 다하고.
_{추원자} _{제진기경야}
追遠者 祭盡其敬也 제사는 먼 조상까지 후하게 지내야 한다.

고 가르친 것입니다. 왜 그래야 하는가?
민덕귀후의民德歸厚矣 때문이죠. 그래야 가문이 잘된다고 가르친 때문입니다.
신종추원愼終追遠은 그냥 돌아가셨다는 한 문장인데, 신종은 장례, 추원은 제례로 부풀려 주석해서 병폐를 만들어 낸 것입니다.

신종추원愼終追遠
돌아가셨다, 아주 멀리 떠났다, 졸업했다는 말입니다.
아주 멀리 떠났으니 행동거지를 삼가고 진중하게 하라는 말입니다.

愼 - 삼갈 신. 진실로 의심의 여지가 없이
終 - 마쳤다, 마감했다, 끝났다, 졸업했다.
追 - 멀리 달아났다, 떠났다.
遠 - 영원하게, 아주 멀리.

인생을 졸업하고 아주 멀리 떠난 것이 확실한 문장입니다.
그런데 신종과 추원을 따로 분리해서 "상례는 슬픔을 다하라"고 합니다. 주야장창 슬픔을 다하여 눈물을 흘리며 통곡해야 한다는 겁니다.
문상 오면 "아이고 아이고" 합니다. 이거 그냥 하는 겁니다. 정말 슬프면 눈물이 안 나옵니다. 그냥 허옇게 식어서 멍하죠.
중국에서는 대신 울어 주는 직업도 있다고 합니다.

또 "제사는 먼 조상까지 후하게 지내야 한다"고 했는데, 원遠을 먼 조상으로 보고 5대, 7대조까지 푸짐하게 정성을 다하여 제사를 모시라는 겁니다.

왜 그래야 하는가?

증자왈, 민덕귀후의 때문입니다.

증자라는 성인이 그렇게 하면 그 음덕으로 집안이 잘된다고 했다는 거죠. 백성에게 귀감이 되도록 검소하게 장례를 치르라는 말인데 학자들이 주석을 잘못한 겁니다.

서당에서 훈장들이 가문에 부귀영화를 얻으려거든 먼 조상님들까지 뻐근하게 차려 제사 지내라고 가르친 것입니다. 5대조까지 지내는 집이 많죠. 잘 치르지 않으면 조상이 덧나서 심술을 낸다고 겁을 준 셈입니다.

조상을 고약한 잡귀로 가르친 것이죠. 잘못되면 으레 조상 탓 아닙니까? 탈이 난 조상님을 달래려고 푸닥거리하고 천도제를 지내고, 명당으로 이장하고들 법석을 떨지 않습니까?

부모의 소망이 오로지 자식 잘되는 것인데 부모가 자기 제사 소홀히 한다고 심술부려 방해하겠습니까? 오히려 재산 축낸다고 나무랄 일인데 이거 상식입니다.

5대조 봉축이면 제사만 해도 1년에 10번이 넘는데 푸짐하게 차리면 집안 거덜 내라고 하는 것 아닙니까?

신종추원 민덕귀후의는 "장례는 백성에게 귀감이 되어 바르게 따르도록 한다."는 문장입니다.

민民을 자기 후손으로 보고 덕德을 복福으로 해석해서 "후손들에게

복이 후하다."라고 해석하면 안 됩니다.
　덕은 공정하게 하는 행위로 귀감을 말합니다.

　　民 - 백성, 서민
　　德 - 공정하게 하는 행위, 반듯함, 귀감
　　歸 - 돌아올 귀
　　厚 - 두터울 후

　장례는 백성들에게 귀감이 되도록 하라는 것이니 검소하게 하라는 말입니다.
　증자는 『효경』을 쓴 성인으로 추앙받는 분입니다. 집구석 거덜 내며 제사 지내라고 하셨겠습니까? 주석을 잘못한 게 뻔하죠.
　초기 기독교가 빠르게 전파된 것은 징그러운 이 제사의 병폐 때문이기도 했습니다. 조상 대대로 눌어붙은 골치 아픈 잡신들을 예수[耶蘇神]가 몽땅 돼지 배 속에 처박아 꼼짝 못하게 한다고 전도했습니다.
　골치 아픈 제사 안 지내도 아무 탈 없고 조상 잡귀를 몰아냈으니 오히려 하나님이 복을 듬뿍 주고 잘했다고 모셔 천당 간다고 전도한 것이죠.
　근대사 100년 기독교가 우리나라만큼 대성한 나라는 세계 유례가 없습니다. 신종추원 해석을 잘못했기 때문으로 봅니다.
　장례나 제사는 죽은 분에 대한 산 사람의 예禮이지 조상을 신으로 섬기며 복을 받고 못 받는 신앙의 문제가 아닙니다. 예禮는 상호 즐겁게 심미적 감성에서 생기는 것입니다. 푸짐하게 차려 재산 들어먹는 제사를 즐겁게 지낼 수 있겠습니까?

인간의 삶은 본시 죽은 자와 산 자가 함께 사는 거예요. 인간은 추억과 기억으로 사는 것이 바로 그것입니다. 그분은 가고 없지만 마음속에 생생하게 그리움으로 살아 있지 않습니까?

제사는 기억에 남아 있는 분에게만 지내라는 것입니다.

공자님이 말씀하신 3대입니다. 할머니 할아버지까지는 기억하거든요. 두 분 제사를 합사해서 지내는 것도 좋은 일입니다.

더 윗분은 시향時享으로 모십니다. 장례나 제사는 죽은 분에 대한 우리 예절로 전통문화예요. 후손이 잘되고 안 되고 하는 것과는 전혀 무관한 일입니다.

예절은 검소할수록 좋은 것이죠. 전통문화인 예절을 지켜 살면 품위 있게 문화생활을 하는 것이고, 안 지키면 막 사는 것일 뿐이지 조상의 음덕으로 부귀영화 누리려고 하는 것이 아닙니다.

제사는 죽은 사람에 대한 예절이고, 효孝는 산 사람의 예절일진대, 모두 윗분께 하는 것이니 모두 예절로 효도입니다.

효孝의 도道는 심미적 감성을 전제로 한 것이지 반드시 지켜야 할 규범이 아닙니다. 규범은 의무를 전제하는 것입니다. 효도는 올바른 생활방식일 뿐이지 의무규정이 아닙니다.

『논어』 위정편에 나오는 구절입니다.

子遊問孝 子曰 今之孝者 是謂能養 至於犬馬 皆能有養 不敬 何以別乎

자유子遊가 공자님께 효를 묻자 공자님께서,

"요새 사람들은 부모를 편하고 배불리 먹여 주는 것을 효로 아는데, 공경하는 마음이 없으면 가축 키우는 것과 무엇이 다르겠는가?"
라고 답하십니다.

『논어』의 한 구절 더 인용합니다.

孟懿子 問孝 子曰 無違 樊遲御 子告之曰 孟孫問孝於我 我對曰 無違
樊遲曰 何謂也 子曰 生事之以禮 死葬之以禮 祭之以禮

맹의자가 공자님을 모셔다가 효를 물었더니 공자님께서,
"부모에게 거스름이 없는 것이다."
하시고 번지의 마차를 타고 돌아오면서,
"얘, 번지야! 맹손이 내게 효가 뭐냐고 묻기에 그냥 거스름이 없는 것이 효라고만 했다."
"선생님, 그게 무슨 말씀이십니까?"
"살아 계실 때 예로 섬기고, 죽으면 장사 지내고, 제사 모시는 걸 말한 거야!"

어른의 말씀을 꼭 따르지 않아도 거슬려 심기불편하게 하지 않는 것이 효행이다, 했다는 말씀입니다.

세상은 날로 새로워지는데 부모님 말씀대로 할 수는 없는 일이죠. 따르지 않아도 좋으니 부모님 심기 불편하게는 하지 말아야 한다는 겁니다. 그것이 부모를 공경하는 예절로 효라는 말입니다.

후하게 장례 치르고 제사상 풍성하게 차리라는 말은 어디에도 없습니다.

보시죠. 다시 『논어』의 한 구절입니다.

子夏問孝 子曰 色難 有事 弟子服其勞 有酒食 先生饌 曾是以爲孝乎

자하子夏가 효를 물으니 공자님께서 말씀하십니다.
"어른의 심기는 알아차리기 어려운 것이다. 힘든 일을 대신하고 맛있는 음식을 먼저 잡수시게 하는 것만으로 효라 할 수 있겠는가?"

참 멋진 말입니다. 효는 공경하는 심성이지, 지켜야 하는 규범이 아닙니다. 규범은 의무를 전제로 한 강제성이 따릅니다. 억지로는 하기 싫게 되죠. 인간의 삶에서 옳은 것만으로는 우위를 확보할 수 없는 것이죠. 옳다 하는 것이 오히려 시비를 가려 분쟁을 일으키는 것입니다.

사람은 그냥 더불어 사는 것입니다. 원효의 깨달음도 중생일체화쟁衆生一切和諍입니다.

삶의 아름다운 심미적인 감정은 서로 간에 적절한 예절 여하에 달려 있습니다. 그 예절의 질서가 바로 도입니다.

증자의 "신종추원 민덕귀후의", 장례를 신중히 잘 치르고 먼 조상까지 제사를 후하게 지내면 조상의 음덕으로 집안이 번성한다는 이 고약한 해석을 확실하게 뜯어고친 분이 있습니다.

선조 때 사계沙溪 김장생金長生 선생님이죠.

『상례비요喪禮備要』

제사는 산 사람의 죽은 사람에 대한 예절입니다.

상례는 죽은 사람이 늘 선배가 됩니다.

부모가 자식 제사 모시고, 형이 동생 주검에 절하는 것은 상례를 따르기 때문입니다. 상례는 죽은 사람을 선배로 모시는 것을 예절로 규정한 것입니다.

제사는 먼저 가신 분에 대한 살아 있는 사람의 예절일 뿐이지, 죽은 분의 영혼이나 신령에게 경배한다거나 추도하는 것이 아닙니다.

사람은 죽으면 그것으로 끝입니다. 내세고 뭐고 없는 겁니다. 제삿날을 임종 전날로 잡는 것도 바로 그 때문이죠. 살아 있는 것처럼 생각하며 모시고 지내라고 했습니다.

그분에 대한 예절이니 그분에 맞추어 제사를 모시는 것이 옳습니다. 그분이 종교인이었다면 그분의 종교방식에 따라 해야 하고, 아니면 전통방식에 따라 하는 것이 옳습니다.

상례는 죽은 사람에 대한 예절인데 내 방식에 맞춘다는 것은 도무지 예가 아니고 도라고 볼 수 없는 것이죠. 제사를 망인에 대한 추모행사로 여겨 가족이 모두 한자리에 모여 친목을 도모하기 위해 만들어진 것쯤으로 여기는 것은 잘못입니다.

제사가 또 장손 위주로 물림하는 것도 아닌 것이고 사정들이 있어서 함께 모여 지내기 어려우면 각각이 따로 지내도 좋을 것입니다.

공자님 제사를 서원마다 지내고, 부처님 제사 절마다 지내고, 예수님 제사 교회마다 지내는데, 제 부모 제사 자식이 각각 지내면 뭐가 안 됩니까?

예불, 예배가 바로 제사 모시는 겁니다.

안 지내려고 꽁무니 빼려니까 장손 따지는 거죠. 이 핑계 저 핑계 대고 요즘 부모 제사 안 모시고 막 사는 사람 많아요. 순 쌍것들이지요. 예절을 무시하고 살면 상한 삶이니 썩은 것이지요.

가족 간에 심기 불편해서 만나기 싫으면 각자 자기 집에서 지내도 좋아요. 가뜩이나 서로 심기 불편한데 만나서 꿍얼대며 쌈질하지 말고 명절날 차례제사는 각기 자기 집에서 모시는 것도 좋지요. 차례는 제사가 아니고 명절에 예를 갖추어 산다는 미풍양속입니다. 각자가 자기 부모에게 예절 갖추어 산다는 것인데 뭐 잘못될 게 있습니까?

조선에서 제사는 권문세도가로 실세는 7대조, 양반은 5대조, 서민은 3대조, 상놈은 당대만 지냈어요. 그런데 서당에서 "증자 왈, 장례는 지극히 슬픔을 다하고, 제사는 먼 조상까지 후하게 잘 지내야 가문이 번창한다."고 잘못 주석한 가르침 때문에 조선 중기에 와서는 지방마다 성씨마다 방식이 다르고 서로 경쟁이나 하듯이 허례허식으로 그 폐해가 많았던 모양입니다.

그 사례가 엄청나서 사계 김장생 선생이 『상례비요』를 썼습니다.

상례와 제사는 유교의 방식이 아니고, 옛 선조 때부터 전해 오는 전통방식을 따른 것입니다. 뒤에 이재李縡 선생이 『사례편람四禮便覽』을 지어서 예법을 완성시킨 것을 권장하여 본받아 쓰게 된 것이 지금 우리가 지내는 제사방식입니다.

3대까지만 제사로 모시고, 윗분들은 벌초할 때 시양으로 봉축하며 장례 후 3년 지나면 합사하는 것을 상례로 규정하고 있습니다.

제사에 관한 말씀이나 제물에 대한 얘기가 여기에 나옵니다. 물 한 그릇이라도 족하니 성심으로 하라는 말씀으로 시작해서 제물에 관한 말씀 중에 몇 가지만 골라 선정하게 된 배경을 보여드립니다.

• 조기 [朝狗]

이거 요즘 비싼 건데 옛날에는 잘 안 먹어 지천으로 흔한 것이 조기였다고 하네요. 바다 가까운 강이나 하천에 지천으로 몰려들어 해 뜰 무렵이면 강아지처럼 울어 댄다고 해서 조구朝狗라 했답니다. 맛없는 고기로 기생방에서 밤에 힘없는 사내들 강장제로 껍질만 먹었다네요.

북쪽에서는 북어로 지내구요. 명태가 흔했거든요. 정성만 있으면 누구라도 손쉽게 구하고 값이 싼 것을 선정한 것이랍니다. 비싼 조기 제사상에 안 올려도 괜찮겠네요. 제사 땜에 조기 씨 말려요! 제례음식에 홀수 짝수도 아무런 의미가 없고요.

•3과果
세 가지 과일은 다음과 같습니다.

-대추[棗]
자손 번식을 의미하는데 대추나무는 봄이 지나고 초여름 늦게 꽃을 피우지만 열매는 가을에 다른 과일과 똑같이 수확하고 척박한 땅 어디에서도 잘 삽니다. 늦자식이라도 낳기만 하면 된다, 종족 보존 유지하라, 저 먹을 것은 타고난다, 많이들 낳아라, 그런 뜻입니다.

-밤[栗]
인내심을 가지고 매사에 그 때를 기다려 일을 도모하라는 뜻입니다. 생밤을 까서 먹으려면 가시 찔리고 참 고생스러워요. 며칠만 기다리면 알밤이 저절로 굴러 떨어집니다.

세상만사는 반드시 해야 되는 시기가 있는 것이다, 인내심을 기르고 매사를 때맞춰서 하라는 뜻입니다. 지혜죠. 냄비가 자르르 끓을 때 넣어야지 생으로는 고생이 많고 맛이 없다.

삼정승 얘기는 잘못된 겁니다.

제사는 뭘 바라고 지내는 게 아닙니다. 그냥 예절입니다.

-감[柿]
부모 마음을 의미합니다.

감나무는 속이 썩어서 죽는 나무입니다. 감이 열릴수록 속이 시커멓게 썩는데, 자식인 감이 떨어질까 노심초사해서 그렇다고 합니다. 그 모성애에 감동해서인지 감나무는 벌레 먹는 병충이 없다고 하네요.

자나 깨나 자식 걱정하는 부모 마음이 감나무 속 썩는 것과 같다. 부모의 사랑을 상징하여 감을 쓴다고 합니다.

• **오채**
나물 다섯 가지

• **탕**
두부찌개, 국, 술-이것이 전부

살아생전에 그분이 즐겨하시던 음식을 소박하게 차려 제물로 삼는다. 이것이 바른길, 바른 방법이니 바로 도라고 하는 것이죠.

요즘 가정의례준칙에 있는 그림은 시양이나 유림에서 사당에 지내는 큰제사 그림이에요.

사계 선생이 애써 하신 일을 헛되게 하는 허례입니다. 제물祭物 장사하는 사람들이 부추겨 만든 겁니다. 백화점에서 산타 할아버지를 만들어 부추겨서 물건 파는 것과 같은 짓인 셈이죠.

형식에 얽매이지 말고 본뜻을 살펴서 평소에 그분이 즐겨 드시던 음식을 소박하게 차려서 산 사람 대하듯이 정성껏 지내는 것이 제사의 도입니다.

제사는 내가 안 지냈으면 안 지낸 겁니다. 제사는 누가 대신 지내주고 하는 게 아니에요. 참여하지 않았으면 안 지낸 겁니다.

제발 좀 지내세요. 누구한테 떠밀지들 말고요.

생전에 효도는 못했을망정 제사는 지내야지 미풍양속 전통문화인데…. 제사는 사람이 사는 도리를 하는 것입니다.

제 부모 제사조차 못 지내는 사람이 세상에서 뭘들 제대로 하겠습니까? 그건 사는 게 아닙니다. 제 인생 제가 사는데 왜 멋지게들 못살아요.

하늘을 우러러 한 점 부끄럼 없이 살아야 산다고 하는 겁니다.

이게 진짜로 사는 것, 삶의 도입니다.

제 36 장

將欲歙之 必固張之 將欲弱之 必固强之 將欲廢之
_{장욕흡지 필고장지 장욕약지 필고강지 장욕폐지}

必固興之 將欲奪之 必固與之 是謂微明 柔弱勝剛强
_{필고흥지 장욕탈지 필고여지 시위미명 유약승강강}

魚不可脫於淵 國之利器 不可以示人
_{어불가탈어연 국지이기 불가이시인}

  찌그러들게 하고 싶거든, 반드시 오직 크게만 해 줘라.
  장차 쇠약해짐을 바라거든, 반드시 오직 강하게만 해 줘라.
  필히 망하는 꼴을 보고 싶거든, 반드시 오직 흥하게만 해 줘라.
  장차 빼앗으려 하거든, 반드시 오직 주기만 하라.
  이것이 변해지는 과정은 작고 희미하여 보이지는 않아도 확실한 것이다.
  부드럽고 연약해 보이는 것이 늘 굳세고 강한 것을 이겨내기 마련이다.
  물고기가 연못 속에 몸을 감추며 사는 것처럼,
  나라에 이로운 기물은 일반사람들에게 함부로 공개해서는 안 된다.

  도올 번역
  장차 접으려 하면 반드시 먼저 펴 주어라.
  장차 약하게 하려 하면 반드시 먼저 강하게 해 주어라.
  장차 폐하려 하면 반드시 먼저 흥하게 해 주어라.
  장차 뺏으려 하면 반드시 먼저 주어라.
  이것을 일컬어 어둠과 밝음의 이치라 하는 것이다.
  부드럽고 약한 것이 딱딱하고 강한 것을 이기게 마련이다.
  물에 사는 고기는 연못을 뛰쳐나와서는 아니 되나니,

나라의 이로운 기물은 사람들에게 보여서는 아니 되리.

~차이가 많습니다.
음양론으로 전략적인 전술을 설명한 쉽지 않은 문장입니다.

역易은 "늘 쉽게 뒤바뀐다"는 뜻입니다.
뒤바뀌는 변화가 세상 모든 것의 존재 수단이고, 그 바뀌는 과정이 현재의 모습으로 바로 실상實相입니다. 그 바뀌는 것을 음양으로 표시하는데 음과 양은 따로 분리된 독립성의 존재가 아니라 동전의 양면으로 한 몸이에요.
음과 양은 서로의 배면인 것입니다.
음양은 운동입니다. 역학에서는 '율려律呂'라고 하지요.
세상의 모든 운동은 원운동과 직진운동을 병행해서 하는데, 그 비율이 파이π(3.14)로 나누어지지 않게 되어 있어서 나누려고 계속해서 끊임없이 운동하게 마련이고, 직진운동도 다시 원운동으로 복귀되는 것입니다. 그래서 시간과 공간은 휘어져 있는 것이고, 빛이 굴절하는 것입니다. 이 법칙이 존재의 기능태機能態로 바로 순환입니다.
음양오행은 회전운동으로 상호 배면인 한쪽 면만 볼 때 음양이 뒤바뀐 것으로 보여지는 것이죠.
이 문장에서는 음양이 상호 공존하는 존재의 기능태를 파괴하라는 말입니다. 상대방의 순환작용을 마비시키라고 하는 고도의 전략을 말한 것입니다. 죽기 살기로 한쪽 면에만 치우치도록 하면 순환작용이 파괴되어 저절로 소멸하는 거죠. 죽는 것입니다.
세상 모든 것이 죽거나 소멸되는 것은 음양이 공존하는 밸런스가 상호 불균형을 이루기 때문이죠. 한쪽으로 치우치면 균형이 깨져서 죽는 것입니다.

　이 문장에서는 배면은 보지 않고 표면만 보고 있는 것입니다.

　이것을 모르고는 이 문장 이해 못합니다. 간단하게 볼 문장이 아닙니다. 문장을 볼 때는 누구에게 하는 말인가? 핵심이 뭐냐? 하는 것을 반드시 파악해야 오차가 생기지 않습니다.

　이 문장은 국가를 다스리는 군주에게 일러 주는 고약한 전략입니다. 강대국 사이에 끼어서 불안하고 억울한 군주에게 전략가가 상대국을 멸망시키는 치세의 전략을 말한 것이죠.

　문장의 내용이 국방에 관한 전략일 뿐, 해서는 안 될 오직 비열하고 악랄한 한 수단입니다. 위 문장에서 도라고 쓸 수도 있을법한 말을 굳이 미명微明이라는 말을 쓴 점을 통찰해야 합니다.

$$\overset{\text{장욕흡지}}{將欲歙之}\ \overset{\text{필고장지}}{必固張之}\ \overset{\text{장욕약지}}{將欲弱之}\ \overset{\text{필고강지}}{必固强之}$$

　　將 - 장차, 미래에
　　欲 - 하고자 하면
　　歙 - 움츠리다, 쭈그러들다, 망하게 되다.
　　必 - 반드시, 기필코 틀림없이, 오로지, 꼭
　　固 - 단단히 뭉쳐서, 굳세게, 오로지 한결같이
　　張 - 넓히다, 크게 하다, 확장하다
　　必固 - 반드시 기필코, 기어이, 꼭

　필고必固, 비슷한 뜻의 말을 겹쳐서 중복하고 있다는 점을 살펴야 합니다. 꼭 그렇게 해야 하도록 만들어야 한다고 강조하는 수법으로 씌어진 술어입니다. 그러기가 쉽지 않다는 뜻을 포함하고 있는 말이에요. 상대방이 오직 그 일에만 미쳐서 죽기 살기로 하도록 해야 한다는 말입니다.

꼭 그것에만 매달려 정신이 빠져서 순환의 기능태를 깨 버리라는 뜻입니다. 존재의 기능태를 파괴하여 스스로 몰락하도록 하는 고도의 전략이고 수준 높은 비열한 전술입니다.

도올이 해석한 필고必固를 보면,

"必은 '반드시 먼저'라는 뜻이고, 固는 일반적으로 '고유하다', '원래의' 뜻으로 쓰인다. 고유의 사물의 성질은 그렇게 될 수밖에 없다는 뜻. 즉, 수축과 팽창, 약화와 강화, 폐지와 흥지, 탈취와 수여, 이 양면의 사태는 분리된 실체적 사태가 아니라 알고 보면 그것은 도의 대칭적 양면이라는 것이다. 노자가 말하는 것은 '반자도지동反者道之動'의 세계관이다."

했군요. 잘못입니다.

받으려면 먼저 퍼 줘라. 형님 먼저, 아우 먼저 하는 주고받는 순리를 따지는 그런 말이 아닙니다. 문장을 세세히 살펴보세요.

장욕흡지將欲歙之 필고장지必固張之

영토 보존의 전략입니다.

상대 국가의 힘을 약하게 만들려고 하거든 그 나라가 강력한 국가로 영토 확장을 하도록 제삼국과의 전쟁을 계속 유발시키도록 하라. 그렇게만 하면 강대국도 스스로 쭈그러지게 마련이다.

강대국은 더욱 강성한 힘을 과시하고 싶은 거지요. 강함을 부추기고 충동질시켜 계속 전쟁을 하도록 하면 재정이 고갈되고 재원을 조달하려면 세금 징수액이 많아지고 강제동원을 하지 않을 수가 없게 되는 것이 아닙니까?

그러면 독재로 폭정을 하게 되는데 민심을 잃고 반란이 생겨서 스스로 망하게 된다는 말을 하는데, 이것은 역사적인 사실이죠. 접고 펴고 하는 그런 시시한 문장이 아닙니다.

한 국가의, 그 국민의 생존을 파멸시키려는 엄청난 음모의 치사한 전략을 말하는 것이죠. 결코 있어서는 안 되는 고약한 전략입니다.

장욕약지將欲弱之 필고강지必固强之

"상대방을 장차 약하게 만들고 싶거든 상대방이 오로지 죽기 살기로 강하게 되게만 해 줘라."

편협한 성품으로 만들어 순환의 기능을 파괴하라는 말씀입니다.

화살도 굽혔다가 펴는 힘으로 나가는 것이 아닙니까?

힘은 움츠렸다가 펴는 반동의 힘으로 생기는 것입니다.

계속 강하면 강함에 지쳐서 저절로 약해지게 마련이지요.

운동선수들은 운동이 직업이고, 그게 밥줄인데 계속해서 뛸 수 있어요? 그러면 약해지는 것이 아니라 죽습니다.

여기서는 강한 짓만 진저리나게 하도록 하라는 말씀입니다. 그러면 제풀에 지쳐 떨어져 버린다는 거지요.

맞는 말이긴 하지만, 치사한 짓입니다.

將欲廢之 必固興之
_{장욕폐지 필고흥지}

廢 - 부서지다, 그만두다.
興 - 일으키다, 넉넉히 솟아난다.

"망하는 꼴을 보고 싶거든 그가 계속 부자 될 궁리만 하도록 해 줘라."

탐욕을 부추겨서 그자의 도덕성을 잃게 하여 범죄를 유발시키라는 말입니다. 그러면 스스로 망하는 것입니다.

비열한 수단입니다.

將欲奪之 必固與之
_{장욕탈지 필고여지}

"장차 빼앗으려 하거든 자꾸만 퍼 줘서 받기만 하도록 해 줘라."

奪 - 강제로 빼앗다.

'필고'라는 점에 주목해야죠. 자기방어 수단을 마비시키라는 겁니다. 야생동물도 인간의 손에 길들여지면 야생으로 돌아가서 살 수가 없죠. 생존의 기능을 잃어버려서 그렇게 되는 것입니다.

받아먹기만 하는 바보인간으로 길들이라는 것입니다. 옹졸한 방법입니다.

도올이 기브 앤 테이크로 퍼 주면 받게 된다고 했는데, 보시다시피 그런 문장이 전혀 아닙니다.

是謂微明 柔弱勝剛强
(시위미명 유약승강강)

微明 – 어둠과 밝음의 이치

미명微明, 이것이 뭔 말인지 이걸 확실하게 알아야 해설이 제대로 되는데, 도올의 말을 들어 볼까요.

> 많은 주석가들이 '미묘한 밝음'으로 애매하게 번역했는데, 이것은 하나의 개념이 아니라 두 개의 개념의 조합으로 보아야 마땅하다. 즉 미微는 '미묘하다'는 형용사가 아니라, 그것 자체로 독립적인 명사로 간주되어야 하는 것이다. 미微는 명明과 대립적으로 즉 대대적對待的으로 쓰인 개념이다. 여기서 미微는 '미묘하다'는 뜻에서 '어둡다'는 뜻이 파생된다. 미微는 곧 '유幽'이다. 미명微明은 곧 유명幽明의 다른 이름이다. 즉 밝음과 어둠은 끊임없이 순환하는 고리의 대칭적 측면인 것이다. ……명明은 미묘한 미微[幽] 반면을 수반하고 있는 것이다.

좀 이상한 말이긴 하나 어쨌거나 도올이 미微와 명明을 분리해서 어둠과 밝음으로 본 것은 분명합니다.

幽는 스스로 피하여 숨는다. '유령幽靈' 할 때 쓰죠.
微는 숨는 것이 아니고 움직임이 자질구레해서 보이지 않는 겁니다. 미세微細 등으로 씁니다. 감추고 숨어서 안 보이고 어두운 것이 아닙니다.

　미명微明과 유명幽明은 뜻하는 바가 전혀 다릅니다. 도올이 틀린 것입니다.

　왕필이 주석한 미명微明을 볼까요?

　　　將欲除強梁 去暴亂 當以此四者 因物之性 令其自戮 不假刑爲大 以除將物也 固曰微明也

　장차 억지스러움을 제거하고 폭력을 제거하려 한다면 당연히 노자가 말한 이 네 항목의 지혜를 빌려야 한다. 그것은 사물의 본성을 따르는 것이요, 폭력이 스스로 자폭하게 만드는 것이다. 형벌을 크게 믿고 사물을 다스리려 하면 안 되는 것이다. 그래서 '미명'이라 말한 것이다.

　문장을 잘못 본 것이 분명하지요?
　답은 앞 문장에 이미 나와 있어요. 시위是謂 이전 문장입니다.
　쭈그러들기를 바라거든 반드시 확장하게만 하고, 약하게 만들려면 오직 강하게 하게만 해 줘라 등등.
　그렇게 해서 변화가 되게 하는 그 무엇의 이름을 미명微明이라고 붙인 겁니다. '분명하긴 한데 환하게 드러내 보이지 않는다'는 뜻으로 쓰인 겁니다.

　　微 - 작고 감추어져서 자질구레하다. 변화가 작고 미미해서 구분하기 어렵다. 소소해서 감이 잘 잡히지 않는다.
　　明 - 명백하게, 틀림없이, 환하게, 밝게. 여기서 明은 확실하다는 뜻입니다.

微는 자질구레하게 감추어져서 작용하는 것이니 보이지 않지만 明은 분명하다, 확실하다, 뭔가 보이질 않는 것뿐이지 그렇게 하는 것이 분명히 있다, 있는 것이 확실하다고 장담하는 말입니다.

어둡고 밝고 하는 대칭적인 관계니 뭐니 하는 말이 아닙니다. 틀렸어요.

문장의 뜻을 알지 못해서 헤맨 것입니다.

필고장지必固張之 필고강지必固强之 필고흥지必固興之에서 도올과 왕필은 필고의 필必을 '먼저 반드시'라고 번역해서 먼저 펴 주고 먼저 강하게 해 주고 먼저 흥하게 해 줘라, 했는데 잘못 본 것입니다.

必 – 기필코. 틀림없이
固 – 단단히, 굳세게, 오로지 한결같이

필고는 오직 그것에만 몰두하여 미쳐 버리도록 반드시 만들어라 하는 겁니다. 정신을 완전히 빼내라 하는 거죠.

이것을 모르면 문장 번역이 잘못되는 것입니다.

柔弱勝剛强
유약승강강

"부드럽고 연약한 것이 굳세고 강한 것을 이긴다."
이것은 순환의 법칙입니다. 음이 양을 이깁니다.
사람도 마찬가지입니다.
자기 마누라 이기고 사는 사람 있습니까? 그것도 젊어서 힘이 있을 적에 잠시 동안이지 살다 보면 사정이 확 달라지는 것입니다. 사정이 확 달라지게 하는 그것이 미명입니다.

魚不可脫於淵 國之利器 不可以示人
_{어불가탈어연 국지이기 불가이시인}

이 문장에서 "이기利器"가 뭐냐? 하는 것이 문제인데….
왕필의 주석을 보겠습니다.

利器 利國之器也 唯因物之性 不假刑以理物 器不可覩 而物各得其所
則國之利器也 示人者 任刑也 刑以利國 則失矣 魚脫於淵 則必見失矣
利國器而立刑以示人 亦必失也

    '이로운 기물'은 나라를 이롭게 하는 기물이다. 사물을 다스리는 것은 단지 사물의 본성에 의거할 뿐이다. 형벌에 의지하여 사물을 다스려서는 아니 되는 것이다. 이로운 기물이란 눈에 보이는 그런 것이 아니다. 사물이 스스로 각기 제자리를 얻게 될 때 비로소 나라의 이로운 기물이라 말할 수 있는 것이다. '사람에게 보인다'는 것은 곧 형벌에 맡긴다는 뜻이다. 형벌로써 나라를 이롭게 할 수 있다는 발상은 실책일 뿐이다. 물고기는 연못을 벗어나면 곧 죽는다. 즉 실책임을 깨닫는다는 말이다. 나라를 이롭게 하는 기물이라고 하면서 형벌을 세워 백성에게 그 기물을 보인다는 것은 명백히 실책일 뿐이다.

이기를 가혹한 본보기나 고문하는 기구 등으로 말하는 것 같죠?
다음은 도올의 해석을 보겠습니다.

유약함으로 강강함을 이긴다는 것은 미명微明의 이치다. 그렇다면 나라를 다스리는 것도 강강함의 형벌로 다스려서는 아니 되고 유약함의 도의 질서로 다스려야 하는 것이다. 나라의 '이기利器'라 하는 것은 보이는 총·칼과 같은 것이 아니다. 그것은 그 사회의 질서를 스스로 이끌어 가는 보이지 않는 힘이다. 이러한 힘은 마구 국민에게 가시화될 수 있는 성질의 것이 아니다. 그것을 만약 형벌과 같은 것으로 가시화시킨다면 그것은 마치 물고기가 연못을 뛰쳐나오는 것과도 같은 우매한 소치일 뿐이다.

왕필보다 한 발 더 나갔습니다.

필자는 이기를 국방에 필요한 첨단 신무기, 성곽 요새, 진지, 장비 등으로 봅니다.

利 - 날카롭다. 첨예한
器 - 그릇, 담을 수 있는 것

국지이기國之利器 불가이시인不可以示人
"국방에 중요한 무기나 요새 등은 사람들에게 함부로 보여서는 안 된다."

示 - 자랑삼아 보여 줄 시. 공개하여 보여 준다.
人 - 사람들

과시하고 싶어서 자랑삼아 보여 주지 말라는 말입니다. 이거 상식이죠.

어불가탈어연魚不可脫於淵 국지이기國之利器 불가이시인不可以示人

마치 물고기가 연못에 몸을 숨겨 사는 것처럼 비밀스럽게 감춰 두고 보호해야 병참의 기능이 유지되고 국방에 이로운 것이다. 사람들에게 자랑삼아 보여 주면 아무런 쓸모가 없게 된다.

마치 연못에 큰 물고기가 있기는 분명히 있는데 몸을 숨겨 사니까 오래 사는 것처럼, 뭔가 대단한 신예무기가 있기는 분명히 있는데 숨겨 감춰 뒀기 때문에 도무지 알 수가 없다.

어떻게 생긴 것인지? 위력은 어떤지? 어느 곳에 배치하고 있는지 도무지 알 수가 없어야 겁을 먹고 함부로 쳐들어오지 못한다. 저 성곽이나 요새가 어떻게 생겨먹었는지 알아낼 방도가 없어서 접근조차 하기가 두렵다.

신무기나 병참요새 등은 자랑삼아 보여 주지 말고 비밀스럽게 감춰 둬라 하는 말입니다.

누가, 누구에게? 전략가가 군주에게 국가를 지키는 전략을 가르친 것입니다.

제 37 장

<ruby>道<rt>도</rt></ruby><ruby>常<rt>상</rt></ruby><ruby>無<rt>무</rt></ruby><ruby>爲<rt>위</rt></ruby> <ruby>而<rt>이</rt></ruby><ruby>無<rt>무</rt></ruby><ruby>不<rt>불</rt></ruby><ruby>爲<rt>위</rt></ruby> <ruby>侯<rt>후</rt></ruby><ruby>王<rt>왕</rt></ruby><ruby>若<rt>약</rt></ruby><ruby>能<rt>능</rt></ruby><ruby>守<rt>수</rt></ruby><ruby>之<rt>지</rt></ruby> <ruby>萬<rt>만</rt></ruby><ruby>物<rt>물</rt></ruby><ruby>將<rt>장</rt></ruby><ruby>自<rt>자</rt></ruby><ruby>化<rt>화</rt></ruby> <ruby>化<rt>화</rt></ruby><ruby>而<rt>이</rt></ruby>
<ruby>欲<rt>욕</rt></ruby><ruby>作<rt>작</rt></ruby> <ruby>吾<rt>오</rt></ruby><ruby>將<rt>장</rt></ruby><ruby>鎭<rt>진</rt></ruby><ruby>之<rt>지</rt></ruby><ruby>以<rt>이</rt></ruby><ruby>無<rt>무</rt></ruby><ruby>名<rt>명</rt></ruby><ruby>之<rt>지</rt></ruby><ruby>樸<rt>박</rt></ruby> <ruby>無<rt>무</rt></ruby><ruby>名<rt>명</rt></ruby><ruby>之<rt>지</rt></ruby><ruby>樸<rt>박</rt></ruby> <ruby>夫<rt>부</rt></ruby><ruby>亦<rt>역</rt></ruby><ruby>將<rt>장</rt></ruby><ruby>無<rt>무</rt></ruby><ruby>欲<rt>욕</rt></ruby> <ruby>不<rt>불</rt></ruby>
<ruby>欲<rt>욕</rt></ruby><ruby>以<rt>이</rt></ruby><ruby>靜<rt>정</rt></ruby> <ruby>天<rt>천</rt></ruby><ruby>下<rt>하</rt></ruby><ruby>將<rt>장</rt></ruby><ruby>自<rt>자</rt></ruby><ruby>定<rt>정</rt></ruby>

道는 늘 스스로가 그렇게 되어지도록 하는 것이다.
그 자비심으로 세상에 안 되는 것이 없다.
제후나 왕이 이것을 잘 지켜 쓰기만 하면,
장차 별의별 사람들이라 하더라도 허물을 스스로 고치게 될 것이다.
다스림에 욕심을 내다 보면 자꾸만 그 방침을 바꾸어 보고 싶을 것이다.
그렇게 되더라도 본디 처음 그 마음(자비심)으로 해야 하는 것이다.
그것은 본디 오직 순수할 뿐, 명성을 얻고 싶어서 하는 것이 아니니
역시 또한 욕심이라고는 전혀 없어야 하는 것이다.
마음이 밝아 고요하면 욕심이 없고,
그렇게 되면 세상은 저절로 마땅히 바르게 정해지는 것이다.

도올 번역

도는 늘상 함이 없으면서도, 하지 아니함이 없다.
제후와 제왕이 만약 이를 잘 지킨다면
만물이 장차 스스로 교화될 것이다.
그러나 교화와 더불어 또 욕망이 치솟을 것이다.
그러면 나는 무명의 통나무로 그것을 누를 것이다.

무명의 통나무는 대저 또한 욕망이 없을지니,
욕심내지 아니하면서 고요하면,
천하가 스스로 질서를 찾아갈지니.

~당최 무슨 말씀인지!

이 장에서는 도를 백성을 긍휼히 여기는 마음, 자비심으로 보고 치자治者인 군주에게 가르침으로 하는 말입니다. 백성이 스스로 그렇게 하도록 자비심으로 다스려 나가면 이 세상에 안 될 일이 없다. 확실하다. 내 말이 틀림없다. 자신 있게 설득하는 거죠.

강제로 시키지 말라는 겁니다. 힘으로 밀어붙여 강제로 시키니까 반발하여 일이 안 되고 말썽이 생긴다. 제발 독재정치 하지 마라. 독재는 저항세력을 만드는 것이다, 하는 말입니다.

스스로 그렇게 하도록 만들어 주는 그것이 도입니다.

'함이 없이 늘 그러함'을 도라고 하면 그것은 도도 아닐 뿐더러 여기서 문장 자체가 성립되질 않아요. 우기고 고집부리고 할 문제가 아니에요. "만물이 장차 스스로 교화될 것이다." 했는데 말도 안 되는 말로 아리송하게 넘긴 겁니다.

만물은 백성입니다.

道常無爲 而無不爲
도 상 무 위 이 무 불 위

"도는 항상 누굴 위해서 하는 것이 아니다. 그냥 그것이 좋아서 하는 것이다."

자비심이죠? 지금 치자에게 타이르는 말입니다. 도라는 멋있는 말로 군주를 설득하는 중이죠. 치자인 군주에게 정치를 도로 하라는 겁니다. 그러면 그 도라는 것이 대체 어떠한 것이며, 어떻게 하면 되는가?

그 설명이 다음 문장이 되는 거죠.

侯王若能守之 萬物將自化
_{후 왕 약 능 수 지 만 물 장 자 화}

도를 설명하는 것입니다.

"제후나 왕이 그것을 지켜 나가기만 한다면 세상에 별의별 놈들이라 하더라도 제 스스로가 고치게 되는 것이다."

치자의 마음에 들도록 스스로가 고쳐서 변화된다는 겁니다.

도를 설명하며 확신을 주는 말입니다. 계속해서 설득해 나가는 말씀으로….

化而欲作 吾將鎭之以無名之樸
_{화 이 욕 작 오 장 진 지 이 무 명 지 박}

그렇게 되면 너는 백성들이 더욱 더 잘해 줬으면 하는 욕망이 자꾸만 생겨나게 될 것인데 화이욕작化而欲作, 욕심 때문에 방침을 바꾼다.

화化는 형체를 바꾼다, 새로이 고친다, 더욱 욕심이 생겨나서 한 고비 넘겼으니까 본성이 되살아나서 그 방침을 바꾼다는 뜻입니다.

누가 바꿉니까? 치자가 바꾸지요.

그렇게 되면 그 방침을 달리 바꾸어 보고 싶어지는데, 그런 생각이 들더라도 너는 본디 그 순수한 자비심을 잃지 말고 꼭 지켜야 하는 것이다, 라는 말입니다.

  化 - 형체를 바꾼다. 변경시킨다. 방식을 고친다.
  欲作 - 안 해도 될 것을 욕심 때문에 일을 벌인다. 그대로 잘되는 것
    을 욕심 때문에 일을 저지른다.

백성이 아니고 치자입니다.

오장진지吾將鎭之
"당신은 마땅히 억제하여야 한다."
자기 자신의 욕망을 억제하고 스스로 자중해야 한다는 말입니다.

  吾 - 너, 당신, 그대 당사자. 여기서는 '나'라 번역하면 안 됨.
  將 - '장차 마땅히 ~을 해야 한다'.
  鎭 - 진압하다, 누르다, 억제한다.

이무명지박以無名之樸

  樸 - 본디 그대로. 처음에 먹었던 순수한 마음 그대로

그 마음이 뭡니까?
오직 백성을 긍휼히 여기는 마음, 자비심이었죠.
명성을 얻고 영화를 누리려고 한 것이 아니잖아요. 자비심이라는

것은 스스로 좋아서 하는 것이지 뭣을 바라고 하는 것이 아니죠.

여기서 말하는 것은 이쯤 되면, 정치를 잘한다는 소문이 자자하고 성군으로 명성이 나기 시작한다는 것을 전제로 해서 하는 말로, 그렇게 되면 마음이 달라진다, 그렇게 되더라도 처음 본디 먹었던 마음 그대로 계속해야 된다고 하는 말입니다. 통나무가 아니에요.

필자는 그게 뭔 소리인지도 모르지만 여하튼 간에 통나무가 아닌 것만은 확실합니다.

역지사지易地思之라는 말이 있죠. 사람은 처음 먹었던 그 마음을 지키기가 무척 어렵습니다. 지금 그 말을 하는 것입니다.

無名之樸 夫亦將無欲

"본디 그 마음은 명예를 얻고자 한 것이 아니니 앞으로도 역시 또한 욕심이 없어야 하는 것이다."

不欲以靜 天下將自定

"마음이 맑아 고요하면 욕심이 없어지고, 그렇게 되면 세상은 저절로 마땅히 바르게 정해지는 것이다."

將 - 마땅히 ~을 한다.
自 - 저절로

定 - 정해진다.

치자인 왕을 교육시키는 제왕학인데, 이것을 참 이상스럽게 번역들 하고 있어요.

왕필은 "도상무위道常無爲 순자연야順自然也"라고 했어요. 무위라는 것은 스스로 그러함에 따르는 것이니 그냥 내버려 두라는 것인데, 그러면 방치하는 것이 도라는 말입니까? 죽든지 살든지 그냥 내버려 두는 것이 도입니까?

말이 되는 소리인지 모르겠네요.

왕필은 또 이무불위而無不爲를,

<small>만물무불유위　　이치이성지야</small>
萬物無不由爲　以治以成之也
만물이 道에 말미암아 질서가 생기고 형성되어 가지 않을 수가 없다.

했어요.

그래서 도가 무위無爲요, 스스로 그러함이라!
도라는 것이 만물을 질서가 생기게 하는 것이다.
모두 잘못입니다.
그건 도가 아니고 대자연의 순리로 음양오행입니다.
도올은 또 뭐라 했을까요?

<small>화이욕작　　오장진지이무명지박</small>
化而欲作　吾將鎭之以無名之樸
교화와 더불어 또 욕망이 치솟을 것이다. 그러면 나는 무명의 통나무

로 그것을 누를 것이다.

이상한 번역이지요.
여기서 오吾는 너, 치자(당신)로 봐야 맞죠. 듣고 있는 사람.

欲作 - 여기서 作은 治거든요. 다스림에 자꾸 욕심이 생겨나서.
化 - 바꾼다.

"그 방침을 바꾸고 싶어질 때에 너는[吾]."
이렇게 봐야 문장이 확실해지죠.
무명지박無名之樸도, "본시 이름을 내고자 한 것이 아닌 순수한 마음가짐으로 스스로 욕망을 억제하여 마음을 맑고 깨끗하게 다스려라." 하고 가르치고 있는 문장인데, 이상하게 번역을 한단 말씀이야.
왜 그러는지 필자는 알 수가 없어요.

도道? 대체 뭘 가지고 도라 이름하는가?
도는 존재하는 수단의 방식이 정당한 것을 말하는 것입니다.
세상에 존재하는 모든 것은 그 존재가 계속 유지되도록 하는 타他 존재가 끊임없이 공급되어져야만 존재 유지가 가능한 것인데, 타 존재의 공급이 계속 유지되게 하려면 서로 주고받는 방식이 바른길, 바른 방법이어야만 그 존재 유지 공급이 가능한 것입니다.
바른길, 바른 방법이 아니면 유지되지 않고 공급이 끊기는 거지요. 공급이 안 되면 존재는 소멸될 수밖에 없게 되겠죠.
도는 생존방식의 바름을 말하는 것입니다. 그 바른 방식으로 공급

되도록 끊임없이 노력하며 실천하는 것이 도입니다.

  도는 주고받고 하는 존재방식의 바른길, 바른 방법을 말하는 것이고. 그게 우리네 인간의 삶입니다.

  청정하게 살면, 청정한 사람이 되어야 비로소 가능합니다.

  삶이라는 것이 바로 주고받는 행위를 하는 것 아닙니까?

  삶의 방식이 바른길, 바른 방법으로 청정하지 않으면 삶이 추해지고 존재 유지 공급 자체가 되질 않아서 나의 존재가 파괴되는 거예요. 그걸 죽음이라 한다, 이 말입니다.

  석존의 깨달음인 제법무아諸法無我도 세상의 어떤 것도 홀로는 존재할 수 없다. 타를 가꾸어 나의 존재 유지를 원활하게 하도록 하라. 이것은 저것이 있으므로 유지되는 것이다. 하여 세상은 모두가 한 몸으로 하나다. 그것을 화엄계華嚴界라고 말씀하신 것입니다.

  예수님의 "이웃을 네 몸처럼 사랑하라."도 같은 말 아닙니까?

  너의 존재는 이웃으로 이루는 것이다. 이웃이 네 밥이다. 이웃이 없이는 너의 존재는 유지될 수 없다.

  우리가 산다는 게 바로 스스로 존재 유지인데, 존재 유지의 바른길, 바른 방법을 도라고 하는 겁니다. 흔히들 "해도 어느 정도正道껏 해야지."라는 말은 바르지 않다, 도의 기준치에 가깝지 않다는 말입니다.

  바로 이 비교의 기준치를 도라고 합니다. 인간이 주고받는 행위의 가장 바른길, 가장 바른 방법을 도라는 이름으로 결정지은 거예요. 도는 인간들에게만 국한된 것입니다.

  도는 무위요, 스스로 그러함이라….

  이게 대체 뭔 소리인지! 도가 뭔지도 모르고 남의 동네에서 길 잃고 헤매면서…. EBS-TV 교육방송에서도 도올 선생이 열심히 강의를 했죠. 그런데 『도덕경』을 아주 다르게 열강한 것이 아닌가 싶습니다. 노자가 알면 아마 기절이라도 하지 않을까요?

필자도 매스컴에서 한번 열불을 토해 봤으면 좋겠는데 말이죠. 평생을 지지하게 살아온 불출不出로 무지렁이니 도무지 누가 알아줘야 말이지요.

~쉬어 갑니다.

평상심平常心이 도라고 좀 하지 마라

평상심이 바로 도라고?!

이게 어디서 뭔 뜻으로 한 말인지도 모르면서 땡초들이 함부로 막 써먹어 대는데 이거 큰일 낼 짓 하는 겁니다.

제발 평상심이 바로 도라고 좀 하지들 말아요. 높으신 스님네들이 이러시는데 정말 한심하다니까.

평상심은 도가 아니에요! 자성청정심自性淸淨心이 도라 하면 또 몰라도.

이 말은 남전화상과 조주 스님 사이에 주고받은 말인데, 이게 무슨 선문답이나 되는 줄 알고, 너도 나도 경쟁하듯 써먹는데 기가 찰 일입니다. 평상심이 도라면 누가 미쳤다고 도를 닦겠어요.

이 말이 사실이면 절간은 모두 문 닫아야 하는 겁니다. 평상심이 부처님 마음이라는데 무슨 병이 나서 수도생활을 하느냐 이 말씀입니다.

귀 털고 눈썹 밑에 이 말씀 똑바로 새겨 두세요.

남전은 조주趙州의 스승이지만 화상和尙입니다.

화상은 '우파다야'를 한역漢譯한 말로, 수도정진하는 동안 필요한 일체를 책임지고 부모 노릇을 해 주는 스승으로 전임교수를 말하는 거예요.

불서佛書에 남전화상이란 말은 남전대선사를 말하는 것이 아니라 조주의 화상으로서 남전을 말하는 겁니다.

조주와 남전 사이에 관계된 말을 할 때만 남전화상이라 하는 거예요. 독립적으로 쓸 때는 남전대선사라고 해야 합니다. 조주는 지금으로 치면 대학 대학원 다 졸업하고 깨달음을 인정받으러 남전대선사에게 유학 간 것입니다.

당시 남전은 아뇩다라삼먁삼보리를 증득한 부처님으로 당시에 생불生佛로 모시던 분이에요. 남전을 조주의 화상이라 하는 것은 조주가 득도하는 교육을 남전에게 가서 인증받았다는 것이지 남전의 직계 제자가 아니라는 말입니다.

조주 스님이 자기의 깨달음이 온전한 것인가? 그 깨달음을 인증받으려고 남전에게 가서 수도정진을 한 것으로, 시쳇말로 초짜가 아니다 하는 말입니다. 조주가 남전의 제자라 하니까 남전의 직계 스님으로 알고 아무렇게나 아는 체하는데, 이건 상상력 빈곤이에요.

조주가 심지월心志月에 든 것을 남전이 이미 보았어요.

이것은 내 말이 아니고 씌어 있어요. 심지월이면 반연진여선을 넘어서 여래청정선 수준으로 부처의 반열인 거지요.

화상인 남전이 얼마나 좋았겠어요?

조주는 지금 남전과 같은 수준으로 맞수가 된 겁니다. 온전한 깨달음을 인증받았으니 이제는 남전 밑에 더 이상 머물러 있을 필요가 없어서, 떠나려고 이런저런 말씀 중에 앞으로 가야 할 자기 길을 물은 겁니다.

조주도 이제는 어딘가에 선원禪院을 세워 깨달음을 가르쳐 줘야지요. 조사祖師를 해야 할 것 아닙니까? 그게 깨달은 사람의 본분이니까.

"조주가 남전에게 도를 물었다?"

이게 무슨 선문답이나 되는 줄 알고…! 조주는 남전에게 찾아올 때부터 선문답하는 수준이 아니란 말씀이죠. 그런 것은 벌써 졸업한 겁니다. 심지월이면 부처의 반열 53위라는 것을 알아차려야지요.

스님들, 모르시면 제발 가만히 좀 있어 주면 좋지 않을까요.

조주가 화상인 남전에게,

"何道? 어디로 가면 좋겠습니까?"

하고 갈 길을 물은 것인데,

"道가 무엇입니까?"

로 번역한 것이지요.

한자로 글자가 같거들랑…. 어디로 가면 좋겠습니까? 갈 곳을 물어 본 건데 말입니다.

남전 왈,

"平常心是道! 평소에 마음먹었던 그대로 하지 새삼스럽게 뭘 묻느냐?"

하는 말입니다.

두 분 사이에는 이미 평소에 해 오던 말씀이 있었던 겁니다.

사제지간에 이건 상식이에요. 언제쯤 어디로 가려고 한다든가, 천천히 준비하라든가, 이런 사적인 말을 서로 한 건데 선禪 냄새도 못 맡아 본 사람들이 번역한답시고….

어느 날 조주가 남전화상에게 도를 물었어요.

"何道? 도가 무엇입니까?"

"平常心是道. 평상심 바로 그것이 도다!"

도라는 글자가 나오니까 이거다 잽싸게 『도덕경』의 도가도비상도 道可道非常道를 덧붙여서,

"어떻게 해야 거기에 머물게 됩니까?"

"도는 도달하겠다고 하는 순간 달아난다."

올챙이들이 이렇게 무식하게 번역을 했단 말씀이지요.

『도덕경』의 '道可道非常道'는 언어의 불확실성을 말한 것이지 도를 말하는 게 아닙니다.

선문답집 어느 책이나 첫 장에 다 들어 있더라구요.

선문답집에 이렇게 한심한 거 많아요. 참 창피한 일이죠.

고암古庵 스님이 종정宗正하실 때 종정 고암선사 이름으로 출판을 했으니 책이 오죽이나 잘 팔립니까? 사찰마다 신도들이 수백 권씩 보시하고 야단법석을 쳤지.

필자가 쓰는 이거 출판하려 해도 거들떠보는 사람조차 없어요.

지지하게 살아온 인생인데 장사가 될 턱이 있겠습니까?

아마 선문답집 그거 안 읽어 보신 분 별로 없을 겁니다. 지금도 절에 가면 몇 십 권씩 다들 있어요.

이거 큰 문제죠? 똥판지같이 평상심이 바로 도라고 해 놨으니 말이에요. 고암이 대선사인데 말야. 더군다나 종정스님이시고…. 어쨌거나 도에다 시커멓게 먹칠을 한 거지요.

한국불교 조계종 종정 대선사가 이러시는데 깨달음이고 뭐고 어디 있어요? 보시는 육보시가 제일이고, 깨달음은 반야탕이 제일이다.

몽땅 개차반이 되었지요!

종정 청담靑潭 대선사는 한술 더 떠서 『대금강경강좌』 첫머리에 '道可道非常道'라고 그 특유의 설득력으로 터무니없는 광장설을 펴시고…. 추앙받는 대선사님들이 앞장서서 이러시는데 어이가 없다니깐. 불교가 도를 작살낸 거지요.

기가 막히는 일 아닙니까? 참선하면 멍청이 취급한다니까요.

조주가 남전화상과 선문답으로 도를 운운한 것이 아니거든요.

조주가 조사의 길을 떠나려고 하는데 시방 선문답을 해요?

조주가 초짜배기같이 남전에게 도를 물어 봐요?

그래, 조주가 초짜라고 친다 하더라도 그런 상황이 전혀 아닌 겁니다. 남전은 당시에 생불로 추앙받던 분이에요. 깨달음을 인증해 주는 막강한 위치에 있는데, 감히 어느 안전이라고 초짜배기가 생불에게 도를 물어 봅니까?

고승들에게 겹겹이 둘러싸여서 면담은 고사하고 먼발치에서 바라만 보아도 끔뻑 영광인 처지일 텐데. 안 그래요? 지금 현실에도 이름깨나 있는 스님을 초짜배기가 함부로 만나 볼 수 있습니까?

"도는 머문다는 순간 달아난다!"

도가 달아나다니? 이게 무슨 엉뚱한 소리…!

그러면서 무슨 도를 닦아요. 말만 하면 달아나는 도를….

조주는 남전화상을 떠나와서 크게 선풍禪風을 일으켜 수많은 제자를 길러 냅니다.

과연 남전화상 밑에 조주로 고불古佛이죠.

도덕경 강론을 마칩니다.